저음 배우는
셸 스크립트

처음 배우는 셸 스크립트

시스템 구축부터 보안, 모니터링, 클라우드 운영까지

초판 1쇄 발행 2021년 02월 01일
초판 2쇄 발행 2023년 04월 28일

지은이 장현정 / **펴낸이** 김태헌
펴낸곳 한빛미디어(주) / **주소** 서울시 서대문구 연희로2길 62 한빛미디어(주) IT출판2부
전화 02-325-5544 / **팩스** 02-336-7124
등록 1999년 6월 24일 제25100-2017-000058호 / **ISBN** 979-11-6224-389-3   93000

총괄 송경석 / **책임편집** 홍성신 / **기획** 홍성신 / **편집** 박민아 / **교정** 방세근 / **진행** 김대현
디자인 표지 이아란 내지 박정화 / **전산편집** 이소연
영업 김형진, 조유미, 장경환 / **마케팅** 박상용, 한종진, 이행은, 김선아, 고광일, 성화정, 김한솔 / **제작** 박성우, 김정우

이 책에 대한 의견이나 오탈자 및 잘못된 내용에 대한 수정 정보는 한빛미디어(주)의 홈페이지나 아래 이메일로
알려주십시오. 잘못된 책은 구입하신 서점에서 교환해드립니다. 책값은 뒤표지에 표시되어 있습니다.
한빛미디어 홈페이지 www.hanbit.co.kr / 이메일 ask@hanbit.co.kr

지금 하지 않으면 할 수 없는 일이 있습니다.
책으로 펴내고 싶은 아이디어나 원고를 메일(writer@hanbit.co.kr)로 보내주세요.
한빛미디어(주)는 여러분의 소중한 경험과 지식을 기다리고 있습니다.

시스템 구축부터 보안,
모니터링, 클라우드 운영까지

처음 배우는
셸 스크립트

장현정 지음

한빛미디어
Hanbit Media, Inc.

전작 『오픈스택을 다루는 기술』(길벗, 2017)에서 마치 과외 선생님처럼 옆에서 조곤조곤 설명해주는 문체로 많은 사랑을 받았던 장현정 저자가 또 한 권의 반가운 책을 세상에 내놓았습니다.

오픈스택 커뮤니티 리더이자 레드햇 클라우드 컨설턴트로 활동 중인 저자의 실무 경험이 듬뿍 담긴 『처음 배우는 셸 스크립트』는 클라우드 구축 시 빈번하게 사용하는 리눅스 명령어들을 효과적으로 처리할 수 있게 해주는 셸 스크립트에 대한 내용을 담고 있습니다. 기존에 나와 있던 셸 스크립트 서적들이 단편적인 예제 중심으로만 되어 있어 어떤 상황에서 어떤 방법으로 스크립트를 구성해야 하는지 파악하기 어려웠던 반면, 『처음 배우는 셸 스크립트』는 마치 프로그래밍 문법 서적처럼 기본적인 문법으로 시작하여 실제 셸 스크립트에서 자주 호출하여 사용하는 리눅스 명령어들까지 자세히 다루고 있습니다. 따라서 셸 스크립트를 처음 시작하는 초보자뿐만 아니라 이미 익숙한 개발자/엔지니어들도 자칫 깜빡할 수 있는 내용을 찾아 볼 수 있는 참고서로서도 활용이 높아 보입니다.

무엇보다 백미 중의 백미는 저자가 다년간 많은 프로젝트를 경험하면서 쌓아 온 리눅스 시스템과 클라우드 구축 경험을 아낌없이 예제로 공개하였다는 점입니다. 단순한 문법으로 끝나지 않고 실제 활용으로 이어질 수 있도록 시스템 구축부터 보안, 모니터링, 그리고 클라우드 운영에 이르기까지 그야말로 셸 스크립트가 꼭 필요한 부분들을 상세하게 설명해주고 있습니다. 이것 하나만으로도 이 책을 왜 읽어야 하는지 여실히 느끼게 해줄 거라 확신합니다.

개인적으로 가장 사랑하는 후배이자 동생의 새로운 출간을 진심으로 축하하며, 비대면 시대로 갈수록 더욱 인기가 높아지고 있는 클라우드에 관심 있는 개발자라면 꼭 읽어 볼 것을 자신 있게 추천합니다.

_유명환 엑세스랩 대표

베타리더의 말

스크립트 문법부터 주요소인 명령어를 자연스럽게 연결해 설명하고 있어 편리하게 학습할 수 있도록 구성되어 있습니다. 현업에서 활용할 수 있는 예시와 예제로 구성된 부분이 많아 실무에서 많은 도움이 될 것 같습니다.

_김현하 서버사이드 프로그래머

프로그래밍을 잘 모르는 분도 리눅스 셸에 대해 쉽게 이해하고 따라 할 수 있도록 예제도 풍부하고 설명도 친절하게 되어 있습니다. 실제 업무에 활용하는 셸 바이블로 추천합니다.

_이병희 레드햇 수석 컨설턴트

무엇보다 셸 스크립트를 쉽게 시작할 수 있도록 설명되어 있습니다. 많은 책들이 상대적으로 이해하기 어려운 셸 스크립트 첫 줄(예: #! 뒤에 오는 것은 스크립트 실행을 위해 필요한 인터프리터를 의미하며...) 또는 리눅스/유닉스에 대한 이해부터 시작하는데 반해, 이 책은 셸 스크립트 자체를 초점으로하여 매끄러운 설명으로 시작합니다. 또한 자주 사용하는 몇 가지 명령어를 기반으로 활용까지 설명하고 있는 점이 마음에 듭니다.

_최영락 MS 개발자, 제품 마케팅 매니저

수학의 정석같이 정의와 예제가 있고 이 두 가지를 이용해서 스스로 응용할 수 있는 책을 선호하는데, 이 책을 베타리딩하면서 '셸의 정석!'이라는 느낌을 많이 받았습니다. 초급자뿐만 아니라 중급자도 한 번 더 개념을 정리하기에 너무나 좋았던 예제 중심의 책이었습니다!

_주현중 네트워크 주니어 엔지니어

2020년 1월 말 코로나 바이러스가 전 세계에 발병했습니다. 그리고 2월 코로나 바이러스의 무서운 확산으로 인해 여러 나라에서는 재택근무를 하기 시작했고, 발전된 IT 기술의 가치는 더욱 그 진가를 발휘하게 되었습니다. 이제는 어떤 업무에서든 IT 기술이 그들의 비즈니스를 구성하는 중요 인프라로 자리 잡게 되었습니다. 이렇게 IT 기술이 발전함에 따라 클라우드나 컨테이너와 같은 다양한 인프라 환경들이 공존하기 시작했습니다.

그러나, 아무리 관련 기술이 발전한다 해도 하드웨어나 운영체제(OS)와 같은 인프라는 여전히 중요한 필수 구성요소입니다. 오히려 클라우드나 컨테이너 환경을 사용하고 운영하기 위해 좀 더 복잡하고, 반복적이며, 어려운 명령어들을 사용해야 하는 상황이 발생하게 됩니다. 이런 경우 유용한 리눅스 명령어와 간단한 셸 스크립트 문법만 알고 있다면 이를 활용하여 복잡하고 반복적인 일을 좀 더 쉽고 효율적으로 처리할 수 있습니다. 물론, 근래에는 Ansible과 같은 자동화 모듈을 사용하지만, Ansible 모듈에서조차 제공하지 않는 기능을 대신 실행할 때도 셸 스크립트가 사용됩니다. 그런데, 막상 셸 스크립트를 작성하려고 하면 어떤 상황에서 어떤 명령어와 문법으로 셸 스크립트를 작성해야 할지 잘 모르는 경우가 많습니다.

인터넷과 검색엔진의 발전으로 관련 정보들을 쉽게 찾아볼 수 있지만, 막상 검색을 하면 필요로 하는 정보를 찾기란 쉽지 않습니다. 그래서 셸 스크립트 기초 문법 및 유용한 리눅스 명령어들과 함께 실무에서 어떤 문법과 명령어로 셸 스크립트를 작성하고 사용하는지를 책에 담으면 좋겠다는 생각을 했습니다. 늘 옆에 두고 언제든지 활용할 수 있는 책, 인터넷 검색을 할 수 없는 환경에서도 쉽게 찾아볼 수 있는 책, 이왕이면 리눅스나 유닉스 사용자라면 누구에게나 도움이 되는 책을 만들고 싶었습니다.

1부에는 셸 스크립트가 무엇인지 어떤 환경에서 셸 스크립트를 사용하면 되는지와 셸 스크립트 기초 문법을 살펴보고, 2부에는 가장 많이 쓰이는 리눅스 명령어들의 사용법을 알아봅니다. 그리고 3부에서는 앞에서 살펴본 기초 문법과 리눅스 명령어들을 활용하여 다양한 실무 상황에서 어떻게 셸 스크립트를 만들고 실행하는지를 다루었습니다.

우연히 기억하고 싶은 셀 스크립트 사용 경험을 블로그에 남겨두었는데, 그걸 보고 "이걸 책으로 만들면 참 좋겠다."라고 동기부여를 해 주신 유명환 엑세스랩 대표님과 팀원의 저서 활동을 적극적으로 지원해 주시는 오영준 한국 레드햇 부사장님이 아니었다면 이 책이 나오기 어려웠을 것입니다. 동기를 부여해 주신 유명환 대표님과 팀원의 꿈을 지지해 주시는 오영준 부사장님께 감사 인사를 드립니다.

집필 내내 스케줄을 관리해 주고, 책이 나올 수 있도록 도와주신 한빛미디어 박민아 과장님과 바쁜 와중에 베타리더로 도움을 준 김현하, 이병희, 최영락, 주현중 님에게도 감사드립니다.

이 책이 현업에서 리눅스나 유닉스 서버를 운영하는 엔지니어를 비롯하여 셀 스크립트를 배우고자 하는 모든 사람들에게 도움이 되길 바랍니다.

2021년 1월 장현정

장현정 nalee999@gmail.com

10년 동안 자바 개발자로 활동하다가 오픈소스 클라우드 플랫폼인 오픈스택을 만나 이제는 리눅스, 앤서블, 오픈스택 등을 다루는 플랫폼 엔지니어로 활동하고 있다. 2대 오픈스택 한국 커뮤니티 대표를 맡았으며, 국내 최초, 글로벌 여성 최초로 HP Heilion MVP로 선정되기도 하였다. 현재는 레드햇 코리아에서 플랫폼 전문 컨설턴트로 재직 중이며, 오픈소스 관련 업무를 하면서 경험했던 다양한 기술 노하우를 블로그(naleejang.tistory.com)에 연재하고 있다. 언젠가 반드시 세계로 진출하겠다는 목표를 가지고, 영어와 IT 기술들을 열심히 습득하고 있으며, 워킹맘들과 여성 개발자들을 위한 책을 출간하는 것이 꿈이다. 주요 저서로는 『오픈스택을 다루는 기술(길벗, 2017)』이 있다.

블로그 https://naleejang.tistory.com
SNS https://www.facebook.com/naleejang
깃허브 https://github.com/naleeJang/Easy-Shell-Script

CONTENTS

1부 셀 스크립트 기초

CHAPTER 1 셀 스크립트란?

CHAPTER 2 셀 스크립트 기초 문법

2부 가장 많이 쓰는 리눅스 명령어

CHAPTER 3 문자열을 찾을 수 있는 grep

CHAPTER 4 파일을 찾을 수 있는 find

CHAPTER 5 특정 인덱스 문자열을 출력할 수 있는 awk

CHAPTER 6 찾은 문자열을 바꿀 수 있는 sed

3부 예제와 함께 하는 셀 스크립트 활용

CHAPTER 11 모니터링

CHAPTER 12 클라우드 시스템 운영

CHAPTER 13 퍼블릭 클라우드 사용

1부
셀 스크립트 기초

1부에서 다루는 내용

우리는 알게 모르게 셀 스크립트를 다양한 상황에서 많이 사용합니다. 모든 컴퓨터는 운영체제를 필요로 하고, 운영체제가 설치되어 있는 환경에서는 시스템을 운영하기 위해 또는 업무에 필요한 개발 환경을 좀 더 효율적으로 구축하기 위해 셀 스크립트를 사용합니다. 그런데 정작 셀 스크립트를 사용하려면, 어디서 어떻게 사용해야 할지 잘 모르는 경우가 많습니다. 그럼, 이제부터 저와 함께 셀 스크립트의 세계로 여행을 떠나봅시다!

## CHAPTER 1

셸 스크립트란?

셸 스크립트의 역사는 매우 오래되었습니다. 1979년 벨 연구소의 스티븐 본[Stephan Bourne]에 의해 처음 만들어져 기술이 진화하고, Linux가 Unix를 대체하고, 베어메탈 환경에서 클라우드 시스템 환경으로 IT 환경이 변하고 있지만 여전히 셸 스크립트는 우리 주변에서 많이 사용되고 있습니다. 1부에서는 셸 스크립트의 정의를 알아보고 셸 스크립트를 어떤 경우에 사용하는지, 어디에서 사용할 수 있는지, 언제 어떻게 누가 사용하는지를 알아보겠습니다.

1.1 셸 스크립트가 뭐죠?

셸 스크립트는 Unix나 Linux 또는 POSIX[Portable Operating System Interface]를 지원하는 운영체제인 macOS 등에서 일반적으로 사용하는 명령어들과 if, for와 같은 프로그래밍적인 요소로 이루어진 인터프리터 기반의 스크립트 언어입니다.

셸 스크립트의 역사

최초의 셸은 벨 연구소에서 스티븐 본이 개발한 본셸[Bourne shell, sh]이며, 이를 개선한 본 어게인 셸[Bourne again shell, Bash], 콘셸[ksh], Z셸[zsh] 등이 만들어졌습니다.

본셸은 1979년 말 V7 유닉스(AT&T의 7번째 유닉스)에 탑재된 셸로, 제작자인 스티븐 본의 이름을 따 본셸이라 부르며, 알골[Algol]로 짜여졌습니다. 본셸은 단순하고 속도가 빨랐지만, 대단히 불편하고 불친절했습니다. 이 외에도 1970년대 말에는 다른 셸들도 등장하였는데, 그 중 하나가 캘리포니아 버클리 대학교의 빌 조이[Bill Joy]가 C 언어로 개발한 C셸이였습니다. 그러나

C셸은 대형 컴퓨터용이었으며, 본셸보다도 느렸기 때문에 속도 측면에서 그다지 좋지 못한 평가를 받았습니다.

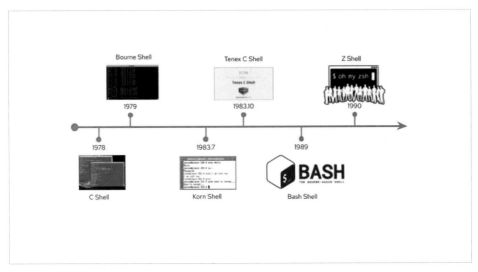

그림 1 셸 스크립트의 역사

1989년 브라이언 폭스[Brian Fox]가 GNU 프로젝트를 편리하게 사용하기 위해 사용자 친화적으로 만든 것이 바로 bash[Bourne again shell]입니다. bash는 본셸을 기반으로 만들어졌으며, 자유 소프트웨어 재단의 주요 리눅스 시스템의 기본 셸로 쓰입니다. 따라서 bash셸은 GNU 운영체제, 리눅스, 맥OS X 등 다양한 운영체제에서 사용 중이며 현재 리눅스의 표준 셸입니다.

마이크로소프트는 2015년 11월, 윈도우 10의 RS1 업데이트를 발표하면서, 우분투 개발사인 캐노니컬과 협력하여 리눅스 서브시스템을 NT 커널 내부에 탑재하였습니다. 그리하여 윈도우 10에서도 WSL[Windows Subsystem for Linux]을 통해 bash셸을 사용할 수 있으며, 기존의 bash 명령어는 물론 윈도우 영역과의 통신도 가능하게 되었습니다.

셸 스크립트 종류

셸 스크립트는 우리가 주로 사용하는 bash셸 이외에도 셸 스크립트의 시초인 본셸, C 언어 스타일의 C셸 및 여러 확장 기능을 추가한 콘셸, tc셸, z셸 등이 있습니다. 다음 표에서 셸 스크립트의 종류와 스크립트의 특징을 정리했으며 기존에 알고 있는 셸 이외에도 많은 셸이 존재함을 알 수 있습니다.

구분	개발자	설치 위치	설명
sh	스티븐 본	/bin/sh	1979년에 개발되었으며, 많은 셸 스크립트의 기반이 되는 셸
bash	브레인 폭스	/bin/bash	리눅스에서 가장 많이 사용되는 셸로 본셸을 토대로 C셸과 Korn셸의 기능들을 통합시켜 개발되었음
ksh	데이비드 콘	/bin/ksh	1980년대 벨 연구소에서 개발했으며, C셸의 많은 기능을 추가하여 개발. 또한, 부동 소수점 계산이 가능
csh	빌 조이	/bin/csh	1978년 버클리 대학에서 개발되었으며 C와 비슷한 스타일로, 스크립트 작성 가능
tcsh	켄 그리어	/bin/tcsh	csh에 커맨드 히스토리 등의 추가 기능을 보완
zsh	폴 팔스타드	/bin/zsh	1990년에 개발되었으며 bash, ksh 및 tcsh의 일부 기능을 비롯하여 여러 가지가 개선된 확장된 본셸

이 책의 셸 스크립트

이 책에서는 대부분의 리눅스에서 주로 사용하는 bash셸을 기준으로 셸 스크립트 기초 문법, 그리고 리눅스에서 가장 많이 사용되는 명령어들을 알아보고, 다양한 상황에서 셸 스크립트를 어떻게 사용해야 하는지 알아보겠습니다.

1.2 셸 스크립트는 어디에서 쓰나요?

셸 스크립트는 리눅스나 유닉스가 설치되어 있는 곳이라면 어디에서나 사용할 수 있습니다. 그것이 물리서버가 될 수도 있고, 가상 서버가 될 수도 있습니다. 때로는 컨테이너가 될 수도 있습니다.

그림 2 리눅스가 설치되는 서버들

1.3 셸 스크립트는 언제 쓰나요?

그럼, 셸 스크립트는 언제 주로 사용할까요? 셸 스크립트는 시스템을 사용하여 환경 설정을 할때도 사용할 수 있고, 애플리케이션을 설치할 경우에도 사용할 수 있으며, 매일 점검해야 하는 시스템 상태를 체크할 때도 사용할 수 있습니다. 하지만 사용 빈도가 많고 여러 시스템에 동일한 작업을 해야 할 경우 셸 스크립트를 사용하면 더 좋습니다.

1.4 셸 스크립트는 누가 쓰나요?

셸 스크립트는 주로 시스템 엔지니어들이 사용합니다. 리눅스나 유닉스를 자주 다루는 사람들, 혹은 요즘 인프라와 시스템, 개발을 담당하는 데브옵스 엔지니어, 시스템이나 백엔드를 개발하는 소프트웨어 엔지니어와 시스템 운영자들이 주로 사용합니다. 그러나 리눅스나 유닉스를 다루는 사람이라면 누구나 셸 스크립트를 사용할 수 있습니다.

1.5 이 책의 셸 스크립트는 어디에서 다운로드 받을 수 있나요?

이 책에서 나오는 셸 스크립트의 모든 예제는 저자가 운영하는 깃허브^{GitHub}에 공개해 두었습니다. 다음 깃허브 사이트에서 이 책의 셸 스크립트를 다운로드 받을 수 있습니다.

- **깃허브 URL**: https://github.com/naleeJang/Easy-Shell-Script

## CHAPTER 2

셸 스크립트 기초 문법

셸 스크립트 역시 JavaScript나 Python과 같은 언어이기 때문에 셸 스크립트를 좀 더 효율적으로 사용하기 위해서는 스크립트 작성에 필요한 문법을 알아야 합니다. 조금이라도 개발 언어를 접해 본 경험이 있다면, 셸 스크립트 문법 역시 잘 다룰 수 있으리라 생각합니다. 이 장에서는 셸 스크립트를 작성할 때 가장 많이 사용하는 셸 스크립트 기초 문법에 대해 알아보겠습니다.

2.1 셸 스크립트 만들기

셸 스크립트를 실행하기 위해 우선 셸 스크립트를 만들어보도록 하겠습니다. 셸 스크립트는 자주 사용하는 에디터를 이용하여 만들면 됩니다. 그러나 셸 스크립트를 만들고, 셸 스크립트가 잘 실행되는지를 확인하기 위해서는 터미널을 이용하여 vi나 vim 에디터를 이용하여 만드는 것이 좋습니다.

셸 스크립트 만들기

셸 스크립트 파일을 만들 때는 일반적으로 sh 확장자를 사용합니다. 따라서 다음과 같이 파일명 뒤에 sh 확장자를 붙여 vi 에디터를 통해 파일을 생성합니다. 셸 스크립트를 만들 때는 시작 시 #!/bin/bash를 붙여 해당 파일이 셸 스크립트라는 것을 알려줍니다. 그리고 실행하고자 하는 명령어들을 입력하고 저장한 후 빠져나옵니다.

```
[nalee@localhost ~]$ vi myshell.sh
#!/bin/bash

echo "hello world"

:wq
```

셀 스크립트 실행 – sh 명령어 이용

셀 스크립트를 생성했다면 이번에는 셀 스크립트를 실행할 차례입니다. 셀 스크립트를 실행하
는 방법은 2가지가 있으며, 첫 번째 방법은 sh 명령어를 이용하여 실행하는 방법입니다.

```
[nalee@localhost ~]$ sh myshell.sh
hello world
```

셀 스크립트 실행 – chmod 명령어 이용

두 번째 방법은 생성한 셀 스크립트 파일에 실행 권한을 주고, 직접 셀 스크립트를 실행하는 방
법입니다. chmod 명령어를 이용하여 생성한 셀 스크립트 파일에 실행 권한(+x)을 주고, 셀 스
크립트가 위치한 경로의 셀 스크립트 파일을 호출하면 다음과 같이 셀 스크립트가 실행됩니다.

```
[nalee@localhost ~]$ chmod +x myshell.sh
[nalee@localhost ~]$ ./myshell.sh
hello world
```

셀 스크립트 실행 – 또 다른 방법

셀 스크립트는 위와 같이 파일로 생성하여 실행할 수도 있지만, 일반 다른 스크립트 언어와는
다르게 명령어와 함께 프롬프트에서도 바로 실행할 수 있습니다.

```
[nalee@localhost ~]$ echo "hello world"
hello world
```

하지만, 셸 스크립트를 파일로 만들어 사용하는 이유는 계속해서 재사용할 수 있고 다른 셸 스크립트를 만들 때 참조할 수 있기 때문입니다.

2.2 변수 사용하기

애플리케이션을 개발하다 보면 특정 연산을 수행한 후 해당 결과를 이용하여 또 다른 연산을 할 경우가 상당히 많습니다. 셸 스크립트를 개발할 경우에도 마찬가지입니다. 특정 명령어를 실행한 결과값을 이용하여 또 다른 명령어를 실행해야 할 경우가 종종 발생하곤 합니다. 이런 경우 특정 연산의 결과나 특정 명령어의 실행 결과를 변수에 저장하고, 개발한다면 훨씬 쉽게 개발할 수 있습니다.

2.2.1 변수 선언

스크립트용 변수는 일반적으로 변수명을 선언한 후 문자열을 저장하면 문자열이 저장되고, 숫자를 저장하면 숫자가 저장됩니다. 따라서 특별한 변수 타입이 필요하지 않습니다. 가장 기본적인 변수 선언 방법은 사용하고자 하는 명령어 전에 변수를 선언하고, 해당 변수에 필요한 값을 저장하는 것입니다.

예제1) 기본 변수 선언 – 문자열 출력하기

Language라는 변수를 선언하고 "Korean"이라는 값을 저장합니다. 그리고, 해당 변수를 사용할 때는 다음과 같이 echo에서 "I can speak"라는 문자열과 함께 앞에서 선언한 변수를 $ 뒤에 입력하면 됩니다.

```
[nalee@localhost ~]$ vi myshell.sh
#!/bin/bash

language="Korean"

echo "I can speak $language"
```

앞에서 생성한 스크립트를 sh를 이용하여 다음과 같이 실행하면 "I can speak $language"
가 출력되는 것이 아니라 language에 저장했던 "Korean"이 함께 출력되는 것을 확인할 수
있습니다.

```
[nalee@localhost ~]$ sh myshell.sh
I can speak Korean
```

예제2) 기본 변수 선언 – 디렉터리 생성하기

이번에는 여러 개의 디렉터리를 생성하는 셀 스크립트를 변수를 사용하여 만들어 보겠습니다.
앞의 예제1)과 같이 language라는 변수를 선언하고 "Korean English Japan"이라는 문자
열을 저장합니다. 그리고, mkdir이라는 디렉터리를 생성하는 명령어 다음에 앞에서 선언한 변
수 language를 $와 함께 입력합니다.

```
[nalee@localhost ~]$ vi make_directory.sh
#!/bin/bash

language="Korea English Japan"

mkdir $language
```

앞에서 생성한 셀 스크립트를 sh를 이용하여 다음과 같이 실행합니다. 그리고, ls −l 명령어를
이용하여 디렉터리가 생성되었는지 확인합니다. 이렇게 셀 스크립트를 이용하여 3개의 디렉터
리가 생성된 것을 확인할 수 있습니다.

```
[nalee@localhost ~]$ sh make_directory.sh
[nalee@localhost ~]$ ls -l
total 3
drwxrwxr-x. 2 nalee nalee    6 Apr 30 22:18 English
drwxrwxr-x. 2 nalee nalee    6 Apr 30 22:18 Japan
drwxrwxr-x. 2 nalee nalee    6 Apr 30 22:18 Korea
```

변수를 선언하고, 선언한 변수를 이용하여 문자열을 출력하고, 디렉터리도 만들어 봤습니다.
셀 스크립트에서 변수는 특별한 타입을 요구하지 않으므로, 쉽게 변수를 선언하고 사용할 수
있습니다.

2.2.2 변수의 종류

변수에는 단순하게 선언만 해서 쓰는 변수도 있지만, 함수를 함께 사용하면서 함수 내에서만 사용할 수 있는 변수, 함수 밖에서도 사용할 수 있는 변수, 함수에 파라미터로 변수를 넘길 때 사용하는 변수 등 여러 종류의 변수들이 많습니다. 또한, 시스템에서 시스템을 위해 미리 할당된 변수들이 존재합니다. 그런 변수들을 우리는 예약변수 혹은 환경변수라 부릅니다. 이번 챕터에서는 이런 변수들에 대해 알아보겠습니다.

함수

특정 동작이나 목적을 위해 만들어진 것이 함수입니다. 함수를 사용하는 이유는 스크립트를 재사용하기 위함이며, 스크립트를 재사용함으로써 스크립트의 줄 수를 줄여주고, 좀 더 효율적으로 스크립트를 만들 수 있기 때문입니다.

함수를 만들 때는 다음 예제와 같이 function이라는 단어로 시작하며, 어떤 동작을 위한 함수인지를 나타내는 함수명 뒤에 소괄호( )를 붙여줍니다. 함수의 시작과 끝을 알리는 중괄호{ }를 열고 닫아 줍니다. 그리고, 중괄호 안에 필요한 특정 동작들을 나열합니다. 함수를 사용할 때는 함수에 필요한 파라미터와 함께 해당 함수를 호출합니다. 다음 예제는 문자열을 프린트해주는 함수로 echo를 이용하여 파라미터로 입력된 문자열을 화면에 출력해 줍니다.

```
[nalee@localhost ~]$ vi myshell.sh
#!/bin/bash

function print() {

  echo $1

}

print "I can speak Korean"
```

함수를 이용하여 셸 스크립트를 만들었으면 sh를 이용하여 셸 스크립트를 실행해 봅니다. print 함수 호출 시 첫 번째 " 쌍따옴표로 묶인 내용인 "I can speak Korean"이 함수의 인자로 전달되어 화면에 출력된 것을 확인할 수 있습니다.

```
[nalee@localhost ~]$ sh myshell.sh
I can speak Korean
```

전역 변수

전역 변수는 스크립트 전체에서 변수에 저장한 값을 사용할 수 있는 변수를 의미합니다. 다음 예제처럼 함수가 선언되기 전에 함수 밖에서 선언된 language라는 변수는 함수 내에서도 그 값이 유효합니다.

```
[nalee@localhost ~]$ vi myshell.sh
#!/bin/bash

language="Korean"

function print() {

  echo "I can speak $language"

}

print
```

함수 print에서 사용된 echo는 "I can speak $language"를 출력하도록 되어 있습니다. 그리고, 사전에 선언된 language에는 "Korean"이라는 문자열이 저장되어 있습니다. 예제 스크립트를 sh를 이용하여 실행해 보면 다음과 같이 language에 있는 값이 적용되어 "I can speak Korean"이 출력됨을 확인할 수 있습니다.

```
[nalee@localhost ~]$ sh myshell.sh
I can speak Korean
```

지역 변수

지역 변수는 함수 내에서만 변수에 저장된 값이 유효한 변수를 의미합니다. 예를 들어 모국어가 한국어이고, 최근에 영어를 배운다고 가정해 보겠습니다. 그리고, 이걸 셸 스크립트로 표현한다면 다음 예제처럼 learn이라는 함수에는 영어를 배우고 있다는 의미로 learn_language

라는 변수에 "English"를 저장했습니다. 그리고, 이때 learn_language 변수 앞에는 local이
라는 단어와 함께 변수를 선언했습니다.

```
[nalee@localhost ~]$ vi myshell.sh
#!/bin/bash

language="Korean"

function learn() {

  local learn_language="English"
  echo "I am learning $learn_language"

}

function print() {

  echo "I can speak $1"

}

learn
print $language
print $learn_language
```

우리가 영어를 배웠다고 외국인을 만나서 누구나 다 영어를 잘 할 수 있는 것은 아니듯이,
language와 learn_language를 출력해 보면 다음과 같이 여전히 말을 잘 할 수 있는 것은
"Korean"뿐입니다. 이유는 learn_language 앞에 local이라는 데이터 타입을 사용함으로
써 learn_language가 지역 변수라는 것을 알려줍니다. 그렇기 때문에 learn 함수 내에서는
learn_language라는 변수의 값을 출력할 수 있었지만, 다른 함수인 print에서는 해당 값을
출력할 수 없습니다.

```
[nalee@localhost ~]$ sh myshell.sh
I am learning English
I can speak Korean
I can speak
```

예약변수 및 환경변수

시스템을 위해 사전에 미리 시스템에서 사용하고 있는 변수들이 있습니다. 사전에 사용하고 있는 변수이기 때문에 예약변수라고 하기도 하고, 시스템 환경을 위한 변수들이기 때문에 환경변수라고도 합니다. 다음 표는 환경변수로 예약되어 있는 변수 목록입니다. 환경변수로 셸 스크립트 작성 시 시스템의 환경정보를 확인할 경우 매우 유용합니다.

변수명	설명
HOME	사용자의 홈 디렉터리
PATH	실행 파일을 찾을 디렉터리 경로
FUNCNAME	현재 함수 이름
LANG	프로그램 사용 시 기본으로 지원되는 언어
PWD	사용자의 현재 작업 중인 디렉터리
TERM	로그인 터미널 타입
SHELL	로그인해서 사용하는 셸
USER	사용자 이름
USERNAME	사용자 이름
GROUP	사용자 그룹(/etc/passwd 값을 출력)
DISPLAY	X 디스플레이 이름
COLUMNS	현재 터미널이나 윈도우 터미널의 컬럼 수
LINES	터미널의 라인 수
PS1	기본 프롬프트 변수
PS2	보조 프롬프트 변수(기본값: 〉), 명령을 "\"를 사용하여 명령 행 연장 시 사용됨
PS3	셸 스크립트에서 select 사용 시 프롬프트 변수
PS4	셸 스크립트 디버깅 모드의 프롬프트 변수(기본값: +)
BASH	BASH 실행 파일 경로
BASH_VERSION	설치된 BASH 버전
BASH_ENV	스크립트 실행 시 BASH 시작 파일을 읽을 위치 변수
HISTFILE	history 파일 경로
HISTFILESIZE	history 파일 크기
HISTSIZE	history 저장되는 개수
HOSTNAME	호스트 이름
HOSTTYPE	시스템 하드웨어 종류

MACHTYPE	머신 종류(HOSTTYPE과 같은 정보지만 조금 더 상세하게 표시됨)
MAIL	메일 보관 경로
LOGNAME	로그인 이름
TMOUT	0이면 제한이 없으며 time 시간 지정 시 지정한 시간 이후 로그아웃
SECONDS	스크립트가 실행된 초 단위 시간
UID	사용자 UID
OSTYPE	운영체제 종류

환경변수들은 명령 프롬프트에서 echo를 사용하여 다음과 같이 확인할 수 있습니다.

```
# 사용자의 홈 디렉터리
[nalee@localhost ~]$ echo $HOME
/home/nalee
# 명령어나 셸 실행 시 실행 파일 디렉터리 경로
[nalee@localhost ~]$ echo $PATH
/usr/local/bin:/usr/local/sbin:/usr/bin:/usr/sbin:/bin:/sbin:/var/lib/snapd/snap/
bin:/home/nalee/.local/bin:/home/nalee/bin
# 기본으로 제공해주는 언어
[nalee@localhost ~]$ echo $LANG
en_US.UTF-8
# 사용자의 현재 작업 중인 디렉터리
[nalee@localhost ~]$ echo $PWD
/home/nalee
# 로그인 터미널 타입
[nalee@localhost ~]$ echo $TERM
xterm-256color
# BASH 실행 파일 경로
[nalee@localhost ~]$ echo $SHELL
/bin/bash
# 로그인한 사용자 이름
[nalee@localhost ~]$ echo $USER
nalee
# 로그인한 사용자 이름
[nalee@localhost ~]$ echo $USERNAME
nalee
# 로그인한 사용자의 그룹 - 결과가 없는건 소속 그룹이 없음을 의미함
[nalee@localhost ~]$ echo $GROUP

# X 디스플레이 이름
[nalee@localhost ~]$ echo $DISPLAY
```

```
:0
# 현재 터미널의 컬럼 수
[nalee@localhost ~]$ echo $COLUMNS
80
# 현재 터미널의 라인 수
[nalee@localhost ~]$ echo $LINES
24
# 기본 프롬프트 변수 - 페도라 계열
[nalee@localhost ~]$ echo $PS1
[\u@\h \W]\$
# 기본 프롬프트 변수 - 데비안 계열
nalee@localhost:~$ echo $PS1
\[\e]0;\u@\h: \w\a\]${debian_chroot:+($debian_chroot)}\[\033[01;32m\]\u@\
h\[\033[00m\]:\[\033[01;34m\]\w\[\033[00m\]\$
# 보조 프롬프트 변수
[nalee@localhost ~]$ echo $PS2
>
# 셸 스크립트에서 select 사용 시 프롬프트 변수
[nalee@localhost ~]$ echo $PS3

# 셸 스크립트 디버깅 모드에서 프롬프트 변수
[nalee@localhost ~]$ echo $PS4
+
# BASH 실행 파일 경로
[nalee@localhost ~]$ echo $BASH
/usr/bin/bash
# 설치된 BASH 버전
[nalee@localhost ~]$ echo $BASH_VERSION
4.2.46(2)-release
# history 파일 경로
[nalee@localhost ~]$ echo $HISTFILE
/home/nalee/.bash_history
# history 파일 크기
[nalee@localhost ~]$ echo $HISTFILESIZE
1000
# history 저장 개수
[nalee@localhost ~]$ echo $HISTSIZE
1000
# 호스트 이름
[nalee@localhost ~]$ echo $HOSTNAME
localhost
# 시스템 하드웨어 종류
[nalee@localhost ~]$ echo $HOSTTYPE
x86_64
```

```
# 머신 종류 - HOSTTYPE보다 상세하게 나옴
[nalee@localhost ~]$ echo $MACHTYPE
x86_64-redhat-linux-gnu
# 메일 보관 경로
[nalee@localhost ~]$ echo $MAIL
/var/spool/mail/nalee
# 로그인 사용자
[nalee@localhost ~]$ echo $LOGNAME
nalee
# 스크립트 또는 명령어가 실행된 시간의 초 단위
[nalee@localhost ~]$ echo $SECONDS
69505
# 사용자 UID
[nalee@localhost ~]$ echo $UID
1000
# 운영체제 종류
[nalee@localhost ~]$ echo $OSTYPE
linux-gnu
```

위치 매개변수

위치 매개변수는 스크립트 수행 시 함께 넘어오는 파라미터를 의미합니다. 다음 표는 위치 매개변수의 종류를 정리한 것으로, 대체적으로 $1..$3까지를 가장 많이 사용합니다.

매개변수	설명
$0	실행된 스크립트 이름
$1	$1 $2 $3...${10} 파라미터 순서대로 번호가 부여되며, 10번째부터는 "{ }"로 감싸줘야 함
$*	전체 인자 값
$@	전체 인자 값($*는 동일하지만 쌍따옴표로 변수를 감싸면 다른 결과 나옴)
$#	매개변수의 총 개수

예제를 통해 위치 매개변수에 대해 알아보겠습니다. mylanguage.sh라는 셸 스크립트에는 echo와 함께 위치 매개변수를 함께 사용하였습니다.

```
[nalee@localhost ~]$ vi mylanguage.sh
#!/bin/bash

echo "This shell script name is $0"
echo "I can speak $1 and $2"
```

```
echo "This shell script parameters are $*"
echo "This shell script parameters are $@"
echo "This parameter count is $#"
```

셸 스크립트를 실행하면 처음 사용했던 $0은 실행한 셸 스크립트 파일명이 출력되고, $1과 $2
는 셸 스크립트와 함께 넘긴 파라미터 두 개가 순서대로 출력됩니다. $*과 $@를 사용했을 때
는 결과값이 같음을 알 수 있고, $#을 사용했을 때는 파라미터 개수가 출력되는 것을 알 수 있
습니다.

```
[nalee@localhost ~]$ sh mylanguage.sh Korean English
This shell script name is mylanguage.sh
I can speak Korean and English
This shell script parameters are Korean English
This shell script parameters are Korean English
This parameter count is 2
```

$*과 $@

$*과 $@를 for와 함께 사용할 때 큰 따옴표 " "를 앞뒤로 사용했을 경우와 그렇지 않을 경우의
차이점을 확실하게 알 수 있습니다.

먼저 $*을 이용해 for를 사용하면 다음 예제와 같이 큰따옴표 " "와 상관없이 스페이스를 기준
으로 문자열을 파라미터로 인식합니다.

```
[nalee@localhost ~]$ cat mylanguage.sh
#!/bin/bash

for language in $*
do
  echo "I can speak $language"
done
# $*만 사용했을 경우 매개변수를 모두 개별로 인식함
[nalee@localhost ~]$ sh mylanguage.sh Korean English "Japanese Chinese"
I can speak Korean
I can speak English
I can speak Japanese
I can speak Chinese
```

$@를 사용했을 때도 $*을 사용했을 때와 결과값이 동일함을 다음 예제에서 알 수 있습니다.

```
[nalee@localhost ~]$ cat mylanguage.sh
#!/bin/bash

for language in $@
do
  echo "I can speak $language"
done
# $@ 역시 $*과 동일하게 매개변수를 개별로 인식함
[nalee@localhost ~]$ sh mylanguage.sh Korean English "Japanese Chinese"
I can speak Korean
I can speak English
I can speak Japanese
I can speak Chinese
```

이번에는 큰따옴표와 함께 $*을 사용하면 매개변수를 개별로 인식하는 것이 아니라 하나의 문자열로 인식함을 알 수 있습니다.

```
[nalee@localhost ~]$ cat mylanguage.sh
#!/bin/bash

for language in "$*"
do
  echo "I can speak $language"
done
# "$*"로 사용했을 경우 매개변수를 하나의 문자열로 인식함
[nalee@localhost ~]$ sh mylanguage.sh Korean English "Japanese Chinese"
I can speak Korean English Japanese Chinese
```

큰따옴표와 함께 $@를 사용하면 큰따옴표 사이의 문자열을 하나의 매개변수로 인식하고 있음을 알 수 있습니다.

```
[nalee@localhost ~]$ cat mylanguage.sh
#!/bin/bash

for language in "$@"
do
  echo "I can speak $language"
```

```
done
# "$@"로 사용했을 경우 매개변수를 문자열 별로 인식함
[nalee@localhost ~]$ sh mylanguage.sh Korean English "Japanese Chinese"
I can speak Korean
I can speak English
I can speak Japanese Chinese
```

특수 매개변수

특수 매개변수는 현재 실행 중인 스크립트나 명령어의 프로세스 ID을 확인하거나 바로 앞에서
실행한 명령어나 함수 또는 스크립트 실행이 정상적으로 수행되었는지 여부를 확인할 수 있는
변수들을 의미합니다. 다음 표는 이런 특수 매개변수를 정리한 것입니다.

매개변수	설명
$$	현재 스크립트 또는 명령어의 PID
$?	최근에 실행된 명령어, 함수, 스크립트의 종료 상태
$!	최근에 실행한 백그라운드(비동기) 명령의 PID
$-	현재 옵션 플래그

특수 매개변수는 다음과 같이 echo를 이용하여 명령 프롬프트에서 바로 확인할 수 있습니다.
특수 매개변수 중 $!는 최근에 실행한 백그라운드 명령이나 스크립트의 프로세스 ID를 확인할
수 있습니다. 이와 같은 경우에는 스크립트 실행 시 &를 같이 사용함으로써 스크립트를 백그라
운드로 수행할 수 있습니다.

```
# 현재 실행 중인 명령어 또는 스크립트의 PID
[nalee@localhost ~]$ echo $$
31186
# 최근에 실행한 명령어, 함수, 스크립트의 종료 상태를 나타내며, 정상일 경우 0을 반
환함
[nalee@localhost ~]$ echo $?
0
# 최근 실행한 명령어가 비정상일 경우 0이 아닌 다른 값을 반환함
[nalee@localhost ~]$ ls abc
ls: cannot access abc: No such file or directory
[nalee@localhost ~]$ echo $?
2
# 최근에 실행한 백그라운드 명령어 또는 스크립트의 PID
[nalee@localhost ~]$ sh myshell.sh &
```

```
I am learning English
I can speak Korean
I can speak
[nalee@localhost ~]$ echo $!
24779
# 현재 옵션 플래그
[nalee@localhost ~]$ echo $-
himBH
```

2.2.3 매개변수 확장

셸 스크립트를 개발하다 보면 변수를 초기화할 때 외부로부터 파라미터를 통해 변수의 값을 설정하는 경우와 그렇지 않을 경우 기본값을 대체하여 사용하는 경우가 많습니다. Java나 C 언어에서 사용되는 3항 연산자(*변수=조건?true:false와 같이 사용하는 연산자)와 유사한 연산들을 변수에 사용할 수 있습니다. 이런 변수들은 셸 스크립트나 함수 외부로부터 파라미터에 의해 입력받은 매개변수의 사용 범위를 확장시켜 줍니다. 이번 챕터에서는 이런 변수 사용법을 알아보도록 하겠습니다.

기본 변수 사용법

앞에서 변수를 사용할 때는 $ 뒤에 선언한 변수명을 입력함으로써 변수를 사용할 수 있다고 하였습니다. 그러나, 때로는 문자열과 문자열 사이에서 외부로부터 입력받은 값을 치환하기 위해 변수를 사용할 경우도 있습니다. 이런 경우에 $만 사용하면 시스템은 어디서부터 어디까지가 변수명인지를 인식할 수 없기 때문에 예측하지 못한 결과값을 리턴하게 됩니다. 이런 경우에 $와 함께 중괄호{}를 같이 사용하면 시스템은 쉽게 변수명을 인식할 수 있습니다.

확장자	설명
$변수	현재 문자열에서 해당 변수를 파라미터값으로 치환
${변수}	위와 같지만 {}를 사용함으로써 뒤에 오는 문자열과 구분 가능

다음 예제처럼 AUTH_URL을 이용하여 서브 URL을 만든다고 가정해 보겠습니다. 기존에 사용하던 $변수만 사용했을 경우 변수명이 AUTH_URL이 아니라 AUTH_URLlogin으로 인식하여 결과값이 예상하지 못했던 결과가 나온 것을 확인할 수 있습니다. 그러나, ${변수}를 이용했을 경우에는 어떤 것이 변수인지를 쉽게 인식할 수 있어 예상한 결과값이 정상적으로 나온

것을 확인할 수 있습니다.

```
# 변수 AUTH_URL에 "www.example.com/"을 저장한다.
[nalee@localhost ~]$ AUTH_URL="www.example.com/"
# 다음과 같은 경우 어디까지가 변수명인지 알 수 없어, 변수명을 AUTH_URLlogin으로 인
식함
[nalee@localhost ~]$ echo "http://$AUTH_URLlogin.html"
http://.html
# {}를 이용하여 $AUTH_URL이 변수인지를 구분할 수 있음
[nalee@localhost ~]$ echo "http://${AUTH_URL}login.html"
http://www.example.com/login.html
```

변수를 초기화(할당, 치환)하기 위한 확장 변경자

개발을 하다보면 특정 함수를 호출하거나 셸 스크립트를 실행할 때 함께 넘겨 받는 파라미터에 의해 변수의 값을 초기화(할당, 치환)하는 경우, 그리고 변수가 선언된 위치에서 변수의 값을 설정하여 사용하는 경우가 많습니다. 이런 경우 셸 스크립트에서는 어떻게 표현하고, 어떤 확장자(*expression, 여기서는 산술확장자를 의미함)를 사용하면 되는지 알아보겠습니다. 다음은 다양한 상황에서 매개변수를 초기화하는 방법을 정리한 것입니다.

확장자	설명
${변수−문자열}	변수가 설정되지 않은 경우 문자열로 변수를 치환
${변수:−문자열}	변수가 설정되지 않았거나 Null로 설정된 경우 문자열로 변수 치환
${변수=문자열}	변수가 설정되지 않은 경우 문자열을 변수에 저장하고 변수 치환
${변수:=문자열}	변수가 설정되지 않았거나 Null로 설정된 경우 문자열을 변수에 저장하고 변수 치환
${변수+문자열}	변수가 설정된 경우 문자열로 변수 치환
${변수:+문자열}	변수가 설정되고, Null 이외의 값으로 설정된 경우 문자열로 변수 치환
${변수?에러 메시지}	변수가 설정된 경우 변수의 값을 사용하며, 설정되지 않은 경우 표준오류 출력으로 에러 메시지를 출력
${변수:?에러 메시지}	변수가 Null 이외의 값으로 설정된 경우 변수의 값을 사용하며, 변수가 설정되지 않았거나 Null인 경우 에러 메시지를 출력하고 셸을 종료
${변수:시작 위치}	변수값이 문자열일 경우 시작 위치부터 문자열 길이 끝까지 출력
${변수:시작 위치:길이}	변수값이 문자열일 경우 시작 위치부터 길이까지 출력

예제1) ${변수-문자열}과 ${변수:-문자열}

다음 예제는 변수에 값이 설정됐을 때 변수조차 선언되지 않았을 경우, 변수가 선언되었으나 NULL값으로 초기화되었을 경우의 변수 사용법을 보여줍니다. 기본적으로 변수에 값이 설정되어 있을 경우에는 설정된 값을 변수의 기본값으로 사용하고, 변수가 선언되지 않았거나, 변수에 NULL값이 설정되어 있는 경우에는 다음에 설정한 문자열을 변수의 기본값으로 사용함을 예제를 통해 알 수 있습니다.

```
# 변수 OS_TYPE에 "redhat" 저장
[nalee@localhost ~]$ OS_TYPE=redhat
# 변수 OS_TYPE에 값이 있으면 저장된 값 redhat을 출력
[nalee@localhost ~]$ echo ${OS_TYPE:-ubuntu}
redhat
[nalee@localhost ~]$ echo ${OS_TYPE-ubuntu}
redhat
# 변수 OS_TYPE을 삭제하면 변수가 설정되지 않았으므로 ubuntu 출력
[nalee@localhost ~]$ unset OS_TYPE
[nalee@localhost ~]$ echo ${OS_TYPE:-ubuntu}
ubuntu
[nalee@localhost ~]$ echo ${OS_TYPE-ubuntu}
ubuntu
# 변수 OS_TYPE에 ""를 저장해도 null로 보고 ubuntu 출력
[nalee@localhost ~]$ OS_TYPE=""
[nalee@localhost ~]$ echo ${OS_TYPE:-ubuntu}
ubuntu
[nalee@localhost ~]$ echo ${OS_TYPE-ubuntu}
```

예제2) ${변수:-문자열}과 ${변수:=문자열}

예제1)은 변수를 사용할 때 단순히 리턴값만 변경하지만 ${변수:=문자열}을 사용할 경우에는 변수가 초기화되지 않았을 경우 문자열을 변수에 저장합니다. 따라서, 계속 해당 변수를 변경된 값으로 사용하고 싶다면 ${변수:=문자열}을 사용하면 좋습니다. 다음 예제는 ${변수:-문자열}과 ${변수:=문자열}의 차이를 잘 보여줍니다.

```
# 변수 OS_TYPE에 null값 저장
[nalee@localhost ~]$ OS_TYPE=""
# 변수 OS_TYPE에 값이 없으므로 redhat 출력
```

```
[nalee@localhost ~]$ echo ${OS_TYPE:-redhat}
redhat
# ${변수:-문자열}은 변수에 값을 저장하지 않음
[nalee@localhost ~]$ echo $OS_TYPE

# 변수 OS_TYPE에 값이 없으므로 redhat 출력
[nalee@localhost ~]$ echo ${OS_TYPE:=redhat}
redhat
# ${변수:=문자열}을 사용하면 변수에 문자열이 저장되어 redhat 출력
[nalee@localhost ~]$ echo $OS_TYPE
redhat
```

예제3) 변수가 초기화되었을 경우의 ${변수:+문자열}과 ${변수+문자열}

이번 예제는 앞의 예제와는 반대로 변수에 값이 설정되어 있을 경우 설정된 값을 기본값으로 사용하는 것이 아니라 다른 값으로 변수의 기본값을 설정할 경우에 사용할 수 있는 확장자입니다. ${변수:+문자열}과 ${변수+문자열}을 사용하면 변수에 설정된 값이 아닌 다른 값으로 치환할 수 있습니다.

```
# 변수 OS_TYPE에 ubuntu 저장
[nalee@localhost ~]$ OS_TYPE="ubnutu"
# 변수 OS_TYPE에 값이 있으므로 redhat 출력
[nalee@localhost ~]$ echo ${OS_TYPE:+redhat}
redhat
[nalee@localhost ~]$ echo ${OS_TYPE+redhat}
redhat
```

예제4) 변수가 선언되지 않았거나 NULL값일 경우의 ${변수:+문자열}과 ${변수+문자열}

이번에는 반대로 변수에 NULL값이 설정되어 있는 경우와 변수가 아예 선언되지 않았을 경우 ${변수:+문자열}과 ${변수+문자열}이 어떤 값을 리턴하는지를 살펴보겠습니다. ${변수:+문자열}을 사용했을 경우 변수에 NULL값이 설정되어 있으면, 변수가 초기화되지 않았다고 판단하고 NULL을 출력합니다. 그런데 ${변수+문자열}을 사용하면 반대로 변수가 NULL로 초기화되었다고 판단하고 문자열을 출력합니다. 또한 변수가 선언되지 않았을 경우에는 둘 다 NULL값을 출력합니다.

```
# 변수 OS_TYPE에 null값 저장
[nalee@localhost ~]$ OS_TYPE=""
# 변수 OS_TYPE의 값이 null이기 때문에 초기화가 되지 않았다고 판단하고 null 출력
[nalee@localhost ~]$ echo ${OS_TYPE:+redhat}

# 변수 OS_TYPE이 null로 초기화되었다고 판단하고 redhat 출력
[nalee@localhost ~]$ echo ${OS_TYPE+redhat}
redhat
# 변수 OS_TYPE을 삭제하면 변수가 존재하지 않으므로 null 출력
[nalee@localhost ~]$ unset OS_TYPE
[nalee@localhost ~]$ echo ${OS_TYPE:+redhat}

[nalee@localhost ~]$ echo ${OS_TYPE+redhat}
```

예제5) 변수가 NULL일 경우 ${변수:?에러 메시지}와 ${변수?에러 메시지}

변수에 값이 설정되었을 경우에는 설정된 값을 기본값으로 사용하고, NULL이 설정되어 있을 경우에는 에러 메시지를 출력하고 셸 스크립트를 종료하는 확장자가 있는 반면, NULL도 값이라고 인식하고 NULL값을 그대로 사용하는 확장자가 있습니다. ${변수:?에러 메시지}는 NULL값을 에러로 인식하고 에러 메시지를 출력한 후 셸 스크립트를 종료하는 반면 ${변수?에러 메시지}는 NULL값을 그대로 기본값으로 사용합니다. 다음 예제는 ${변수:?에러 메시지}와 ${변수?에러 메시지}의 이런 차이를 잘 보여줍니다.

```
# 변수 OS_TYPE에 redhat 저장
[nalee@localhost ~]$ OS_TYPE="redhat"
# 변수 OS_TYPE에 값이 있으므로 redhat 출력
[nalee@localhost ~]$ echo ${OS_TYPE:?null or not set}
redhat
[nalee@localhost ~]$ echo ${OS_TYPE?not set}
redhat
# 변수 OS_TYPE에 null을 저장
[nalee@localhost ~]$ OS_TYPE=""
# ${변수:?에러 메시지}를 사용하면 null은 값으로 취급하지 않으므로 에러 메시지 출력
후 종료
[nalee@localhost ~]$ echo ${OS_TYPE:?null or not set}
bash: OS_TYPE: null or not set
# 비정상 종료이므로 특수 매개변수 $?는 1을 출력
[nalee@localhost ~]$ echo $?
1
```

```
# $[변수?에러 메시지]는 null도 값으로 취급하므로 null값 출력
[nalee@localhost ~]$ echo ${OS_TYPE?not set}

# 정상 종료이므로 특수 매개변수 $?는 0을 출력
[nalee@localhost ~]$ echo $?
0
```

예제6) 변수가 선언되지 않았을 경우의 ${변수:?에러 메시지}와 ${변수?에러 메시지}

이번에는 변수가 선언되지 않았을 경우에 ${변수:?에러 메시지}와 ${변수?에러 메시지}의 차이를 살펴보겠습니다. 이 경우에는 변수가 선언되지 않았으므로, 둘 다 에러 메시지를 출력한 후 셸 스크립트를 종료합니다. 만일 어떤 에러 메시지를 써야 할지 잘 모르겠다면 ${변수?}를 사용해도 에러 메시지를 출력한 후 셸 스크립트를 종료할 수 있습니다. 이 경우에는 에러 메시지가 parameter null or not set으로만 출력됩니다.

```
# 변수 OS_TYPE 삭제
[nalee@localhost ~]$ unset OS_TYPE
# 변수가 존재하지 않으므로 에러 메시지 출력 후 종료
[nalee@localhost ~]$ echo ${OS_TYPE:?null or not set}
bash: OS_TYPE: null or not set
# 비정상 종료이므로 특수 매개변수 $?는 1을 출력
[nalee@localhost ~]$ echo $?
1
# 변수가 존재하지 않으므로 에러 메시지 출력 후 종료
[nalee@localhost ~]$ echo ${OS_TYPE?not set}
bash: OS_TYPE: not set
# 비정상 종료이므로 특수 매개변수 $?는 1을 출력
[nalee@localhost ~]$ echo $?
1
# 에러 메시지를 생략하면 다음과 같은 에러 메시지 출력
[nalee@localhost ~]$ echo ${OS_TYPE?}
bash: OS_TYPE: parameter null or not set
```

예제7) 변수의 문자열 자르기

이번에는 변수에 설정된 값이 문자열일 경우, 문자열을 잘라 사용하는 경우를 예제를 통해 알아보겠습니다. ${변수:위치}를 사용하면 변수에 저장된 문자열의 위치부터 문자열 끝까지를 리턴하며, 특정 문자열 길이만큼만 잘라서 사용할 경우에는 ${변수:위치:길이}를 사용히면 해당 길이만큼만 문자열이 리턴됩니다. 반대로 ${변수:(-위치)}를 사용할 경우에는 문자열 끝에서 해당 위치만큼 이동한 후 문자열 끝까지를 리턴해 주며, ${변수:(-위치):-길이}를 사용하면 문자열 끝에서 해당 위치만큼 이동한 후 문자열 끝까지의 길이에서 설정해 준 길이만큼을 뺀 길이만큼 리턴해 줍니다.

```
# 변수 OS_TYPE에 "Redhat Ubuntu Fedora Debian" 저장
[nalee@localhost ~]$ OS_TYPE="Redhat Ubuntu Fedora Debian"
# 변수 OS_TYPE에 저장된 문자열 위치 14번째부터 문자열 끝까지 출력
[nalee@localhost ~]$ echo ${OS_TYPE:14}
Fedora Debian
# 변수 OS_TYPE에 저장된 문자열 위치 14번째부터 6글자 출력
[nalee@localhost ~]$ echo ${OS_TYPE:14:6}
Fedora
# 변수 OS_TYPE에 저장된 문자열 끝 6번째 글자부터 문자열 끝까지 출력
[nalee@localhost ~]$ echo ${OS_TYPE:(-6)}
Debian
# 변수 OS_TYPE에 저장된 문자열 끝 6번째 글자부터 2글자 출력
[nalee@localhost ~]$ echo ${OS_TYPE:(-6):2}
De
# 변수 OS_TYPE에 저장된 문자열 끝 6번째 글자부터 끝까지의 길이 중 2를 뺀 나머지 길
이만큼 출력
[nalee@localhost ~]$ echo ${OS_TYPE:(-6):-2}
Debi
```

변수의 문자열 값을 변경하기 위한 매개변수 확장자

이번에 살펴볼 매개변수 확장자는 변수의 값이 문자열로 설정되었을 경우 패턴을 통해 문자열을 변경할 경우에 사용할 수 있는 확장자들입니다. 다음은 이런 확장자들을 정리한 것입니다.

확장자	설명
${변수#패턴}	변수에 설정된 문자열 앞에서부터 처음 찾은 패턴과 일치하는 패턴 앞의 모든 문자열 제거
${변수##패턴}	변수에 설정된 문자열 앞에서부터 마지막으로 찾은 패턴과 일치하는 패턴 앞의 모든 문자열 제거
${변수%패턴}	변수에 설정된 문자열 뒤에서부터 처음 찾은 패턴과 일치하는 패턴 뒤의 모든 문자열 제거
${변수%%패턴}	변수에 설정된 문자열 뒤에서부터 마지막으로 찾은 패턴과 일치하는 패턴 뒤의 모든 문자열 제거
${#변수}	변수의 길이 리턴

확장자	설명
${변수/찾을문자열/바꿀문자열}	변수에 설정된 문자열에서 첫 번째 패턴에 해당하는 부분을 문자열로 변경 문자열을 지정하지 않으면 해당 문자열을 제거
${변수/#찾을문자열/바꿀문자열}	변수에 설정된 문자열의 시작 문자열이 패턴과 맞는 경우 문자열로 변경
${변수/%찾을문자열/바꿀문자열}	변수에 설정된 문자열의 마지막 문자열이 패턴과 맞는 경우 문자열로 변경

예제1) ${변수#패턴}과 ${변수##패턴}

${변수#패턴}과 ${변수##패턴}은 변수가 문자열로 설정되었을 경우 문자열에서 패턴을 찾아 패턴 앞의 문자열을 제거해 줍니다. ${변수#패턴}은 문자열 앞에서부터 처음 찾은 패턴 앞의 모든 문자열을 제거해 주며, ${변수##패턴}의 경우에는 문자열 앞에서부터 마지막으로 찾은 패턴 앞의 모든 문자열을 제거해 줍니다. 따라서, ${변수#패턴}과 ${변수##패턴}을 사용할 경우 패턴은 모든 문자열을 의미하는 애스터리스크*를 다음 예제처럼 반드시 패턴 앞에 사용해야 합니다.

```
# 변수 OS_TYPE에 "myvm_container-repo.tar.gz" 저장
[nalee@localhost ~]$ FILE_NAME="myvm_container-repo.tar.gz"
# 앞에서부터 처음 찾은 _ 앞의 모든 문자열 제거
[nalee@localhost ~]$ echo ${FILE_NAME#*_}
container-repo.tar.gz
# 앞에서부터 마지막으로 찾은 - 앞의 모든 문자열 제거
[nalee@localhost ~]$ echo ${FILE_NAME##*-}
repo.tar.gz
```

예제2) ${변수%패턴}과 ${변수%%패턴}

이와 반대로 ${변수%패턴}과 ${변수%%패턴}은 변수에 설정된 문자열에서 패턴을 찾아 패턴 뒤의 문자열을 제거해 줍니다. ${변수%패턴}은 문자열의 뒤에서부터 처음 찾은 패턴 뒤의 모든 문자열을 제거해 주며, ${변수%%패턴}의 경우에는 문자열의 뒤에서부터 마지막으로 찾은 패턴 뒤의 모든 문자열을 제거해 줍니다. 이 경우 역시 ${변수%패턴}과 ${변수%%패턴}을 사용할 경우 패턴은 모든 문자열을 의미하는 애스터리스크*를 다음 예제처럼 반드시 패턴 뒤에 사용해야 합니다.

```
# 뒤에서부터 처음 찾은 . 뒤의 모든 문자열 제거
[nalee@localhost ~]$ echo ${FILE_NAME%.*}
myvm.container.repo.tar
# 뒤에서부터 마지막으로 찾은 . 뒤의 모든 문자열 제거
[nalee@localhost ~]$ echo ${FILE_NAME%%.*}
myvm_container-repo
```

예제3) 파일명과 파일 경로 추출 예

이번에는 예제1)과 예제2)에서 살펴본 확장자를 이용하여 파일 경로에서 해당 파일의 디렉터리 경로와 파일명을 추출하는 예제를 살펴보도록 하겠습니다. 다음 예제처럼 파일 경로가 저장된 변수가 있을 때 디렉터리 경로를 추출할 경우 ${변수%패턴}을 사용하여 문자열 뒤에서부터 처음으로 찾은 패턴 뒤의 모든 문자열을 삭제하고, 문자열을 리턴할 수 있도록 /*을 사용하면 문자열의 뒤에서부터 처음으로 찾은 / 뒤의 모든 문자열을 삭제함으로써 디렉터리 경로를 추출할 수 있습니다. 파일명을 추출할 경우에는 ${변수##패턴}을 사용하여 문자열 앞에서부터 마지막으로 찾은 패턴 앞의 문자열을 모두 삭제함으로써 파일명을 추출할 수 있습니다. 그리고, ${#변수}를 사용할 경우 변수에 저장된 문자열의 길이를 구할 수 있습니다.

```
# 파일 경로를 나타내는 문자열 "/etc/nova/nova.conf" 설정
[nalee@localhost ~]$ FILE_PATH="/etc/nova/nova.conf"
# 문자열에서 디렉터리 경로 출력
[nalee@localhost ~]$ echo ${FILE_PATH%/*}
/etc/nova
# 파일 경로에서 파일명 출력
[nalee@localhost ~]$ echo ${FILE_PATH##*/}
nova.conf
# 변수의 문자열 길이 출력
[nalee@localhost ~]$ echo ${#FILE_PATH}
19
```

예제4) ${변수/찾을문자열/바꿀문자열}과 ${변수//찾을문자열/바꿀문자열}

이번에 살펴볼 확장자는 변수에 설정된 문자열에서 특정 문자열을 찾아 다른 문자열로 치환하여 리턴해 줍니다. ${변수/찾을문자열/바꿀문자열}을 사용하면 말 그대로 변수에 설정된 문자열 앞에서부터 처음으로 찾은 문자열을 바꿀문자열로 바꿔줍니다. ${변수//찾을문자열/바꿀문자열}을 이용하면 문자열 전체에서 해당 문자열을 찾아 바꿀문자열로 모두 바꿔줍니다. 이때 만일 바꿀 문자열을 입력하지 않으면 찾은 문자열을 제거합니다. 문자열의 시작하는 부분을 변경할 경우에는 ${변수/#찾을문자열/바꿀문자열}을 이용하면 되고, 문자열의 끝부분을 변경할 경우에는 ${변수/%찾을문자열/바꿀문자열}을 이용하면 됩니다.

```
# 변수 OS_TYPE에 "Redhat Linux Ubuntu Linux Fedora Linux" 저장
[nalee@localhost ~]$ OS_TYPE="Redhat Linux Ubuntu Linux Fedora Linux"
# 앞에서부터 처음으로 찾은 Linux를 OS로 변경
[nalee@localhost ~]$ echo ${OS_TYPE/Linux/OS}
Redhat OS Ubuntu Linux Fedora Linux
# 처음부터 끝까지 찾은 Linux를 OS로 변경
[nalee@localhost ~]$ echo ${OS_TYPE//Linux/OS}
Redhat OS Ubuntu OS Fedora OS
# 앞에서부터 처음으로 찾은 Linux 삭제
[nalee@localhost ~]$ echo ${OS_TYPE/Linux}
Redhat Ubuntu Linux Fedora Linux
# 처음부터 끝까지 찾은 Linux 삭제
[nalee@localhost ~]$ echo ${OS_TYPE//Linux}
Redhat Ubuntu Fedora
# Redhat으로 시작하는 단어를 Unknown으로 변경
[nalee@localhost ~]$ echo ${OS_TYPE/#Redhat/Unknown}
Unknown Ubuntu Linux Fedora Linux
# Linux로 끝나는 단어를 Unknown으로 변경
[nalee@localhost ~]$ echo ${OS_TYPE/%Linux/Unknown}
Redhat Linux Ubuntu Linux Fedora Unknown
```

2.3 조건문 if, switch-case

조건문은 셸 스크립트뿐만 아니라 개발을 할 때 가장 많이 쓰이는 기본 문법 중 하나입니다. 그 중에도 if문은 정말 많이 사용되는 문법이므로, 잘 알아두면 매우 유용하게 활용할 수 있습니다. 또한 if문과 함께 사용되는 조건문이 switch-case문입니다.

2.3.1 if문

if문은 질문을 통해 질문에 대한 답이 참인지 거짓인지를 판단하여 그 다음 행동에 영향을 줍니다. 예를 들어, 두 변수의 값을 비교한다거나 변수의 값이 특정 값에 도달했는지를 판단할 경우 if문을 사용하면 좋습니다. 또는 운영체제가 Fedora 계열이면 yum install을 이용하여 애플리케이션을 설치하고, 운영체제가 Debian 계열이면 apt-get install을 이용하여 애플리케이션을 설치할 경우에도 if문을 사용할 수 있습니다.

기본 사용법

if문의 기본 사용법은 다음과 같습니다. if문을 사용할 때는 굵게 표현한 글자는 반드시 기입을 해야 하며, 회색으로 표현한 글자는 조건식이 여러 개일 경우 사용합니다. 그리고, 조건식 앞뒤로는 반드시 대괄호[ ]를 사용해야 하며, 대괄호[ ]와 조건식 사이에는 반드시 한 칸의 스페이스를 두어야 합니다.

```
if [ 첫 번째 조건식 ]
then
      수행문
elif [ 두 번째 조건식 ]
then
      수행문
else
      수행문
fi
```

조건식 타입

조건식은 변수의 타입이 숫자나 문자열 또는 파일과 같은 객체형이냐에 따라 사용되는 타입에 차이가 있으며, 연산의 종류에 따라서도 차이가 있을 수 있습니다. 다음은 주로 사용하는 조건식 타입을 정리한 것입니다.

조건식 타입	설명
if [$변수 연산자 $변수]; then	일반적인 조건식 타입으로 두 변수의 값을 비교할 때 쓰임
if [$변수 연산자 조건값]; then	조건값이 고정되어 있을 경우 변수와 조건값을 비교할 때 사용
if [연산자 $변수]; then	변수의 값이 문자열이거나 디렉터리와 같은 경우일 때 주로 사용
if [조건식] 연산자 [조건식]; then	여러 개의 조건식을 AND나 OR로 복합 연산할 때 사용

예제1) 조건식 타입 – if [$변수 연산자 $변수]; then

if문을 사용할 때 가장 일반적으로 사용하는 조건식 타입으로 두 변수의 값을 비교할 때 주로 사용됩니다. 다음은 변수 value1과 value2의 값이 동일한지를 비교하는 예제로 두 변수의 값이 같아 True를 출력함을 알 수 있습니다. if 조건식을 보면 if [$변수 연산자 $변수]; then이나, 예제에서는 ; 세미콜론이 사용되지 않았습니다. 셸 스크립트에서 세미콜론을 사용한다는 것은 문법이나 명령어 또는 구문이 완료되어 다음 줄로 넘길 경우에 세미콜론을 사용합니다. 예제에서는 if [$변수 연산자 $변수] 다음에 바로 then이 오는 것이 아니라 다음 줄에 왔기 때문에 세미콜론을 사용하지 않았습니다. 연산자는 **2.5 연산자**에서 자세히 다루니 해당 챕터를 참조하기 바랍니다.

```
# 변수 value1과 value2의 값이 동일한지 비교하는 조건문
[nalee@localhost ~]$ cat if_example1.sh
#!/bin/bash

value1=10
value2=10
# 한줄로 사용할 경우에는 if [ $value1 = $value2 ]; then으로 표현할 수 있음
if [ $value1 = $value2 ]
then
    echo True
else
    echo False
fi
# 두 변수의 값은 동일함으로 True 출력
[nalee@localhost ~]$ sh if_example1.sh
True
```

예제2) 조건식 타입 – if [$변수 연산자 조건값]; then

이 조건식 타입은 조건값이 고정되어 있을 경우 사용하는 예제로 변수와 조건값을 비교할 때 주로 사용합니다. 다음 예제는 변수 value의 값이 0인지를 비교하여 값이 0이면 True를, 그렇지 않으면 False를 출력하도록 되어 있습니다. 예제에서는 value의 값이 0이므로 True를 출력합니다. 또한 조건식을 표현할 때는 if문의 조건식 앞뒤로 반드시 공백을 두어야 합니다.

```
# 변수 value의 값이 0인지 비교하는 조건문
[nalee@localhost ~]$ cat if_example2.sh
#!/bin/bash

value=0
# 한 줄로 사용할 경우에는 if [ $value = 0 ]; then으로 표현할 수 있음
if [ $value = 0 ]
then
    echo True
else
    echo False
fi
# value가 0이므로 True 출력
[nalee@localhost ~]$ sh if_example2.sh
True
```

예제3) 조건식 타입 – if [연산자 $변수]; then

조건식 타입 if [연산자 $변수]; then의 경우는 변수가 문자열이거나 디렉터리 또는 파일과 같이 객체형일 때 주로 사용됩니다. 연산자 –z는 변수에 저장된 값의 길이가 0인지를 비교하여 0이면 True를, 그렇지 않으면 False를 리턴하는 문자열 연산자입니다. 연산자에 대한 설명은 **2.5 연산자**에서 자세하게 다루니 해당 챕터를 참조하기 바랍니다.

```
# 변수 value의 길이가 0인지 비교하는 조건문
[nalee@localhost ~]$ cat if_example3.sh
#!/bin/bash

value=""
# 한 줄로 표현할 경우에는 if [-z $value ]; then으로 표현할 수 있음
if [ -z $value ]
then
    echo True
else
    echo False
fi
# value의 길이가 0이므로 True 출력
[nalee@localhost ~]$ sh if_example3.sh
True
```

예제4) 조건식 타입 – if [조건식] 연산자 [조건식]; then

조건식 타입 if [조건식] 연산자 [조건식]; then은 여러 개의 조건식을 AND나 OR과 같은 논리 연산자에 의해 복합 연산을 할 경우에 주로 사용됩니다. 다음 예제는 변수 value의 값이 0보다 크고, 10보다 작은지를 비교하는 AND 연산입니다. 연산자 −gt는 A가 B보다 큰지를 비교하는 연산자이며, −lt는 A가 B보다 작은지를 비교하는 연산자입니다. &&는 AND 연산을 의미합니다. 연산자에 대한 설명은 **2.5 연산자**에서 자세하게 다루니 해당 챕터를 참조하기 바랍니다.

```
# 변수 value의 값은 0보다 크고, 10보다 작은지를 비교하는 조건문
[nalee@localhost ~]$ cat if_example4.sh
#!/bin/bash

value=5
# 한 줄로 표현할 경우에는 if [ $value -gt 0 ] && [ $value -lt 10 ]; then으로 표현가능함
if [ $value -gt 0 ] && [ $value -lt 10 ]
then
    echo True
else
    echo False
fi
# value값은 0보다 크고, 10보다 작으므로 True 출력
[nalee@localhost ~]$ sh if_example4.sh
True
```

2.3.2 switch−case문

Switch−case문은 if문에 비해 사용 빈도는 떨어지나, 변수의 값에 따라 분기를 해야 하는 경우에 주로 사용됩니다. 그렇기 때문에 switch−case문에 대한 사용법도 알아두면 도움이 됩니다. 그리고, switch−case문은 어떤 셸을 사용하느냐에 따라 기본 사용법이 조금씩 차이가 있습니다. 여기서는 BASH를 기준으로 설명하므로, BASH에 해당하는 switch−case문에 대한 사용법만 언급하겠습니다.

기본 사용법

switch−case문은 다음과 같이 case와 힘께 비교 대상이 되는 변수명을 사용하고, 비교를 할 조건값별로 수행문을 작성하는 형식으로 사용됩니다.

```
case $변수 in
    조건값1)
    수행문1 ;;
    조건값2)
    수행문2 ;;
    조건값3)
    수행문3 ;;
    *)
    수행문4
esac
```

예제) switch-case에 대한 기본 사용법에 대한 예

좀 더 쉬운 이해를 돕기 위해 다음 예제를 살펴보겠습니다. 다음 예제는 외부로부터 입력받은 매개변수의 값이 start이면 Start를 출력하고, stop이면 Stop을, restart이면 Restart를, help이면 Help를 출력합니다. 만일 입력받은 매개변수가 없는 경우는 하단의 *)에서 Please input sub command를 출력하도록 되어 있습니다. 예제에서 살펴본 것처럼 case문은 변수와 조건값 중 동일한 조건값의 수행문을 수행하고 종료합니다.

```
# 입력받은 파라미터에 따라 해당 문자열을 출력하는 예제
[nalee@localhost ~]$ cat case-example.sh
#!/bin/bash

case $1 in
    start)
    echo "Start"
    ;;
    stop)
    echo "Stop"
    ;;
    restart)
    echo "Restart"
    ;;
    help)
    echo "Help"
    ;;
    *)
```

```
        echo "Please input sub command"
esac
# 파라미터가 없어 "Please input sub command"를 출력
[nalee@localhost ~]$ sh case-example.sh
Please input sub command
# 파라미터와 동일한 start에 해당되어, "Start"를 출력
[nalee@localhost ~]$ sh case-example.sh start
Start
```

2.4 반복문 for, while

반복문은 조건문과 쌍벽을 이룰 정도로 개발에서 많이 사용되는 문법입니다. 셸 스크립트 역시 for문과 while문을 제공하며, for문은 그 활용 예가 매우 다양합니다. 그럼, 지금부터 반복문에 대해 알아보도록 하겠습니다.

2.4.1 for문

for문은 리스트나 배열과 같이 다수의 값을 이용하여 동일한 작업을 처리할 경우에 주로 사용합니다. 셸 스크립트에는 이런 for문을 두 가지 방법으로 사용할 수 있도록 제공합니다.

기본 사용법1

첫 번째 기본 사용법은 python의 for문 사용법과 같이 in을 사용하여 리스트나 배열과 같은 특정 범위의 값들을 하나씩 꺼내어 변수에 저장하고, 리스트나 배열의 해당 값을 모두 사용할 때까지 특정 수행문을 처리하는 방식입니다. 셸 스크립트에서는 다음과 같은 기본 사용법1을 기본 사용법2보다 더 많이 사용합니다.

```
for 변수 in [범위(리스트 또는 배열, 묶음 등)]
do
   반복할 수행문
done
```

기본 사용법2

두 번째 사용법은 java나 C 언어와 같이 초기값이 특정 조건에 해당할 때까지 값을 증가시키면서 특정 수행문을 계속 반복하는 방법입니다. 기본 사용법2는 기본 사용법1에 비해 사용 빈도는 떨어지지만 1부터 100까지 2씩 증가하며, 해당 값을 연산할 경우에 주로 사용합니다.

```
for (((변수=초기값; 조건식; 증가값))
do
    반복할 수행문
done
```

이번에는 다양한 예제를 통해 반복문인 for문의 사용법을 알아보겠습니다.

예제1) for문 기본 사용법1에 대한 예

다음 예제는 기본 사용법1에 대한 예제로 for문에 반복할 값의 범위를 숫자로 바로 사용하였습니다. 가장 기본적인 반복문의 사용법이며, 반복하고자 하는 값을 나열하는 방식입니다.

```
# 숫자 1 2 3을 바로 for에 사용하였음
[nalee@localhost ~]$ cat for-example1.sh
#!/bin/bash

for num in 1 2 3
do
  echo $num;
done
# 1 2 3이 순차적으로 출력됨
[nalee@localhost ~]$ sh for-example1.sh
1
2
3
```

예제2) 범위를 변수로 사용할 경우

예제1)과 같은 경우에는 반복할 값의 범위를 바로 나열했기 때문에 범위를 수정할 수 없습니다. 그러나, 이번에 살펴볼 예제는 반복할 값의 범위를 변수에 저장함으로써 변수의 값만 바꾸면 언제든지 범위 값을 변경할 수 있습니다.

```
# 숫자 1 2 3을 변수에 저장하고 변수를 for문에 사용하였음
[nalee@localhost ~]$ cat for-example2.sh
#!/bin/bash

numbers="1 2 3"

for num in $numbers
do
  echo $num;
done
# 예제1과 같이 1 2 3을 순차적으로 출력함
[nalee@localhost ~]$ sh for-example2.sh
1
2
3
```

예제3) 범위를 디렉터리로 사용할 경우

셸 스크립트에는 숫자나 문자열 이외에 디렉터리나 파일과 같은 객체를 범위로 사용할 수 있습니다. 다음 예제는 홈 디렉터리를 나타내는 환경변수를 사용하여 홈 디렉터리 내의 디렉터리 및 파일 목록을 범위로 사용한 예입니다.

```
# 환경변수를 사용하여 디렉터리 경로를 for문에 사용하였음
[nalee@localhost ~]$ cat for-example3.sh
#!/bin/bash

for file in $HOME/*
do
  echo $file;
done
# 홈 디렉터리 내의 디렉터리 및 파일 목록이 출력됨
[nalee@localhost ~]$ sh for-example3.sh
/home/nalee/Desktop
/home/nalee/Documents
/home/nalee/Downloads
/home/nalee/Music
/home/nalee/Pictures
/home/nalee/Public
/home/nalee/Script
/home/nalee/Templates
/home/nalee/Videos
```

예제4) 범위를 중괄호로 사용할 경우

반복문의 범위값을 사용할 때 연속된 숫자를 나열할 경우가 있습니다. 이런 경우에는 중괄호{}를 사용하여 초기값과 마지막값을 입력하고 중간에 생략한다는 의미의 .. 을 이용하면 모든 숫자를 나열하지 않아도 되므로 좀 더 효율적으로 반복문을 사용할 수 있습니다. 예제에서는 1부터 5까지의 모든 숫자를 전부 나열하지 않고, 중괄호{}를 사용하여 범위를 좀 더 간결하게 표현하였습니다.

```
# 중괄호를 사용하면 범위에 해당하는 모든 숫자를 나열하지 않고 생략할 수 있음
[nalee@localhost ~]$ cat for-example4.sh
#!/bin/bash

for num in {1..5}
do
  echo $num;
done
# 범위에서 숫자가 생략되었지만, 1부터 5까지 순차적으로 출력됨
[nalee@localhost ~]$ sh for-example4.sh
1
2
3
4
5
```

중괄호를 사용할 경우 증가값이 1이 아니라 그 이상일 경우 다음 예제와 같이 {초기값..최종값..증가값}으로 표현할 수 있습니다. 다음 예제는 1부터 10까지의 숫자를 출력하되 2씩 증가한 값을 출력하는 예제로 1에서 10 사이에 해당하는 홀수들이 출력됩니다.

```
# 범위를 숫자로 사용할 경우 특정 값으로 증감 표현도 가능
[nalee@localhost ~]$ cat for-example5.sh
#!/bin/bash

for num in {1..10..2}
do
  echo $num;
done
# 1부터 2씩 증가하여 10이 될 때까지 홀수들이 출력됨
[nalee@localhost ~]$ sh for-example5.sh
1
```

```
3
5
7
9
```

예제5) 범위를 배열로 사용할 경우

범위를 배열로 사용할 경우에는 배열 선언 시 값과 값 사이에 쉼표 ,를 사용해서는 안됩니다. 또한 for문에 배열의 모든 아이템을 범위로 사용할 경우에는 ${배열[@]}을 사용하여 배열의 모든 아이템을 사용한다고 명시해 주어야 합니다. 이는 위치 매개변수 $@를 사용하면 파라미터로 넘어오는 모든 매개변수를 의미하는 것과 동일한 의미입니다.

```
# 배열을 사용할 때는 ${배열[@]}로 표현해야 배열의 모든 아이템을 사용할 수 있음
[nalee@localhost ~]$ cat for-example6.sh
#!/bin/bash

array=("apple" "banana" "pineapple")

for fruit in ${array[@]}
do
  echo $fruit;
done
# 배열에 저장된 모든 문자열들이 순차적으로 출력됨
[nalee@localhost ~]$ sh for-example6.sh
apple
banana
pineapple
```

예제6) for문의 기본 사용법2에 대한 예

이번에 살펴볼 예제는 for문의 기본 사용법2에 대한 예입니다. 기본 사용법2는 ((초기값; 조건식; 증가값))으로 범위를 표현하며 C 언어나 Java 문법과 유사합니다. 다음 예제는 0부터 1씩 증가하여 3보다 작을 때까지 숫자를 출력하는 예로 0 1 2가 순차적으로 출력됩니다.

```
# 기본 사용법2를 사용할 경우에는 반드시 ()소괄호를 더블(())로 사용하여야 함
[nalee@localhost ~]$ cat for-example7.sh
#!/bin/bash
```

```
for ((num=0; num<3; num++))
do
   echo $num;
done
# 0부터 2까지 순차적으로 출력됨
[nalee@localhost ~]$ sh for-example7.sh
0
1
2
```

2.4.2 while문

while문은 특정 범위를 사용하는 것이 아니라 변수의 값이 특정 조건에 맞을 때까지 계속 반복하는 경우에 주로 사용합니다. 따라서, 특정 범위에 해당하는 횟수만큼만 특정 수행을 하는 반복문(예를 들어 1부터 100까지의 합을 계산하는 반복문)을 개발할 경우에는 잘 맞지 않습니다.

기본 사용법

while문은 조건식을 바로 사용합니다. 변수의 값이 특정 조건에 맞을 때까지 계속해서 수행문을 반복합니다.

```
while [$변수1 연산자 $변수2]
do
    반복할 수행문
done
```

예제) while문에 대한 기본 사용법 예

다음 예제는 while문에 대한 예로 변수 num의 값이 3보다 작을 때까지 num의 값을 출력합니다. 만일 여기서 num=$((num+1))과 같은 증가식을 넣어주지 않는다면 이 반복문은 조건에 맞지 않아 무한 루프에 빠질 수 있습니다. 따라서, while문을 사용할 경우에는 무한 루프에 빠지지 않도록 주의해야 합니다.

```
# 변수 num이 3보다 작은 경우에 num 값을 출력하는 예
[nalee@localhost ~]$ cat while-example1.sh
#!/bin/bash

num=0

while [ $num -lt 3 ]
do
  echo $num
  num=$((num+1)) # while문을 사용할 경우에는 변수가 조건에 맞도록 증가식을 넣어주
어야 함
done
# 숫자 0부터 2까지 순차적으로 출력됨
[nalee@localhost ~]$ sh while-example1.sh
0
1
2
```

2.5 연산자

연산자는 셸 스크립트의 대부분의 문법에서 조건식을 만들기 위해 사용됩니다. 연산자는 변수
의 데이터 타입에 따라 또는 어떤 문법을 사용하느냐에 따라 달라질 수 있습니다. 연산자는 크
게 문자열 연산자, 비교 및 논리 연산자, 디렉터리 연산자, 파일 연산자 및 파일 비교 연산자로
구분할 수 있습니다. 이번 챕터에서는 연산자의 종류를 알아보고, 예제를 통해 다양한 연산자
의 사용법을 알아보겠습니다.

2.5.1 문자열 연산자

문자열 연산자는 변수의 데이터 타입이 문자열인 경우에 주로 사용되는 연산자로 해당 연산자
와 함께 사용하면 변수에 숫자가 되든, 파일명이나 디렉터리와 같은 객체형의 값이 저장되든
상관없이 모두 문자열로 취급합니다. 문자열 연산자에는 문자열 길이를 체크하는 연산자가 있
습니다.

연산자	사용법	설명
-z	if [-z $변수]	문자열 길이가 0이면 참
-n	if [-n $변수]	문자열 길이가 0이 아니면 참

예제1) 문자열 변수가 NULL값인지 체크할 경우

변수가 초기화되었는지 그렇지 않은지를 체크하면 연산자 −z를 매우 유용하게 사용할 수 있습니다. 다음은 스크립트를 실행할 때 파라미터 인자가 입력되었는지 여부를 체크하는 예제입니다. −z 연산자는 문자열 길이가 0일 때 True를 리턴합니다. 따라서 파라미터의 입력이 없으면 True를 출력하고, 파라미터 입력이 있으면 False를 출력합니다.

```
# 파라미터로 받은 변수값의 길이가 0이면 True, 아니면 False 출력
[nalee@localhost ~]$ cat if_example1.sh
#!/bin/bash

if [ -z $1 ]
then
  echo True
else
  echo False
fi
# 파라미터가 없으므로 True 출력
[nalee@localhost ~]$ sh if_example1.sh
True
# 파라미터가 있으므로 False 출력
[nalee@localhost ~]$ sh if_example1.sh test
False
```

예제2) 문자열 변수에 문자열이 저장되었는지 체크할 경우

이번 예제에서는 사용된 −n 연산자는 −z 연산자와 다르게 문자열 길이가 0보다 크면 True를 리턴하고, 문자열 길이가 0이면 False를 리턴합니다. 다음 예제를 통해 파라미터가 입력되었으면 True를 출력하고, 파라미터가 없으면 False를 출력하는 걸 알 수 있습니다.

```
# 파라미터로 받은 변수값의 길이가 0이 아니면 True, 0이면 False 출력
[nalee@localhost ~]$ cat if_example2.sh
#!/bin/bash
```

```
if [ -n $1 ]
then
  echo True
else
  echo False
fi
# 파라미터가 없으므로 False 출력
[nalee@localhost ~]$ sh if_example2.sh
False
# 파라미터가 있으므로 True 출력
[nalee@localhost ~]$ sh if_example2.sh test
True
```

2.5.2 비교 연산자

비교 연산자는 두 개의 변수에 저장된 값의 크기를 비교할 때 사용합니다. 변수의 유형은 1 2 3 과 같은 숫자형과 세미콜론"'이나 콜론""을 함께 사용할 문자형으로 나눌 수 있습니다. 그리고, 셸 스크립트에서는 이런 두 유형의 비교 연산자를 역시 다르게 표현합니다.

정수 비교 연산자

일반적으로 정수를 비교할 때는 =, !=, 〉, 〉=, 〈, 〈= 와 같은 기호 연산자를 사용하지만, 셸 스크립트에서는 이 외에도 영문 약자를 사용한 문자형 연산자를 사용합니다. 다음은 정수 비교 시 사용할 수 있는 연산자들을 정리한 것입니다.

연산자	사용법	설명
-eq	if [$변수1 -eq $변수2]	변수1과 변수2의 값이 같으면 참. = 과 동일
-ne	if [$변수1 -ne $변수2]	변수1과 변수2의 값이 다르면 참. != 과 동일
-gt	if [$변수1 -gt $변수2]	변수1의 값이 변수2의 값보다 크면 참
-ge	if [$변수1 -ge $변수2]	변수1의 값이 변수2의 값보다 크거나 같으면 참
-lt	if [$변수1 -lt $변수2]	변수1의 값이 변수2의 값보다 작으면 참
-le	if [$변수1 -le $변수2]	변수1의 값이 변수2의 값보다 작거나 같으면 참
〉	if (($변수1 〉 $변수2))	변수1의 값이 변수2의 값보다 크면 참이며 〉 기호를 사용할 경우에는 중첩소괄호(())를 사용해야 함
〉=	if (($변수1 〉= $변수2))	변수1의 값이 변수2의 값보다 크거나 같으면 참이며 〉= 기호를 사용할 경우에는 중첩소괄호(())를 사용해야 함

| 〈 | if (($변수1 〈 $변수2)) | 변수1의 값이 변수2의 값보다 작으면 참이며 〈 기호를 사용할 경우에는 중첩소괄호(( ))를 사용해야 함 |
| 〈= | if (($변수1 〈= $변수2)) | 변수1의 값이 변수2의 값보다 작거나 같으면 참이며, 〈= 기호를 사용할 경우에는 중첩소괄호(( ))를 사용해야 함 |

예제1) 변수값이 서로 같은지 체크할 때

두 개의 변수가 서로 같은지를 체크할 때는 영어 단어 equals의 줄임말인 -eq 연산자를 사용하거나, 같다는 의미의 = 기호를 사용할 수 있습니다. 다음 예제는 모두 변수 VAR1의 값과 VAR2의 값이 같은지를 체크합니다.

```
# 두 개의 변수에 각각 10을 저장
[nalee@localhost ~]$ VAR1=10; VAR2=10
# VAR1과 VAR2가 같으면 True, 다르면 False. 같기 때문에 True 출력
[nalee@localhost ~]$ if [ $VAR1 -eq $VAR2 ]; then echo True; else echo False; fi
True
# VAR1과 VAR2가 같으면 True, 다르면 False. 같기 때문에 True 출력
[nalee@localhost ~]$ if [ $VAR1 = $VAR2 ]; then echo True; else echo False; fi
True
```

예제2) 변수값이 서로 다른지 체크할 때

반대로 두 개의 변수값이 서로 다른지를 체크할 때는 not equal to의 줄임말인 -ne 연산자와 같지 않다는 의미를 지닌 != 기호를 사용하여 다음과 같이 사용할 수 있습니다. 다음 예제는 모두 두 변수의 값이 서로 다르면 True를 출력하고, 같으면 False를 출력합니다.

```
# 두 개의 변수에 각각 10과 20을 저장
[nalee@localhost ~]$ VAR1=10; VAR2=20
# VAR1과 VAR2가 같지 않으면 True, 다르면 False. 다르기 때문에 True 출력
[nalee@localhost ~]$ if [ $VAR1 -ne $VAR2 ]; then echo True; else echo False; fi
True
# VAR1과 VAR2가 같지 않으면 True, 다르면 False. 다르기 때문에 True 출력
[nalee@localhost ~]$ if [ $VAR1 != $VAR2 ]; then echo True; else echo False; fi
True
```

예제3) 변수값의 크기를 비교할 때 – 문자형 연산자를 사용할 경우

두 개의 변수값의 크기를 비교할 때는 첫 번째 변수를 기준으로 두 번째 변수보다 큰지, 아니면 작은지를 비교합니다. 첫 번째 변수가 두 번째 변수보다 큰지 여부를 비교할 때는 greater than의 줄임말의 -gt 연산자를 사용하며, 크거나 같은지를 비교할 때는 greater than or equal to의 줄임말인 -ge 연산자를 사용합니다. 반대로 첫 번째 변수가 두 번째 변수보다 작은지를 비교할 때는 less than의 약자인 -lt 연산자를 사용하고, 작거나 같은지를 비교할 때는 less than or equal to의 약자인 -le 연산자를 사용합니다. 다음 예제들은 모두 이런 문자형 연산자를 사용한 경우의 변수값 크기 비교를 보여주는 예입니다.

```
# 두 개의 변수에 각각 10과 20을 저장
[nalee@localhost ~]$ VAR1=10; VAR2=20
# VAR1이 VAR2보다 크면 True, 아니면 False. 작기 때문에 False 출력
[nalee@localhost ~]$ if [ $VAR1 -gt $VAR2 ]; then echo True; else echo False; fi
False
# VAR1이 VAR2보다 크거나 같으면 True, 아니면 False. 작기 때문에 False 출력
[nalee@localhost ~]$ if [ $VAR1 -ge $VAR2 ]; then echo True; else echo False; fi
False
# VAR1이 VAR2보다 작으면 True, 아니면 False. 작기 때문에 True 출력
[nalee@localhost ~]$ if [ $VAR1 -lt $VAR2 ]; then echo True; else echo False; fi
True
# VAR1이 VAR2보다 작거나 같으면 True, 아니면 False. 작기 때문에 True 출력
[nalee@localhost ~]$ if [ $VAR1 -le $VAR2 ]; then echo True; else echo False; fi
True
```

예제4) 변수값의 크기를 비교할 때 – 기호 연산자를 사용할 경우

리눅스에는 echo와 같이 터미널에 값을 출력해 주는 명령어가 있습니다. 그리고, 터미널에 출력될 값을 파일에 저장해 주는 리다이렉션^{redirection} 기호들이 사용됩니다. 이런 기호들은 〈 〉〉 | 와 같은 기호입니다. 그리고, 비교 연산자에도 〈 〉와 같은 기호들이 있습니다. 이런 기호들을 이용하여 앞의 예제처럼 사용하면 이것이 비교 연산자인지 리다이렉션을 위한 기호인지를 구분하기가 힘듭니다. 그래서, 기호 연산자를 이용하여 두 변수의 크기를 비교할 때는 중첩 소괄호(( ))를 사용하여 다음 예제와 같이 표현합니다. 다음 예제는 기호 연산자를 사용한 경우 변수값의 크기 비교를 보여줍니다.

```
# 두 개의 변수에 각각 10과 20을 저장
[nalee@localhost ~]$ VAR1=10; VAR2=20
# VAR1이 VAR2보다 크면 True, 아니면 False. 작기 때문에 False 출력
[nalee@localhost ~]$ if (( $VAR1 > $VAR2 )); then echo True; else echo False; fi
False
# VAR1이 VAR2보다 크거나 같으면 True, 아니면 False. 작기 때문에 False 출력
[nalee@localhost ~]$ if (( $VAR1 >= $VAR2 )); then echo True; else echo False; fi
False
# VAR1이 VAR2보다 작으면 True, 아니면 False. 작기 때문에 True 출력
[nalee@localhost ~]$ if (( $VAR1 < $VAR2 )); then echo True; else echo False; fi
True
# VAR1이 VAR2보다 작거나 같으면 True, 아니면 False. 작기 때문에 True 출력
[nalee@localhost ~]$ if (( $VAR1 <= $VAR2 )); then echo True; else echo False; fi
True
```

문자열 비교 연산자

변수의 값이 문자열일 경우에는 정수를 비교할 때와는 다르게 문자형 연산자를 사용하지 않고 기호 연산자를 사용합니다. 문자열 비교 시 비교 연산자도 문자로 되어 있으면, 휴먼 에러가 발생할 확률이 높기 때문입니다. 그래서, 문자열 비교에서는 기호 연산자만 사용할 수 있으며, 리다이렉션 기호와 동일한 〈 〉 기호를 사용할 경우에는 구분하기 위해 중첩 대괄호[[ ]]를 사용합니다. 다음은 문자열에 대한 비교 연산자를 정리한 것입니다.

연산자	사용법	설명
=	if [$변수1 = $변수2]	각 변수의 값이 같으면 참, 동일한 문자열일 경우 참
==	if [$변수1 == $변수2]	각 변수의 값이 같으면 참, 동일한 문자열일 경우 참
!=	if [$변수1 != $변수2]	각 변수의 값이 다르면 참, 서로 다른 문자열일 경우 참
〉	if [[$변수1 〉 $변수2]]	변수1의 ASCII 코드값이 변수2보다 크면 참
〈	if [[$변수1 〈 $변수2]]	변수1의 ASCII 코드값이 변수2보다 작으면 참

예제1) 문자열을 비교할 때

다음 예제는 두 개의 변수에 저장된 값이 문자열일 경우 문자열을 비교하는 예제입니다. 문자열이 서로 같은지를 비교할 때와 다른지를 비교할 때의 연산자는 =, ==, !=이므로 일반 if문 사용법과 동일하게 사용하지만, 〈 〉와 같은 리다이렉션 기호와 동일한 연산자를 사용할 경우에는 중첩 대괄호[[ ]]를 사용하여 리다이렉션 기호가 아닌 비교 연산자임을 시스템에 알려주어야 합니다.

```
# 두 개의 변수에 각각 abc와 def를 저장
[nalee@localhost ~]$ VAR1="abc"; VAR2="def"
# VAR1과 VAR2가 같으면 True, 다르면 False. 다르기 때문에 False 출력
[nalee@localhost ~]$ if [ $VAR1 = $VAR2 ]; then echo True; else echo False; fi
False
# VAR1과 VAR2가 같으면 True, 다르면 False. 다르기 때문에 False 출력
[nalee@localhost ~]$ if [ $VAR1 == $VAR2 ]; then echo True; else echo False; fi
False
# VAR1과 VAR2가 같지 않으면 True, 다르면 False. 다르기 때문에 True 출력
[nalee@localhost ~]$ if [ $VAR1 != $VAR2 ]; then echo True; else echo False; fi
True
# VAR1과 VAR2가 같지 않으면 True, 다르면 False. 다르기 때문에 True 출력
[nalee@localhost ~]$ if [[ $VAR1 > $VAR2 ]]; then echo True; else echo False; fi
True
# VAR1이 VAR2보다 크면 True, 아니면 False. 작기 때문에 False 출력
[nalee@localhost ~]$ if [[ $VAR1 < $VAR2 ]]; then echo True; else echo False; fi
False
```

2.5.3 논리 연산자

논리 연산자에는 AND 연산자와 OR 연산자가 있으며, and의 약자인 -a와 or의 약자인 -o
를 사용할 수 있습니다. 또한 AND와 OR의 의미를 가진 &&와 || 기호를 사용할 수 있습니다.
다음은 셸 스크립트에서 사용할 수 있는 논리 연산자를 정리한 것입니다.

연산자	사용법	설명
-a	if [조건식1 -a 조건식2]	AND 연산으로 조건식1도 참이고, 조건식2도 참이면 참. 조건식은 논리 연산자를 제외한 다른 연산자를 사용한 경우를 말함
-o	if [조건식1 -o 조건식2]	OR 연산으로 조건식1이 참이거나 조건식 2가 참이면 참
&&	if [조건식1] && [조건식2] if [[조건식1 && 조건식2]]	AND 연산으로 && 기호를 쓸 경우 조건식별로 대괄호[ ]를 사용하거나 중첩 대괄호[[ ]]를 사용해야 함
||	if [조건식1] || [조건식2] if [[조건식1 || 조건식2]]	OR 연산으로 || 기호를 쓸 경우 조건식별로 대괄호[ ]를 사용하거나, 중첩 대괄호[[ ]]를 사용해야 함

예제1) AND, OR 연산 – 문자형 연산자를 사용할 경우

AND와 OR 연산 역시 문자형 연산자를 사용할 경우에는 다음과 같이 모두 문자형 연산자를
사용하여 기본 사용법으로 사용할 수 있습니다.

```
# 세 개의 변수에 각각 10, 20, 30을 저장
[nalee@localhost ~]$ VAR1=10; VAR2=20; VAR3=30
# VAR1이 VAR2보다 작고, VAR2가 VAR3보다 작으면 True, 아니면 False 출력
[nalee@localhost ~]$ if [ $VAR1 -lt $VAR2 -a $VAR2 -gt $VAR3 ]
> then
>   echo True
> else
>   echo False
> fi
False
# VAR1이 VAR2보다 작거나, VAR2가 VAR3보다 작으면 True, 아니면 False 출력
[nalee@localhost ~]$ if [ $VAR1 -lt $VAR2 -o $VAR2 -gt $VAR3 ]
> then
>   echo True
> else
>   echo False
> fi
True
```

예제2) AND, OR 연산 – 기호 연산자와 단일 대괄호[ ]를 사용할 경우

AND와 OR 연산 조건식과 조건식이 모두 참인지 둘 중 하나만 참인지를 판단할 때 사용합니다. 이때 조건식은 문자형 연산자를 사용하고 AND, OR 연산만 기호 연산자를 사용할 경우에는 다음과 같이 조건식별로 단일 대괄호를 사용해야 합니다.

```
# 세 개의 변수에 각각 10, 20, 30을 저장
[nalee@localhost ~]$ VAR1=10; VAR2=20; VAR3=30
# && 기호를 사용할 경우 조건식별로 대괄호[]를 사용하여야 함
[nalee@localhost ~]$ if [ $VAR1 -lt $VAR2 ] && [ $VAR2 -gt $VAR3 ]
> then
>   echo True
> else
>   echo False
> fi
False
# || 기호를 사용할 경우 역시 조건식별로 대괄호[]를 사용하여야 함
[nalee@localhost ~]$ if [ $VAR1 -lt $VAR2 ] || [ $VAR2 -gt $VAR3 ]
> then
>   echo True
> else
```

```
> echo False
> fi
True
```

예제3) AND, OR 연산 – 기호 연산자와 중첩 대괄호[[ ]]를 사용할 경우

조건식이 단순하여 조건식별로 단일 대괄호를 사용할 필요가 없는 경우에는 조건식 전체를 중첩 대괄호[[ ]]를 사용해야 합니다.

```
# 세 개의 변수에 각각 10, 20, 30을 저장
[nalee@localhost ~]$ VAR1=10; VAR2=20; VAR3=30
# && 기호를 사용할 경우 전체 중첩 대괄호[[]]를 사용해야 함
[nalee@localhost ~]$ if [[ $VAR1 -lt $VAR2 && $VAR2 -gt $VAR3 ]]
> then
>    echo True
> else
>    echo False
> fi
False
# || 기호를 사용할 경우 역시 전체 중첩 대괄호[[]]를 사용해야 함
[nalee@localhost ~]$ if [[ $VAR1 -lt $VAR2 || $VAR2 -gt $VAR3 ]]
> then
>    echo True
> else
>    echo False
> fi
True
```

예제4) AND, OR 연산 – 조건식도 기호 연산자를 사용할 경우

조건식과 AND, OR 연산 모두 기호 연산자를 사용할 경우에는 대괄호[ ]가 아닌 중첩 소괄호(( ))를 사용하여 다음과 같이 표현할 수 있습니다.

```
# 세 개의 변수에 각각 10, 20, 30을 저장
[nalee@localhost ~]$ VAR1=10; VAR2=20; VAR3=30
# && 기호를 사용하고 조건식 역시 기호를 사용하면 중첩 소괄호(())를 사용하여야 함
[nalee@localhost ~]$ if (( $VAR1 < $VAR2 )) && (( $VAR2 > $VAR3 ))
> then
>    echo True
```

```
> else
>   echo False
> fi
False
# || 기호를 사용하고 조건식 역시 기호를 사용하면  중첩 소괄호(())를 사용하여야 함
[nalee@localhost ~]$ if (( $VAR1 < $VAR2 || $VAR2 > $VAR3 ))
> then
>   echo True
> else
>   echo False
> fi
True
```

2.5.4 디렉터리 연산자

디렉터리 연산자는 변수 유형이 디렉터리일 경우에 사용할 수 있는 연산자로 특정 디렉터리 내의 파일 목록 중에 디렉터리가 있는지를 체크할 경우 매우 유용하게 사용할 수 있습니다. 또한 디렉터리 내에 디렉터리나 파일이 있는지도 확인할 수 있습니다.

연산자	사용법	설명
-d	if [-d $변수]	변수 유형이 디렉터리이면 참
-e	if [-e $변수]	변수 유형이 디렉터리이거나 파일이면 참

예제) 디렉터리 연산 예

환경변수 HOME을 이용하여 HOME의 값이 디렉터리인지, 디렉터리라면 해당 디렉터리 내에 또 다른 디렉터리나 파일이 있는지를 −d 연산자와 −e 연산자를 이용하여 체크할 수 있습니다.

```
# 환경변수 HOME의 값이 디렉터리라면 True, 아니면 False 출력
[nalee@localhost ~]$ if [ -d $HOME ]; then echo True; else echo False; fi
True
# 환경변수 Home 디렉터리내에 a.txt 파일이 있으면 True, 아니면 False 출력
[nalee@localhost ~]$ if [ -e $HOME/a.txt ]; then echo True; else echo False; fi
True
```

2.5.5 파일 연산자

파일 연산자는 파일이 가지고 있는 다양한 속성들을 체크하는 연산자입니다. 예를 들어 파일에 읽기 권한이 있는지, 쓰기 권한이 있는지 등을 파일 연산자를 통해 확인할 수 있습니다. 다음은 파일 연산자들을 정리한 것입니다.

연산자	사용법	설명
-f	if [-f $변수]	변수 유형이 파일이면 참
-L	if [-L $변수]	변수 유형이 파일이면서 심볼릭 링크이면 참
-r	if [-r $변수]	변수 유형이 파일이거나 디렉터리이면서 읽기 권한이 있으면 참
-w	if [-w $변수]	변수 유형이 파일이거나 디렉터리이면서 쓰기 권한이 있으면 참
-x	if [-x $변수]	변수 유형이 파일이거나 디렉터리이면서 실행 권한이 있으면 참
-s	if [-s $변수]	변수 유형이 파일이거나 디렉터리이면서 사이즈가 0보다 크면 참
-O	if [-O $변수]	변수 유형이 파일이거나 디렉터리이면서 스크립트 실행 소유자와 동일하면 참
-G	if [-G $변수]	변수 유형이 파일이거나 디렉터리이면서 스크립트 실행 그룹과 동일하면 참

예제1) 파일 여부를 체크할 경우

파일 연산자 중 -f 연산자를 이용하면 변수를 통해 입력한 값이 파일인지를 확인할 수 있습니다. 또한 -L 연산자를 이용하면 해당 파일이 심볼릭 링크인지 아닌지를 확인할 수 있습니다. 다음 예제는 /etc/localtime이라는 심볼릭 링크가 파일인지 여부와 심볼릭 링크인지 여부를 체크하는 예입니다.

```
# ls를 이용하여 /etc/localtime의 파일 속성 확인
[nalee@localhost ~]$ ls -l /etc/localtime
lrwxrwxrwx. 1 root root 32 Mar 28 08:35 /etc/localtime -> ../usr/share/zoneinfo/
Asia/Seoul
# /etc/localtime 원파일의 속성 확인
[nalee@localhost ~]$ ls -l /usr/share/zoneinfo/Asia/Seoul
-rw-r--r--. 2 root root 645 Sep 12  2019 /usr/share/zoneinfo/Asia/Seoul
# FILE이라는 변수에 /etc/localtime 저장
[nalee@localhost ~]$ FILE=/etc/localtime
# 파일이면 True, 아니면 False. 파일이므로 True 출력
[nalee@localhost ~]$ if [ -f $FILE ]; then echo True; else echo False; fi
True
# 파일이 심볼릭 링크면 True, 아니면 False. 심볼릭 링크이므로 True 출력
[nalee@localhost ~]$ if [ -L $FILE ]; then echo True; else echo False; fi
True
```

예제2) 파일 권한을 체크할 경우

이번에는 파일 권한을 체크하는 연산자에 대한 사용 예를 살펴보겠습니다. −r 연산자는 파일에 읽기 권한이 있는지 여부를 체크하며, −w는 쓰기 권한, −x는 실행 권한이 있는지를 체크합니다. −s는 파일의 크기를 체크하여 해당 파일이 빈 파일인지 여부를 확인합니다.

```
# ls를 이용하여 /etc/localtime의 파일 속성 확인
[nalee@localhost ~]$ ls -l /etc/localtime
lrwxrwxrwx. 1 root root 32 Mar 28 08:35 /etc/localtime -> ../usr/share/zoneinfo/
Asia/Seoul
# /etc/localtime 원파일의 속성 확인
[nalee@localhost ~]$ ls -l /usr/share/zoneinfo/Asia/Seoul
-rw-r--r--. 2 root root 645 Sep 12  2019 /usr/share/zoneinfo/Asia/Seoul
# FILE이라는 변수에 /etc/localtime 저장
[nalee@localhost ~]$ FILE=/etc/localtime
# 파일에 읽기 권한이 있으면 True, 아니면 False. 읽기 권한이 있으므로 True 출력
[nalee@localhost ~]$ if [ -r $FILE ]; then echo True; else echo False; fi
True
# 파일에 쓰기 권한이 있으면 True, 아니면 False. 원파일에 쓰기 권한이 없으므로
False 출력
[nalee@localhost ~]$ if [ -w $FILE ]; then echo True; else echo False; fi
False
# 파일에 실행 권한이 있으면 True, 아니면 False. 원파일에 실행 권한이 없으므로
False 출력
[nalee@localhost ~]$ if [ -x $FILE ]; then echo True; else echo False; fi
False
# 파일의 크기가 0보다 크면 True, 아니면 False. 파일 크기가 있으므로 True 출력
[nalee@localhost ~]$ if [ -s $FILE ]; then echo True; else echo False; fi
True
```

예제3) 파일 소유권을 체크할 경우

−O 연산자와 −G 연산자를 이용해 스크립트가 수행되는 프롬프트의 소유자 및 그룹이 변수에 정의된 파일의 소유자 및 그룹과 동일한지 여부를 확인할 수 있습니다.

```
# ls를 이용하여 /etc/localtime의 파일 속성 확인
[nalee@localhost ~]$ ls -l /etc/localtime
lrwxrwxrwx. 1 root root 32 Mar 28 08:35 /etc/localtime -> ../usr/share/zoneinfo/
Asia/Seoul
# /etc/localtime 원파일의 속성 확인
```

```
[nalee@localhost ~]$ ls -l /usr/share/zoneinfo/Asia/Seoul
-rw-r--r--. 2 root root 645 Sep 12  2019 /usr/share/zoneinfo/Asia/Seoul
# if문을 실행하는 소유자와 파일의 소유자가 다르므로 False 출력
[nalee@localhost ~]$ if [ -O $FILE ]; then echo True; else echo False; fi
False
# if문을 실행하는 그룹과 파일의 그룹이 다르므로 False 출력
[nalee@localhost ~]$ if [ -G $FILE ]; then echo True; else echo False; fi
False
# root 계정으로 전환하여 if문을 실행할 경우 소유자가 같으므로 True 출력
[root@localhost ~]#  if [ -O $FILE ]; then echo True; else echo False; fi
True
# root 계정으로 전환하여 if문을 실행할 경우 소유 그룹이 같으므로 True 출력
[root@localhost ~]# if [ -G $FILE ]; then echo True; else echo False; fi
True
```

2.5.6 파일 비교 연산자

파일 비교 연산자는 두 개의 변수에 정의된 파일을 비교하는 연산자로 어떤 파일이 더 최근에 생성된 것인지, 어떤 파일이 더 오래된 파일인지를 확인할 수 있습니다. 또한 −ef 연산자를 이용하여 두 개의 파일이 동일한 파일인지를 확인할 수 있습니다.

연산자	사용법	설명
−nt	if [$변수1 −nt $변수2]	변수 유형이 파일이면서, 변수1이 변수2보다 최신 파일이면 참
−ot	if [$변수1 −ot $변수2]	변수 유형이 파일이면서, 변수1이 변수2보다 이전 파일이면 참
−ef	if [$변수1 −ef $변수2]	변수 유형이 파일이면서, 변수1과 변수2가 동일 파일이면 참

예제1) 파일을 비교할 때

우선 두 개의 파일을 생성한 후 −nt 연산자를 이용하여 어떤 파일이 최신 파일인지를 확인할 수 있으며, −ot 연산자를 사용하여 생성한지 오래된 파일인지를 확인할 수 있습니다. −ef 연산자를 사용하여 결과값이 True가 되려면, 심볼릭 링크로 연결된 두 개의 파일을 비교하면 이 둘은 동일 파일이므로 True 결과값을 얻을 수 있습니다.

```
# 서로 다른 문자열을 각각의 파일로 생성
[nalee@localhost ~]$ echo "AAA" > first.txt
[nalee@localhost ~]$ echo "BBB" > second.txt
```

```
# 생성한 파일을 각각의 변수에 저장
[nalee@localhost ~]$ FILE1=first.txt; FILE2=second.txt
# FILE1이 FILE2보다 최신 파일이면 True, 아니면 False. FILE1을 먼저 생성했으므로
False 출력
[nalee@localhost ~]$ if [ $FILE1 -nt $FILE2 ]; then echo True; else echo False; fi
False
# FILE1이 FILE2보다 예전 파일이면 True, 아니면 False. FILE1을 먼저 생성했으므로
True 출력
[nalee@localhost ~]$ if [ $FILE1 -ot $FILE2 ]; then echo True; else echo False; fi
True
# 심볼릭 링크로 연결된 두 개의 파일명을 각각의 변수에 저장
[nalee@localhost ~]$ FILE1=/etc/localtime
[nalee@localhost ~]$ FILE2=/usr/share/zoneinfo/Asia/Seoul
# FILE1과 FILE2는 동일한 파일이면 True, 아니면 False. 동일한 파일이므로 True 출력
[nalee@localhost ~]$ if [ $FILE1 -ef $FILE2 ]; then echo True; else echo False; fi
True
```

2.6 정규 표현식

정규 표현식은 리눅스나 유닉스를 사용하는 사용자뿐 아니라 개발자라면, 누구나 한번쯤 사용해 본 경험이 있을 정도로 매우 자주 사용됩니다. 예를 들어, 사용자가 입력한 이름, 전화번호, 생년월일에 문제가 없는지를 체크할 경우, 시스템에서 환경 설정한다면 특정 환경변수를 찾을 때도 정규 표현식이 사용됩니다. 이렇게 정규 표현식을 알고 있으면, 시스템을 좀 더 효율적이고 고급스럽게 사용할 수 있게 도와 줍니다. 정규 표현식은 리눅스나 유닉스에 특별한 특징을 부여하는 문자들과 메타 문자들의 집합입니다. 주로 텍스트 탐색과 문자열 조작에 쓰이며, 하나의 문자와 일치[match]하거나, 혹은 문자열의 일부분[substring]이나 전체 문자열 중 특정 문자 집합을 표현할 때 사용됩니다.

2.6.1 POSIX 기본 및 확장 문법

정규 표현식은 일치하는 텍스트를 찾기 위한 패턴을 표현하기 위해 사용되는 특정 표준 텍스트의 문법을 의미합니다. 패턴을 기술하는 문자열 내의 각 문자들은 메타 문자(특별한 의미)나 정규 문자로 이해됩니다. 예를 들면 정규식 "a."을 표현했다고 하면 "a."는 a와 일치하는 문자 하나와 뉴라인을 제외한 모든 문자 하나를 갖는 문자열과 일치시키는 메타 문자입니다. 이 외에도 패턴을 기술하기 위한 다양한 메타 문자들이 많습니다. 다음은 이런 메타 문자들을 정리한 것입니다.

메타 문자	설명
.	뉴라인을 제외한 한 개의 문자와 일치함
?	자신 앞에 나오는 정규 표현식이 없거나 하나가 일치하며, 대부분 한 개의 문자와 매칭할 때 사용함
*	바로 앞 문자열이나 정규 표현식에서 한번 이상 반복되는 문자를 의미함
+	자신 앞에 나오는 하나 이상의 정규 표현식과 일치함. *과 비슷하게 동작하지만 반드시 하나 이상일 경우에만 일치함
{N}	정확히 N번 일치함
{N,}	N번 또는 그 이상 일치함
{N,M}	적어도 N번 일치하지만, M번 일치를 넘지 않아야 함
−	A부터 Z를 A−Z로 표현하듯이 알파벳이나 숫자의 범위를 나타낼 때 사용
^	라인의 시작에서 공백 문자열을 의미함. 또한 목록의 범위에 없는 문자들을 의미함
$	라인 마지막에서 공백 문자열을 의미함
^$	빈 줄과 일치함
[...]	대괄호는 단일 정규 표현식에서 문자들을 집합으로 묶어줌
\	특수 문자를 원래의 문자 의미대로 해석함
\b	비문자(a−z, A−Z, 0−9, _를 제외한 문자열) 하나를 의미함
\B	문자(a−z, A−Z, 0−9, _에 해당하는 문자열) 하나를 의미함
\<	단어 시작에서 공백 문자열을 의미함
\>	단어 끝에서 공백 문자열을 의미함

2.6.2 POSIX 문자클래스

POSIX ^{Portable Operating System Interface} 문자클래스 역시 정규 표현식에 많이 사용되는 개념입니다. 말 그대로, 찾고자 하는 문자열의 종류가 바로 문자클래스입니다. 예를 들어 사용자가 입력한 전화번호가 정상인지, 숫자가 아닌 문자가 입력되지는 않았는지 등을 확인할 경우 사용되는 숫자를 의미하는 문자가 바로 문자클래스입니다. 문자클래스에는 알파벳, 알파벳 소문자, 알파벳 대문자, 숫자 그리고 특수 문자들이 있으며, 이런 문자클래스는 다음과 같이 표현할 수 있습니다.

POSIX	설명
[:alnum]	알파벳이나 숫자로 이루어진 문자열로 [A-Za-z0-9]와 같은 표현임
[:alpha:]	알파벳 문자를 의미하며, [A-Za-z]와 같은 표현임
[:blank:]	스페이스나 탭을 의미함
[:cntrl:]	제어 문자들을 의미함
[:digit:]	0~9 사이의 숫자를 의미하며, [0-9]와 같은 표현임
[:graph:]	출력가능한 그래픽 문자들로, ASCII 33~126 사이의 문자들과 일치함 스페이스 및 제어 문자들을 제외한 [:print:]와 같음
[:lower:]	알파벳 소문자를 의미하며 [a-z]와 같은 표현임
[:print:]	출력 가능한 문자들로 ASCII 32~126 사이의 문자들과 일치함 [:graph:]와 비슷하지만 스페이스 문자를 포함
[:punct:]	문장 부호 문자들을 의미함
[:space:]	뉴라인 줄바꿈, 스페이스, 탭과 같은 모든 공백 문자들을 의미함
[:upper:]	알파벳 대문자를 의미하며 [A-Z]와 같은 표현
[:xdigit:]	16진수의 숫자와 문자를 의미하며 [0-9a-fA-F]와 같은 표현임

2.6.3 다양한 정규 표현식 예제

정규 표현식은 메타 문자 하나만 이용할 수도 있지만, 대부분은 여러 메타 문자와 문자클래스를 조합하여 사용합니다. 이번에는 리눅스 시스템에서 가장 많이 사용하는 grep 명령어를 이용하여 다양한 정규 표현식 예제를 통해 셸 스크립트에서 정규 표현식을 어떻게 조합하여 사용하는지를 알아보겠습니다.

정규 표현식 예제를 위한 테스트 파일 생성

여기서는 정규 표현식 예제를 테스트하기 위해 다음과 같은 파일을 하나 생성했습니다. 다음 파일은 깃허브 사이트(https://github.com/naleeJang/Easy-Shell-Script/tree/master/3.RegularExpression)에서 다운로드 받아 테스트해볼 수 있습니다. 다음 예제에 나와있는 ⌧ 기호는 스페이스를 의미하며, 지면을 통해 스페이스를 표현할 방법이 없어 ⌧ 기호를 삽입하게 되었습니다. 다운로드 받을 파일에는 실제 스페이스가 삽입되어 있습니다.

```
# 정규 표현식 예제를 위한 테스트 파일
[nalee@localhost ~]$ cat expression.txt
====================
 Regular Expression
====================
⊠⊠
#========================================#
# Date: 2020-05-05
# Author: NaleeJang
# Description: regular expression test file
#========================================#


Today is 05-May-2020.
Current time is 6:04PM.
This is an example file for testing regular expressions. This example file
includes control characters.

# System Information
CPU model is Intel(R) Core(TM) i7-8665U CPU @ 1.90GHz
Memory size is 32GiB
Disk is 512 GB
IP Address is 192.168.35.7

# Help
Do you have any questions? or Do you need any help?
If you have any questions, Please send a mail to the email below.

# Contacts
e-mail: nalee999@gmail.com
phone: 010-2222-5668
```

예제1) 메타 문자 . 을 이용할 경우

메타 문자 . 은 뉴라인을 제외한 한 개의 문자를 의미합니다. 다음 예제를 통해 볼 수 있듯이 메타 문자 . 은 특정 문자 사이에 오는 한 개의 글자로 어떤 문자가 와도 상관이 없으며, 여러 글자를 표현할 경우에는 찾고자 하는 문자 개수에 의해 메타 문자 . 을 사용해야 합니다.

```
# C로 시작해 U로 끝나는 세 글자 단어여야 하며, 가운데 한 개의 글자는 어떤 문자가
와도 상관없음
[nalee@localhost ~]$ grep 'C.U' expression.txt
```

```
CPU model is Intel(R) Core(TM) i7-8665U CPU @ 1.90GHz
# C로 시작해 e로 끝나는 네 글자 단어여야 하며, 가운데 두 글자는 어떤 문자가 와도
상관없음
[nalee@localhost ~]$ grep 'C..e' expression.txt
CPU model is Intel(R) Core(TM) i7-8665U CPU @ 1.90GHz
```

예제2) 메타 문자 *, \, ?와 문자클래스 [:lower:]를 이용할 경우

이번에는 여러 메타 문자와 문자클래스를 이용하는 예제를 살펴보겠습니다. 메타 문자 *은 문
자와 문자 사이 또는 문자 뒤에 어떤 문자열이 와도 상관이 없을 경우 사용하며 \는 특수 문자
를 사용할 경우 해당 문자가 메타 문자가 아닌 일반 문자일 경우 \를 붙여주면 일반 문자로 인
식합니다. 메타 문자 ?는 앞에서 검색한 단어 하나가 일치하거나 일치하지 않을 경우에도 검색
할 수 있습니다. 문자클래스 [:lower:]는 알파벳 소문자를 의미하며, grep과 함께 쓰일 때는
중첩 대괄호[[ ]]를 사용해야 합니다.

```
# q로 시작하며 ?로 끝나는 단어여야 하며 q와 ? 사이는 영문소문자인 단어
[nalee@localhost ~]$ grep -E 'q[[:lower:]]*\?' expression.txt
Do you have any questions? or Do you need any help?
# q로 시작하며 ?로 끝나거나 그외 한문자로 끝나는 단어여야 하며 q와 ? 사이는 영문소
문자인 단어
[nalee@localhost ~]$ grep -E 'q[[:lower:]]*\??' expression.txt
Do you have any questions? or Do you need any help?
If you have any questions, Please send a mail to below email.
```

예제3) 메타 문자 + 와 ^ 를 이용할 경우

메타 문자 + 는 앞에서 검색한 문자 하나가 계속 반복되는 경우 다음 예제와 같이 사용할 수 있
으며, 메타 문자 ^ 는 라인 시작 문자가 검색하고자 하는 단어일 경우 다음 예제와 같이 사용할
수 있습니다.

```
# -2로 시작해 -로 끝나며, 2가 계속 반복되는 단어
[nalee@localhost ~]$ grep -E '\-2+\-' expression.txt
phone: 010-2222-5668
# 라인 시작 문자가 #으로 시작되는 라인
[nalee@localhost ~]$ grep '^#' expression.txt
#=======================================#
# Date: 2020-05-05
```

```
# Author: NaleeJang
# Description: regular expression test file
#========================================#
# System Information
# Help
# Contacts
```

예제4) 메타 문자 ^, {N}, {N,} 그리고, 문자클래스 [:alpha:]를 이용할 경우

메타 문자 ^ 는 앞에서 살펴봤듯이 라인 시작 문자를 검색할 경우 이용할 수 있으며, 문자클래스 [:alpha:]는 알파벳 한글자를 의미합니다. {N}의 N은 앞에서 검색한 문자나 문자클래스가 몇 번 반복되는지를 숫자로 기입한 것이며, 메타 문자 {N,}은 앞에서 검색한 문자나 문자클래스가 최소 N번 이상일 경우 이용할 수 있습니다. 다음 예제는 이런 메타 문자의 특성을 잘 보여줍니다.

```
# 라인 시작 시 알파벳 5글자로 시작하며, 알파벳 뒤에 : 으로 끝나는 단어가 있는 라인
[nalee@localhost ~]$ grep -E '^[[:alpha:]]{5}:' expression.txt
phone: 010-2222-5668
# 라인 시작 시 알파벳 5글자 이상이며, 뒤에 공백을 가진 단어가 있는 라인
[nalee@localhost ~]$ grep -E '^[[:alpha:]]{5,}[[:space:]]' expression.txt
Today is 05-May-2020.
Current time is 6:04PM.
Memory size is 32GiB
```

예제5) 메타 문자 {N,M}, $ 그리고 문자클래스 [:alpha:] [:digit:]을 이용할 경우

메타 문자 {N,M}은 앞에서 검색한 문자나 문자클래스가 N번 이상, M번 이하를 표현할 경우 이용할 수 있으며, 메타 문자 $는 라인 종료를 의미합니다. 따라서 $ 와 함께 사용할 때는 다음 예제처럼 $ 앞에 검색하고자 하는 단어나 문자클래스를 입력하면 해당 단어나 문자클래스로 끝나는 라인을 찾을 수 있습니다. 문자클래스 [:digit:]은 0-9 사이의 정수를 의미합니다.

```
# 라인 종료 시 알파벳 4글자 이상 6글자 이하인 단어가 있는 라인
[nalee@localhost ~]$ grep -E '[[:alpha:]]{4,6}$' expression.txt
 Regular Expression
# Author: NaleeJang
# Description: regular expression test file
```

```
# System Information
# Help
# Contacts
# 라인 종료 시 숫자 4글자 이상 6글자 이하인 단어가 있는 라인
[nalee@localhost ~]$ grep -E '[[:digit:]]{4,6}.$' expression.txt
Today is 05-May-2020.
```

예제6) 메타 문자 ^, ^$를 이용할 경우

메타 문자 ^는 라인 시작을 알려줍니다. 메타 문자 ^$는 라인 시작을 알려주는 ^와 라인 종료를 알려주는 $가 합쳐서 라인의 공백을 의미합니다. 그래서 다음 예제처럼 grep -v 옵션을 사용하여 주석과 공백을 제외한 라인만 볼 경우에 많이 사용합니다.

```
# 라인 시작 시 #으로 시작하고, 공백인 라인 제거
[nalee@localhost ~]$ cat expression.txt | grep -v '^#' | grep -v '^$'
====================
 Regular Expression
====================
⊠⊠
Today is 05-May-2020.
Current time is 6:04PM.
This is an example file for testing regular expression.
CPU model is Intel(R) Core(TM) i7-8665U CPU @ 1.90GHz
Memory size is 32GiB
Disk is 512 GB
IP Address is 192.168.35.7
Do you have any questions? or Do you need any help?
If you have any questions, Please send a mail to below email.
e-mail: nalee999@gmail.com
phone: 010-2222-5668
```

예제7) 메타 문자 \, \b, \B를 이용할 경우

메타 문자 \는 메타 문자와 동일한 문자를 검색할 경우 해당 문자가 메타 문자가 아닌 일반 문자임을 알리기 위해 사용합니다. 예를 들어 한 개의 문자를 의미하는 메타 문자 . 과 마침표나 IP를 구분하기 위한 . 은 동일합니다. 이때 \를 이용해 메타 문자 . 가 아닌 마침표 . 라는 것을 알 수 있습니다. 메타 문자 \b는 단어의 끝을 의미하고 메타 문자 \B는 라인의 끝을 의미합니다. 따라서 메타 문자 $와 동일한 의미를 가집니다.

```
# 비문자(a-z, A-Z, 0-9, _를 제외한 문자열) 한 단어가 포함된 라인
[nalee@localhost ~]$ grep '\.\b' expression.txt
CPU model is Intel(R) Core(TM) i7-8665U CPU @ 1.90GHz
IP Address is 192.168.35.7
e-mail: nalee999@gmail.com
# . 이 있는 라인
[nalee@localhost ~]$ ip address show | grep '\.'
    inet 127.0.0.1/8 scope host lo
    inet 192.168.35.7/24 brd 192.168.35.255 scope global noprefixroute dynamic
wlp0s20f3
    inet 192.168.122.1/24 brd 192.168.122.255 scope global virbr0
    inet 192.168.100.1/24 brd 192.168.100.255 scope global virbr1
# . 다음에 오는 문자가 비문자가 아닌 단어가 포함된 라인
[nalee@localhost ~]$ grep '\.\B' expression.txt
Today is 05-May-2020.
Current time is 6:04PM.
This is an example file for testing regular expression.
If you have any questions, Please send a mail to below email.
```

예제8) 메타 문자 \<, \>를 이용할 경우

메타 문자 \<는 단어의 시작을 의미하며, \>는 단어의 끝을 의미합니다. 따라서, 다음 예제와
같이 특정 문자로 시작하는 단어나 특정 문자로 끝나는 단어를 검색할 때 유용하게 쓰일 수 있
습니다.

```
# C로 시작하는 단어가 있는 라인
[nalee@localhost ~]$ grep '\<C' expression.txt
Current time is 6:04PM.
CPU model is Intel(R) Core(TM) i7-8665U CPU @ 1.90GHz
# Contacts
# n으로 끝나는 단어가 있는 라인
[nalee@localhost ~]$ grep 'n\>' expression.txt
 Regular Expression
# Description: regular expression test file
This is an example file for testing regular expression.
# System Information
```

예제9) 문자클래스 [:cntrl:] [:graph:]를 이용할 경우

문자클래스 [:cntrl:]은 특수 문자를 의미합니다. 예를 들어 탭이나 캐리지 리턴 등 눈으로 볼 수 없는 문단 부호들을 의미합니다. 문자클래스 [:graph:]는 스페이스를 제외한 아스키 코드를 의미합니다.

```
# 특수 문자가 포함된 라인. expressions와 This 사이에는 Tab 문자가 있음
[nalee@localhost ~]$ grep '[[:cntrl:]]' expression.txt
This is an example file for testing regular expressions.This example file includes
control characters.
# 아스키 코드가 있는 모든 라인
[nalee@localhost ~]$ grep '[[:graph:]]' expression.txt | head -n 10
===================
 Regular Expression
===================
#=======================================#
# Date: 2020-05-05
# Author: NaleeJang
# Description: regular expression test file
#=======================================#
Today is 05-May-2020.
Current time is 6:04PM.
```

예제10) 문자클래스 [:print:]를 이용할 경우

문자클래스 [:print:]는 [:graph:]와 반대로 스페이스를 포함한 아스키 코드를 의미합니다.

```
# 스페이스를 포함한 아스키 코드가 있는 모든 라인
[nalee@localhost ~]$ grep '[[:print:]]' expression.txt | head -n 10
===================
 Regular Expression
===================
⊠⊠
#=======================================#
# Date: 2020-05-05
# Author: NaleeJang
# Description: regular expression test file
#=======================================#
Today is 05-May-2020.
Current time is 6:04PM.
```

예제11) 메타 문자 {N,}과 문자클래스 [:alpha:] [:punct:]를 이용할 경우

문자클래스 [:punct:]는 문장 부호를 의미합니다. 예를 들어, 문장을 나타낼 때 쓰이며 마침표 (.), 쉼표(,), 물음표(?), 세미콜론(:) 등을 의미합니다.

```
# 알파벳 6글자 이상이며, 문장 부호로 끝나는 단어가 있는 라인
[nalee@localhost ~]$ $ grep -E '[[:alpha:]]{6,}[[:punct:]]' expression.txt
# Author: NaleeJang
# Description: regular expression test file
This is an example file for testing regular expression.
Do you have any questions? or Do you need any help?
If you have any questions, Please send a mail to below email.
```

예제12) 메타 문자 \<, \>, *,{N}과 문자클래스 [:xdigit:]을 이용할 경우

문자클래스 [:xdigit:]은 16진수에 해당하는 문자들만 허용합니다. 따라서 다음과 같이 IPv6 와 같은 주소를 검색할 경우 단어 시작과 끝을 의미하는 메타 문자 \<, \>와 검색한 문자클래 스가 몇 번 반복되는지를 메타 문자 {N}을 사용하면 쉽게 검색할 수 있습니다.

```
# 16진수 2글자로 시작하며, 16진수 2글자로 끝나는 단어가 있는 라인
[nalee@localhost ~]$ ip a | grep -E '\<[[:xdigit:]]{2}:*:[[:xdigit:]]{2}\>'
    link/loopback 00:00:00:00:00:00 brd 00:00:00:00:00:00
    link/ether 98:fa:9b:90:f1:51 brd ff:ff:ff:ff:ff:ff
    link/ether dc:71:96:21:a4:67 brd ff:ff:ff:ff:ff:ff
    link/ether 52:54:00:52:c6:cc brd ff:ff:ff:ff:ff:ff
    link/ether 52:54:00:52:c6:cc brd ff:ff:ff:ff:ff:ff
    link/ether 52:54:00:26:fa:01 brd ff:ff:ff:ff:ff:ff
    link/ether 52:54:00:26:fa:01 brd ff:ff:ff:ff:ff:ff
```

◆ 마무리

지금까지 셸 스크립트를 만들거나 사용할 때 가장 많이 쓰이는 문법들과 다양한 언어에서 사용 되는 정규 표현식들을 살펴보았습니다. 2부에는 셸 스크립트를 사용하는 이유이자, 리눅스나 유닉스에서 가장 많이 사용되는 명령어들에 대해 알아보겠습니다.

2부
가장 많이 쓰는
리눅스 명령어

2부에서 다루는 내용

셀 스크립트를 사용하면 리눅스나 유닉스를 운영하면서 매일 반복해야 하는 작업이나 복잡한 명령어들을 스크립트 파일을 통해 자동화함으로써 실수를 줄이고, 시간을 효율적으로 사용할 수 있습니다. 또는 수많은 로그 파일에서 시스템에 문제가 되는 원인을 찾을 경우나 소스 파일에서 특정 소스를 찾고, 환경 설정을 수정할 경우에도 셀 스크립트를 사용합니다. 셀 스크립트를 효율적으로 활용하기 위해서는 리눅스나 유닉스에서 많이 쓰이는 명령어들을 많이 알아두면 도움이 됩니다. 그럼, 2부에서는 가장 많이 쓰이는 리눅스 명령어들을 알아보도록 하겠습니다.

## CHAPTER 3

문자열을 찾을 수 있는 grep

리눅스나 유닉스에서 가장 많이 쓰는 명령어는 특정 디렉터리나 로그, 환경 설정 파일 등에서 특정 문자열을 찾을 수 있는 grep 명령어일 것입니다. grep 명령어는 제공된 파일이나 선행 명령어의 결과에서 입력한 패턴과 일치하는 라인이 있는지 검색하여 해당 라인을 출력합니다. 이때 사용되는 패턴은 **2.6 정규 표현식**에서 살펴본 메타 문자와 문자클래스들입니다. 그럼, 지금부터 grep 사용법 및 다양한 옵션들을 알아보도록 하겠습니다.

3.1 grep 사용법 알아보기

grep은 여러 사용법과 많은 옵션들이 있습니다. 옵션과 패턴을 어떻게 적용하느냐에 따라 검색 결과가 달라지기도 합니다. 또한 grep 외에 egrep, fgrep, rgrep 등이 있지만, 이들은 현재 사용되지 않으며 grep의 옵션을 통해 해당 기능이 대체되었습니다. 그럼, 지금부터 grep 사용법을 알아보겠습니다. 또한 grep이 GNU 기반인지 BSD 기반인지에 따라 약간의 차이는 있지만, 사용법은 유사하므로 여기서는 GNU 기반의 grep 사용법에 대해 알아 보겠습니다.

기본 사용법1

grep의 가장 기본적인 사용 방법은 다음과 같이 옵션, 패턴, 그리고 패턴을 검색할 파일로 이루어집니다.

```
grep [옵션] 패턴 [파일]
```

예제1) grep 기본 사용법1

예제를 통해 grep의 기본 사용법을 알아보겠습니다. grep을 사용할 때는 옵션, 검색할 문자열의 패턴, 그리고 검색 대상이 되는 파일명이 필요합니다. 다음 예제는 -i 옵션을 이용하여 uuid라는 단어(패턴)를 /etc/fstab이라는 파일에서 검색하는 예입니다. 옵션 -i 는 대소문자를 구분하지 않고 패턴을 검색하라는 의미로 패턴인 uuid가 소문자이지만 대문자인 UUID도 /etc/fstab 파일에서 검색됩니다. grep 옵션에 대한 자세한 설명은 **3.2 grep의 다양한 옵션**들에서 다루므로 해당 챕터를 참조하기 바랍니다.

```
[nalee@localhost ~]$ grep -i 'uuid' /etc/fstab
UUID=a41f6e07-60d2-4e1b-b805-9e9371936279 /boot      xfs      defaults          0 0
UUID=BE6C-7180           /boot/efi        vfat     umask=0077,shortname=winnt 0 0
```

기본 사용법2

이번에는 패턴이나 패턴이 저장되어 있는 파일을 이용하여 여러 개의 패턴을 검색하는 방법에 대해 알아보겠습니다. -e 옵션을 사용하여 여러 개의 패턴을 검색할 수 있으며, -f 옵션을 사용하면 패턴이 저장되어 있는 파일을 여러 개 이용해 검색할 수 있습니다.

```
grep [옵션] [-e 패턴 | -f 파일] [파일]
```

예제1) grep 기본 사용법2 – 패턴을 사용할 경우

예제를 통해 좀 더 자세하게 살펴보겠습니다. -i 옵션은 대소문자를 구분하지 않고 패턴을 검색할 때 사용되며, -e 옵션은 검색하고자 하는 패턴이 하나 이상일 경우 사용되는 옵션입니다. 다음 예제는 오픈스택의 컴퓨트 서비스인 nova의 환경 설정 파일에서 대괄호[]로 시작되는 설정 섹션과 virt_type으로 시작되는 환경 설정 항목을 검색하는 예제입니다. 예제를 통해 virt_type이 [libvirt] 섹션에 있는 환경 설정 항목임을 알 수 있습니다.

```
# 대괄호[]가 앞뒤에 있는 문자열 검색
[nalee@localhost ~]$ grep -i -e "^\[[[:alnum:]]*\]" /etc/nova/nova.conf
[DEFAULT]
[api]
[barbican]
```

```
…
# 대괄호[]가 앞뒤에 있는 문자열이나 virt_type으로 시작하는 문자열 검색
[nalee@localhost ~]$ grep -i -e "^\[[[:alnum:]]*\]" -e "^virt_type" \
/etc/nova/nova.conf
[DEFAULT]
[api]
[barbican]
…
[libvirt]
virt_type = kvm
```

예제2) grep 기본 사용법2 – 파일을 사용할 경우

-f 옵션을 사용하여 파일에 저장된 패턴을 이용하여 검색할 수 있습니다. -f 옵션은 -e 옵션과 동일하게 여러 개의 패턴을 검색할 경우 다음 예제처럼 패턴이 저장된 파일을 이용하여 검색할 수 있습니다. 자주 사용되거나, 정규 표현식으로 만들어진 복잡한 패턴일 경우 파일로 저장하여 사용하면 다음 검색 시 다시 사용할 수 있어 매우 효율적입니다.

```
# 패턴이 저장되어 있는 파일을 이용한 검색
[nalee@localhost ~]$ echo "^\[[[:alnum:]]*\]" > pattern1.txt
[nalee@localhost ~]$ grep -i -f pattern1.txt /etc/nova/nova.conf
[DEFAULT]
[api]
[barbican]
…
# 패턴이 저장되어 있는 여러 파일의 검색도 가능
[nalee@localhost ~]$ echo "^virt_type" > pattern2.txt
[nalee@localhost ~]$ grep -i -f pattern.txt -f pattern2.txt /etc/nova/nova.conf
[DEFAULT]
[api]
[barbican]
…
[libvirt]
virt_type = kvm
```

기본 사용법3

grep의 세 번째 기본 사용법은 명령어 뒤에 | 파이프 기호와 함께 grep 명령어를 옵션 및 패턴과 함께 사용하는 방법입니다. 이렇게 되면 | 파이프 기호 앞의 명령어 결과가 grep의 검색

대상이 됩니다.

명령어 | grep [옵션] [패턴 | -e 패턴]

예제1) grep 기본 사용법3

예제를 통해 grep의 세 번째 기본 사용법을 좀 더 알아보겠습니다. 다음 예제는 cat 명령어를 이용하여 오픈스택의 컴퓨트 서비스인 nova.conf 파일을 표준 출력인 터미널로 보여줍니다. 이때 | 파이프 기호와 함께 grep 명령어를 이용하면 cat을 이용하여 확인한 /etc/nova/nova.conf 파일 내용이 grep의 검색 대상이 됩니다. 따라서 grep에서 검색하고자 하는 [Default로 시작하는 문자열을 /etc/nova/nova.conf에서 찾아 해당 라인만 다음과 같이 터미널에 보여줍니다.

```
[nalee@localhost ~]$ cat /etc/nova/nova.conf | grep -i '^\[Default'
[DEFAULT]
```

3.2 grep의 다양한 옵션들

grep 명령어에는 앞에서 살펴본 기본 사용법 예제의 옵션들 외에도 많은 옵션들이 존재합니다. 기존에 사용하던 egrep이나 fgrep과 같은 명령어가 대체된 옵션들도 있으며, 검색된 문자열을 출력할 때 추가 정보들을 함께 보여주는 옵션 및 grep 명령어 사용법을 보여주는 옵션도 있습니다. 이번 챕터에서는 grep에서 제공하는 다양한 옵션들에 대해 알아보도록 하겠습니다.

- 정보 관련 옵션
- 패턴문법 관련 옵션
- 매칭 제어 관련 옵션
- 출력 제어 관련 옵션
- 출력라인 제어 관련 옵션
- 컨텍스트 라인 제어 관련 옵션
- 파일 및 디렉터리 관련 옵션
- 기타 옵션

3.2.1 정보 관련 옵션

grep의 정보 관련 옵션에는 사용법에 대한 도움말을 보여주는 --help 옵션과 grep 명령어의 버전 정보 및 라이센스 정보를 보여주는 -V 또는 --version 옵션이 있습니다.

옵션	설명
--help	grep 명령어 사용법에 대한 도움말을 보여줌
-V, --version	grep 명령어의 버전 정보 및 라이센스 정보를 보여줌

예제1) --help 옵션을 이용하여 grep 사용법을 확인할 경우

grep 명령어에 어떤 옵션들이 있는지 잘 기억이 나지 않을 경우에 다음과 같이 --help 옵션을 이용하면, 어떤 옵션들이 있는지 확인할 수 있습니다. 하지만, 옵션에 대한 사용 예제는 함께 안내되지 않으므로,『처음 배우는 셸 스크립트』를 확인하길 바랍니다.

```
[nalee@localhost ~]$ grep --help
Usage: grep [OPTION]... PATTERN [FILE]...
Search for PATTERN in each FILE or standard input.
PATTERN is, by default, a basic regular expression (BRE).
Example: grep -i 'hello world' menu.h main.c

Regexp selection and interpretation:
  -E, --extended-regexp     PATTERN is an extended regular expression (ERE)
  -F, --fixed-strings       PATTERN is a set of newline-separated fixed strings
  -G, --basic-regexp        PATTERN is a basic regular expression (BRE)
  -P, --perl-regexp         PATTERN is a Perl regular expression
  -e, --regexp=PATTERN      use PATTERN for matching
  -f, --file=FILE           obtain PATTERN from FILE
  -i, --ignore-case         ignore case distinctions
  -w, --word-regexp         force PATTERN to match only whole words
  -x, --line-regexp         force PATTERN to match only whole lines
  -z, --null-data           a data line ends in 0 byte, not newline
...
```

예제 2) -V 옵션을 이용하여 grep 버전 정보를 확인할 경우

-V 옵션이나 --version 옵션을 사용하면 다음과 같이 grep 명령어의 버전 정보를 확인할 수 있습니다. grep은 자유 소프트웨어 재단에서 관리되며, 라이센스는 GPL 버전 3에 해당합니다. 또한 grep은 마이크 헤럴[Mike Haertel]에 의해 만들어졌습니다.

```
[nalee@localhost ~]$ grep -V
grep (GNU grep) 2.20
Copyright (C) 2014 Free Software Foundation, Inc.
License GPLv3+: GNU GPL version 3 or later <http://gnu.org/licenses/gpl.html>.
This is free software: you are free to change and redistribute it.
There is NO WARRANTY, to the extent permitted by law.

Written by Mike Haertel and others, see <http://git.sv.gnu.org/cgit/grep.git/tree/
AUTHORS>.
```

3.2.2 패턴 문법 관련 옵션

이번에 알아볼 패턴 문법 관련 옵션들은 기존 명령어인 egrep과 fgrep을 대체하는 옵션인 −E
와 −F, 기본 정규 표현식에 해당하는 −G 옵션, perl 방식의 정규 표현식을 검색할 때 쓰이는
−P 옵션이 있습니다.

옵션	설명
−E, --extended-regexp	확장 정규 표현식에 해당하는 패턴을 검색할 경우 사용됨
−F, --fixed-strings	여러 줄로 되어 있는 문자열을 검색할 경우 사용됨
−G, --basic-regexp	기본 정규 표현식에 해당하는 패턴을 검색할 때 사용되는 옵션으로, 기본값임 따라서 옵션을 생략하면 −G 옵션으로 적용됨
−P, --perl-regexp	Perl 방식의 정규 표현식에 해당하는 패턴을 검색할 때 사용되는 옵션으로 다른 옵션에 비해 잘 사용되지는 않음

예제1) −E 옵션을 사용할 경우

정규 표현식 ?는 앞에서 검색한 단어 하나가 일치하거나, 일치하지 않을 경우에도 검색이 되도
록 해주는 확장 정규 표현식에 해당합니다. 다음 예제를 살펴보면 −E 옵션을 사용하지 않고 검
색한 예제는 검색 결과가 하나만 나왔지만 −E 옵션을 사용한 예제는 정규 표현식 ?가 잘 적용
된 채 검색되어 검색 결과가 두 개가 나왔습니다. 이처럼 −E 옵션을 사용할 경우와 사용하지
않을 경우 검색 결과값이 다름을 알 수 있습니다.

```
# -E 옵션 없이 정규 표현식을 사용하여 검색한 경우
[nalee@localhost ~]$ grep 'q[[:lower:]]*\??' expression.txt
```

```
Do you have any questions? or Do you need any help?
# -E 옵션과 함께 정규 표현식을 사용하여 검색한 경우
[nalee@localhost ~]$ grep -E 'q[[:lower:]]*\??' expression.txt
Do you have any questions? or Do you need any help?
If you have any questions, Please send a mail to the email below.
```

예제2) -F 옵션을 사용할 경우

-F 옵션은 패턴이 여러 줄일 경우 사용할 수 있습니다. 다음 예제와 같이 여러 줄에 해당하는 패턴일 경우 -F 옵션을 이용하여 문자열을 검색할 수 있습니다.

```
[nalee@localhost ~]$ grep -F '# Date
# Author
# Description' expression.txt
# Date: 2020-05-05
# Author: NaleeJang
# Description: regular expression test file
```

예제3) -G 옵션을 사용할 경우

-G 옵션은 기본 정규 표현식에 해당하는 패턴을 검색할 때 사용하는 옵션으로 옵션을 사용하지 않으면, 기본적으로 적용되는 옵션입니다. 다음 예제처럼 아무 옵션 없이 정규 표현식을 사용하여 검색한 경우와 -G 옵션을 사용하여 검색한 경우의 결과값이 동일함을 알 수 있습니다.

```
# 옵션 없이 정규 표현식을 사용하여 검색한 경우
[nalee@localhost ~]$ grep 'q[[:lower:]]*\??' expression.txt
Do you have any questions? or Do you need any help?
# -G 옵션과 함께 정규 표현식을 사용하여 검색한 경우
[nalee@localhost ~]$ grep -G 'q[[:lower:]]*\??' expression.txt
Do you have any questions? or Do you need any help?
```

예제4) -P 옵션을 사용할 경우

-P 옵션은 Perl에서 사용하는 정규 표현식을 이용하여 패턴을 검색할 경우 사용됩니다. 다음 예제를 보면 -P 옵션을 사용하지 않은 경우에는 어떤 문자열도 검색할 수 없었지만, -P 옵션을 사용한 경우에는 ['와 , 사이의 문자열이 검색되었음을 확인할 수 있습니다.

```
# 옵션 없이 정규 표현식을 사용하여 검색한 경우
[nalee@localhost ~]$ grep  "(?<=\[')[^,]*" /etc/nova/nova.conf
[nalee@localhost ~]$
# -P 옵션과 함께 정규 표현식을 사용하여 검색한 경우
[nalee@localhost ~]$ grep -P "(?<=\[')[^,]*" /etc/nova/nova.conf
# "['-v', '-R', '500']"
#   Where '[' indicates zero or one occurrences, '{' indicates zero or multiple
```

3.2.3 매칭 제어 관련 옵션

매칭 제어 관련 옵션들은 grep을 사용할 때 자주 사용되는 옵션들입니다. 여러 패턴을 검색한 다던지, 특정 패턴은 검색에서 제외한다던지 대소문자 구분없이 패턴을 검색할 경우 사용하는 옵션들입니다. 매칭 제어 옵션은 한마디로 패턴을 문자열과 매칭(서로 일치하는지 확인하는 작업)시킬 때 적용할 수 있습니다. 다음은 매칭 제어 관련 옵션들을 정리한 것입니다.

옵션	설명
-e 패턴, --regexp=패턴	여러 개의 패턴을 검색할 때 사용되며, OR 조건으로 검색이 이루어짐
-f 파일, --file=파일	-e 옵션과 동일하나 패턴 대신 패턴이 포함된 파일을 이용하여 검색할 때 사용됨
-i, --ignore-case	패턴 검색 시 대소문자 구분을 무시할 경우 사용됨
-v, --invert-match	해당 패턴을 제외하고 검색할 경우 사용됨. 주석을 제거한 파일 내용만 볼 경우 주로 사용됨
-w, --word-regexp	검색하고자 하는 단어가 정확하게 있는 라인만 검색할 경우 사용됨
-x, --line-regexp	검색하고자 하는 패턴과 정확하게 일치하는 라인만 검색할 경우 사용됨
-y	-i 옵션과 동일한 기능을 제공함

예제1) -e 패턴, --regexp= 패턴 옵션을 사용할 경우

우리는 가끔 로그 파일에서 에러가 발생한 단서를 찾기 위해 grep을 이용하여 ERROR나 WARNING이 포함된 로그들을 찾을 때가 있습니다. 그때 사용할 수 있는 옵션이 바로 -e 옵션입니다. 다음 예제처럼 -e 옵션을 사용하면 mail이라는 단어가 포함된 라인도 찾을 수 있고, phone이라는 단어가 포함된 라인도 찾을 수 있습니다.

```
# mail과 phone이라는 단어가 포함된 라인 검색
[nalee@localhost ~]$ grep -e 'mail' --regexp 'phone' expression.txt
If you have any questions, Please send a mail to the email below.
e-mail: nalee999@gmail.com
phone: 010-2222-5668
```

예제2) -f 파일, --file= 파일 옵션을 사용할 경우

자주 사용하는 패턴을 파일에 저장해 두면 다음에 재사용할 수 있다는 장점이 있습니다. 특히 복잡한 정규 표현식으로 이루어진 패턴을 파일에 저장해 두면 다음에 비슷한 다른 패턴을 만들 때 참조할 수 있습니다. 다음 예제는 검색 패턴인 mail과 phone을 각각 file1.txt와 file2.txt에 저장합니다. 그리고 -f 옵션 또는 --file 옵션을 이용하여 파일에 저장된 패턴을 검색합니다.

```
# echo를 이용해 mail과 phone을 파일로 저장
[nalee@localhost ~]$ echo 'mail' > file1.txt
[nalee@localhost ~]$ echo 'phone' > file2.txt
# 저장한 파일을 이용해 expression.txt에서 mail과 phone이 포함된 문자열 검색
[nalee@localhost ~]$ grep -f file1.txt --file=file2.txt expression.txt
If you have any questions, Please send a mail to the email below.
e-mail: nalee999@gmail.com
phone: 010-2222-5668
```

예제3) -i, --ignore-case 옵션을 사용할 경우

검색을 하다보면 대소문자를 맞춰 패턴을 입력하기가 매우 힘든 경우가 많습니다. 특히 ERROR와 error가 포함된 문자열을 검색할 경우 -i 옵션을 이용하면 대소문자를 구분하지 않고, 모든 문자열을 검색할 수 있습니다. 다음 예제처럼 -i 옵션을 이용하여 expression이라는 단어를 검색하면 대소문자를 구분하지 않고 검색되는 것을 확인할 수 있습니다.

```
# 대소문자 구분없이 expression 검색
[nalee@localhost ~]$ grep -i 'expression' expression.txt
 Regular Expression
# Description: regular expression test file
This is an example file for testing regular expressions. This example file
includes control characters.
```

예제4) -v, --invert-match 옵션을 사용할 경우

옵션 -v를 사용하면 패턴에 해당하는 라인을 제외한 나머지 라인을 보여줍니다. 예를 들어 대부분의 환경 설정 파일이나 개발 소스를 보면 주석이 상당히 많습니다. 주석을 제거한 파일 내용을 확인할 경우 사용할 수 있는 옵션이 바로 -v 옵션입니다. 다음 예제는 #으로 시작하는 문자열 라인을 제외하고 공백으로 되어 있는 라인도 제외하고 보여주겠다는 의미입니다.

```
# 주석과 공백을 제외한 파일 내용 확인
[nalee@localhost ~]$ cat expression.txt | grep -v '^#' | grep -v '^$'
====================
 Regular Expression
====================

Today is 05-May-2020.
Current time is 6:04PM.
This is an example file for testing regular expressions. This example file
includes control characters.
CPU model is Intel(R) Core(TM) i7-8665U CPU @ 1.90GHz
Memory size is 32GiB
Disk is 512 GB
IP Address is 192.168.35.7
Do you have any questions? or Do you need any help?
If you have any questions, Please send a mail to the email below.
e-mail: nalee999@gmail.com
phone: 010-2222-5668
```

예제 5) -w, --word-regexp 옵션을 사용할 경우

옵션 -w는 검색하고자 하는 패턴과 완벽하게 일치하는 단어가 있는 라인만 출력할 경우 사용하는 옵션입니다. 다음 예제처럼 -w 옵션이 없을 때는 해당 단어가 포함된 라인을 전부 보여주지만, -w 옵션을 사용한 경우에는 검색하고자 하는 단어가 모두 일치할 경우만 보여줌을 알 수 있습니다.

```
# -w 옵션없이 검색했을 경우 expression이 포함된 모든 라인 출력
[nalee@localhost ~]$ grep 'expression' expression.txt
# Description: regular expression test file
This is an example file for testing regular expressions.This example file includes
control characters.
# -w 옵션을 사용했을 경우 expression과 일치하는 단어가 있는 라인만 출력
```

```
[nalee@localhost ~]$ grep -w 'expression' expression.txt
# Description: regular expression test file
```

예제 6) -x, --line-regexp 옵션을 사용할 경우

옵션 -x는 검색하고자 하는 패턴과 라인 전체가 일치할 경우에만 해당 라인을 보여주는 옵션
입니다. 다음 예제를 살펴보면 패턴이 라인의 일부만 일치할 경우에는 결과를 보여주지 않으
며, 라인 전체가 일치하는 경우에는 결과를 보여줌을 알 수 있습니다.

```
# 일부만 일치할 경우에는 결과가 없음
[nalee@localhost ~]$ grep -x 'Help' expression.txt
[nalee@localhost ~]$
# 라인 전체가 일치할 경우에만 결과를 보여줌
[nalee@localhost ~]$ grep -x '# Help' expression.txt
# Help
```

예제 7) -y 옵션을 사용할 경우

옵션 -y는 옵션 -i 와 동일한 특성을 가지고 있습니다. -i 옵션이 대소문자를 구분하지 않고
패턴을 검색하는 것처럼 -y 역시 대소문자를 구분하지 않고 패턴을 검색하는 것을 다음 예제
를 통해 알 수 있습니다.

```
# 대소문자 구분없이 expression 검색
[nalee@localhost ~]$ grep -y 'expression' expression.txt
 Regular Expression
# Description: regular expression test file
This is an example file for testing regular expressions. This example file
includes control characters.
```

3.2.4 출력 제어 관련 옵션

출력 제어 관련 옵션은 패턴과 일치하는 단어의 개수를 세거나, 패턴이 포함된 파일명을 찾을
경우 유용하게 사용할 수 있습니다. 다음은 출력 제어 관련 옵션들을 정리한 것으로 예제를 통
해 다음 옵션들을 어떻게 사용하면 되는지 알아보도록 하겠습니다.

옵션	설명
-c, --count	패턴과 일치하는 단어의 개수를 보여줌
--color	GREP_COLORS 환경변수에 의해 정의된 컬러에 맞게 검색한 패턴과 동일한 문자열의 색을 바꿔서 보여줌
-L, --files-without-match	검색 대상이 되는 파일 중 패턴과 일치하는 단어가 없는 파일명을 보여줌
-l, --files-with-matches	검색 대상이 되는 파일 중 패턴과 일치하는 단어가 있는 파일명을 보여줌
-m 라인 수, --max-count = 라인 수	패턴과 일치하는 단어가 포함된 라인을 해당 라인 수만큼 보여줌
-o, --only-matching	패턴과 일치하는 단어만 보여줌
-q, --quiet, --silent	패턴과 일치하는 단어가 있든 없든 아무것도 안 보여줌
-s, --no-messages	존재하지 않거나 읽을 수 없는 파일에 대한 오류 메시지를 안 보여줌

예제1) -c, --count 옵션을 사용하는 경우

때로는 검색한 패턴과 일치하는 단어가 몇 개나 있는지 개수를 세어봐야 할 경우도 있습니다. 이런 경우에는 -c 옵션을 사용하여 다음 예제처럼 패턴과 일치하는 문자열의 개수를 확인할 수 있습니다.

```
# expression과 일치하는 문자열 개수 출력
[nalee@localhost ~]$ grep -c 'expression' expression.txt
2
```

예제2) --color 옵션을 사용하는 경우

grep을 이용해 패턴을 검색하면 일치하는 문자열은 터미널에 빨간색 굵은 글씨로 표시됩니다. 그런데, --color 옵션을 사용하면 다른 색으로도 표시할 수 있습니다. 다른 색으로 패턴에 해당하는 문자열을 출력하기 위해서는 GREP_COLOR라는 환경변수를 함께 사용해야 합니다. 다음 예제처럼 GREP_COLOR라는 변수에 컬러에 해당하는 값을 설정한 후 grep 명령어를 --color 옵션과 함께 사용하면 다음과 같이 다른 컬러의 색으로 출력할 수 있습니다.

```
# 검색한 문자열을 연두색으로 보여주도록 설정
[nalee@localhost ~]$ GREP_COLOR="1;32" grep --color 'expression' expression.txt
# Description: regular expression test file
This is an example file for testing regular expressions. This example file
includes control characters.
```

TIP_ GREP_COLOR로 설정할 수 있는 컬러 값들

GREP_COLOR에 설정할 수 있는 값은 글자의 속성을 의미하는 숫자와 글자의 색을 의미하는 숫자로 이루어져 있습니다. 첫 번째 숫자는 기본, 굵게, 언더라인 등의 속성을 설정할 수 있으며 두 번째 숫자는 빨강, 주황, 파랑 등의 컬러를 설정할 수 있습니다.

글자 속성 환경변수 설정값

환경변수 설정값	보기 예	설명
GREP_COLOR="0;31"	Format	아무런 속성을 가지지 않은 문자를 보여줌
GREP_COLOR="1;31"	**Format**	문자를 굵게 설정하여 보여주며, 기본값임
GREP_COLOR="2;31"	Format	채도를 어둡게 보여줌
GREP_COLOR="3;31"	*Format*	문자를 기울여 보여줌
GREP_COLOR="4;31"	Format	밑줄과 함께 문자를 보여줌
GREP_COLOR="5;31"	Format*	문자가 반짝반짝거리게 보여줌
GREP_COLOR="6;31"	Format	음영이 없는 문자를 보여줌
GREP_COLOR="7;31"	Format	음영이 있는 문자를 보여줌
GREP_COLOR="8;31"		문자를 배경화면과 동일한 색으로 보여줌
GREP_COLOR="9;31"	~~Format~~	문자에 취소줄을 그어 보여줌

글자 색상 환경변수 설정값

환경변수 설정값	보기 예	설명
GREP_COLOR="0;31"	Color	짙은 회색(Dark Silver)
GREP_COLOR="1;31"	Color	빨강색(Red)
GREP_COLOR="1;32"	Color	연두색(Yellowish Green)
GREP_COLOR="1;33"	Color	노란색(Yellow)
GREP_COLOR="1;34"	Color	연파랑색(Light Blue)
GREP_COLOR="1;35"	Color	연보라색(Light Purple)
GREP_COLOR="1;36"	Color	하늘색(SkyBlue)
GREP_COLOR="1;37"	Color	밝은 회색(Light Silver)
GREP_COLOR="1;38"	Color	검정색(Black)

예제3) -L, --files-without-match 옵션을 사용하는 경우

이번에 살펴볼 옵션은 검색하고자 하는 패턴이 존재하지 않는 파일 목록을 조회할 때 사용할
수 있는 옵션입니다. 다음 예제에는 5개의 파일이 있습니다. 그리고 검색하고자 하는 express
라는 단어는 expression.txt 파일에만 존재합니다. -L 옵션을 이용하여 'express'를 검색하
면 express 단어가 포함된 expression.txt 파일을 제외한 나머지 파일 목록만 보여줌을 알 수
있습니다.

```
# 파일 목록 확인
[nalee@localhost ~]$ ls
expression.txt  file1.txt  file2.txt  pattern1.txt  pattern2.txt
# 패턴이 포함되어 있지 않은 파일 목록 검색
[nalee@localhost ~]$ grep -L 'express' ./*
./file1.txt
./file2.txt
./pattern1.txt
./pattern2.txt
```

예제4) -l, --files-with-matchs 옵션을 사용하는 경우

반대로, 검색하고자 하는 패턴이 포함된 파일 목록만 조회할 때 사용하는 옵션도 있습니다. -l
옵션을 이용하면 패턴이 포함된 파일 목록만 다음 예제처럼 확인할 수 있습니다.

```
# 패턴이 포함된 파일 목록 검색
[nalee@localhost ~]$ grep -l 'express' ./*
./expression.txt
```

예제5) -m 라인 수, --max-count=라인 수 옵션을 사용하는 경우

패턴을 검색한 결과가 여러 줄일 경우 특정 라인 수만큼만 출력할 때 사용하는 옵션이 -m 옵
션입니다. 다음 예제처럼, 검색 결과가 여러 줄일 경우 -m 옵션과 함께 확인하고자 하는 라인
수를 입력하면 라인 수만큼 결과를 확인할 수 있습니다.

```
# 검색 라인을 5줄만 출력
[nalee@localhost ~]$ grep -m 5 "^\[[[:lower:]]*\]" /etc/nova/nova.conf
[api]
```

```
[barbican]
[cache]
[cells]
[cinder]
```

예제6) -o, --only-matching 옵션을 사용하는 경우

패턴과 일치하는 단어만 출력할 경우 사용하는 옵션입니다. -o 옵션을 사용하면 패턴과 일치하는 단어 외에는 아무것도 출력하지 않습니다. 다음 예제는 express로 시작하고 뒤에 오는 단어들이 영문소문자인 문자열을 출력하라는 의미입니다.

```
# express로 시작하고 영문소문자로 끝나는 단어 검색
[nalee@localhost ~]$ grep -o 'express[[:lower:]]*' expression.txt
expression
expressions
```

예제7) -q, --quiet, --silent 옵션을 사용하는 경우

옵션 -q를 사용하면 패턴 검색 결과를 보여주지 않습니다. 다음 예제는 -q 옵션을 사용하지 않은 경우와 -q 옵션을 사용한 경우 결과가 어떻게 다른지를 보여줍니다.

```
# -q를 사용하지 않고 검색하면 검색 결과를 보여줌
[nalee@localhost ~]$ grep 'help' expression.txt
Do you have any questions? or Do you need any help?
# -q 옵션을 사용하면 검색 결과를 보여주지 않음
[nalee@localhost ~]$ grep -q 'help' expression.txt
[nalee@localhost ~]$
```

예제8) -s, --no-messages 옵션을 사용하는 경우

검색을 하다보면 존재하지 않는 파일명이나 디렉터리를 입력하는 경우가 있습니다. 이런 경우 -s 옵션을 사용하면 에러 메시지를 보여주지 않습니다. 다음 예제는 잘못된 파일명을 입력했을 경우 -s 옵션을 사용하지 않으면 에러 메시지를 보여주지만, -s 옵션을 사용하면 에러 메시지가 표시되지 않았음을 알 수 있습니다. 이 경우 셸 스크립트에서 결과를 변수로 저장해 처리할 경우 유용하며, 일반적인 상황에서는 사용하지 않는 것이 더 좋습니다. 에러 메시지가 나오지 않으면 어떤 문제가 발생했는지 알 수 없기 때문입니다.

```
# -s 옵션없이 존재하지 않는 파일명에서 패턴을 검색한 경우 에러 메시지를 보여줌
[nalee@localhost ~]$ grep 'help' express.txt
grep: express.txt: No such file or directory
# -s 옵션 사용 시 존재하지 않는 파일명에서 패턴을 검색해도 에러 메시지를 보여주지
않음
[nalee@localhost ~]$ grep -s 'help' express.txt
[nalee@localhost ~]$
```

3.2.5 출력라인 제어 관련 옵션

출력라인 제어 관련 옵션은 출력라인 앞에 바이트 수를 보여준다던가 라인 수 또는 파일명을
보여주는 등의 기능을 하는 옵션들입니다. 다음 표는 출력라인 제어 관련 옵션들을 정리한 것
입니다. 그럼, 예제를 통해 출력라인 제어 옵션들에 대해 알아보겠습니다.

옵션	설명
-b, --byte-offset	패턴이 포함된 출력라인의 바이트 수를 라인의 제일 앞부분에 함께 보여줌
-H, --with-filename	패턴이 포함된 출력라인의 파일명을 라인의 제일 앞부분에 함께 보여줌
-h, --no-filename	-H 옵션과 반대로 패턴이 포함된 출력라인의 파일명을 보여주지 않음
--label = LABEL	파일 목록에서 특정 파일을 검색할 경우 검색라인 제일 앞부분에 라벨을 함께 보여줌. -H 옵션을 함께 사용해야 함
-n, --line-number	패턴이 포함된 출력라인 제일 앞부분에 라인 번호를 함께 보여줌
-T, --initial-tab	라인 번호나 파일명이 함께 출력될 경우 탭과 함께 간격을 조정하여 보여줌
-u, --unix-byte-offsets	패턴이 포함된 출력라인의 바이트 수를 유닉스 스타일로 보여줌 단, -b 옵션과 함께 사용해야 함
-Z, --null	패턴이 포함된 파일명을 출력 시 뉴라인이 없이 한 줄로 보여줌. -l 옵션과 함께 사용해야 함

예제1) -b, --byte-offset 옵션을 사용하는 경우

옵션 -b를 사용하면 검색 패턴이 포함된 라인의 바이트 수를 라인 제일 앞부분에 함께 보여줍
니다. 다음 예제는 -b 옵션을 함께 사용하여 'express'라는 문자열을 검색했습니다. 검색 결
과 긱 라인 앞에 바이트 수를 함께 보여주고 있음을 알 수 있습니다.

```
# 각 라인 앞에 바이트 수를 함께 보여줌
[nalee@localhost ~]$ grep -b 'express' expression.txt
153:# Description: regular expression test file
291:This is an example file for testing regular expressions. This example file
includes control characters.
```

예제2) -H, --with-filename 옵션을 사용하는 경우

패턴을 디렉터리의 모든 파일을 대상으로 검색할 경우에는 파일명을 라인 앞에 보여줍니다. 그러나, 특정 파일에서 검색할 경우에는 파일명을 보여주지 않습니다. 특정 파일에서 검색할 경우에도 파일명을 함께 보고 싶다면 -H 옵션을 사용하여 다음 예제처럼 파일명을 보여줄 수 있습니다.

```
# -H 옵션없이 검색했을 경우 파일명을 보여주지 않음
[nalee@localhost ~]$ grep 'express' expression.txt
# Description: regular expression test file
This is an example file for testing regular expressions.This example file includes
control characters.
# -H 옵션으로 검색했을 경우 각 라인 앞에 파일명을 함께 보여줌
[nalee@localhost ~]$ grep -H 'express' expression.txt
expression.txt:# Description: regular expression test file
expression.txt:This is an example file for testing regular expressions. This
example file includes control characters.
```

예제3) -h, --no-filename 옵션을 사용하는 경우

반대로 파일명을 보여주지 않을 경우에 사용하는 옵션인 -h에 대한 예제입니다. 리눅스는 기본적으로 디렉터리의 모든 파일을 대상으로 검색할 경우에는 파일명을 라인 앞에 보여줍니다. 이때 파일명을 숨기고 싶다면 -h 옵션을 이용하여 다음 예제처럼 파일명을 보여주지 않을 수 있습니다.

```
# 디렉터리 내 모든 파일에서 패턴을 검색할 경우 파일명을 함께 보여줌
[nalee@localhost ~]$ $ grep 'express' ./*
expression.txt:# Description: regular expression test file
expression.txt:This is an example file for testing regular expressions. This
example file includes control characters.
```

```
# -h 옵션을 사용하여 파일명을 제거하고, 검색 결과만 보여줌
[nalee@localhost ~]$ grep -h 'express' ./*
# Description: regular expression test file
This is an example file for testing regular expressions. This example file
includes control characters.
```

예제4) --label=LABEL 옵션을 사용하는 경우

검색한 파일 정보 앞에 라벨을 붙여줄 경우에는 --label 옵션을 사용하여 다음 예제처럼 사용할 수 있습니다. 이때 검색 대상이 파일 자체여야 하기 때문에 앞에서 파일 목록이나 압축 파일을 확인할 경우 라벨을 붙여줄 수 있습니다. 따라서, --label 옵션을 사용할 때는 다음과 같이 명령어와 | 파이프 기호 뒤에 grep을 사용하여야 합니다.

```
# 검색된 파일 정보 앞에 file이라는 라벨을 붙여줌
[nalee@localhost ~]$ ls -l | grep --label=file -H express
file:-rw-rw-r--. 1 nalee nalee 721 May 13 09:55 expression.txt
```

예제5) -n, --line-number 옵션을 사용하는 경우

옵션 -n은 검색한 패턴이 포함된 라인 앞에 라인 번호를 붙여줍니다. 다음 예제처럼 -n 옵션과 함께 사용하며, question이라는 단어가 expression.txt 파일의 몇 번째 줄에 있는지 확인할 수 있습니다.

```
# -n 옵션을 이용하여 라인 번호 출력
[nalee@localhost ~]$ grep -n 'question' expression.txt
23:Do you have any questions? or Do you need any help?
24:If you have any questions, Please send a mail to the email below.
```

예제6) -T, --initial-tab 옵션을 사용하는 경우

라인 번호를 출력할 때 라인 번호와 검색된 문자열 간의 가독성을 높이기 위해 탭을 이용해 라인 번호와 문자열 사이의 간격을 조정해 줍니다. 다음 예제는 -n 옵션과 함께 -T 옵션을 사용함으로써 출력 결과의 라인 번호와 문자열 사이가 탭으로 조정되어 있어 가독성을 높여줌을 알 수 있습니다.

```
# -T 옵션을 이용하여 라인 번호 간격을 주므로 가독성을 높임
[nalee@localhost ~]$ grep -T -n 'question' expression.txt
   23    :Do you have any questions? or Do you need any help?
   24    :If you have any questions, Please send a mail to the email below.
```

예제7) -u, --unix-byte-offsets 옵션을 사용하는 경우

옵션 -u는 유닉스 스타일의 바이트 수를 검색된 라인 앞에 함께 보여줍니다. -u 옵션을 사용할 때는 다음 예제처럼 -b 옵션과 함께 사용해야 바이트 수를 함께 볼 수 있으며, -b 옵션을 사용한 것과 동일한 결과를 보여줍니다.

```
# 라인 앞에 바이트 수를 보여줌
[nalee@localhost ~]$ grep -u -b 'question' expression.txt
542:Do you have any questions? or Do you need any help?
594:If you have any questions, Please send a mail to the email below.
```

예제8) -Z, --null 옵션을 사용하는 경우

-Z 옵션은 파일 목록을 검색할 때 여러 줄로 검색된 파일 목록의 뉴라인을 제거해 한줄로 출력할 경우에 사용하는 옵션입니다. -Z 옵션을 사용하면 검색된 파일명을 for문과 같은 제어문의 인자값으로 사용하기에 좋습니다. 다음 예제는 -Z 옵션 테스트를 위해 expression.txt를 test.txt로 복사하고, -Z 옵션을 이용해 패턴을 검색하면 해당 패턴이 포함되어 있는 파일 목록을 한줄로 보여줍니다. 그렇기 때문에 패턴이 포함된 파일명만 출력해 주는 -l 옵션과 함께 사용하면 좋습니다.

```
# 테스트를 위한 expression.txt를 test.txt로 복사
[nalee@localhost ~]$ cp expression.txt test.txt
# express라는 패턴을 현재 디렉터리에서 -Z -l 옵션과 함께 검색하면 파일명을 한줄로
보여줌
[nalee@localhost ~]$ grep -Z -l 'express' ./*
./expression.txt./test.txt[nalee@localhost ~]$
```

3.2.6 컨텍스트 라인 제어 관련 옵션

컨텍스트 라인 제어 관련 옵션에는 검색된 라인 위, 아래로 추가 내용을 더 봐야 할 경우에 사용되는 옵션이나, 여러 건의 패턴이 검색되었을 경우 패턴을 중심으로 그룹구분 기호를 함께 출력해주는 옵션이 있습니다. 다음은 컨텍스트 라인 제어 관련 옵션들을 정리한 것입니다. 그럼, 예제를 통해 옵션 사용법을 알아보겠습니다.

옵션	설명
-A 라인 수, --after-context=라인 수	패턴이 포함된 라인 후에 선언한 라인 수에 해당하는 라인만큼 뒤로 라인을 추가하여 보여줌
-B 라인 수, --before-context=라인 수	패턴이 포함된 라인 전에 선언한 라인 수에 해당하는 라인만큼 앞에 라인을 추가하여 보여줌
-C 라인 수, -라인 수, --context=라인 수	패턴이 포함된 라인 전, 후에 선언한 라인 수에 해당하는 라인만큼 앞, 뒤로 라인을 추가하여 보여줌
--group-separator=그룹구분 기호	옵션 -A, -B, -C와 함께 사용할 때 패턴을 기준으로 그룹핑을 해주며, 설정한 그룹구분 기호와 함께 그룹핑을 해 줌
--no-group-separator	옵션 -A, -B, -C와 함께 사용할 때 기본적으로 패턴을 기준으로 그룹핑을 해주지만, 해당 옵션을 사용하면 그룹핑을 하지 않음

예제1) -A 라인 수, --after-context=라인 수 옵션을 사용하는 경우

옵션 -A는 검색한 패턴이 포함된 라인을 기준으로 설정한 라인 수만큼 라인 아래를 보여줍니다. 다음 예제는 question이라는 단어가 마지막으로 검색된 라인 아래 2줄을 더 보여주는 예입니다.

```
# 검색된 라인 아래 2줄을 더 보여줌
[nalee@localhost ~]$ grep -A 2 'question' expression.txt
Do you have any questions? or Do you need any help?
If you have any questions, Please send a mail to the email below.

# Contacts
```

예제2) -B 라인 수, --before-context=라인 수 옵션을 사용하는 경우

옵션 -B는 -A 옵션과는 다르게 패턴이 검색된 라인 위을 설정한 라인 수만큼 더 보여줍니다. 다음 예제를 살펴보면 question이 처음으로 검색된 라인을 기준으로 위 2줄을 더 보여줍니다.

```
# 검색된 라인 위 2줄을 더 보여줌
[nalee@localhost ~]$ grep -B 2 'question' expression.txt
```

```
# Help
Do you have any questions? or Do you need any help?
If you have any questions, Please send a mail to the email below.
```

예제3) -C 라인 수, - 라인 수, --context= 라인 수 옵션을 사용하는 경우

옵션 -C는 패턴이 검색된 라인 위와 아래를 설정한 라인 수만큼 더 보여줍니다. 다음 예제를 보면 처음으로 검색된 question 라인의 위 2줄과 마지막으로 검색된 question 라인 아래 2줄을 더 보여줍니다.

```
# 검색된 라인 위, 아래 2줄을 더 보여줌
[nalee@localhost ~]$ grep -C 2 'question' expression.txt

# Help
Do you have any questions? or Do you need any help?
If you have any questions, Please send a mail to the email below.

# Contacts
```

예제4) --group-separator=그룹구분 기호 옵션을 사용하는 경우

옵션 --group-separator는 앞에서 살펴본 옵션 -A, -B, -C와 함께 사용되는 옵션으로 여러 섹션에서 패턴이 검색되었을 때 설정한 그룹구분 기호를 다음 예제처럼 함께 보여줍니다. 다음 예제는 '# 알파벳 한문자'로 시작하는 문자열을 검색했으며, 검색한 문자열 라인을 기준으로 아래 1줄씩을 더 보여줍니다. 이때 검색된 문자열이 서로 다른 줄에서 검색되면 --group-separator와 함께 설정한 그룹구분 기호를 검색된 패턴 라인 위에 보여줍니다.

```
# 검색된 패턴 라인 위에 그룹구분 기호 "====="을 함께 보여줌
[nalee@localhost ~]$ $ grep -A 1 --group-separator='=======' '# [[:alpha:]]'
expression.txt
# Date: 2020-05-05
# Author: NaleeJang
# Description: regular expression test file
#========================================#
===========
# System Information
CPU model is Intel(R) Core(TM) i7-8665U CPU @ 1.90GHz
```

```
============
# Help
Do you have any questions? or Do you need any help?
============
# Contacts
e-mail: nalee999@gmail.com
```

예제5) --no-group-separator 옵션을 사용하는 경우

옵션 --no-group-separator는 --group-separator와 반대로 그룹구분 기호를 표시하지 않습니다. 기본적으로 --group-separator를 사용하지 않더라도 옵션 -A, -B, -C를 사용했을 때 패턴이 여러 줄에서 검색되면 다음 예제처럼 -- 구분 기호를 출력합니다. 그런데, 이때 --no-group-separator를 사용하면 그룹구분 기호 없이 출력합니다.

```
# 기본 그룹구분 기호인 '--'를 함께 보여줌
[nalee@localhost ~]$ grep -A 1 '# [[:alpha:]]' expression.txt
# Date: 2020-05-05
# Author: NaleeJang
# Description: regular expression test file
#==========================================#
--
# System Information
CPU model is Intel(R) Core(TM) i7-8665U CPU @ 1.90GHz
--
# Help
Do you have any questions? or Do you need any help?
--
# Contacts
e-mail: nalee999@gmail.com

# 그룹구분 기호없이 검색 결과를 보여줌
[nalee@localhost ~]$ grep -A 1 --no-group-separator '# [[:alpha:]]' expression.txt
# Date: 2020-05-05
# Author: NaleeJang
# Description: regular expression test file
#==========================================#
# System Information
CPU model is Intel(R) Core(TM) i7-8665U CPU @ 1.90GHz
# Help
Do you have any questions? or Do you need any help?
```

```
# Contacts
e-mail: nalee999@gmail.com
```

3.2.7 파일 및 디렉터리 관련 옵션

파일 및 디렉터리 관련 옵션은 검색 대상이 디렉터리와 디렉터리 내의 파일이 대상일 경우 사용할 수 있는 옵션입니다. 예를 들어 대상 파일이 바이너리 파일이라든가, 심볼릭 링크일 경우나 서브 디렉터리 내의 모든 파일을 검색할 경우에 사용할 수 있습니다. 다음은 파일 및 디렉터리 관련 옵션들을 정리한 것입니다. 예제를 통해 옵션 사용법에 대해 알아보겠습니다.

옵션	설명
-a, --text	바이너리 파일에서 해당 패턴을 검색할 수 있음
--binary-files = TYPE	TYPE은 기본적으로 binary이며, text를 사용할 경우 -a 옵션과 동일한 기능을 가짐
-D ACTION, --devices = ACTION	ACTION은 read와 skip이 있으며, read일 경우 디바이스에서 패턴을 검색하고, skip일 경우 디바이스를 검색하지 않음
-d ACTION, --directories = ACTION	ACTION은 read와 skip이 있으며, read일 경우 디렉터리에서 패턴을 검색하고, skip일 경우 디렉터리는 검색하지 않음
--exclude = GLOB	GLOB은 검색 대상에서 제외하고자 하는 파일명을 의미하며, 파일명은 *, ?, /를 사용할 수 있음
--exclude-from = FILE	검색 대상에서 제외할 파일이 명확할 경우 사용할 수 있음
--exclude-dir = DIR	재귀 검색에서 패턴 DIR과 일치하는 디렉터리 제외
-I	일치하는 데이터를 포함하지 않은 것처럼 이진 파일을 처리합니다. 이것은 --binary-files = without-match 옵션과 동일
--include = GLOB	--exclude 옵션과 반대로 파일명에 해당하는 파일에서만 검색 가능
-r, --recursive	검색하고자 하는 디렉터리의 하위 디렉터리 파일도 검색 가능
-R, --dereference-recursive	검색하고자 하는 디렉터리의 하위 디렉터리 파일 및 심볼릭 파일까지 검색 가능

예제1) -a, --text 옵션을 사용하는 경우

패턴의 검색 대상이 바이너리 파일인 경우 -a 옵션을 이용할 수 있습니다. -a 옵션은 바이너리 파일을 텍스트로 간주하고, 바이너리 파일 내의 해당 패턴이 있는지 검색합니다. 다음 예제는 grep의 실행 파일을 테스트하기 위한 로컬 디렉터리에 복사하고 복사한 파일을 이용해 'Context'로 시작되는 문자열을 검색하는 예제입니다.

```
# 테스트를 위한 grep 명령어 파일 복사
[nalee@localhost ~]$ cp /bin/grep ./grep_binary_test
# 복사한 바이너리 파일인 grep_binary_test에서 Context라는 단어 검색
[nalee@localhost ~]$ grep -a '^Context' grep_binary_test
Context control:
```

예제2) --binary-files = TYPE 옵션을 사용하는 경우

바이너리 파일을 검색할 때 -a 옵션 외에도 --binary-files 옵션을 사용할 수 있습니다. --binary-files 옵션은 TYPE을 함께 선언해 사용해야 하는데, 이때 TYPE에는 binary, text, without-match가 있으며, 다음 예제는 binary와 text를 선언했을 경우를 보여줍니다. Text 같은 경우에는 바이너리 파일의 이진 문자가 그대로 출력될 수 있으며, 이는 터미널 프롬프트에 영향을 줄 수 있습니다.

```
# 바이너리 파일 타입이 binary일 때는 파일에 매칭되는 패턴이 있다는 메시지를 보여줌
[nalee@localhost ~]$ grep --binary-files=binary '^Context' grep_binary_test
Binary file grep_binary_test matches
# 바이너리 파일 타입이 text일 때는 패턴이 포함된 라인을 보여줌
[nalee@localhost ~]$ grep --binary-files=text '^Context' grep_binary_test
Context control:
```

예제3) -D ACTION, --devices = ACTION 옵션을 사용하는 경우

검색을 하다보면 우연치 않게 디바이스들이 검색 대상이 되는 경우가 있을 수 있습니다. 이런 경우, -D 옵션을 이용하여 skip을 선언하면 해당 디바이스는 검색 대상에서 제외됩니다. 다음 예제는 /dev/mem이라는 디바이스를 대상으로 -D 옵션을 이용하여 grep을 시도해 봤습니다. ACTION이 read일 경우에는 검색을 시도하려다가 권한 에러가 발생하였으며, skip일 경우에는 검색을 하지 않고 넘어갔습니다. 이렇게 ACTION에는 read와 skip 두 가지 종류가 있습니다.

```
# 디바이스 파일을 검색하려고 시도하다가 권한 에러 발생
[nalee@localhost ~]$ sudo grep -D read 'loop' /dev/mem
grep: /dev/mem: Operation not permitted
# 디바이스 파일을 검색하지 않았음
[nalee@localhost ~]$ sudo grep -D skip 'loop' /dev/mem
[nalee@localhost ~]$
```

예제4) -d ACTION, --directories = ACTION 옵션을 사용하는 경우

이번에는 디바이스가 아니라 디렉터리일 경우에 사용할 수 있는 옵션을 알아보겠습니다. -d 옵션은 디렉터리를 검색 대상에서 포함시키거나 제외할 수 있습니다. -D 옵션처럼 read를 사용하면 디렉터리도 검색 대상으로 포함시키고, skip을 사용하면 디렉터리는 검색 대상에서 제외시킵니다. 다음 예제는 read일 경우와 skip일 경우를 모두 보여주며, read일 경우에는 test-dir은 디렉터리라는 메시지를 보여주고, skip일 때는 디렉터리를 읽지 않고 파일만 검색한 결과를 보여줌을 알 수 있습니다.

```
# 테스트를 위한 디렉터리 생성
[nalee@localhost ~]$ mkdir test-dir
# 현재 경로의 모든 파일 및 디렉터리에서 CPU라는 단어 검색
[nalee@localhost ~]$ grep -d read 'CPU' ./*
./expression.txt:CPU model is Intel(R) Core(TM) i7-8665U CPU @ 1.90GHz
grep: ./test-dir: Is a directory
./test.txt:CPU model is Intel(R) Core(TM) i7-8665U CPU @ 1.90GHz
# 현재 경로의 디렉터리는 제외하고 CPU라는 단어 검색
[nalee@localhost ~]$ grep -d skip 'CPU' ./*
./expression.txt:CPU model is Intel(R) Core(TM) i7-8665U CPU @ 1.90GHz
./test.txt:CPU model is Intel(R) Core(TM) i7-8665U CPU @ 1.90GHz
```

예제5) --exclude = GLOB 옵션을 사용하는 경우

옵션 --exclude는 단어 의미 그대로 제외를 한다는 뜻입니다. GLOB은 * ? /와 같은 와일드 카드 문자가 포함된 파일명을 의미하며 --exclude와 함께 쓰이면 해당 파일은 검색 대상에서 제외를 한다는 의미입니다. 다음 예제를 보면, 현재 디렉터리에는 8개의 파일이 존재하며, --exclude 옵션을 통해 express로 시작하는 파일들은 검색 대상에서 제외하겠다는 의미입니다. 따라서, CPU라는 단어는 expression.txt에도 있지만, 해당 파일은 제외되고 test.txt에서만 검색되었습니다.

```
# 현재 디렉터리 내의 파일 목록
[nalee@localhost ~]$ ls
expression.tar.gz  expression.txt  file1.txt  file2.txt  pattern1.txt  pattern2.
txt  separator.txt  test.txt
# express로 시작하는 파일은 제외하고 검색
[nalee@localhost ~]$ grep --exclude=express* 'CPU' ./*
./test.txt:CPU model is Intel(R) Core(TM) i7-8665U CPU @ 1.90GHz
```

예제6) --exclude-from = FILE 옵션을 사용하는 경우

옵션 --exclude-from은 파일 자체를 검색 대상에서 제외합니다. 다음 예제를 보면 --exclude-from과 함께 파일명이 바로 쓰인 것을 알 수 있습니다.

```
# 압축 파일은 제외하고 패턴 검색
[nalee@localhost ~]$ $ grep --exclude-from=expression.tar.gz 'CPU' ./*
./expression.txt:CPU model is Intel(R) Core(TM) i7-8665U CPU @ 1.90GHz
./test.txt:CPU model is Intel(R) Core(TM) i7-8665U CPU @ 1.90GHz
```

예제7) --exclude-dir = DIR 옵션을 사용하는 경우

옵션 --exclude-dir은 말 그대로 디렉터리를 검색 대상에서 제외할 때 사용하는 옵션입니다. 다음 예제는 -r이라는 옵션으로 하위 디렉터리의 파일까지 검색 대상으로 설정하는 옵션으로, -r을 이용해 패턴을 검색했을 경우 file-dir이라는 하위 디렉터리까지 검색하지만 --exclude-dir=file-dir을 사용한 경우에는 file-dir 디렉터리는 검색에서 제외하고 검색되었음을 알 수 있습니다.

```
# 테스트를 위한 file-dir이라는 디렉터리를 생성하고 file1.txt 파일을 file-dir로 이동
[nalee@localhost ~]$ mkdir file-dir; mv file*.txt file-dir
# -r 옵션만 사용하여 검색하면 file-dir 내의 file1.txt 파일도 함께 검색
[nalee@localhost ~]$ grep -r 'mail' ./*
./expression.txt:If you have any questions, Please send a mail to the email below.
./expression.txt:e-mail: nalee999@gmail.com
./file-dir/file1.txt:mail
./test.txt:If you have any questions, Please send a mail to the email below.
```

```
./test.txt:e-mail: nalee999@gmail.com
# 제외대상 디렉터리로 file-dir을 선언하면 해당 디렉터리는 검색 대상에서 제외
[nalee@localhost ~]$ grep -r --exclude-dir=file-dir 'mail' ./*
./expression.txt:If you have any questions, Please send a mail to the email below.
./expression.txt:e-mail: nalee999@gmail.com
./test.txt:If you have any questions, Please send a mail to the email below.
./test.txt:e-mail: nalee999@gmail.com
```

예제8) -I 옵션을 사용하는 경우

옵션 -I는 바이너리 파일에서 패턴이 검색되었다 하더라도 결과로 출력되지 않습니다. 다음 예제는 앞의 예제에서 복사했던 grep 파일을 이용하여 Context를 검색하였지만, -I 옵션으로 인해 검색 결과가 출력되지 않았습니다.

```
# 바이너리 파일에 일치하는 단어가 있어도 없는 것처럼 보여줌
[nalee@localhost ~]$ grep -I '^Context' grep_binary_test
[nalee@localhost ~]$
```

예제9) --include=GLOB 옵션을 사용하는 경우

옵션 --include는 --exclude와 반대로 특정 파일명을 시작하는 파일들을 검색 대상으로 포함한다는 의미입니다. 다음 예제는 --include 옵션과 함께 expression으로 시작하는 파일에서 CPU라는 단어를 검색한 것을 볼 수 있습니다.

```
# express로 시작하는 파일에서 CPU라는 단어 검색
[nalee@localhost ~]$ grep --include=express* 'CPU' ./*
./expression.txt:CPU model is Intel(R) Core(TM) i7-8665U CPU @ 1.90GHz
grep: ./file-dir: Is a directory
```

예제10) -r, --recursive 옵션을 사용하는 경우

대부분의 디렉터리에는 파일만 존재하는 것이 아니라 또 다른 디렉터리가 존재합니다. grep은 기본적으로 파일을 대상으로 검색하고, 디렉터리일 경우에는 검색 대상이 디렉터리라는 정보만 메시지로 출력해 줍니다. 그런데, 그 하위 디렉터리 내의 파일들까지 모두 검색하고 싶다면 -r 옵션을 사용하여 검색할 수 있습니다. -r 옵션은 프로젝트 상위 디렉터리에서 프로젝트 내

소스 파일에 위치한 패턴까지 모두 찾아 줍니다. 그러므로, 매우 자주 사용하는 옵션 중에 하나입니다.

```
# -r 옵션을 이용하여 하위 디렉터리까지 검색
[nalee@localhost ~]$ grep -r --include=expression* 'CPU' ./*
./expression.txt:CPU model is Intel(R) Core(TM) i7-8665U CPU @ 1.90GHz
```

예제11) -R, --dereference-recursive 옵션을 사용하는 경우

옵션 -R은 하위 디렉터리의 심볼릭 링크도 파일로 보고 검색을 진행합니다. -r 옵션의 경우에는 심볼링 링크 같은 경우 검색 대상에서 제외하는 반면 -R 옵션의 경우에는 심볼릭 링크도 파일로 보고 검색을 진행합니다. 다음 예제를 보면 테스트를 위한 express.txt라는 심볼릭 링크를 하나 만들고, -r 옵션을 사용했을 때와 -R 옵션을 사용했을 때 어떻게 다른지를 보여줍니다.

```
# 테스트를 위한 expression.txt를 바라보는 express.txt 심볼릭 링크 생성
[nalee@localhost ~]$ cd file-dir
[nalee@localhost file-dir]$ ln -s ../expression.txt express.txt
[nalee@localhost file-dir]$ ls -l express.txt
lrwxrwxrwx. 1 nalee nalee 17 May 13 20:54 express.txt -> ../expression.txt
# -r 옵션을 사용했을 경우에는 express.txt 파일은 검색 대상에서 제외
[nalee@localhost ~]$ grep -r 'CPU' ./*
./expression.txt:CPU model is Intel(R) Core(TM) i7-8665U CPU @ 1.90GHz
./test.txt:CPU model is Intel(R) Core(TM) i7-8665U CPU @ 1.90GHz
# -R 옵션을 사용했을 경우에는 express.txt 파일도 검색되었음
[nalee@localhost ~]$ grep -R 'CPU' ./*
./expression.txt:CPU model is Intel(R) Core(TM) i7-8665U CPU @ 1.90GHz
./file/express.txt:CPU model is Intel(R) Core(TM) i7-8665U CPU @ 1.90GHz
./test.txt:CPU model is Intel(R) Core(TM) i7-8665U CPU @ 1.90GHz
```

3.2.8 기타 옵션

지금까지 grep에서 제공하는 대부분의 옵션을 거의 다 살펴보았습니다. 지금 살펴볼 옵션들은 앞에서 살펴본 옵션들과는 다른 특성을 가지고 있습니다. 다음은 다른 특성을 가진 3개의 옵션에 대해 정리한 것입니다.

옵션	설명
--line-buffered	grep의 경우 패턴에 일치하는 모든 라인 검색이 완료된 후 화면에 보여주지만, --line-buffered 옵션을 사용하면 검색된 라인별로 바로 보여줌
	많은 양의 로그 검색 시 유용하나 많이 사용하면 성능에 영향을 줄 수 있음
-U, --binary	검색 대상 파일을 바이너리로 취급하여 캐리지 리턴(CR)이나 라인피드(LF) 같은 문자를 제거하여 검색함
-z, --null-data	패턴이 포함된 파일의 전체 내용을 출력함

예제1) --line-buffered 옵션을 사용하는 경우

옵션 --line-buffered는 많은 양의 로그를 검색한다던가, 사이즈가 매우 큰 파일을 검색할 경우 파일을 전부 검색한 후 해당 결과를 출력해 주는 grep의 특성을 조정해 주는 옵션입니다. 매우 큰 사이즈의 파일을 검색할 경우에는 검색 결과를 메모리에 저장하는 시간이 걸리는데, --line-buffered 옵션을 사용하면 검색한 결과를 라인별로 바로바로 결과로 보여줍니다. 이 경우 메모리에 무리를 줄 수 있으므로 주의해서 사용해야 합니다.

```
# --line-buffered 옵션은 일반적으로 양이 많은 로그 파일 등을 검색할 때 사용함
[nalee@localhost ~]$ sudo grep --line-buffered -i -r 'error' /var/log/*
/var/log/messages:May 11 12:42:06 rhel7 kernel: [drm:intel_pipe_update_end [i915]]
*ERROR* Atomic update failure on pipe A (start=633972 end=633973) time 508 us, min
1073, max 1079, scanline start 1056, end 1090
...
```

예제2) -U, --binary 옵션을 사용하는 경우

옵션 -U는 일반 텍스트 파일을 바이너리 파일로 취급하여 캐리지 리턴이나 라인피드와 같은 문자를 제거하고 검색을 진행합니다. 그러나, 일반적인 경우에는 옵션을 사용했을 때와 사용하지 않을 때의 차이는 없습니다.

```
# -U 옵션을 사용하여 CPU 검색
[nalee@localhost ~]$ grep -U 'CPU' expression.txt
CPU model is Intel(R) Core(TM) i7-8665U CPU @ 1.90GHz
```

예제3) -z, --null-data 옵션을 사용하는 경우

옵션 -z는 파일 내용을 그대로 보여주는 옵션입니다. 보통 grep은 해당 패턴이 있는 라인만 검색 결과로 출력하는 반면 -z 옵션을 사용하면 파일 전체를 보여주고, 패턴에 해당하는 단어만 다음 예제처럼 보여줍니다.

```
# 파일 내용 안에서 특정 문자열 검색
[nalee@localhost ~]$ grep -z 'CPU' ./*.txt
====================
 Regular Expression
====================


#==========================================#
# Date: 2020-05-05
# Author: NaleeJang
# Description: regular expression test file
#==========================================#


Today is 05-May-2020.
Current time is 6:04PM.
This is an example file for testing regular expressions.This example file includes
control characters.

# System Information
CPU model is Intel(R) Core(TM) i7-8665U CPU @ 1.90GHz
Memory size is 32GiB
Disk is 512 GB
IP Address is 192.168.35.7

# Help
Do you have any questions? or Do you need any help?
If you have any questions, Please send a mail to the email below.

# Contacts
e-mail: nalee999@gmail.com
phone: 010-2222-5668
```

◈ 마무리

지금까지 문자열을 찾을 때 사용하는 grep 명령어의 사용법과 다양한 옵션 및 예제를 살펴보았습니다. grep은 리눅스나 유닉스를 사용하는 사용자라면 누구나 한번쯤은 사용해 본 경험이 있을 정도로 정말 자주 사용되는 명령어 중 하나입니다. 또한 셀 스크립트에서도 자주 사용되는 명령어이니 이번 기회에 grep 사용법을 잘 알아두는 건 어떨까요?

## CHAPTER 4

파일을 찾을 수 있는 find

얼마 전에 작업했던 문서를 어느 경로에 저장해 두었는지 기억이 나지 않을 때나 누군가에 의해 개발된 소스파일이나 시스템에 의해 생성된 로그 파일 위치를 잘 모를 때 문서를 사용해야만 하고, 개발 소스를 수정해야만 하는 상황이 발생하곤 합니다. 때로는 시스템에 발생한 문제를 해결하기 위해 로그를 찾아 봐야 하는 경우도 있습니다. 이런 경우 유용하게 사용할 수 있는 명령어가 바로 find입니다. find는 사용자가 지정한 기준에 따라 파일을 찾고, 사용자가 정의한 행위에 매칭되는 파일을 시스템 디렉터리 트리를 검색하여 파일을 찾아주는 명령줄 유틸리티입니다. 또한 find는 복잡한 디렉터리 구조에서 원하는 파일을 정확히 찾을 수 있도록 다양한 옵션들을 제공합니다.

4.1 find 사용법 알아보기

find는 상황에 따라서 원하는 파일을 잘 검색할 수 있도록 다양한 옵션과 표현식을 제공합니다. 그리고, 표현식을 어떻게 사용하느냐에 따라 필요한 파일을 쉽게 찾을 수 있습니다. 그럼, 지금부터 find의 기본 사용법에 대해 알아보겠습니다.

기본 사용법1

find의 가장 기본적인 사용법은 다음과 같이 파일을 찾고자 하는 대상 경로, 어떤 기준으로 어떤 파일을 찾을지에 대한 표현식으로 이루어집니다. 이때 대상 경로는 기본적으로 현재 디렉터리를 가리키며 표현식에는 테스트, 연산자, 액션 및 위치옵션으로 구성될 수 있습니다.

```
find [대상 경로] [표현식]
```

예제1) find 기본 사용법1

예제를 통해 find의 기본 사용법을 알아보겠습니다. 다음 예제는 /etc라는 디렉터리에 chrony.conf라는 파일을 찾는 예제로, 여기서 /etc는 파일을 찾을 대상 경로를 이야기하며, -name chrony.conf는 어떤 기준으로 파일을 찾을 것인지에 대한 표현식입니다.

```
[root@localhost ~]# find /etc -name chrony.conf
/etc/chrony.conf
```

기본 사용법2

두 번째 기본 사용법은 대상 경로 앞에 옵션을 두는 방법입니다. find에서 경로에서 줄 수 있는 옵션의 종류로는 심볼릭 파일을 어떻게 검색할 것인지에 대한 옵션, 디버그 관련 옵션, 레벨 관련 옵션이 존재합니다. 옵션은 **4.3 find 기본 옵션**에서 자세하게 다루므로, 해당 챕터를 참조하기 바랍니다.

```
find [옵션] [대상 경로] [표현식]
```

예제1) find 기본 사용법2

다음 예제를 살펴보면 /etc라는 대상 경로 앞에 -L이라는 옵션을 주었습니다. -L 옵션은 심볼릭 링크의 원파일의 속성을 검사하도록 하는 옵션입니다. -perm은 파일 권한을 의미하며, 파일 권한이 644(소유자-읽기/쓰기, 그룹-읽기, 기타-읽기)를 가진 파일을 검색하라는 표현식입니다. -name은 파일명을 의미하며 파일명이 rc.로 시작하는 파일을 검색하라는 뜻입니다. 이렇게 검색된 /etc/rc.local 파일은 심볼릭 링크로 777이라는 파일 권한을 가지고 있습니다. 하지만 /etc/rc.local과 연결된 /etc/rc.d/rc.local은 644라는 파일 권한을 가지고 있어 /etc/rc.d/rc.local만 검색된 것이 아니라 /etc/rc.local까지 검색된 것입니다.

```
# 파일 권한이 644이면서 rc로 시작하는 파일 검색
[root@localhost ~]# find -L /etc -perm 644 -name 'rc.*'
```

```
/etc/rc.d/rc.local
/etc/rc.local
# /etc/rc.local은 심볼릭 링크로 링크 권한은 777임
[root@localhost ~]# ls -l /etc/rc.local
lrwxrwxrwx. 1 root root 13 May 14 09:16 /etc/rc.local -> rc.d/rc.local
# /etc/rc.d/rc.local의 파일 권한은 644임
[root@localhost ~]# ls -l /etc/rc.d/rc.local
-rw-r--r--. 1 root root 473 Apr  7 00:38 /etc/rc.d/rc.local
```

4.2 find의 다양한 표현식

find는 사용자가 필요로 하는 조건으로 파일을 찾기 위한 방법을 옵션이 아닌 표현식Expression 으로 제공합니다. 표현식에는 find에서 찾고자 하는 파일의 속성을 정의할 수 있는 테스트Tests, 테스트와 테스트의 검색 우선순위를 정의할 수 있는 연산자Operators, 검색한 파일을 인수로 하여 또 다른 명령어를 실행할 수 있는 액션Actions, 테스트와 함께 쓰이면서 테스트의 검색조건을 변경할 수 있는 위치옵션Positional Options이 있습니다. 이번 챕터에서는 이와 같은 다양한 종류의 표현식을 알아보도록 하겠습니다.

- 테스트
- 연산자
- 액션
- 위치옵션

4.2.1 테스트

테스트Tests는 find에서 가장 많이 사용되는 표현식입니다. 테스트를 잘 이용하면 쉽고 빠르게 원하는 파일을 검색할 수 있습니다. 테스트에는 다음과 같이 시간 관련 테스트 외에도 다양한 테스트가 있습니다. 그럼, 지금부터 유형별 테스트 종류를 알아보고, 예제를 통해 테스트의 사용법을 알아보겠습니다.

- 시간 관련 테스트
- 최신 파일 검색 관련 테스트
- 파일 권한 관련 테스트

- 그룹 및 사용자 관련 테스트
- 파일명 관련 테스트
- 파일 경로 관련 테스트
- 파일 타입 관련 테스트
- 기타 테스트

시간 관련 테스트

시간 관련 테스트는 파일이 언제 생성되었고, 언제 사용되었으며, 언제 변경되었는지를 현재 시각을 기준으로 명시된 분 또는 시간에 해당하는 파일을 찾아줍니다. 다음은 이런 시간 관련 테스트 종류를 정리한 것입니다.

테스트	설명
-amin n	현재 시각을 기준으로 n분 전에 액세스된 파일을 찾아줌
-atime n	현재 시각을 기준으로 n * 24시간 전에 액세스된 파일을 찾아줌
-cmin n	현재 시각을 기준으로 n분 전에 상태가 변경된 파일을 찾아줌
-ctime n	현재 시각을 기준으로 n * 24시간 전에 상태가 변경된 파일을 찾아줌
-mmin n	현재 시각을 기준으로 n분 전에 내용이 수정된 파일을 찾아줌
-mtime n	현재 시각을 기준으로 n * 24시간 전에 내용이 수정된 파일을 찾아줌

find 테스트를 위한 예제 파일 준비

예제를 살펴보기 전에 테스트를 위한 예제 파일을 다음과 같이 git을 이용해 다운로드 받습니다. 그러면, Easy-Shell-Script라는 디렉터리가 생성됩니다. Easy-Shell-Script/04. Find/Script.tar 파일을 압축 해제하면 홈 디렉터리에 테스트를 위한 파일이 들어있는 Script 디렉터리가 만들어집니다. 그리고, Script 디렉터리로 전환하여 파일 목록을 확인합니다. 이제 테스트를 위한 모든 준비는 완료되었습니다.

```
# git을 이용한 예제 파일 다운로드
[nalee@localhost ~]$ git clone https://github.com/naleeJang/Easy-Shell-Script.git
# 예제 파일 압축 해제
[nalee@localhost ~]$ tar xvf Easy-Shell-Script/04.Find/Script.tar
# Script 디렉터리로 전환
[nalee@localhost ~]$ cd Script
# 디렉터리 파일 목록 확인
[nalee@localhost Script]$ ls -l
total 312
```

```
-rw-rw-r--. 1 nalee nalee  65942 May 15 16:49 aa.txt
-rw-rw-r--. 1 nalee nalee     10 May 19 10:58 amin.txt
-rw-rw-r--. 1 nalee nalee  65942 May 15 16:49 bb.txt
-rw-rw-r--. 1 nalee nalee    750 May 13 14:40 expression.tar.gz
-rw-rw-r--. 1 nalee nalee    738 May 19 10:30 expression.txt
drwxrwxr-x. 2 nalee nalee     59 May 13 20:54 file
-rw-rw-r--. 1 nalee nalee      0 May 22 14:28 findtestfile
-rwxr-xr-x. 1 nalee nalee 159024 May 13 20:31 grep-test
drwxrwxr-x. 2 nalee nalee     66 May 13 20:20 pattern
-rw-rw-r--. 1 nalee nalee     60 May 13 14:02 separator.txt
-rw-rw-r--. 1 nalee nalee    721 May 19 11:14 test.txt
```

예제1) -amin n 테스트를 사용하는 경우

테스트 -amin은 파일의 접근 시간을 확인하여 -amin에 의해 명시된 n분에 접근한[Access] 파일을 찾아줍니다. 다음 예제를 살펴보면 1분 이내에 접근한 파일을 검색하기 위해 -amin이 사용되었으며 검색된 amin.txt 파일의 속성을 확인한 결과 방금 전에 접근했다는 사실을 알 수 있습니다.

```
# 현재 시각 확인
[nalee@localhost Script]$ date
Fri May 22 14:30:55 KST 2020
# 1분 내에 접근한 파일 검색
[nalee@localhost Script]$ find ./ -amin 1
./amin.txt
# 해당 파일의 접근 시각 확인
[nalee@localhost Script]$ stat amin.txt | grep Access
Access: (0600/-rw-------)  Uid: ( 1000/nalee)   Gid: ( 1000/nalee)
Access: 2020-05-22 14:30:22.716433232 +0900
```

예제2) -atime n 테스트를 사용하는 경우

테스트 -atime은 현재 시간을 기준으로 명시된 숫자 n ＊ 24를 하여 해당 시간대를 기준으로 24시간 내에 접근한[Access] 파일을 찾아줍니다.

```
# 현재 시각 확인
[nalee@localhost Script]$ date
Fri May 22 15:39:03 KST 2020
```

```
# 1*24시간 전에 변경된 파일 검색
[nalee@localhost Script]$ find ./ -atime 1
./pattern/findtestfile
```

예제3) −cmin n 테스트를 사용하는 경우

테스트 −cmin은 현재 시간을 기준으로 명시된 숫자 n분에 변경된[Change] 파일을 찾아줍니다. 우선, 현재 시각을 확인하고 테스트를 위한 테스트 파일을 수정합니다. 그리고, −cmin을 이용하여 다음 예제처럼 검색하면 방금 변경한 파일을 찾을 수 있습니다.

```
# 현재 시각 확인
[nalee@localhost Script]$ date
Fri May 22 16:33:38 KST 2020
# 테스트를 위해 파일 권한 추가
[nalee@localhost Script]$ chmod o+w amin.txt
# 1분 내에 상태가 변경된 파일 검색
[nalee@localhost Script]$ find ./ -cmin 1
./amin.txt
# 파일 변경 상태 확인
[nalee@localhost Script]$ stat amin.txt | grep Change
Change: 2020-05-22 16:34:07.671930965 +0900
```

예제4) −ctime n 테스트를 사용하는 경우

테스트 −ctime은 현재 시간을 기준으로 명시된 숫자 n * 24시간 내에 변경된[Change] 파일을 찾아줍니다. 예제를 보면 우선 현재 시각을 확인하고, −cime 을 이용해 뒤에 오는 숫자를 바꿔주면 해당 일자에 변경이 일어난 파일을 검색해서 보여줍니다.

```
# 현재 시각 확인
[nalee@localhost Script]$ date
Fri May 22 16:39:02 KST 2020
# 24시간 내에 수정된 파일 검색
[nalee@localhost Script]$ find ./ -ctime 0
./
./findtestfile
./amin.txt
```

예제5) -mmin n 테스트를 사용하는 경우

테스트 -mmin은 현재 시간을 기준으로 명시된 숫자 n분대에 수정된^{Modify} 파일을 찾아줍니다. 다음 예제에서는 이해를 돕기 위해 검색된 파일이 어떤 정보를 기준으로 검색되었는지를 stat라는 명령어를 이용해 파일 상태를 확인하였습니다.

```
# 현재 시각 확인
[nalee@localhost Script]$ date
Fri May 22 16:46:13 KST 2020
# 15분 전에 수정된 파일 검색
[nalee@localhost Script]$ find ./ -mmin 15
./amin.txt
# 파일 수정 시간 확인
[nalee@localhost Script]$ stat amin.txt | grep Modify
Modify: 2020-05-22 16:34:07.671930965 +0900
```

예제6) -mtime n 테스트를 사용하는 경우

테스트 -mtime은 현재 시간을 기준으로 명시된 숫자 n * 24시간 내에 수정된 파일을 찾아줍니다. 시간 관련 테스트는 현재 시각을 기준으로 파일을 찾아주기 때문에 실시간으로 변경된 파일을 찾기에 매우 적합합니다. 그렇기 때문에 테스트를 했을 때 다음 예제의 결과와는 달라질 수 있습니다.

```
# 현재 시각 확인
[nalee@localhost ~]$ date
Fri May 22 16:54:33 KST 2020
# 24시간 내에 수정된 파일 검색
[nalee@localhost Script]$ find ./ -mtime 0
./
./findtestfile
./amin.txt
```

최신 파일 검색 관련 테스트

앞서 살펴본 테스트가 현재 시간을 기준으로 파일을 검색했다면, 이번에 살펴볼 테스트는 명시한 파일을 기준으로 더 최근에 접근하고, 수정 및 변경이 이루어진 파일을 검색해 줍니다. 다음은 이런 최신 파일 검색 관련 테스트를 정리한 것입니다.

테스트	설명
−anewer file	명시된 파일보다 최근에 접근한(Access) 파일을 찾아줌
−cnewer file	명시된 파일보다 최근에 변경된(Change) 파일을 찾아줌
−newer file	명시된 파일보다 최근에 수정된(Modify) 파일을 찾아줌
−newerXY file	명시된 파일의 속성보다 최근에 수정된 파일을 찾아줌. 파일 속성은 XY로 표시하며, 다음과 같은 속성이 있으며, 속성 B는 리눅스에서 사용할 수 없음 a 파일 참조의 액세스 시간　　　B 파일 참조의 탄생 시간 c inode 상태 변경 시간 참조　　m 파일 참조의 수정 시간

예제1) −anewer file 테스트를 사용하는 경우

테스트 −anewer는 명시한 파일보다 더 최근에 접근한[Access] 파일을 찾아줍니다. 다음 예제를 살펴보면 테스트를 위해 우선 expression.txt라는 파일을 cat을 통해 먼저 접근합니다. 그리고, −anewer를 이용해 amin.txt보다 더 최근에 접근한 파일이 있는지를 검색하면 앞서 내용을 확인했던 expression.txt 파일이 검색되는 것을 확인할 수 있습니다.

```
# 테스트를 위해 expression.txt를 cat을 통해 접근
[nalee@localhost Script]$ cat expression.txt
# amin.txt보다 더 최근에 수정된 파일 검색
[nalee@localhost Script]$ find ./ -anewer amin.txt
./expression.txt
```

예제2) −cnewer file 테스트를 사용하는 경우

이번에는 명시한 파일보다 더 최근에 변경된[Change] 파일을 검색해주는 −cnewer를 살펴보겠습니다. 테스트를 위해 다음 예제에서는 짧은 문자열 "cnewer test"를 Separator.txt 파일에 추가했습니다. 그리고, −cnewer를 이용해 더 최근에 변경된 파일을 검색하니 Separator.txt가 검색되었습니다.

```
# 테스트를 위해 Separator.txt에 문자열 추가
[nalee@localhost Script]$ echo "cnewer test" >> Separator.txt
# amin.txt보다 최근에 변경된 파일 검색
[nalee@localhost Script]$ find -L ./ -cnewer amin.txt
./
./Separator.txt
```

예제3) −newer file 테스트를 사용하는 경우

테스트 −newer는 명시된 파일보다 더 최근에 수정된 파일을 검색합니다. 앞의 예제에서 Separator.txt의 파일 내용이 변경되면서 수정도 함께 발생했습니다. 따라서, −newer를 사용하여 파일을 검색해도 Separator.txt가 검색된 것을 확인할 수 있습니다.

```
# amin.txt보다 최근에 수정된 파일 검색
[nalee@localhost Script]$ find ./ -newer amin.txt
./
./Separator.txt
```

예제4) −newerXY file 테스트를 사용하는 경우

검색을 하다보면 접근, 수정, 변경이 동시에 이루어진 파일을 검색할 경우도 있을 것입니다. 이때 사용할 수 있는 테스트가 바로 −newerXY입니다. 이때 XY는 파일 속성에 해당하며 a, B, c, m을 사용할 수 있으며 B 같은 경우에는 일반적인 리눅스에서는 지원하지 않으므로 사용할 수 없습니다.

```
# amin.txt보다 더 최근에 수정되고, 변경된 파일 검색
[nalee@localhost Script]$ find ./ -newercm amin.txt
./
./Separator.txt
```

> **TIP_ 변경과 수정의 차이**
>
> 사실 변경(Change)과 수정(Modify)은 매우 비슷합니다. 예를 들어 파일 내용이 바뀌어도 변경과 수정은 동시에 일어납니다. 그러나, 내용 변동이 없이 파일명만 바뀌면 변경은 일어나도 수정은 일어나지 않습니다. 그렇기 때문에 변경된 파일을 검색하거나 수정된 파일을 검색할 경우 검색 결과가 유사하며, 파일명만 변경된 경우에만 검색 결과가 달라질 수 있습니다. 다음 예제는 파일명이 바뀌었을 때 Change 속성이 변경되는 것을 보여줍니다.

```
# 파일 속성 확인
[nalee@localhost Script]$ stat Separator.txt
  File: Separator.txt
  Size: 72         Blocks: 8        IO Block: 4096    regular file
Device: fc05h/64517d    Inode: 263037    Links: 1
```

```
 Access: (0664/-rw-rw-r--) Uid: ( 1000/   nalee)  Gid: ( 1000/   nalee)
 Access: 2020-05-22 15:07:07.518534182 +0900
 Modify: 2020-05-22 17:17:37.151954269 +0900
 Change: 2020-05-22 17:17:37.151954269 +0900
 Birth: -
# 파일 이름 변경
[nalee@localhost Script]$ mv Separator.txt Separator1.txt
# 파일명이 변경된 파일의 속성 확인
[nalee@localhost Script]$ stat Separator1.txt
  File: Separator1.txt
  Size: 72         Blocks: 8        IO Block: 4096    regular file
Device: fc05h/64517d    Inode: 263037    Links: 1
 Access: (0664/-rw-rw-r--) Uid: ( 1000/   nalee)  Gid: ( 1000/   nalee)
 Access: 2020-05-22 15:07:07.518534182 +0900
 Modify: 2020-05-22 17:17:37.151954269 +0900
 Change: 2020-05-22 17:35:11.181828195 +0900
 Birth: -
```

파일 권한 관련 테스트

파일 권한 관련 테스트는 말 그대로 찾고자 하는 파일 권한에 해당하는 파일을 검색할 수 있도록 도와줍니다. 예를 들어 소유자만 읽고, 쓸 수 있는 파일을 검색한다던가, 다른 사용자에게 실행 권한이 부여된 파일을 찾을 경우 사용할 수 있습니다. 다음은 이럴 경우 사용할 수 있는 파일 권한 관련 테스트를 정리한 것입니다.

테스트	설명
–perm mode	명시된 파일 권한과 동일한 파일을 검색함
–perm –mode	명시된 파일 권한이 포함된 파일을 검색함
–perm /mode	명시된 파일 권한을 소유자, 그룹, 기타로 구분하여 세 개의 권한 중 하나라도 동일한 파일을 검색함
–perm +mode	더이상 사용되지 않으며, 대신 –perm /mode가 +mode를 대신함
–readable	로그인한 사용자가 읽을 수 있는 파일을 검색함
–writable	로그인한 사용자가 쓸 수 있는 파일을 검색함
–executable	실행 권한이 있는 파일만 검색함

테스트를 위한 예제 파일 권한 변경

앞에서 다운로드 받아 준비한 Script 디렉터리의 파일들을 테스트하기 위해 파일 권한을 다음과 같이 변경합니다. 파일 소유는 sudo chown 명령어를 이용하여 변경하고, 파일 권한은 sudo chmod 명령어를 이용하여 변경합니다.

```
# 테스트를 위해 예제 파일 권한 변경
[nalee@localhost Script]$ ls -l
total 312
-rw-rw----. 1 nalee nalee  65942 May 15 16:49 aa.txt
-rw-------. 1 nalee nalee     40 May 22 16:34 amin.txt
-rw-rw----. 1 nalee nalee  65942 May 15 16:49 bb.txt
-rw-rw-r--. 1 nalee nalee    750 May 13 14:40 expression.tar.gz
-rw-------. 1 nalee nalee    717 May 21 12:26 expression.txt
drwxrwxr-x. 2 nalee nalee     87 May 20 17:09 File
-rw-rw-r--. 1  1001  1001      0 May 22 14:28 findtestfile
-rwxr-xr-x. 1 nalee nalee 159024 May 13 20:31 grep-test
drwxrwxr-x. 2 nalee nalee     86 May 21 13:07 pattern
-rw-rw-rw-. 1 nalee nalee     60 May 21 12:27 Separator.txt
-r--r--r--. 1 nalee nalee    721 May 19 11:14 test.txt
```

예제1) -perm mode 테스트를 사용하는 경우

테스트 -perm은 명시된 파일 권한과 동일한 파일을 찾아줍니다. 다음 예제는 테스트를 위해 파일 권한이 변경된 파일 목록을 가지고 다음과 같이 파일 권한이 660인 파일을 검색합니다. 파일 목록에서 파일 권한이 660(rw-rw----)인 것은 aa.txt와 bb.txt입니다.

```
# 파일 권한이 660인 파일 검색
[nalee@localhost Script]$ find ./ -perm 660
./aa.txt
./bb.txt
```

예제2) -perm -mode 테스트를 사용하는 경우

앞서 살펴본 예제에서는 파일 권한을 명시할 때 아무런 기호를 붙이지 않았지만, 이번에는 파일 권한 앞에 마이너스 - 기호를 붙여줍니다. 마이너스 - 기호를 붙이면 명시한 파일 권한이 포함된 파일도 모두 검색됩니다. 다음 예제를 살펴보면 마이너스 - 기호 없이 검색한 결과에는 ./Separator.txt 하나만 검색되었지만 마이너스 − 기호를 붙인 검색 결과에는 ./File/express.txt라는 파일이 하나 더 검색된 것을 확인할 수 있습니다. 또한, express.txt 파일은 심볼릭 링크로 누구나 접근할 수 있는 777 권한을 가지고 있음을 확인할 수 있습니다.

```
# 파일 권한이 666인 파일 검색
[nalee@localhost Script]$ find ./ -perm 666
./Separator.txt
# 파일 권한이 666을 포함한 파일 검색
[nalee@localhost Script]$ find ./ -perm -666
./Separator.txt
./File/express.txt
# File 디렉터리 내의 express.txt 파일 확인
[nalee@localhost Script]$ ls -l ./File/express.txt
lrwxrwxrwx. 1 nalee nalee 17 May 13 20:54 ./File/express.txt -> ../expression.txt
```

예제3) −perm /mode 테스트를 사용하는 경우

이번에 살펴볼 −perm /mode는 파일 권한 중 하나라도 해당되는 것이 있으면 검색이 됩니다. 백슬래시 / 기호와 함께 파일 권한을 명시해주면 소유자, 그룹, 기타 사용자 중 어느 하나라도 해당하는 파일이 있으면 다음 예제처럼 검색됩니다.

```
# 파일 권한 중 하나 이상이 6에 해당하는 파일 검색
[nalee@localhost Script]$ $ find ./ -perm /666
./
./separator.txt
./expression.tar.gz
./file
./file/file1.txt
./file/file2.txt
./file/express.txt
./pattern
./pattern/pattern1.txt
./pattern/pattern2.txt
./pattern/pattern3.txt
./grep-test
./aa.txt
./bb.txt
./expression.txt
./amin.txt
./test.txt
```

예제4) −readable 테스트를 사용하는 경우

테스트 −readable은 로그인한 계정으로 읽기가 가능한 파일을 검색해 줍니다. 이번 예제에서
는 테스트를 위해 root 계정에서 /temp 디렉터리를 하나 생성하고, /temp 디렉터리에 read.
txt 파일을 하나 만들어 줍니다. 그리고, 다시 이전 계정으로 돌아와 temp 디렉터리에서 읽기
가능한 파일이 있는지 검색해 봅니다. 방금 만든 read.txt 파일이 읽을 수 있다고 검색된 것을
확인할 수 있습니다.

```
# 테스트를 위해 root 계정에서 /temp 디렉터리에 파일 생성
[root@localhost ~]# mkdir /temp; touch /temp/read.txt
# 이전 계정으로 전환하고 temp 디렉터리로 이동 후 읽기가 가능한 파일 검색
[nalee@localhost temp]$ find ./ -readable
./
./read.txt
```

예제5) −writable 테스트를 사용하는 경우

테스트 −writable은 앞에서 살펴본 −readable과는 달리 쓰기 권한이 있는지를 검색합니다.
temp 디렉터리에서 쓰기 권한이 있는 파일을 검색하면 아무것도 검색되지 않습니다. 해당 디
렉터리의 파일 목록을 확인해 보면 앞서 만든 read.txt 파일에는 다른 사용자의 파일 쓰기 권
한이 없음을 알 수 있습니다.

```
# temp 디렉터리에서 쓰기가 가능한 파일 검색
[nalee@localhost temp]$ find ./ -writable
# temp 디렉터리의 파일 목록 확인 시 쓰기 권한이 없음을 확인
[nalee@localhost temp]$ ls -l
total 0
-rw-r--r--. 1 root root 0 May 22 21:11 read.txt
```

예제6) −executable 테스트를 사용하는 경우

테스트 −executable은 말 그대로 로그인한 사용자가 파일을 실행할 수 있는 실행 권한을 가
진 파일을 검색합니다. /temp 디렉터리에서 다시 홈 디렉터리의 Script로 돌아옵니다. 그리
고, 다음과 같이 find ./ -executable을 실행하면 실행 권한을 가지고 있는 파일과 디렉터리
가 검색되는 것을 확인할 수 있습니다.

```
# nalee 계정이 실행할 수 있는 파일 검색
[nalee@localhost Script]$ find ./ -executable
./
./pattern
./grep-test
./File
```

```
[nalee@localhost Script]$ ls -l
total 312
-rw-rw----. 1 nalee nalee  65942 May 15 16:49 aa.txt
-rw-------. 1 nalee nalee     40 May 22 16:34 amin.txt
-rw-rw----. 1 nalee nalee  65942 May 15 16:49 bb.txt
-rw-rw-r--. 1 nalee nalee    750 May 13 14:40 expression.tar.gz
-rw-------. 1 nalee nalee    717 May 21 12:26 expression.txt
drwxrwxr-x. 2 nalee nalee     87 May 20 17:09 File
-rw-rw-r--. 1  1001  1001      0 May 22 14:28 findtestfile
-rwxr-xr-x. 1 nalee nalee 159024 May 13 20:31 grep-test
drwxrwxr-x. 2 nalee nalee     86 May 21 13:07 pattern
-rw-rw-rw-. 1 nalee nalee     60 May 21 12:27 Separator.txt
-r--r--r--. 1 nalee nalee    721 May 19 11:14 test.txt
```

그룹 및 사용자 관련 테스트

그룹 및 사용자 관련 테스트는 찾고자 하는 그룹ID 또는 그룹명, 사용자ID 또는 사용자명에 해당하는 파일을 검색할 때 사용할 수 있습니다. 다음은 이렇게 그룹 및 사용자를 검색할 때 사용할 수 있는 테스트를 정리한 것입니다.

테스트	설명
-gid n	그룹ID가 명시한 그룹ID n과 동일한 파일 검색
-group gname	그룹명이 명시한 그룹명 gname과 동일한 파일 검색
-nogroup	존재하지 않는 그룹ID를 가지고 있는 파일 검색
-nouser	존재하지 않는 사용자ID를 가지고 있는 파일 검색
-uid n	사용자ID가 명시한 사용자ID n과 동일한 파일 검색
-user uname	사용자명이 명시한 사용자명 uname과 동일한 파일 검색

예제1) -gid n 테스트를 사용하는 경우

테스트 -gid는 그룹ID를 의미하며, 명시한 그룹ID와 동일한 파일을 검색합니다. 다음 예제를 보면, 우선 테스트를 위해 root 권한으로 rootfile이라는 파일을 하나 생성합니다. 그리고, 그룹ID가 0인 파일을 검색합니다. Root의 사용자ID와 그룹ID는 0이므로 root에 의해 생성된 rootfile이 검색됨을 확인할 수 있습니다.

```
# 테스트를 위해 root 권한으로 파일 생성
[nalee@localhost Script]$ sudo touch rootfile
# 그룹ID가 0(*0은 root를 의미함)인 파일 검색
[nalee@localhost Script]$ find ./ -gid 0
./rootfile
# rootfile의 파일 소유권 확인
[nalee@localhost Script]$ ls -l rootfile
-rw-r--r--. 1 root root 0 May 19 17:59 rootfile
```

예제2) -group gname 테스트를 사용하는 경우

그룹ID가 아닌 그룹명을 이용해 파일을 검색할 경우에는 -group이라는 테스트를 이용할 수 있습니다. 다음 예제와 같이 root의 그룹명인 root를 검색하면 root에 의해 생성된 rootfile이 검색됩니다.

```
# 그룹소유권이 root인 파일 검색
[nalee@localhost Script]$ find ./ -group root
./rootfile
```

예제3) -nogroup 테스트를 사용하는 경우

테스트 -nogroup은 존재하지 않는 그룹ID를 가지고 있는 파일을 검색합니다. 다음 예제를 보면, 테스트를 위해 chown 명령어를 이용해 존재하지 않는 사용자ID와 그룹ID로 소유자 및 그룹을 변경합니다. 그리고, -nogroup을 이용해 존재하지 않는 그룹ID를 가지고 있는 파일을 검색합니다. 방금 전에 변경한 파일이 다음과 같이 검색됩니다.

```
# 테스트를 위해 chown을 이용해 존재하지 않는 사용자ID 및 그룹ID로 소유권 변경
[nalee@localhost Script]$ sudo chown 1001:1001 findtestfile
# 존재하지 않는 그룹ID가 있는 파일 검색
[nalee@localhost Script]$ find ./ -nogroup
./findtestfile
```

예제4) -nouser 테스트를 사용하는 경우

존재하지 않는 사용자ID를 가지고 있는 파일을 검색할 때는 -nouser라는 테스트를 이용할 수 있습니다.

```
# 존재하지 않는 사용자ID가 있는 파일 검색
[nalee@localhost Script]$ find ./ -nouser
./findtestfile
```

예제5) -uid n 테스트를 사용하는 경우

테스트 -uid는 명시한 사용자 ID를 가지고 있는 파일을 검색합니다. 다음 예제는 root 계정의 사용자 ID인 0을 가지고 있는 파일을 검색하는 예입니다.

```
# root 계정 ID를 가지고 있는 파일 검색
[nalee@localhost Script]$ find ./ -uid 0
./rootfile
```

예제6) -user uname 테스트를 사용하는 경우

이번에는 사용자 ID가 아닌 명시한 사용자명과 동일한 파일을 검색할 수 있는 -user 테스트입니다. -user 테스트를 사용하면 다음과 같이 사용자명을 이용하여 파일을 검색할 수 있습니다.

```
# root가 소유자인 파일 검색
[nalee@localhost Script]$ find ./ -user root
./rootfile
```

파일명 관련 테스트

파일명 관련 테스트는 파일명을 이용하여 검색할 때 대소문자 구분을 없앤다던가 하여 심볼릭 링크를 검색할 수 있습니다. 다음 표는 이런 파일명 관련 테스트를 정리한 것입니다.

테스트	설명
-iname pattern	대소문자 구분없이 패턴과 일치하는 파일 검색
-inum n	파일의 Inode 번호 n을 갖는 파일 검색
-lname pattern	패턴과 일치하는 심볼릭 링크 검색
-name pattern	패턴과 일치하는 파일 검색
-regex pattern	패턴과 일치하는 경로 검색. Emacs 정규 표현식이 기본값이며, -regextype 옵션을 사용하여 변경할 수 있음

−iregex pattern	대소문자 구분없이 패턴과 일치하는 경로 검색
−samefile name	파일명과 동일한 파일 및 심볼릭 링크 검색. 심볼릭 링크 검색을 위해서는 −L 옵션을 함께 사용해야 함

예제1) −iname pattern 테스트를 사용하는 경우

테스트 −iname은 파일명에 의해 파일을 검색할 경우 대소문자를 구분하지 않고 파일을 검색합니다. 다음 예제를 보면 우선 테스트를 위해 expression.txt 파일을 Expression.txt로 파일명을 변경했습니다. 그리고, −iname을 이용해 소문자 e로 시작하는 파일을 검색하면 앞서 변경한 Expression.txt도 함께 검색되는 것을 확인할 수 있습니다.

```
# 테스트를 위한 파일명 변경
[nalee@localhost Script]$ mv expression.txt Expression.txt
# e로 시작하는 txt 파일 검색
[nalee@localhost Script]$ find ./ -iname 'e*.txt'
./File/express.txt
./Expression.txt
```

예제2) −inum n 테스트를 사용하는 경우

테스트 −inum은 inode 값을 이용해 파일을 검색할 때 사용하는 테스트입니다. 테스트를 위해 앞서 변경한 Expression.txt 파일을 다시 expression.txt로 이름을 변경합니다. 그리고, stat 명령어를 통해 expression.txt의 Inode 번호를 확인합니다. 그리고, −inum과 함께 확인한 Inode 번호로 파일을 검색하면 expression.txt가 검색되는 것을 확인할 수 있습니다. Inode는 이와 같이 stat 등을 이용해 확인하지 않는 이상 알 수 없으므로 평소에는 잘 사용하지 않습니다.

```
# 테스트로 인해 변경한 파일명을 원파일명으로 변경
[nalee@localhost Script]$ mv Expression.txt expression.txt
# 테스트를 위한 Inode를 검색
[nalee@localhost Script]$ stat expression.txt | grep -i inode
Device: fd01h/64769d    Inode: 269084002   Links: 1
# Inode가 269084002인 파일 검색
[nalee@localhost Script]$ find ./ -inum 269084002
./expression.txt
```

예제3) -lname pattern 테스트를 사용하는 경우

테스트 -lname은 심볼릭 링크를 검색할 때 사용할 수 있는 테스트입니다. 다음 예제에 의해 검색된 express.txt 파일의 속성을 확인해 보면 심볼릭 링크임을 확인할 수 있습니다.

```
# 확장자가 txt로 끝나면 심볼릭 링크 검색
[nalee@localhost Script]$ find ./ -lname '*.txt'
./File/express.txt
# express.txt 파일 속성 확인
[nalee@localhost Script]$ ls -l ./File/express.txt
lrwxrwxrwx. 1 nalee nalee 17 May 13 20:54 File/express.txt -> ../expression.txt
```

예제4) -name pattern 테스트를 사용하는 경우

테스트 -name은 가장 많이 사용되는 테스트입니다. -name은 명시된 패턴과 동일한 파일을 검색합니다. 또한 패턴에는 메타 문자인 애스터리스크 *, 물음표 ?, 대괄호[ ]를 다음과 같이 함께 사용할 수 있습니다.

```
# e로 시작하는 txt 파일 검색
[nalee@localhost Script]$ find ./ -name 'e*.txt'
./file/express.txt
./expression.txt
```

예제5) -regex pattern 테스트를 사용하는 경우

테스트 -regex는 파일, 디렉터리 상관없이 명시된 패턴에 의해 전체 경로를 탐색합니다. 다음 예제는 f와 e가 순서대로 포함되어 있는 경로를 검색합니다.

```
# f와 e가 순서대로 포함된 경로 검색
[nalee@localhost Script]$ find ./ -regex '.*f*e'
./rootfile
./findtestfile
./File
```

예제6) -iregex pattern 테스트를 사용하는 경우

테스트 -iregex는 -regex와 동일하게 명시된 패턴에 의해 전체 경로를 탐색합니다. 그러나,

-regex에 비해 검색 시 검색패턴을 까다롭게 검사하지 않습니다. 다음 예제를 보면 -regex를 이용해 패턴을 검색했을 경우와 -iregex를 이용해 패턴을 검색한 경우 검색 결과가 다른 것을 확인할 수 있습니다. 또한 -iregex를 이용했을 경우 대문자로 시작하는 Separator.txt가 더 검색된 것을 알 수 있습니다.

```
# -regex로 검색했을 경우
[nalee@localhost Script]$ find -regex '.*s.*t'
./expression.txt
./grep-test
./test.txt
./File/express.txt
./File/test.txt
# -iregex로 검색했을 경우 Separator.txt가 더 검색되었음
[nalee@localhost Script]$ find -iregex '.*s.*t'
./Separator.txt
./expression.txt
./grep-test
./test.txt
./File/express.txt
./File/test.txt
```

예제7) -samefile name 테스트를 사용하는 경우

테스트 -samefile은 명시한 파일명과 동일한 Inode를 가진 파일을 검색합니다. 이때, -L 옵션을 사용하면 심볼릭 링크에 연결된 원파일의 Inode를 검색하여 Inode가 동일하면 심볼릭 링크까지 함께 검색합니다.

```
# 파일명과 동일한 Inode를 가지고 있는 파일 검색 - 심볼릭 링크 포함
[nalee@localhost Script]$ find -L ./ -samefile expression.txt
./file/express.txt
./expression.txt
```

파일 경로 관련 테스트

파일 경로 관련 테스트는 파일명이 아닌 현재 디렉터리를 기준으로 명시된 패턴에 의해 파일의 경로를 검색합니다. 다음은 이런 파일 경로를 검색할 수 있는 테스트들을 정리한 것입니다.

테스트	설명
–ipath pattern	대소문자를 구분하지 않고 패턴과 일치하는 경로를 검색함
–iwholename pattern	–ipath 테스트와 동일하며, –ipath 테스트보다 이식성이 떨어짐
–links n	N개의 링크를 가지고 있는 경로를 검색함
–path pattern	패턴과 일치하는 경로를 검색함
–wholename pattern	–path 테스트와 동일하면 –path 테스트보다 이식성이 떨어짐

예제1) –ipath pattern 테스트를 사용하는 경우

테스트 –ipath는 대소문자 구분없이 패턴과 일치하는 경로를 검색합니다. 다음 예제를 보면 –ipath를 이용하여 f로 시작하여 t로 끝나는 경로의 모든 파일을 찾았음을 알 수 있습니다.

```
# f로 시작해 t로 끝나는 경로의 모든 파일 검색
[nalee@localhost Script]$ find ./ -ipath './f*t'
./File/file1.txt
./File/file2.txt
./File/express.txt
```

예제2) –iwholename pattern 테스트를 사용하는 경우

테스트 –iwholename은 –ipath와 동일하게 명시한 패턴과 일치하는 경로를 검색합니다. 다음 예제를 보면 –ipath를 사용했을 경우와 결과가 동일함을 알 수 있습니다.

```
# f로 시작해 t로 끝나는 경로의 모든 파일 검색
[nalee@localhost Script]$ find ./ -iwholename './f*t'
./File/file1.txt
./File/file2.txt
./File/express.txt
```

예제3) –links n 테스트를 사용하는 경우

테스트 –links는 명시한 n개의 링크를 가지고 있는 경로를 검색합니다. n이 1일 경우에는 파일을 검색하며, n이 2일 경우에는 디렉터리를 검색합니다. 이는 다음 예제를 통해 확인할 수 있습니다.

```
# 2개의 링크를 가지고 있는 경로 검색
[nalee@localhost Script]$ find ./ -links 2
./pattern
./File
```

예제4) -path pattern 테스트를 사용하는 경우

이번에는 명시한 패턴과 동일한 경로를 검색해 주는 -path 테스트를 살펴보겠습니다. 예제를 통해 -path를 사용하면 명시한 패턴과 동일한 경로를 검색함을 알 수 있습니다. 따라서 -path는 대소문자를 구분함을 알 수 있습니다.

```
# pa로 시작해서 t로 끝나는 경로 검색
[nalee@localhost Script]$ find ./ -path './pa*t'
./pattern/pattern1.txt
./pattern/pattern2.txt
./pattern/pattern3.txt
```

예제5) -wholename pattern 테스트를 사용하는 경우

테스트 -wholename은 -path와 동일하게 명시한 패턴과 일치하는 경로를 검색합니다. 다음 예제를 통해 -path를 사용했을 경우와 검색 결과가 동일함을 알 수 있습니다.

```
# pa로 시작해서 t로 끝나는 경로 검색
[nalee@localhost Script]$ find ./ -wholename './pa*t'
./pattern/pattern1.txt
./pattern/pattern2.txt
./pattern/pattern3.txt
```

파일 타입 관련 테스트

파일 타입 관련 테스트는 검색 기준이 파일 타입일 경우 사용할 수 있는 테스트입니다. 다음에 정리된 테스트를 통해 디렉터리, 심볼릭 링크 등을 검색할 수 있습니다.

테스트	설명
-fstype type	BSD 계열의 운영체제에서 지원되며, -type 테스트와 유사한 기능을 제공함
-type c	명시한 파일 타입과 동일한 파일을 검색함. 사용 가능한 파일 타입은 다음과 같음 b: 블록　　　 c: 문자　　　 d: 디렉터리　　 p: 명명된 파이프 f: 일반 파일　 l: 심볼릭 링크　 s: 소켓　　　　 D: door (Solaris)
-xtype c	-type 테스트와 동일하며, 심볼릭 링크를 검색할 경우 -L 옵션과 함께 사용해야 함
-context pattern	패턴과 일치하는 보안 컨텍스트를 가진 파일을 검색함. SELinux가 있는 Fedora 계열 리눅스에서만 사용 가능함

예제1) -type c 테스트를 사용하는 경우

테스트 -type은 명시한 파일 타입과 일치하는 파일을 검색합니다. 또한 앞서 표에서 소개되어 있는 -fstype 역시 -type 테스트와 동일한 기능을 제공합니다. 단, -fstype은 많이 사용되는 GNU 리눅스가 아닌 BSD 계열의 리눅스에서 사용되는 기능으로 여기서는 예제를 제외하겠습니다. 다음 예제는 파일 타입이 심볼릭 링크인 파일을 검색하는 예입니다.

```
# 파일 타입이 심볼릭 링크인 파일을 검색
[nalee@localhost Script]$ find ./ -type l
./File/express.txt
```

예제2) -xtype c 테스트를 사용하는 경우

테스트 -xtype은 -type과 동일하며, 다만 심볼릭 링크를 검색할 경우에는 -L 옵션과 함께 사용해야 합니다. 다음 예제를 통해 확인할 수 있습니다.

```
# 디렉터리만 검색
[nalee@localhost Script]$ find ./ -xtype d
./
./pattern
./File
# -xtype 옵션으로 심볼릭 링크 검색 시 -L 옵션을 함께 사용해야 함
[nalee@localhost Script]$ find -L ./ -xtype l
./File/express.txt
```

예제3) -context pattern 테스트를 사용하는 경우

테스트 -context는 SELinux 기능이 있는 운영체제에서만 사용할 수 있는 기능으로, 파일의 보안 컨텍스트를 비교하여 명시한 패턴과 일치하는 파일을 검색합니다. 다음 예제는 테스트를 위해 먼저 File 디렉터리 내의 보안 컨텍스트를 ls -lZ로 확인한 후 파일 컨텍스트가 user_home_t가 포함되어 있는 파일을 검색한 예입니다.

```
# 파일의 보안 컨텍스트 정보를 확인
[nalee@localhost Script]$ ls -lZ File/
lrwxrwxrwx. nalee nalee unconfined_u:object_r:user_home_t:s0 express.txt -> ../
expression.txt
-rw-rw-r--. nalee nalee unconfined_u:object_r:user_home_t:s0 file1.txt
-rw-rw-r--. nalee nalee unconfined_u:object_r:user_home_t:s0 file2.txt
# user_home_t가 포함된 파일 검색
[nalee@localhost File]$ find ./File -context '*user_home_t*'
./File
./File/file1.txt
./File/file2.txt
./File/express.txt
```

기타 테스트

리눅스에서 man find 명령어나 find --help 명령어를 사용하면 find 명령어에 대한 사용법과 옵션 등을 확인할 수 있습니다. 또한 다양한 테스트 항목들을 확인할 수 있습니다. 하지만 테스트 항목들은 이 책에서 분류한 것과 다르게 설명되어 있습니다. 이 책의 분류는 저자가 독자들의 위해 다양한 옵션과 테스트들을 성격별로 분류하고, 그에 대한 예를 하나하나 보여주었습니다. 그런데, 어디에도 포함하기 힘든 테스트 항목들이 있어 기타 테스트로 모아봤습니다.

테스트	설명
-true	항상 true를 리턴함
-false	항상 false를 리턴함
-empty	파일 사이즈가 0인 파일을 검색함
-size n[cwbkMG]	명시한 파일 사이즈에 해당하는 파일을 검색. 사이즈 단위는 다음과 같음 'b' 512바이트 블록 'c' 바이트 'w' 2바이트 'k' 킬로바이트 'M' 메가바이트 'G' 기가바이트
-used n	파일이 변경된 후 n일에 마지막으로 액세스한 파일을 검색함

예제1) -true 테스트를 사용하는 경우

테스트 -true는 단독으로 사용하기보다는 다른 테스트와 함께 사용되며, 함께 사용되면 항상 true를 리턴하여, -true 다음에 오는 테스트의 결과를 그대로 출력해 줍니다. 이는 다음 예제를 통해 확인할 수 있습니다.

```
# 결과값이 항상 true여서 결과값 그대로 출력함
[nalee@localhost Script]$ find ./File/ -true -name file*.txt
./File/file1.txt
./File/file2.txt
```

예제2) -false 테스트를 사용하는 경우

테스트 -false는 -true와는 반대로, 다른 테스트와 함께 사용했을 때 결과값을 false로 리턴하기 때문에 함께 사용된 테스트의 결과값이 있다 하더라도 결과를 출력하지 않습니다. 다음 예제를 통해 확인할 수 있습니다.

```
# 결과값이 항상 false여서 검색된 파일이 없다고 처리함
[nalee@localhost Script]$ find ./File/ -false -name file*.txt
[nalee@localhost Script]$
```

예제3) -empty 테스트를 사용하는 경우

테스트 -empty는 파일 사이즈가 0인 파일을 검색합니다.

```
# 파일 사이즈가 0인 파일 검색
[nalee@localhost Script]$ find ./ -empty
./rootfile
./findtestfile
```

예제4) -size n[cwbkMG] 테스트를 사용하는 경우

테스트 -size는 명시한 파일 사이즈에 해당하는 파일을 검색할 수 있습니다. 파일 사이즈를 명시할 때 파일 사이즈의 단위를 명시할 수 있으며, 사용 가능한 단위는 b(512 byte block), c(byte), w(2 byte), k(kilo-byte), M(mega-byte), G(giga-byte)가 있습니다. 다음 예제는 −size 테스트를 이용해 65킬로바이트의 파일을 검색한 예입니다.

```
# 파일 사이즈가 65k인 파일 검색
[nalee@localhost Script]$ find ./ -size 65k
./aa.txt
./bb.txt
```

예제5) −used n 테스트를 사용하는 경우

테스트 −used는 명시한 숫자 n * 24일에 액세스한 파일을 검색합니다. 다음 예제는 파일이 변경되고, 5일 안에 액세스한 파일을 검색한 예입니다. 이 역시 상황에 따라 다른 결과를 출력할 수 있으니 해당 결과를 검증하고 싶다면, 다음과 같이 stat 명령어를 이용하여 파일의 상태를 통해 확인할 수 있습니다.

```
# 파일이 변경되고, 5일 안에 액세스한 파일 검색
[nalee@localhost Script]$ find ./ -used 5
./Separator.txt
# stat 명령어를 통해 파일 상태 확인
[nalee@localhost Script]$ stat Separator.txt
  File: 'Separator.txt'
  Size: 60         Blocks: 8          IO Block: 4096    regular file
Device: fd01h/64769d    Inode: 271124393    Links: 1
Access: (0666/-rw-rw-rw-) Uid: ( 1000/nalee)   Gid: ( 1000/nalee)
Context: unconfined_u:object_r:user_home_t:s0
Access: 2020-05-15 16:28:19.513864232 +0900
Modify: 2020-05-13 14:02:41.730594838 +0900
Change: 2020-05-20 12:44:29.175351853 +0900
 Birth: -
```

4.2.2 연산자

연산자[Operators]는 앞에서 살펴본 테스트와 테스트를 사용해 AND, OR, NOT과 같은 연산을 할 때 사용할 수 있습니다. 그러나, 다른 명령어에서 사용되는 AND, OR 연산자와는 조금 상이하게 연산이 될 수도 있습니다. 다음은 이런 연산자의 종류를 정리한 것입니다.

연산자	설명
(expr)	우선순위나 표현식을 그룹핑할 경우 사용되며 백슬래시 \와 함께 사용되어야 함
! expr	표현식의 반대 결과를 리턴함
−not expr	! expr과 같이 반대 결과를 리턴함
expr1 expr2	AND 연산을 수행하며, expr1이 false이면 expr2는 평가되지 않음
expr1 −a expr2	expr1 expr2와 동일함
expr1 −and expr2	expr1 expr2와 동일하지만 POSIX 호환은 안 됨
expr1 −o expr2	OR 연산을 수행하며, expr1이 true이면 expr2는 평가되지 않음
expr1 −or expr2	expr1 −o expr2와 동일하지만 POSIX 호환은 안 됨
expr1 , expr2	expr1, expr2를 각각 수행되며, 결과는 expr2에 해당하는 것만 출력됨. 함께 출력을 하기 위해서는 −printf나 −fprintf를 함께 사용해야 함

예제를 위한 파일 목록 확인

앞에서 이미 우리는 예제를 위한 파일을 준비했습니다. 그러나, 예제를 살펴보면서 파일 목록을 다시 확인하기 위해 이전 페이지로 돌아가기에는 너무 번거롭습니다. 그래서, 예제를 시작하기 전에 예제를 위한 파일 목록을 다시 한번 확인해 보겠습니다. 예제 파일 준비는 **4.2.1 테스트**에서 확인할 수 있습니다.

```
# 예제를 위한 파일 목록 확인
[nalee@localhost Script]$ ls -l
total 312
-rw-rw----. 1 nalee nalee  65942 May 15 16:49 aa.txt
-rw-------. 1 nalee nalee     30 May 19 12:26 amin.txt
-rw-rw----. 1 nalee nalee  65942 May 15 16:49 bb.txt
-rw-rw-r--. 1 nalee nalee    750 May 13 14:40 expression.tar.gz
-rw-------. 1 nalee nalee    738 May 19 10:30 expression.txt
drwxrwxr-x. 2 nalee nalee     59 May 13 20:54 File
-rw-rw-r--. 1 1001  1001       0 May 19 21:28 findtestfile
-rwxr-xr-x. 1 nalee nalee 159024 May 13 20:31 grep-test
drwxrwxr-x. 2 nalee nalee     66 May 13 20:20 pattern
-rw-r--r--. 1 root  root       0 May 19 17:59 rootfile
-rw-rw-rw-. 1 nalee nalee     60 May 13 14:02 Separator.txt
-r--r--r--. 1 nalee nalee    721 May 19 11:14 test.txt
```

예제1) (expr) 연산자를 사용하는 경우

소괄호( )는 표현식의 우선순위나 표현식을 그룹핑하기 위해 주로 사용됩니다. 또한 소괄호( )를 사용할 때는 다음 예제처럼 반드시 백슬래시 \와 함께 사용해야 합니다.

```
# ()를 사용할 때는 백슬래시 \와 함께 사용해야 함
[nalee@localhost Script]$ find ./ \( -name 'exp*' \)
./expression.tar.gz
./expression.txt
./File/express.txt
```

예제2) ! expr 연산자를 사용하는 경우

느낌표 !는 NOT 연산을 할 때 사용되는 연산자로 느낌표 ! 뒤에 나오는 표현식의 결과를 반대로 해석하여 결과를 출력합니다. 다음 예제는 느낌표 !를 사용함으로써 파일명이 txt로 끝나는 파일이 검색된 것이 아니라, 그 외의 파일 및 경로가 검색된 것을 확인할 수 있습니다.

```
# 파일명이 txt로 끝나지 않는 파일명 검색
[nalee@localhost Script]$ find ./ ! -name '*.txt'
./
./expression.tar.gz
./pattern
./grep-test
./rootfile
./findtestfile
./File
```

예제3) −not expr 연산자를 사용하는 경우

연산자 −not는 느낌표 !와 동일한 연산을 합니다. 다음 예제를 통해 느낌표 !를 사용했을 때와 −not를 사용했을 때의 결과가 같음을 알 수 있습니다.

```
# 파일명이 txt로 끝나지 않는 파일명 검색
[nalee@localhost Script]$ find ./ -not -name '*.txt'
./
./expression.tar.gz
./pattern
./grep-test
```

```
./rootfile
./findtestfile
./File
```

예제4) expr1 expr2 연산자를 사용하는 경우

이번에는 2개의 표현식을 연속해서 사용했을 경우를 알아보겠습니다. 2개의 표현식을 연속해서 사용하면 AND 연산을 수행합니다. 또한 첫 번째 표현식인 expr1이 false이면 두 번째 표현식인 expr2는 평가되지 않습니다. 다음 예제는 파일 타입이 디렉터리일 경우와 파일일 경우 각각 경로명이 p로 시작되는 경로를 검색하는 예입니다.

```
# 파일 타입이 디렉터리이면서 이름이 p로 시작되는 경로 검색
[nalee@localhost Script]$ find ./ -type d -name 'p*'
./pattern
# 파일 타입이 파일이면서 이름이 p로 시작되는 경로 검색
[nalee@localhost Script]$ find ./ -type f -name 'p*'
./pattern/pattern1.txt
./pattern/pattern2.txt
./pattern/pattern3.txt
```

예제5) expr1 -a expr2 연산자를 사용하는 경우

연산자 -a는 2개의 표현식을 연속해서 사용했을 경우와 같이 AND 연산을 수행합니다. 이는 앞서 살펴본 예제와 다음 예제의 결과가 같음을 확인할 수 있습니다.

```
# 파일 타입이 파일이면서 이름이 p로 시작되는 경로 검색
[nalee@localhost Script]$ find ./ -type f -a -name 'p*'
./pattern/pattern1.txt
./pattern/pattern2.txt
./pattern/pattern3.txt
```

예제6) expr1 -and expr2 연산자를 사용하는 경우

연산자 -and는 말 그대로 2개의 표현식의 AND 연산을 수행합니다. 단, -and 연산자를 사용할 경우에는 테스트와 같은 표현식에서 POSIX 정규 표현식을 사용할 수 없습니다. 다음 예제는 파일 사이즈가 65킬로바이트이며, 파일명이 a로 시작되는 파일을 검색하는 예입니다.

```
# 파일 사이즈가 65k이며, 이름이 a로 시작되는 파일 검색
[nalee@localhost Script]$ find ./ -size 65k -and -name 'a*'
./aa.txt
```

예제7) expr1 -o expr2 연산자를 사용하는 경우

연산자 -o는 두 개의 표현식의 OR 연산을 합니다. 다음 예제는 파일 사이즈가 65킬로바이트
이거나, 파일명이 r로 시작되는 파일을 검색하는 예입니다. OR 연산이기 때문에 파일 사이즈가
65킬로바이트에 해당하는 파일과 r로 시작되는 파일이 모두 검색된 것을 확인할 수 있습니다.

```
# 파일 사이즈가 65킬로바이트이거나, 파일명이 r로 시작되는 파일 검색
[nalee@localhost Script]$ find ./ -size 65k -o -name 'r*'
./aa.txt
./bb.txt
./rootfile
```

예제8) expr1 -or expr2 연산자를 사용하는 경우

연산자 -or 역시 -o와 같이 두 개의 표현식의 OR 연산을 합니다. 단, -and 연산자와 같이
표현식에서 POSIX 정규 표현식을 사용할 수 없습니다. 다음 예제는 실행 권한을 가진 파일이
거나 r로 시작되는 파일명을 가진 파일을 검색하는 예입니다.

```
# 실행 권한을 가졌거나, 이름이 r로 시작되는 파일 경로 검색
[nalee@localhost Script]$ find ./ -executable -or -name 'r*'
./
./pattern
./grep-test
./rootfile
./File
```

예제9) expr1, expr2 연산자를 사용하는 경우

연산자 쉼표 ,는 명시된 표현식 expr1, expr2가 각각 수행되며, 결과는 expr2에 해당하는 것
만 출력됩니다. 따라서, 2개의 실행 결과를 함께 출력하기 위해서는 -printf나 -fprintf 등을
함께 사용해야 합니다. 다음 예제는 파일명이 a로 시작되는 파일과 b로 시작되는 파일을 검색

하는 예인데 쉼표 ,만 사용했을 경우에는 b로 시작되는 파일명이 출력된 것을 볼 수 있습니다. 그러나, 각각 -printf 옵션을 사용한 경우에는 검색된 모든 파일명이 출력된 것을 확인할 수 있습니다. 출력 관련 옵션은 **4.2.4 위치옵션**에서 자세하게 다루니 해당 챕터를 확인하기 바랍니다.

```
# 파일명이 a로 시작되는 파일과 b로 시작되는 파일 검색
[nalee@localhost Script]$ find ./ -name 'a*' , -name 'b*'
./bb.txt
# 파일명이 a로 시작되는 파일과 b로 시작되는 파일 검색
[nalee@localhost Script]$ find ./ \( -name 'a*' -printf '%p\n' \) , \( -name 'b*'
-printf '%p\n' \)
./aa.txt
./bb.txt
./amin.txt
```

4.2.3 액션

액션^{Actions} 역시 단독으로 사용되기보다는 테스트와 같은 표현식을 함께 사용합니다. 액션에는 테스트와 같은 표현식을 통해 검색된 파일을 인자로 하여 또 다른 명령어를 실행해 주는 명령어 실행 관련 액션과 검색 결과를 사용자의 입맛에 맞게 출력해 주는 결과 출력 관련 액션으로 나누어집니다.

- 명령어 실행 관련 액션
- 결과 출력 관련 액션

명령어 실행 관련 액션

명령어 실행 관련 액션은 앞에서 설명한 것처럼 테스트를 통해 검색된 파일을 인자로 또 다른 명령어를 실행할 수 있도록 도와주는 액션입니다. 다음은 이런 명령어 실행 관련 액션들을 정리한 것입니다.

액션	설명
-delete	표현식에 의해 검색된 파일을 삭제함
-exec command { } ;	표현식에 의해 검색된 파일을 인수로 받아 -exec 다음의 명령어를 수행함. 인수로 받을 결과값은 중괄호{ }로 표현되며 세미콜론;은 역슬래시\와 함께 사용해야 함
-exec command { } +	-exec와 동일하나 결과값을 연 이어서 보여줌

-execdir command { } ;	-exec와 유사하나 서브 디렉터리부터 검색하기 때문에 결과값은 파일명만 출력됨
-execdir command { } +	-execdir과 동일하나 결과값을 연 이어서 보여줌
-ok command { } ;	-exec와 유사하지만 사용자에게 실행 여부를 확인 후 실행함
-okdir command { } ;	-execdir과 유사하지만 -ok와 같은 방식으로 사용자에게 실행 여부를 확인 후 실행함
-prune	검색한 패턴이 디렉터리인 경우, 하위 디렉터리의 파일은 검색하지 않음
-quit	-quit 앞에 만난 표현식에 해당하는 파일이 검색되면 검색을 종료함

예제를 위한 파일 목록 확인

예제를 시작하기 전에 파일 목록을 다시 한번 확인해 보고 예제를 시작하겠습니다. 예제 파일 준비는 **4.2.1 테스트**에서 확인할 수 있습니다.

```
# 예제를 위한 파일 목록 확인
[nalee@localhost Script]$ ls -l
total 312
-rw-rw----. 1 nalee nalee  65942 May 15 16:49 aa.txt
-rw-------. 1 nalee nalee     30 May 19 12:26 amin.txt
-rw-rw----. 1 nalee nalee  65942 May 15 16:49 bb.txt
-rw-rw-r--. 1 nalee nalee    750 May 13 14:40 expression.tar.gz
-rw-------. 1 nalee nalee    738 May 19 10:30 expression.txt
drwxrwxr-x. 2 nalee nalee     59 May 13 20:54 File
-rw-rw-r--. 1  1001  1001      0 May 19 21:28 findtestfile
-rwxr-xr-x. 1 nalee nalee 159024 May 13 20:31 grep-test
drwxrwxr-x. 2 nalee nalee     66 May 13 20:20 pattern
-rw-r--r--. 1 root   root      0 May 19 17:59 rootfile
-rw-rw-rw-. 1 nalee nalee     60 May 13 14:02 Separator.txt
-r--r--r--. 1 nalee nalee    721 May 19 11:14 test.txt
```

예제1) -delete 액션을 사용하는 경우

액션 -delete는 말 그대로 검색된 파일을 삭제하는 액션입니다. 다음 예제를 통해 좀 더 자세히 살펴보겠습니다. 앞에서 테스트를 위해 root 권한으로 만들었던 rootfile이 있습니다. 해당 파일을 삭제하기 위해 -name 테스트를 사용해 rootfile을 검색한 후 -delete 액션을 사용하면 검색된 rootfile이 삭제됩니다. 그리고, ls -l 명령어를 이용하여 rootfile을 검색하면 해당 파일이 없다는 것을 확인할 수 있습니다.

```
# 삭제할 파일 확인
[nalee@localhost Script]$ ls -l rootfile
-rw-r--r--. 1 root      root            0 May 19 17:59 rootfile
# 검색된 파일 삭제
[nalee@localhost Script]$ find ./ -name rootfile -delete
# 파일 삭제 여부 확인
[nalee@localhost Script]$ ls -l rootfile
ls: cannot access rootfile: No such file or directory
```

예제2) -exec command { } ; 액션을 사용하는 경우

액션 -exec는 그 다음에 오는 명령어를 실행합니다. 이때 함께 사용된 표현식에 의해 검색된 파일 목록이 명령어의 인자로 사용됩니다. 예제를 통해 살펴보겠습니다. 다음 예제는 expression.txt라는 파일을 검색한 후 -exec 액션 다음에 오는 grep 명령어의 검색 대상 파일로 들어가게 됩니다. 이때 검색 대상 파일을 표현하기 위해 '{}'와 같이 싱글 따옴표와 중괄호를 함께 사용합니다. 그러면, expression.txt라는 파일에서 CPU가 포함된 라인이 검색됩니다.

```
# 검색된 파일에서 grep을 이용해 다시 특정 문자열 검색
[nalee@localhost Script]$ find ./ -name 'expression.txt' -exec grep CPU '{}' \;
CPU model is Intel(R) Core(TM) i7-8665U CPU @ 1.90GHz
```

예제3) -exec command { } + 액션을 사용하는 경우

이번에 살펴볼 액션은 앞서 살펴본 액션과 동일한 기능을 하지만, 명령어[command] 다음에 오는 인자 기호인 중괄호{} 다음에 세미콜론;이 오느냐 더하기+ 기호가 오느냐에 따라 검색 결과가 달라집니다. 다음 예제를 보면 중괄호{} 다음에 세미콜론;을 사용한 검색은 파일명이 여러 줄에 걸쳐 출력된 반면 더하기+ 기호를 사용한 검색은 뉴라인이 없이 연이어 파일명이 출력된 것을 확인할 수 있습니다.

```
# 검색된 파일명을 echo를 이용해 그대로 보여줌
[nalee@localhost Script]$ find ./ -name 'e*.txt' -exec echo '{}' \;
./expression.txt
./File/express.txt
# 검색된 파일명을 echo를 이용해 그대로 보여주지만, 결과값이 연이어 출력됨
[nalee@localhost Script]$ find ./ -name 'e*.txt' -exec echo '{}' +
./expression.txt ./File/express.txt
```

예제4) -execdir command { } ; 액션을 사용하는 경우

액션 -execdir은 그다음 오는 명령어를 사용할 때 검색된 파일의 경로를 제외하고, 파일명만을 인자로 사용합니다. 다음 예제를 보면 -exec를 사용했을 경우에는 경로를 포함한 파일명을 보여주지만, -execdir을 사용했을 경우에는 경로 없이 파일명만 보여주는 것을 확인할 수 있습니다.

```
# 검색된 파일명을 보여줄 때 상대경로를 함께 보여줌
[nalee@localhost Script]$ find ./File/ -name 'f*txt' -exec echo '{}' \;
./File/file1.txt
./File/file2.txt
# 검색된 파일명만 보여줌
[nalee@localhost Script]$ find ./File/ -name 'f*txt' -execdir echo '{}' \;
./file1.txt
./file2.txt
```

예제5) -execdir command { } + 액션을 사용하는 경우

이번에 살펴볼 액션은 -execdir command {} ; 액션과 동일하게 파일명만 보여주지만, 디렉터리별로 뉴라인 처리를 하여 파일명을 보여줍니다. 다음 예제를 살펴보면 -exec command {} + 를 사용했을 경우에는 파일명을 보면 연이어 보여주지만 -execdir command {} + 를 사용했을 때는 디렉터리별로 파일명이 연이어 출력된 것을 확인할 수 있습니다.

```
# 상대경로가 포함된 파일명을 연이어서 보여줌
[nalee@localhost Script]$ find ./ -name 'f*' -exec echo '{}' +
./findtestfile ./File/file1.txt ./File/file2.txt
# 파일명만 연이어서 보여줌
[nalee@localhost Script]$ find ./ -name 'f*' -execdir echo '{}' +
./findtestfile
./file1.txt ./file2.txt
```

예제6) -ok command { } ; 액션을 사용하는 경우

액션 -ok는 뒤에 오는 명령어를 실행할 때 사용자에게 실행 여부를 물어보고, y를 리턴받았을 경우에만 명령어를 수행합니다. 다음 예제를 보면, f로 시작되는 파일을 먼저 검색한 후 echo를 이용해 검색된 파일명을 보여줄 때 파일명을 보여줄 것인지 여부를 묻는 것을 확인할 수 있습니다.

```
# 파일명을 보여줄지 여부를 물어 경로를 포함한 파일명을 보여줌
[nalee@localhost Script]$ find ./File/ -name 'f*' -ok echo '{}' \;
< echo ... ./File/file1.txt > ? y
./File/file1.txt
< echo ... ./File/file2.txt > ? y
./File/file2.txt
```

예제7) -okdir command { } ; 액션을 사용하는 경우

액션 -okdir 역시 뒤에 오는 명령어를 실행할 때 사용자에게 실행 여부를 물어봅니다. 그러나, 명령어를 실행할 때 사용되는 인자로 들어가는 파일명은 경로를 포함한 파일명이 아니라 단순한 파일명이 사용됩니다. 다음 예제를 통해 확인할 수 있습니다.

```
# 파일명을 보여줄지 여부를 물어본 후 파일명만 보여줌
[nalee@localhost Script]$ find ./File/ -name 'f*' -okdir echo '{}' \;
< echo ... ./File/file1.txt > ? y
./file1.txt
< echo ... ./File/file2.txt > ? y
./file2.txt
```

예제8) -prune 액션을 사용하는 경우

액션 -prune는 검색한 패턴이 디렉터리인 경우, 하위 디렉터리의 파일은 검색하지 않습니다. 다음 예제를 보면 -iname만 사용했을 경우에는 File 디렉터리 내의 f로 시작하는 모든 파일을 다 검색하여 보여주었지만, -prune 액션을 함께 사용한 경우에는 File만 검색되고 File 디렉터리 내의 파일들은 검색되지 않은 것을 볼 수 있습니다.

```
# 대소문자를 구분하지 않고 f로 시작하는 파일 검색
[nalee@localhost Script]$ find . -iname 'f*'
./findtestfile
./File
./File/file1.txt
./File/file2.txt
./File/File
# 검색된 파일이 디렉터리이면 하위 디렉터리는 검색하지 않음
[nalee@localhost Script]$ find . -iname 'f*' -prune
```

```
./findtestfile
./File
```

예제9) -quit 액션을 사용하는 경우

액션 -quit는 앞에 만난 표현식에 해당하는 파일이 검색되면 검색을 종료합니다. 다음 예제를 통해 살펴보겠습니다. 다음 예제는 파일명이 .txt로 끝나거나 p가 포함된 파일을 검색하라는 의미입니다. 그런데 -name 'p*' 테스트 표현식 뒤에 사용된 -quit 액션으로 인해 p가 포함된 파일이 검색되면 더이상 검색을 하지 않고 검색이 종료됩니다.

```
# p로 시작하는 파일을 만나면 검색 종료
[nalee@localhost Script]$ find ./ -name '*.txt' -or -name 'p*' -quit
./Separator.txt
```

결과 출력 관련 액션

결과 출력 관련 액션은 테스트에 의해 검색된 파일들을 목적에 맞게 출력 포맷으로 출력하거나 파일로 저장해 주는 기능들을 제공합니다. 다음은 이런 결과 출력 관련 액션들을 정리한 것입니다.

옵션	설명
-fls file	표현식에 의해 검색된 파일의 결과를 명시한 파일로 ls -l 을 실행한 것과 유사한 결과를 저장함
-fprint file	표현식에 의해 검색된 파일의 결과를 명시한 파일에 저장함
-fprint0 file	표현식에 의해 검색된 파일의 결과를 명시한 파일에 뉴라인이나 공백없이 저장함
-printf format	역슬래시 \와 퍼센트%로 된 표준 출력 포맷에 맞게 검색된 파일 결과를 보여줌
-fprintf file format	-printf와 비슷하지만 -fprint와 같이 검색된 파일을 명시한 파일에 저장함
-ls	표현식에 의해 검색된 파일의 결과를 ls -l 을 실행한 것과 유사한 결과를 보여줌
-print;	표현식에 의해 검색된 파일의 결과를 보여줌
-print0	표현식에 의해 검색된 파일의 결과를 뉴라인 없이 보여줌

예제1) -fls file 액션을 사용하는 경우

액션 -fls는 테스트에 의해 검색된 파일을 명시한 파일로 ls -l을 실행한 것과 유사한 형태로 저장합니다. 다음 예제를 보면 f로 시작하는 파일을 검색하여 f-file.txt에 검색 결과를 저장합니다. 그리고, 저장된 f-file.txt 파일의 내용을 확인해 보면 ls -l을 수행한 것과 같은 형태의 파일 내용을 확인할 수 있습니다.

```
# f로 시작하는 파일을 한번 더  ls -l한 결과를 파일에 저장
[nalee@localhost Script]$ find ./ -name 'f*' -fls f-file.txt
[nalee@localhost Script]$ cat f-file.txt
271182691    0 -rw-rw-r--   1 nalee nalee      0 May 21 01:09 ./f-file.txt
270081686    0 -rw-rw-r--   1 1001  1001       0 May 19 21:28 ./findtestfile
271078990    4 -rw-rw-r--   1 nalee nalee      5 May 13 09:49 ./File/file1.txt
271078995    4 -rw-rw-r--   1 nalee nalee      6 May 13 09:49 ./File/file2.txt
```

예제2) -fprint file 액션을 사용하는 경우

액션 -fprint는 단순히 검색 결과를 명시한 파일로 저장합니다. 다음 예제를 보면, p로 시작하는 파일을 찾은 결과를 p-file.txt 파일에 저장합니다. 그리고, 저장된 p-file.txt를 확인해 보면 검색된 파일 목록을 확인할 수 있습니다.

```
# p로 시작하는 파일을 p-file.txt에 저장
[nalee@localhost Script]$ find ./ -name 'p*' -fprint p-file.txt
[nalee@localhost Script]$ cat p-file.txt
./p-file.txt
./pattern
./pattern/pattern1.txt
./pattern/pattern2.txt
./pattern/pattern3.txt
```

예제3) -fprint0 file 액션을 사용하는 경우

액션 -fprint0은 검색된 저장 결과를 명시된 파일에 저장하되, 뉴라인이나 공백이 없는 결과를 파일에 저장합니다. 다음 예제를 통해 확인할 수 있습니다.

```
# 뉴라인이나 공백 없이 결과를 파일에 저장
[nalee@localhost Script]$ find ./ -name 'p*' -fprint0 p-file1.txt
./p-file.txt./p-file1.txt./pattern./pattern/pattern1.txt./pattern/pattern2.txt./pattern/pattern3.txt[nalee@localhost Script]$
```

예제4) −printf format 액션을 사용하는 경우

액션 −printf는 검색 결과를 정의된 포맷에 의해 결과를 변경하여 터미널에 출력합니다. 다음 예를 보면 검색된 p로 시작하는 파일들을 정의된 포맷 '%f %c\n' 형태로 출력되었음을 확인할 수 있습니다. 여기서 파일 포맷 %f는 파일명을 의미하며, %c는 파일의 마지막 상태 변경 시간을 의미하며, \n은 뉴라인을 의미합니다.

```
# 포맷에 의해 결과를 출력
[nalee@localhost Script]$ find ./ -name 'p*' -printf '%f %c\n'
p-file.txt Wed May 20 22:07:27.0557231716 2020
p-file1.txt Thu May 21 00:45:06.0539906488 2020
pattern Wed May 13 20:20:51.0052795282 2020
pattern1.txt Wed May 13 20:20:51.0052795282 2020
pattern2.txt Wed May 13 20:20:51.0052795282 2020
pattern3.txt Wed May 13 20:20:51.0052795282 2020
```

TIP_ 출력 포맷

액션 −printf나 −fprintf에서 사용 가능한 포맷은 파일의 속성을 출력해 주는 파일속성 포맷과 백스페이스나 뉴라인과 같은 특수기호를 나타내기 위한 포맷이 있습니다.

특수기호 포맷

특수기호 포맷에서 다음 표에 정리한 것과 같이 알람, 백스페이스, 클리어, 폼피드, 뉴라인 등이 있습니다.

포맷	의미	포맷	의미	포맷	의미
\a	알람	\r	캐리지 리턴	\NNN	8진 아스키코드
\b	백스페이스	\t	수평탭	A '\'	\ 뒤는 일반 문자 취급
\c	클리어	\v	수직탭	%%	퍼센트 기호
\f	폼피드	\0	아스키 NUL		
\n	뉴라인	\\	백슬래시		

파일 속성 포맷

파일 속성 포맷에는 파일 속성들을 출력할 수 있는 포맷으로 파일명, 파일 사이즈, 소유재D, 그룹ID, 파일 타입 등이 있습니다. 다음 표는 이런 파일 속성 포맷들을 정리한 것입니다.

포맷	의미	포맷	의미
%a	ctime의 파일 액세스 시간	%l	심볼릭 링크
%Ak	k에 의한 파일 액세스 시간	%m	파일 권한(8진수 기준)
%b	사용된 디스크 크기(바이트 기준)	%M	파일 권한(문자열 기준)
%c	파일의 마지막 상태 변경 시간	%n	하드링크 수
%Ck	k에 의한 파일의 마지막 상태 변경 시간	%p	경로를 포함한 파일명
%d	파일 깊이(depth)	%P	현재 경로가 없는 파일명
%D	파일 장치 번호	%s	파일 사이즈(바이트 기준)
%f	파일명	%S	파일의 희소성
%F	파일 시스템 유형	%t	파일의 마지막 수정 시간
%g	파일 그룹명 또는 그룹 ID	%Tk	K에 의한 파일의 마지막 수정시간
%G	파일의 그룹 ID	%u	파일의 소유자명
%h	파일명을 제외한 파일 경로	%U	파일의 소유재D
%H	명령행 인수	%y	파일 타입, U에 대한 타입이 더 있음
%i	파일의 inode 번호	%Y	파일 타입, L, N 타입이 더 있음
%k	사용된 디스크 크기(킬로바이트 기준)	%Z	파일의 보안 컨텍스트

예제5) −fprintf file format 액션을 사용하는 경우

액션 −fprintf는 검색된 결과를 명시한 파일에 명시한 포맷대로 저장합니다. 다음 예와 같이 p로 시작하는 파일들을 p−file2.txt에 저장하되 포맷은 파일명 파일의 마지막 상태 변경 시간을 출력하도록 되어 있습니다.

```
# 포맷에 의한 결과를 파일에 저장
[nalee@localhost Script]$ find ./ -name 'p*' -fprintf p-file2.txt '%f %c\n'
# 저장된 파일 확인
[nalee@localhost Script]$ cat p-file2.txt
p-file.txt Wed May 20 22:07:27.0557231716 2020
p-file1.txt Thu May 21 00:45:06.0539906488 2020
pattern Wed May 13 20:20:51.0052795282 2020
pattern1.txt Wed May 13 20:20:51.0052795282 2020
pattern2.txt Wed May 13 20:20:51.0052795282 2020
pattern3.txt Wed May 13 20:20:51.0052795282 2020
```

예제6) -ls 액션을 사용하는 경우

액션 -ls는 검색된 결과를 ls -l을 한 것과 같은 유사한 형태로 출력합니다. 다음 예를 보면 p 로 시작하는 파일들이 ls -l과 유사한 형태로 출력되었음을 확인할 수 있습니다.

```
# 검색된 파일을 ls -l을 실행한 것처럼 보여줌
[nalee@localhost Script]$ find ./ -name 'p*' -ls
271161764    4 -rw-rw-r--   1 nalee nalee     92 May 20 22:07 ./p-file.txt
271180570    4 -rw-rw-r--   1 nalee nalee    106 May 21 00:45 ./p-file1.txt
806026673    0 drwxrwxr-x   2 nalee nalee     66 May 13 20:20 ./pattern
271257449    4 -rw-rw-r--   1 nalee nalee     18 May  8 13:26 ./pattern/pattern1.txt
271257452    4 -rw-rw-r--   1 nalee nalee     11 May  8 13:26 ./pattern/pattern2.txt
271169959    4 -rw-rw-r--   1 nalee nalee      9 May 13 15:37 ./pattern/pattern3.txt
```

예제7) -print 액션을 사용하는 경우

액션 -print는 검색된 결과를 어떤 수정없이 그대로 보여줍니다. 따라서, find의 기본 액션이 라고 볼 수 있습니다.

```
# 검색된 파일을 보여줌
[nalee@localhost Script]$ find ./ -name 'p*' -print
./p-file.txt
./p-file1.txt
./pattern
./pattern/pattern1.txt
./pattern/pattern2.txt
./pattern/pattern3.txt
```

예제8) -print0 액션을 사용하는 경우

액션 -print0은 검색 결과를 공백이나 뉴라인 없이 연결하여 보여줍니다. 다음 예제를 통해 확인할 수 있습니다.

```
# 공백이나 뉴라인 없이 검색된 파일을 보여줌
[nalee@localhost Script]$ find ./ -name 'p*' -print0
./p-file.txt./p-file1.txt./pattern./pattern/pattern1.txt./pattern/pattern2.txt./
pattern/pattern3.txt[nalee@localhost Script]$
```

4.2.4 위치옵션

위치옵션^{Positional Options}은 테스트 수행 시 테스트에 영향을 줍니다. −daystart, −follow 및 −regextype을 제외한 모든 위치옵션은 위치옵션 앞에 지정된 테스트를 포함하여 모든 테스트에 영향을 줍니다. 이는 명령줄을 구문 분석할 때 위치옵션이 처리되고 파일이 검사될 때까지 테스트는 수행되지 않기 때문입니다. 이와 반대로 −daystart, −follow 및 −regextype 위치옵션은 명령 행에서 나중에 나타나는 테스트에만 영향을 미칩니다. 따라서 명확성을 위해 표현의 시작 부분에 배치하는 것이 가장 좋습니다. 다음은 이런 위치옵션들을 정리한 것입니다.

위치옵션	설명
−d	FreeBSD, NetBSD, MacOS X 및 OpenBSD와의 호환성을 위한 −depth의 동의어
−depth	서브 디렉터리의 파일을 먼저 검색함
−daystart	24시간이 아닌 해당일을 기준으로 파일 검색. −amin, −atime, −cmin, −ctime, −mmin 및 −mtime과 함께 사용해야 함
−regextype type	−regex나 −iregex의 정규식 구문을 변경함. 기본 유형은 emacs이며, posix−awk, posix−basic, posix−egrep 및 posix−extended가 있음
−maxdepth levels	명시한 level만큼 서브 디렉터리의 파일까지 검색함
−mindepth levels	명시한 level의 서브 디렉터리부터 파일을 검색함
−mount	USB나 CD−ROM과 같은 시스템의 파일을 검색하지 않음
−warn, −nowarn	경고 메시지를 켜거나 끔. 경고는 명령줄 사용법에만 적용되며 디렉터리를 검색할 때 발견되는 조건에는 적용되지 않으며, 표준 입력이 tty이면 −warn, 그렇지 않으면 −nown에 해당함
−help, −−help	find 사용법을 보여줌
−version, −−version	find 버전을 보여줌

예제를 위한 파일 목록 확인

예제를 시작하기 전에 파일 목록을 확인한 후 예제를 시작하겠습니다. 예제 파일 준비는 **4.2.1 테스트**에서 확인할 수 있습니다.

```
# 예제를 위한 파일 목록 확인
[nalee@localhost Script]$ ls -l
total 312
-rw-rw----. 1 nalee nalee  65942 May 15 16:49 aa.txt
-rw-------. 1 nalee nalee     30 May 19 12:26 amin.txt
-rw-rw----. 1 nalee nalee  65942 May 15 16:49 bb.txt
```

```
-rw-rw-r--. 1 nalee nalee    750 May 13 14:40 expression.tar.gz
-rw-------. 1 nalee nalee    738 May 19 10:30 expression.txt
drwxrwxr-x. 2 nalee nalee     59 May 13 20:54 File
-rw-rw-r--. 1 1001  1001       0 May 19 21:28 findtestfile
-rwxr-xr-x. 1 nalee nalee 159024 May 13 20:31 grep-test
drwxrwxr-x. 2 nalee nalee     66 May 13 20:20 pattern
-rw-rw-rw-. 1 nalee nalee     60 May 13 14:02 Separator.txt
-r--r--r--. 1 nalee nalee    721 May 19 11:14 test.txt
```

예제1) -depth 위치옵션을 사용하는 경우

위치옵션-depth는 서브 디렉터리의 파일을 먼저 검색합니다. 그리고, -d 옵션 역시 -depth 와 동일한 기능을 합니다. 다만, -d 위치옵션은 일반적인 GNU 기반의 리눅스가 아닌 MaC OS와 같은 BSD 기반의 리눅스에서 지원되는 기능입니다. 다음 예제를 보면 -depth 위치옵션을 사용하지 않은 경우와 사용한 경우를 보여줍니다. -depth 위치옵션을 사용하지 않은 경우에는 디렉터리를 먼저 검색하고 디렉터리 내의 파일을 검사하여 보여주는 반면, -depth 위치옵션을 사용한 경우에는 디렉터리 내 파일을 먼저 검사하고, 디렉터리를 검사하여 보여줌을 알 수 있습니다.

```
# 현재 디렉터리부터 검색됨을 확인
[nalee@localhost Script]$ find ./ -name 'p*'
./pattern
./pattern/pattern1.txt
./pattern/pattern2.txt
./pattern/pattern3.txt
# 디렉터리부터 검색됨을 확인
[nalee@localhost Script]$ find ./ -depth -name 'p*'
./pattern/pattern1.txt
./pattern/pattern2.txt
./pattern/pattern3.txt
./pattern
```

예제2) -daystart 위치옵션을 사용하는 경우

-daystart 위치옵션은 24시간이 아닌 해당일을 기준으로 파일 검색을 하며 -amin, -atime, -cmin, -ctime, -mmin 및 -mtime과 함께 사용해야 합니다. 예를 들어 -ctime 테스트 를 사용할 경우 현재 시간을 기준으로 명시된 시간 안에 수정된 파일을 검색하는데 -daystart

를 함께 사용하면 명시된 시간이 아닌 날짜로 계산되어 수정된 파일을 검색합니다. 다음 예제를 통해 확인할 수 있습니다.

```
# 현재 시각 확인
[nalee@localhost Script]$ date
Thu May 21 12:30:31 KST 2020
# 현재 시각을 기준으로 24시간 안에 수정된 파일 검색
[nalee@localhost Script]$ find ./ -ctime 0
./
./Separator.txt
./expression.txt
./File
./File/test.txt
./File/File
# 현재 시각을 기준으로 현재 날짜에 수정된 파일 검색
[nalee@localhost Script]$ find ./ -daystart -ctime 0
./
./Separator.txt
./expression.txt
# -daystart 옵션을 사용했을 때 검색된 파일 상태 확인
[nalee@localhost Script]$ stat ./Separator.txt | grep Change
Change: 2020-05-21 12:27:34.683866897 +0900
# -daystart 옵션을 사용했을 때 검색되지 않은 파일 상태 확인
[nalee@localhost Script]$ stat File/ | grep Change
Change: 2020-05-20 17:09:59.866666358 +0900
```

예제3) -regextype 위치옵션을 사용하는 경우

위치옵션-regextype은 -regex나 -iregex를 사용할 때 정규식 구문을 변경합니다. 원래 기본 유형은 emacs이지만 -regextype을 이용하여 posix-awk, posix-basic, posix-egrep 및 posix-extended로 변경할 수 있습니다. 다음 예제를 보면 -regextype을 사용하지 않을 경우에는 검색되지 않았지만 -regextype 위치옵션을 사용한 경우에는 검색되었음을 확인할 수 있습니다.

```
# posix 형식의 패턴을 사용했을 경우
[nalee@localhost Script]$ find ./ -regex './[[:lower:]]*'
[nalee@localhost Script]$
# -regextype으로 패턴 타입을 변경했을 경우
```

```
[nalee@localhost Script]$ find ./ -regextype posix-basic -regex './[[:lower:]]*'
./
./rootfile
./findtestfile
./pattern
```

예제4) -maxdepth levels 위치옵션을 사용하는 경우

위치옵션 -maxdepth는 명시한 level만큼 서브 디렉터리의 파일까지 검색합니다. 다음 예제에서는 레벨을 1로 명시하였습니다. 그래서 p로 시작하는 파일을 현재 디렉터리에서만 검색했음을 알 수 있습니다.

```
# 명시된 깊이까지만 검색됨
[nalee@localhost Script]$ find ./ -maxdepth 1 -name 'p*'
./pattern
```

예제5) -mindepth levels 위치옵션을 사용하는 경우

-mindepth 위치옵션은 명시한 level의 서브 디렉터리부터 파일을 검색합니다. 다음 예제는 레벨을 2로 명시했고, p로 시작하는 파일을 서브 디렉터리에서 검색하였음을 알 수 있습니다.

```
# 명시된 깊이까지만 검색됨
[nalee@localhost Script]$ find ./ -mindepth 2 -name 'p*'
./pattern/pattern1.txt
./pattern/pattern2.txt
./pattern/pattern3.txt
```

예제6) -mount 위치옵션을 사용하는 경우

-mount 위치옵션은 USB나 CD-ROM과 같은 시스템에서는 파일검색을 제외할 경우 사용할 수 있는 위치옵션입니다. 다음 예제를 보면 test라는 디렉터리가 USB 디바이스에 마운트되어 있다고 가정합니다. 그리고, -mount 위치옵션없이 icon_execel.jpg 파일을 검색하면 현재 디렉터리의 파일과 USB에 마운트되어 있는 test 디렉터리의 파일이 함께 검색된 반면 -mount 위치옵션을 함께 사용한 경우에는 현재 디렉터리에서만 해당 파일이 검색되었음을 확인할 수 있습니다.

```
# USB 디바이스 마운트됨을 확인
[nalee@localhost Script]$ mount | grep test
/dev/sda4 on /home/nalee/Script/test type vfat (ro,relatime,fmask=0022,dmask=0022,
codepage=437,iocharset=ascii,shortname=mixed,errors=remount-ro)
# 현재 디렉터리의 jpg 파일 확인
[nalee@localhost Script]$ ls -l icon_excel.jpg
-rw-r--r--. 1 nalee nalee 20920 Jan 21  2014 icon_excel.jpg
# -mount 옵션없이 jpg 파일 검색 시 USB의 jpg 파일도 검색됨
[nalee@localhost Script]$ find ./ -name icon_excel.jpg
./test/doc/icon_excel.jpg
./test/images/icon_excel.jpg
./icon_excel.jpg
# -mount 옵션 사용 시 USB의 jpg 파일은 검색이 안 됨
[nalee@localhost Script]$ find ./ -mount -name icon_excel.jpg
./icon_excel.jpg
```

예제7) -warn, -nowarn 위치옵션을 사용하는 경우

-warn 위치옵션과 -nowarn은 경고 메시지를 켜거나 끄는 기능입니다. 다음 예제를 보면 -warn을 사용했을 경우에는 다음과 같이 경고 메시지를 볼 수 있지만, -nowarn은 경고 메시지를 볼 수 없습니다.

```
# -warn에 의해 발생된 경고 메시지
[nalee@localhost Script]$ find ./ -name findtestfile -depth -warn
find: warning: you have specified the -warn option after a non-option argument
-name, but options are not positional (-warn affects tests specified before it as
well as those specified after it).  Please specify options before other arguments.

./pattern/findtestfile
./findtestfile
# 경고 메시지가 없어졌음
[nalee@localhost Script]$ find ./ -name findtestfile -depth -nowarn

./pattern/findtestfile
./findtestfile
```

예제8) -help 위치옵션을 사용하는 경우

-help 위치옵션은 다음과 같이 find의 사용법을 출력해 줍니다.

```
# find 사용법 출력
[nalee@localhost ~]$ find -help
Usage: find [-H] [-L] [-P] [-Olevel] [-D help|tree|search|stat|rates|opt|exec]
[path...] [expression]

default path is the current directory; default expression is -print
expression may consist of: operators, options, tests, and actions:

operators (decreasing precedence; -and is implicit where no others are given):
      ( EXPR )   ! EXPR   -not EXPR   EXPR1 -a EXPR2   EXPR1 -and EXPR2
      EXPR1 -o EXPR2   EXPR1 -or EXPR2   EXPR1 , EXPR2

positional options (always true): -daystart -follow -regextype
...
```

예제9) -version, --version 위치옵션을 사용하는 경우

-version 위치옵션은 다음처럼 find의 버전을 보여줍니다.

```
# find 버전 출력
[nalee@localhost ~]$ find -version
find (GNU findutils) 4.5.11
Copyright (C) 2012 Free Software Foundation, Inc.
License GPLv3+: GNU GPL version 3 or later <http://gnu.org/licenses/gpl.html>.
This is free software: you are free to change and redistribute it.
There is NO WARRANTY, to the extent permitted by law.

Written by Eric B. Decker, James Youngman, and Kevin Dalley.
```

4.3 find 옵션

find에서 제공하는 옵션에는 심볼릭 링크와 관련된 옵션, find가 어떻게 파일을 찾는지를 확인하고, find 기능을 디버깅하기 위한 디버그 관련 옵션과 디버그의 레벨을 설정할 수 있는 레벨 관련 옵션이 있습니다.

- 심볼릭 링크 관련 옵션
- 디버그 관련 옵션
- 레벨 관련 옵션

4.3.1 심볼릭 링크 관련 옵션

심볼릭 링크 관련 옵션에는 −H, −L 및 −P 옵션이 있습니다. 그리고, 해당 옵션들은 find 명령어 바로 다음에 사용할 수 있으며 테스트, 연산자와 같은 표현식의 결과에 영향을 줍니다. 다음은 심볼릭 링크 관련 옵션을 정리한 것입니다.

옵션	설명
−P	파일을 검사할 때 파일이 심볼릭 링크인 경우, 심볼릭 링크 자체의 속성을 검사하며, find의 기본 옵션임 따라서 옵션을 생략하면 −P 옵션으로 적용됨
−L	파일을 검사할 때 파일이 심볼릭 링크인 경우, 심볼릭 링크에 연결된 파일의 속성을 검사하며, 검사되는 모든 파일 목록을 보여줌
−H	파일을 검사할 때 파일이 심볼릭 링크인 경우, 심볼릭 링크 자체의 속성을 검사하나, 명령 행에 지정된 파일이 심볼릭 링크인 경우, 심볼릭 링크에 연결된 파일의 속성을 검사함

예제를 위한 파일 목록 확인

예제를 시작하기 전에 파일 목록을 확인해보겠습니다. 예제 파일 준비는 **4.2.1 테스트**에서 확인할 수 있습니다.

```
# 예제를 위한 파일 목록 확인
[nalee@localhost Script]$ ls -l
total 312
-rw-rw----. 1 nalee nalee  65942 May 15 16:49 aa.txt
-rw-------. 1 nalee nalee     30 May 19 12:26 amin.txt
-rw-rw----. 1 nalee nalee  65942 May 15 16:49 bb.txt
-rw-rw-r--. 1 nalee nalee    750 May 13 14:40 expression.tar.gz
-rw-------. 1 nalee nalee    738 May 19 10:30 expression.txt
drwxrwxr-x. 2 nalee nalee     59 May 13 20:54 File
-rw-rw-r--. 1 1001  1001       0 May 19 21:28 findtestfile
-rwxr-xr-x. 1 nalee nalee 159024 May 13 20:31 grep-test
drwxrwxr-x. 2 nalee nalee     66 May 13 20:20 pattern
-rw-rw-rw-. 1 nalee nalee     60 May 13 14:02 Separator.txt
-r--r--r--. 1 nalee nalee    721 May 19 11:14 test.txt
```

예제1) -P 옵션을 사용하는 경우

옵션 -P는 파일을 검사할 때 파일이 심볼릭 링크인 경우, 심볼릭 링크 자체의 속성을 검사하는 find의 기본 옵션입니다. 따라서 옵션을 생략하면 -P 옵션으로 적용됩니다. 다음 예제는 파일 타입이 파일이고 파일명이 e로 시작하는 파일을 검색하는 예입니다.

```
[root@localhost ~]# find -P ./ -type f -name 'e*'
./expression.txt
./expression.tar.gz
```

예제2) -L 옵션을 사용하는 경우

옵션 -L은 파일을 검사할 때 파일이 심볼릭 링크인 경우, 심볼릭 링크에 연결된 파일의 속성을 검사하여 검사된 모든 파일 목록을 보여줍니다. 다음 예제 역시 파일 타입이 파일이고 파일명이 e로 시작하는 파일을 검색했지만, File 디렉터리 아래에 express.txt라는 심볼릭 링크가 함께 검색된 것을 확인할 수 있습니다.

```
# 타입이 파일이고 e로 시작하는 파일 검색
[root@localhost ~]# find -L ./ -type f -name 'e*'
./expression.txt
./expression.tar.gz
./File/express.txt
# file 명령어를 이용하여 express.txt 파일 속성 확인
[root@localhost ~]# file ./File/express.txt
./File/express.txt: symbolic link to `../expression.txt'
```

예제3) -H 옵션을 사용하는 경우

옵션 -H는 파일을 검사할 때 파일이 심볼릭 링크인 경우, -P 옵션처럼 심볼릭 링크 자체의 속성을 검사합니다. 그러나, 명령 행에 지정된 파일이 심볼릭 링크인 경우, 심볼릭 링크에 연결된 파일의 속성을 검사합니다. 다음 예제와 같이 e로 시작되는 파일에서 CPU라는 패턴을 검색하는 예로 express.txt에 연결된 expression.txt 파일에서 CPU를 검색하여 다음과 같이 보여줍니다. 그러나, 해당 옵션을 -H를 사용한 경우나 사용하지 않은 경우의 결과가 다르지는 않습니다.

```
[root@localhost ~]# find -H ./ -name 'e*' -exec grep CPU '{}' \;
CPU model is Intel(R) Core(TM) i7-8665U CPU @ 1.90GHz
CPU model is Intel(R) Core(TM) i7-8665U CPU @ 1.90GHz
```

4.3.2 디버그 관련 옵션

디버그 관련 옵션은 find가 파일을 제대로 검색하지 못하는 이유에 대한 문제점을 진단하는 데 도움이 될 수 있습니다. 다음은 디버그 관련 옵션들을 정리한 것입니다.

옵션	설명
−D help	디버깅 옵션을 설명함
−D tree	표현식 트리를 원래의 최적화된 형태로 보여줌
−D search	디렉터리 트리를 자세하게 탐색함
−D stat	stat나 lstat와 같은 시스템 호출이 필요한 파일을 검사할 때 메시지를 보여줌
−D rates	표현식이 얼마나 성공했는지를 요약해서 보여줌
−D opt	표현식 tree 최적화와 관련된 진단 정보를 보여줌. 최적화와 관련된 −O 옵션을 참조하여 사용할 수 있음

예제1) −D help 옵션을 사용하는 경우

−D help 옵션은 디버깅 옵션을 설명합니다. 다음과 같이 find −D help 명령어를 입력하면, 디버깅 옵션 종류와 그에 대한 설명을 볼 수 있습니다.

```
# 디버깅 옵션 종류와 설명을 볼 수 있음
[root@localhost ~]# find -D help
Valid arguments for -D:
help     Explain the various -D options
tree     Display the expression tree
search   Navigate the directory tree verbosely
stat     Trace calls to stat(2) and lstat(2)
rates    Indicate how often each predicate succeeded
opt      Show diagnostic information relating to optimisation
exec     Show diagnostic information relating to -exec, -execdir, -ok and -okdir
```

예제2) -D tree 옵션을 사용하는 경우

-D tree 옵션은 검색을 위한 표현식 트리를 원래의 최적화된 형태로 보여줍니다.

```
# 표현식 트리를 보여줌
[nalee@localhost ~]$ find -D tree ./ -name 'e*'
Predicate List:
[(] [-name] [)] [-a] [-print]
Eval Tree:
pred=[-a] type=bi_op prec=and cost=Unknown rate=0.80 no side effects
left:
    pred=[-name e*] type=primary prec=no cost=Unknown rate=0.80 no side effects
    no children.
right:
    pred=[-print] type=primary prec=no cost=Unknown rate=1.0 side effects
    no children.
...
```

예제3) -D search 옵션을 사용하는 경우

-D search 옵션은 검색 시 디렉터리 트리를 자세하게 탐색하여 보여줍니다. 그래서, 어떤 과정으로 파일이 검색되는지를 해당 옵션을 통해 확인할 수 있습니다.

```
# 검색 과정을 보여줌
[root@localhost ~]# find -D search ./ -name 'e*' -exec ls -l '{}' \;
consider_visiting (early): './': fts_info=FTS_D , fts_level= 0, prev_
depth=-2147483648 fts_path= './', fts_accpath= './'
consider_visiting (late): './': fts_info=FTS_D , isdir=1 ignore=0 have_stat=1
have_type=1
...
```

예제4) -D stat 옵션을 사용하는 경우

옵션 -D stat는 시스템 호출이 필요한 파일을 검사할 때 stat나 lstat 함수를 호출했을 경우 다음 예제와 같이 메시지를 보여줍니다.

```
# stat 시스템 호출이 일어난 경우를 보여줌
[root@localhost ~]# find -D stat ./ -perm 600 -name 'e*'
debug_stat (expression.txt)
./expression.txt
debug_stat (expression.tar.gz)
debug_stat (express.txt)
```

예제5) -D rates 옵션을 사용하는 경우

옵션 -D rates는 표현식이 얼마나 성공했는지를 요약해서 다음 예제와 같이 검색 결과 하단에
보여줍니다.

```
# 표현식 성공률을 요약해서 보여줌
[root@localhost ~]# find -D rates ./ -perm 600 -name 'e*'
./expression.txt
Predicate success rates after completion:
  ( -name e* [0.8] [3/23=0.130435] -a [0.01] [1/23=0.0434783] [call stat] [need
type] -perm 600 [0.01] [1/3=0.333333]  ) -a [0.008] [1/23=0.0434783] -print [1]
[1/1=1]
```

예제6) -D opt 옵션을 사용하는 경우

옵션 -D opt는 표현식 tree의 최적화와 관련된 진단 정보를 다음과 같이 보여줍니다. 이때,
최적화와 관련된 -O 옵션을 참조하여 사용할 수 있습니다.

```
# 표현식 실행 순서가 어떻게 최적화되어 실행되는지를 보여줌
[root@localhost ~]# find -O1 -D opt ./ -perm 600 -name 'e*'
Predicate List:
[(] [-perm] [-a] [-name] [)] [-a] [-print]
Eval Tree:
pred=[-a] type=bi_op prec=and cost=Unknown rate=0.0080 no side effects
...
Optimized command line:
  ( -name e* [0.8] -a [0.01] [call stat] [need type] -perm 600 [0.01]  ) -a [0.008]
-print [1]
./expression.txt
```

4.3.3 레벨 관련 옵션

레벨 관련 옵션은 쿼리 최적화를 활성화합니다. find를 사용하여 파일을 검색할 때 사용된 전반적인 테스트의 효과를 유지하면서 실행 속도를 높이기 위해 테스트 순서를 변경합니다. 각 최적화 수준에서 수행되는 최적화는 다음과 같습니다.

옵션	설명
-O0	최적화 수준 1과 같음
-O1	기본적 최적화 수준으로, 파일 이름(예 : -name 및 -regex)을 기반으로 하는 테스트가 먼저 수행되도록 식 순서가 바뀜
-O2	-type이나 -xtype과 함께 사용할 때 -name 테스트한 후 -type 테스트를 수행함
-O3	전체 비용 기반 쿼리 최적화 프로그램이 활성화됨. -o의 경우 성공할 수 있는 표현식이 더 빨리 평가되고 -a의 경우 실패할 수 있는 표현식이 더 빨리 평가됨

예제1) -O0 옵션을 사용하는 경우

옵션 -O0은 최적화 수준 1과 동일한 기능을 가지고 있습니다. 다음 예제는 파일 권한이 600이고, 파일명이 e로 시작되는 파일을 찾은 예로 검색 시 최적화를 거쳐 파일명에 해당하는 파일을 먼저 찾고, 그 다음 파일 권한에 해당하는 파일을 찾습니다.

```
# 파일 권한, 파일명 순서로 검색하면 파일명, 권한 순서로 변경됨을 알 수 있음
[root@localhost ~]# find -O0 -D opt ./ -perm 600 -name 'e*'
Predicate List:
[(] [-perm] [-a] [-name] [)] [-a] [-print]
Eval Tree:
pred=[-a] type=bi_op prec=and cost=Unknown rate=0.0080 no side effects
...
Optimized command line:
 ( -name e* [0.8] -a [0.01] [call stat] [need type] -perm 600 [0.01]  ) -a [0.008]
-print [1]
./expression.txt
```

예제2) -O1 옵션을 사용하는 경우

-O1 옵션은 -O0과 동일한 기능을 합니다. 따라서, 앞에서 살펴본 예제와 동일한 결과를 확인할 수 있습니다.

```
# 파일 권한, 파일명 순서로 검색하면 파일명, 권한 순서로 변경됨을 알 수 있음
[root@localhost ~]# find -O1 -D opt ./ -perm 600 -name 'e*'
Predicate List:
[(] [-perm] [-a] [-name] [)] [-a] [-print]
Eval Tree:
pred=[-a] type=bi_op prec=and cost=Unknown rate=0.0080 no side effects
...
Optimized command line:
( -name e* [0.8] -a [0.01] [call stat] [need type] -perm 600 [0.01]  ) -a [0.008]
-print [1]
./expression.txt
```

예제3) –O2 옵션을 사용하는 경우

–O2 옵션은 –type이나 –xtype과 함께 사용할 때 –name 테스트한 후 –type 테스트를 수행합니다. 다음 예제는 –O1을 사용했을 경우와 –O2를 사용했을 경우에 어떤 차이가 있는지를 보여줍니다.

```
# 파일명을 찾고 그 다음 단계로 넘어감
[nalee@localhost Script]$ find -O1 -D opt ./ -type l -name 'e*'
...
-O1: promoting cheap predicate -name e* into name_list
...
Optimized command line:
( -name e* [0.8] -a [0.01] [call stat] [need type] -perm 600 [0.01]  ) -a [0.008]
-print [1]
./expression.txt
# 파일명을 찾고 바로 이어 파일 타입을 평가한 후 그 다음 단계로 넘어감
[nalee@localhost Script]$ find -O2 -D opt ./ -type l -name 'e*'
...
-O2: promoting cheap predicate -name e* into name_list
-O2: categorising predicate -type l by cost (Type)
...
Optimized command line:
( -name e* [0.8] -a [0.01] [call stat] [need type] -perm 600 [0.01]  ) -a [0.008]
-print [1]
./expression.txt
```

예제4) −O3 옵션을 사용하는 경우

−O3 옵션을 사용하면 전체 비용 기반 쿼리 최적화 프로그램이 활성화됩니다. 연산자 −o의 경우 성공할 수 있는 표현식이 더 빨리 평가되고 연산자 −a의 경우 실패할 수 있는 표현식이 더 빨리 평가됩니다. 다음 예제는 −a 연산자와 −o 연산자를 −O3 옵션과 함께 사용했을 경우 어떤 차이가 있는지를 보여주는 예입니다.

```
# -a 연산자일 경우 평가율이 0.08임
[root@localhost ~]# find -O3 -D opt ./ -type l -a -name 'e*'
Predicate List:
[(] [-type] [-a] [-name] [)] [-a] [-print]
Eval Tree:
pred=[-a] type=bi_op prec=and cost=Unknown rate=0.080 no side effects
...
Optimized command line:
 ( -name e* [0.8] -a [0.1] [need type] -type l [0.1]  ) -a [0.08] -print [1]
./File/express.txt
# -o의 경우 평가율이 0.9임
[root@localhost ~]# find -O3 -D opt ./ -type l -o -name 'e*'
Predicate List:
[(] [-type] [-o] [-name] [)] [-a] [-print]
Eval Tree:
pred=[-a] type=bi_op prec=and cost=Unknown rate=0.90 no side effects
...
Optimized command line:
 ( -name e* [0.8] -o [1] [need type] -type l [0.1]  ) -a [0.9] -print [1]
./expression.txt
./expression.tar.gz
./File/express.txt
```

◈ 마무리

우리는 find라는 명령어를 자주 사용하지만, find를 이용해 다양한 형태의 파일을 찾을 수 있다는 사실을 알고 있는 사람들은 아마도 몇 되지 않을 것입니다. find는 파일이 가지고 있는 다양한 속성을 이용해 여러 형태로 필요한 파일을 찾을 수 있도록 도와주는 명령어입니다. 이제부터는 find를 이용하여 좀 더 쉽게 원하는 파일을 찾을 수 있습니다.

## CHAPTER 5

특정 인덱스 문자열을 출력할 수 있는 awk

셀 스크립트를 작성하다보면 시스템 파일 목록이나 컨테이너 목록 또는 애플리케이션 실행 결과에서 특정 컬럼에 해당하는 문자열을 추출하고, 해당 결과값을 이용하여 또 다른 명령어를 실행할 때 파라미터로 사용해야 하는 경우가 있습니다. 이런 경우 우리는 특정 인덱스 문자열을 출력할 수 있는 awk 명령어를 사용할 수 있습니다. awk는 앞에서 사전에 실행된 명령어의 결과나 파일로부터 레코드record를 선택하고, 선택된 레코드의 특정 인덱스에 해당하는 값을 출력할 수 있습니다. 또한 선택된 레코드를 가지고, 패턴과 일치하는지를 확인하고, 데이터 조작 및 연산 등의 액션을 수행하여 그 결과를 출력합니다. 그럼, 지금부터 awk 명령어의 사용법을 알아보겠습니다.

5.1 awk 사용법 알아보기

awk는 GNU 기반의 awk인 gawk, gawk의 프로파일링 버전인 pgawk, awk의 디버거 역할을 하는 dawk가 있으며, 대부분의 GNU 기반의 리눅스에서 사용되고 있습니다. 그리고, BSD 계열이나 Debian 계열 리눅스에는 마이크 브레넌Mike Brennan에 의해 만들어진 mawk가 사용됩니다. 두 가지 버전의 awk는 옵션 사용 시에만 약간의 차이가 있으며, 기능상의 차이는 없습니다. 따라서, 이 책에서는 일반적으로 많이 사용되는 gawk를 기준으로 설명합니다.

기본 사용법1

awk의 가장 기본적인 사용법은 옵션, 어떤 문자열을 추출할 것인지를 기술한 awk 프로그램, 그리고 대상 파일로 이루어집니다. awk 프로그램은 어떤 문자열을 추출할 것인지를 표현한 패턴과 어떤 인덱스의 문자열을 출력할 것인지에 대한 액션으로 이루어집니다.

---

awk   [옵션]   '패턴 { 액션 }'   대상 파일

예제1) awk 기본 사용법1

예제를 통해 awk 기본 사용법1을 알아보겠습니다. 우선 4장의 파일을 찾을 수 있는 find에서 사용했던 Script 디렉터리의 파일 목록을 file-list.txt라는 파일에 저장합니다. 그리고, 두 번째 필드의 값이 2와 같을 경우 해당 라인을 출력하는데, 이때 해당 라인의 필드 개수에 해당하는 인덱스의 문자열을 출력합니다. 여기서 $2는 두 번째 필드값을 의미하며, $2 == 2는 패턴에 해당합니다. 그리고, 중괄호{} 안의 print문은 액션에 해당합니다. $NF는 Number of Field의 약자로 필드의 개수, 즉 마지막 필드의 문자열을 출력하겠다는 의미입니다. NF는 awk에서 제공하는 내장 변수입니다.

```
# Script 디렉터리 내 파일 목록을 file-list.txt에 저장
[nalee@localhost ~]$ ls -al Script/ > file-list.txt
# 두 번째 필드값이 2인 레코드의 문자열 출력
[nalee@localhost ~]$ awk '$2 == 2 { print $NF }' file-list.txt
File
pattern
```

기본 사용법2

앞에서 살펴봤듯이 awk는 필드와 레코드를 가진 표 형식의 데이터를 추출할 때 매우 유용하게 사용될 수 있습니다. 그리고, awk 프로그램은 파일로 저장해두었다가 필요할 때 다음과 같이 -f 옵션과 함께 해당 파일을 로딩하여 대상 파일에서 필요로 하는 문자열을 추출할 수 있습니다.

---

awk [옵션]   -f awk_프로그램_파일   대상 파일

예제1) awk 기본 사용법2

awk 기본 사용법1에서 사용했던 패턴과 액션을 awk-prog.txt라는 파일에 저장합니다. 그리

고, 저장한 awk-prog.txt 파일을 이용하여 다음 예제와 같이 -f 옵션과 함께 사용하면 기본 사용법1의 예제 결과와 동일한 결과를 확인할 수 있습니다.

```
# 패턴과 액션을 awk-prog.txt 파일에 저장
[nalee@localhost ~]$ echo '$2 == 2 { print $NF }' > awk-prog.txt
# awk-prog.txt 파일을 이용하여 디렉터리명 추출
[nalee@localhost ~]$ awk -f awk-prog.txt file-list.txt
File
pattern
```

기본 사용법3

이번에 살펴볼 기본 사용법3은 앞서 살펴본 사용법에 비해 가장 많이 사용되는 사용법입니다. 리눅스 명령어나 애플리케이션의 명령어를 통해 얻은 결과를 이용해 해당 결과에서 필요한 문자열을 추출할 수 있습니다.

```
명령어  |  awk   [옵션]   '패턴   { 액션 }'
```

예제1) awk 기본 사용법3

다음 예제는 ls -l 명령어를 실행한 결과를 인자로 하여, awk를 이용해 2번째 필드값이 2와 같은 레코드의 마지막 필드값을 출력하는 예입니다. 여기서, ls -l을 실행한 결과를 살펴보면 2번째 필드에 해당 경로가 디렉터리인지 파일인지를 구분하는 숫자가 표기되어 있습니다. 1은 파일을 의미하며, 2는 디렉터리를 의미합니다. 따라서, 다음 예제는 파일 목록에서 디렉터리만 추출하여 해당 경로를 출력하는 예제입니다.

```
# ls -l 실행 결과를 인자로 awk를 이용하여 디렉터리명 추출
[nalee@localhost ~]$ ls -l Script/ | awk '$2 == 2 { print $NF }'
File
pattern
```

5.2 awk 프로그래밍

awk 프로그래밍은 어떤 인덱스의 값을 추출할 것인지를 명시하는 일을 합니다. 그래서, awk 프로그램을 작성할 때는 기본적으로 어떤 값을 추출할 것인지를 명시하는 패턴^{Pattens}과 추출된 레코드를 전부 출력할 것인지, 특정 필드의 값만 출력할 것인지를 명시하는 액션으로 이루어집니다. 그리고, awk는 패턴이 명시되지 않으면 액션^{Actions}에 명시된 해당 필드값을 모두 출력합니다. 따라서 패턴을 생략할 수도 있고, 액션을 생성할 수도 있습니다. 또한 awk 프로그래밍을 이용하여 다양한 프로그램을 만들 수 있습니다. 아마도 그런 설명을 전부 나열한다면 책을 한권 쓸 정도의 분량이 나올 것입니다. 여기서는 셸 스크립트에서 가장 많이 사용하고, 실무에서 유용하게 사용하는 기능들만 정리하여 설명합니다. 지금부터 awk 명령어의 핵심인 액션과 패턴을 알아보겠습니다.

- 액션
- 패턴

5.2.1 액션

awk의 액션은 중괄호{ } 사이에 기술됩니다. 액션은 제어문(조건문, 반복문 등)과 입/출력문 (print, printf)으로 구성됩니다. 제어문은 1부에서 살펴보았던 셸 스크립트의 기본 문법과 매우 유사하며, 입/출력문은 C 언어 문법과 유사합니다. awk에서 사용할 수 있는 모든 액션의 종류를 살펴보면 좋겠지만, 여기서는 주로 사용되는 입/출력문과 관련된 액션을 살펴보도록 하겠습니다. 다음 표는 입/출력문에 대한 액션들을 정리한 것입니다.

액션	설명
print	대상 파일 내용을 그대로 출력함
print 필드리스트	대상 파일의 필드 인덱스($0 ~ $n), 자체 변수(NF, FNR 등), 문자열 등을 조합하여 명시한 대로 출력함
print 필드리스트 〉파일	대상 파일의 필드 인덱스($0 ~ $n), 자체 변수(NF, FNR 등), 문자열 등을 조합하여 명시한 대로 파일에 출력함
printf 포맷, 필드리스트	명시한 대상 파일의 필드 인덱스를 명시한 포맷에 맞추어 출력함
printf 포맷, 필드리스트 〉파일	명시한 대상 파일의 필드 인덱스를 명시한 포맷에 맞추어 파일에 출력함
getline	대상 파일의 짝수 라인과 마지막 라인을 읽어들임. 단독으로 사용할 수 없으며, print 등과 함께 사용해야 함

액션	설명
getline var	대상 파일의 홀수 라인을 읽어들여 단독으로 사용할 수 없으며, print 등과 함께 사용해야 함
getline 〈 파일	명시한 파일의 값을 읽어들임. 단독으로 사용할 수 없으며, print 등과 함께 사용해야 함
getline var 〈 파일	명시한 파일의 값을 읽어 var에 저장함. print 등과 함께 사용해야 하며 파일에 명시된 숫자에 해당하는 필드를 출력함

awk 테스트를 위한 예제 파일 준비

예제를 시작하기 전에 테스트를 위한 예제 파일을 다음과 같이 git을 이용해 다운로드 받습니다. awk 테스트를 위한 awk 디렉터리를 하나 생성합니다. 그러면, Easy-Shell-Script/5. awk 디렉터리의 모든 파일을 앞서 만든 awk 디렉터리에 복사합니다. 그리고, awk 디렉터리로 위치를 전환합니다.

```
# git을 이용한 예제 파일 다운로드
[nalee@localhost ~]$ git clone https://github.com/naleeJang/Easy-Shell-Script.git
# 예제 파일 복사를 위한 디렉터리 생성
[nalee@localhost ~]$ mkdir awk
# Easy-Shell-Script/5.Awk 디렉터리 내의 모든 파일을 awk 디렉터리로 복사
[nalee@localhost ~]$ cp Easy-Shell-Script/5.Awk/* awk/
# awk 디렉터리로 전환
[nalee@localhost ~]$ cd awk
```

디렉터리에는 테스트를 위한 예제 파일들이 들어있습니다. 첫 번째 예제 파일은 ls -l을 실행한 결과와 유사한 내용을 가지고 있는 awk-sample.txt 파일입니다. awk는 다음 파일 내용처럼 표 형태로 되어 있는 데이터의 내용 중 특정 필드의 값을 추출할 때 주로 사용합니다. 그렇기 때문에 리눅스를 사용할 때 가장 자주 사용하는 명령어인 ls의 결과를 예제 파일로 사용하였습니다.

```
# awk 테스트를 위한 첫 번째 샘플 파일 내용
[nalee@localhost awk]$ cat awk-sample.txt
-rw-rw----.  1    nalee nalee  65942 05-15 16:49 aa.txt
-rw-------.  1    nalee nalee     40 05-22 16:34 amin.txt
-rw-rw----.  1    nalee nalee  65942 05-15 16:49 bb.txt
-rw-rw-r--.  1    nalee nalee    750 05-13 14:40 expression.tar.gz
```

```
-rw-------.   1   nalee  nalee     717  05-21 12:26 expression.txt
drwxrwxr-x.   2   nalee  nalee      87  05-20 17:09 File
-rw-rw-r--.   1   test   test        0  05-22 14:28 findtestfile
-rwxr-xr-x.   1   nalee  nalee  159024  05-13 20:31 grep-test
drwxrwxr-x.   2   nalee  nalee      86  05-21 13:07 pattern
-rw-r--r--.   1   root   root        0  05-24 11:52 rootfile
-rw-rw-rw-.   1   nalee  nalee      60  05-21 12:27 Separator.txt
-r--r--r--.   1   nalee  nalee     721  05-19 11:14 test.txt
```

두 번째 예제 파일은 첫 번째 예제 파일의 내용을 짧게 줄여놓은 것입니다. 이 책에서 예제를 위한 코드가 너무 길면 가독성이 떨어지기 때문에 준비한 파일입니다. 독자 여러분은 첫 번째 예제 파일을 이용해 테스트를 해보길 바랍니다.

```
# awk 테스트를 위한 두 번째 샘플 파일 내용
[nalee@localhost awk]$ cat awk-sample1.txt
-rw-rw----.   1   nalee  nalee  65942  05-15 16:49 aa.txt
-rw-------.   1   nalee  nalee     40  05-22 16:34 amin.txt
-rw-rw----.   1   nalee  nalee  65942  05-15 16:49 bb.txt
```

예제1) print 액션을 사용하는 경우

액션 print는 대상 파일의 내용을 그대로 출력해 줍니다. cat을 이용해 파일 내용을 보는 것과 동일하며, 패턴과 함께 사용했을 때는 grep을 사용한 것과 유사합니다. 그렇기 때문에 print는 주로 내가 원하는 레코드를 패턴을 이용해 제대로 가져오는지를 검증할 경우에 사용하면 좋습니다. 다음 예제는 awk-sample1.txt 내용을 그대로 출력하는 예입니다.

```
# awk-sample1.txt의 내용을 그대로 출력
[nalee@localhost awk]$ awk '{ print }' awk-sample1.txt
-rw-rw----.   1   nalee  nalee  65942  05-15 16:49 aa.txt
-rw-------.   1   nalee  nalee     40  05-22 16:34 amin.txt
-rw-rw----.   1   nalee  nalee  65942  05-15 16:49 bb.txt
```

예제2) print 필드리스트 액션을 사용하는 경우

액션 print 필드리스트는 출력하고자 하는 필드 인덱스를 나열하면, 해당 필드값을 출력해 줍니다. 이때 필드 인덱스는 다음 예제처럼 달러$ 기호 다음에 필드 인덱스를 숫자로 표기합니다. 다음의 첫 번째 예제는 awk-sample1.txt 파일 내용 중 1번째 필드와 8번째 필드의 값을 출력하라는 뜻입니다. 두 번째 예제는 FNR과 $0을 출력하는데, FNR은 파일의 레코드 번호를 의미하는 awk 자체 변수이며, $0은 필드 인덱스가 아닌 파일 전체 내용을 보여줍니다.

```
# 1번째 필드와 8번째 필드값 출력
[nalee@localhost awk]$ awk '{print $1, $8}' awk-sample1.txt
-rw-rw----. aa.txt
-rw-------. amin.txt
-rw-rw----. bb.txt
# 파일의 레코드 번호를 파일 내용과 함께 출력
[nalee@localhost awk]$ awk '{print FNR, $0}' awk-sample1.txt
1 -rw-rw----. 1  nalee nalee 65942 05-15 16:49 aa.txt
2 -rw-------. 1  nalee nalee    40 05-22 16:34 amin.txt
3 -rw-rw----. 1  nalee nalee 65942 05-15 16:49 bb.txt
```

예제3) print 필드리스트 〉 파일 액션을 사용하는 경우

액션 print 필드리스트 〉 파일은 필드리스트에서 선택된 필드값을 터미널에 보여주는 것이 아니라, 명시한 파일에 저장하라는 의미입니다. 다음 예제를 살펴보면 awk-sample1.txt 파일에 1번째 필드와 8번째 필드값이 awk-result.txt라는 파일에 저장되었습니다. awk-result.txt 파일의 내용을 확인해 보면 정말 1번째와 8번째 필드값이 저장되어 있는 것을 확인할 수 있습니다.

```
# 1번째 필드와 8번째 필드값을 awk-result.txt 파일에 저장
[nalee@localhost awk]$ awk '{print $1, $8}'>awk-result.txt awk-sample1.txt
# awk에 의해 저장된 awk-result.txt 파일 내용
[nalee@localhost awk]$ cat awk-result.txt
-rw-rw----. aa.txt
-rw-------. amin.txt
-rw-rw----. bb.txt
```

예제4) printf 포맷, 필드리스트 액션을 사용하는 경우

액션 printf 포맷, 필드리스트는 지정한 포맷에 맞게 필드리스트를 출력합니다. 다음 예제는 awk-sample1.txt 파일에서 8번째 필드와 6번째 필드를 출력하되, 8번째 필드는 10컬럼에 맞춰 출력하고, 6번째 필드는 그냥 문자열로 출력하라는 의미입니다.

```
# 8번째 필드와 6번째 필드를 지정한 포맷에 맞게 출력
[nalee@localhost awk]$ awk '{printf "%-10s %s\n", $8, $6}' awk-sample1.txt
aa.txt     05-15
amin.txt   05-22
bb.txt     05-15
```

예제5) printf 포맷, 필드리스트 > 파일 액션을 사용하는 경우

액션 printf 포맷, 필드리스트 > 파일은 지정한 포맷에 맞게 필드리스트를 명시한 파일에 저장합니다. 다음 예제를 살펴보면, 8번째 필드와 6번째 필드를 포맷에 맞게 awk-res.txt라는 파일에 저장합니다. 그리고, awk-res.txt 파일 내용을 보면 8번째 필드는 10컬럼에 맞춰 출력되어 있고, 그 뒤에 6번째 필드가 출력되어 있는 것을 확인할 수 있습니다.

```
# 8번째와 6번째 필드값을 포맷에 맞게 awk-res.txt 파일에 저장
[nalee@localhost awk]$ awk '{printf "%-10s %s\n", $8, $6}' > awk-res.txt awk-
sample1.txt
# 저장된 awk-res.txt 파일 내용 확인
[nalee@localhost awk]$ cat awk-res.txt
aa.txt     05-15
amin.txt   05-22
bb.txt     05-15
```

TIP_ printf문에서 사용할 수 있는 포맷 유형

awk에서 사용하는 printf의 포맷 유형은 데이터의 유형에 따라 문자열로 표현할 것인지, 숫자라면 정수만 표현할 것인지, 소수점까지 모두 표현할 것인지 등을 사용할 수 있습니다. 다음은 이런 데이터 유형에 따른 포맷 기호를 정리한 것입니다.

포맷 기호	설명	포맷 기호	설명
%c	단일 문자	%o	8진수 정수
%d, %i	숫자(정수 부분만 표현)	%u	부호 없는 10진수
%e, %E	[−]d.dddddde[+−]dd 형식의 숫자	%s	문자열
%f, %F	[−]ddd.dddddd 형식의 숫자	%x, %X	16진수 정수
%g, %G	%e, %f 형식의 숫자를 줄여줌	%%	% 퍼센트 기호

데이터를 표현하다보면 왼쪽 정렬이 필요한 경우도 있고, 오른쪽 정렬이 필요한 경우도 있습니다. 때로는 특정 너비 안에서 데이터를 표현해야 할 경우도 있을 것입니다. 이런 경우 포맷 기호와 함께 사용할 수 있

는 파라미터들이 있습니다. 다음은 이런 파라미터들을 정리한 것입니다.

파라미터	설명
count$	Count는 숫자를 의미하며, 출력할 필드리스트 중 해당 count번째 해당하는 값을 출력하라는 의미임
-	왼쪽 정렬하여 출력
space	숫자를 표현할 때 양수는 space를, 음수는 마이너스 - 기호를 붙여 출력
+	숫자를 표현할 때 양수는 플러스 + 기호를, 음수는 마이너스 - 기호를 붙여 출력
#	제어 문자 표현 시 대체 형식을 사용함
0	숫자를 표현할 때 공백 대신 0을 출력함
with	With는 너비를 의미하며, 명시한 너비 안에서 오른쪽 정렬 후 출력
.prce	소수점의 경우 소수점 자리수를 의미하며, 문자열의 경우 문자 개수를 의미함

포맷 기호와 파라미터를 조합하여 다음 예제와 같이 다양한 데이터를 표현할 수 있습니다. 여러 필드 중 특정 인덱스의 필드를 출력할 수도 있으며, 너비를 설정하고 문자열을 정렬할 수도 있습니다. 여러 개의 숫자를 조합하여 산술식을 표현할 수 있으며, 백분율이나 소수점을 표현할 수 있습니다.

```
# 2번째 필드 출력
[nalee@localhost ~]$ echo "a b c" | awk '{printf "%2$s\n", $1, $2, $3}'
b
# 1번째 필드는 너비 10에 오른쪽 정렬을, 2번째 필드는 너비 10에 왼쪽 정렬하여 보여줌
[nalee@localhost ~]$ awk '{printf "%10s, %-10s,\n", $NF, $NF}' awk-sample1.txt
    aa.txt, aa.txt
  amin.txt, amin.txt   ,
    bb.txt, bb.txt      ,
# 숫자를 이용하여 산술식 표현
[nalee@localhost ~]$ echo "30 -20 10" | awk '{printf "%d%-d=%d\n", $1, $2, $3}'
30-20=10
# [-]ddd.dddddd 형식의 소수 표현과 너비 8에 소수점 2자리 표현
[nalee@localhost ~]$ echo "10.568" | awk '{printf "%f %8.2f%%\n", $1, $1}'
10.568000    10.57%
```

예제6) getline 액션을 사용하는 경우

액션 getline은 말 그대로 대상 파일로부터 라인을 읽는다는 의미입니다. getline은 print문 앞에서 사용되어야 하며, 대상 파일의 홀수 번째 라인을 읽어들입니다. 다음 예제는 awk-sample1.txt 파일에서 라인 번호와 마지막 필드값을 출력하는데, getline을 함께 사용하여 짝수 번째 라인과 마지막 라인을 읽어 출력했음을 알 수 있습니다. 여기서, NF는 Number of Field의 약자로 대상 파일의 필드 개수를 의미하며, awk에서 제공하는 내장 변수입니다.

```
# awk-sample1.txt의 짝수 번째 라인을 읽어 마지막 필드값 출력
[nalee@localhost awk]$ awk '{ getline; print $NF }' awk-sample1.txt
amin.txt
bb.txt
```

예제7) getline var 액션을 사용하는 경우

액션 getline var는 getline과 반대로 홀수 번째 라인을 읽어들입니다. 다음 예제를 보면 getline var를 함께 사용하여 awk-sample1.txt에서 홀수 번째 라인을 읽어 마지막 필드의 값을 출력하였음을 알 수 있습니다.

```
# awk-sample1.txt의 홀수 번째 라인을 읽어 마지막 필드값 출력
[nalee@localhost awk]$ awk '{ getline var; print $NF}' awk-sample1.txt
aa.txt
bb.txt
```

TIP_ awk의 내장 변수

awk는 유연한 프로그래밍을 위해 내장 변수(Built-in Variables)를 제공합니다. 내장 변수에는 읽어들이는 대상 파일의 이름이나 필드 개수, 레코드 개수 등의 정보를 제공해 주는 변수와 변수에 값을 저장하고, awk 전체 프로그램에서 사용할 수 있는 변수가 있습니다. 다음은 실무에서 유용하게 사용할 수 있는 awk의 내장 변수들을 정리한 것입니다.

변수명	설명	변수명	설명
ARGC	명령어의 인수 개수	NF	대상 파일 필드 개수
ARGIND	현재 파일의 ARGV 인덱스	NR	대상 파일 총 레코드 개수
ARGV	명령줄 인수 배열	OFMT	숫자의 기본 출력 포맷
FILENAME	대상 파일명	OFS	출력 필드 구분 기호
FNR	대상 파일 라인 번호	ORS	출력 레코드 구분 기호
FS	필드 구분 기호	RS	대상 파일의 레코드 구분 기호

예제8) getline 〈 파일 액션을 사용하는 경우

액션 getline 〈 파일은 명시한 파일로부터 데이터를 읽어, 출력 시 대상 파일의 데이터를 교체합니다. 다음 예제를 통해 좀 더 살펴보겠습니다. 우선 테스트를 위해 awk-filetype.txt라는 파일에 awk-sample1.txt의 레코드 수만큼 Ascii_text라는 내용을 입력하고 저장합니다. 그리고, getline을 이용해 awk-sample1.txt의 첫 번째 필드값을 awk-filetype.txt에서 읽어들인 필드값으로 교체했습니다. 이때, $1과 같은 필드 지정자를 명시하지 않으면 getline은 출력 내용을 모두 awk-filetype.txt에서 읽어들인 값으로 교체합니다.

```
# awk-filetype.txt 파일에 Ascii_text를 다음과 같이 저장
[nalee@localhost awk]$ vi awk-filetype.txt
 Ascii_text
 Ascii_text
 Ascii_text
# awk-filetype.txt의 값을 첫 번째 필드값으로 변경하여 출력
[nalee@localhost awk]$ awk '{ getline $1 < "awk-filetype.txt"; print }' awk-
sample1.txt
 Ascii_text  1 nalee nalee 65942 05-15 16:49 aa.txt
 Ascii_text  1 nalee nalee 40 05-22 16:34 amin.txt
 Ascii_text  1 nalee nalee 65942 05-15 16:49 bb.txt
```

예제9) getline var 〈 파일 액션을 사용하는 경우

예제 getline var 〈 파일은 명시한 파일의 내용을 var라는 변수에 저장합니다. 이때, 명시한 파일 내용은 숫자로 되어 있는 필드의 인덱스여야 합니다. 그러면, 출력 시 var에 저장되어 있는 숫자에 해당하는 필드값을 출력할 수 있습니다. 다음 예제를 보면 awk-test.txt라는 파일에는 8이라는 숫자가 쓰여 있습니다. 그리고, print를 통해 $var를 출력하면 awk-sample1.txt 파일의 8번째 필드가 출력됩니다.

```
# awk-test.txt 파일에 8이라는 숫자를 다음과 같이 저장
[nalee@localhost awk]$ vi awk-test.txt
8
8
8
# awk-test.txt 값을 읽어 var에 저장하고, var에 해당하는 필드값 출력
```

```
[nalee@rhel7 awk]$ awk '{ getline var < "awk-test.txt"; print $var }' awk-sample1.
txt
aa.txt
amin.txt
bb.txt
```

5.2.2 패턴

패턴 Patterns 은 awk를 이용해 대상 파일에서 어떤 레코드를 출력할 것인지에 대해 명시하는 것
입니다. 예를 들어, 파일 내용에 정규 표현식으로 표현한 값이 있는지, 숫자와 숫자 또는 문자
와 문자를 비교할 수도 있습니다. 이런 관계식을 나열하여 논리 연산을 할 수도 있습니다. 다음
은 이런 패턴의 유형을 정리하고, 그에 대한 간략한 설명을 곁들인 것입니다.

패턴	설명
BEGIN { 액션 } END { 액션 }	입력된 데이터의 첫 번째 레코드를 읽기 전에 BEGIN에 의해 선언된 액션을 먼저 처리하며, END는 모든 작업 완료 후 마지막에 END 액션을 처리함
BEGINFILE { 액션 } ENDFILE { 액션 }	BEGIN { 액션 }, END { 액션 } 과 동일하며, FILENAME이라는 awk 자체 변수를 사용할 경우에만 BEGINFILE과 ENDFILE을 사용함
/정규 표현식/	패턴을 정규 표현식 형태로 작성할 경우 슬래시 // 사이에 표현함
관계식	관계식은 말 그대로 필드와 패턴 값을 비교할 경우 산술 연산자를 사용하여 비교할 수 있음
패턴1 && 패턴2	패턴이나 관계식을 AND 연산함
패턴1 || 패턴2	패턴이나 관계식을 OR 연산함
패턴1 ? 패턴2 : 패턴3	C의 연산자와 같은 의미로 패턴1 (또는 관계식)이 true이면 패턴2가 리턴되며, false이면 패턴3이 리턴됨
(패턴)	패턴이나 관계식을 그룹핑하거나 우선순위를 높임
! 패턴	패턴이나 관계식을 NOT 연산함
패턴1, 패턴2	패턴1, 패턴2 형식을 범위 패턴이라고 하며, 패턴1부터 패턴2 사이에 해당하는 레코드를 출력함

awk 테스트를 위한 예제 파일 확인

예제를 통해 패턴 사용법을 알아보기 전에 테스트를 위한 예제 파일의 내용을 한번 더 확인하
도록 하겠습니다.

```
# awk 테스트를 위한 첫 번째 샘플 파일
[nalee@localhost awk]$ cat awk-sample.txt
-rw-rw----.  1  nalee nalee  65942 05-15 16:49 aa.txt
-rw-------.  1  nalee nalee     40 05-22 16:34 amin.txt
-rw-rw----.  1  nalee nalee  65942 05-15 16:49 bb.txt
-rw-rw-r--.  1  nalee nalee    750 05-13 14:40 expression.tar.gz
-rw-------.  1  nalee nalee    717 05-21 12:26 expression.txt
drwxrwxr-x.  2  nalee nalee     87 05-20 17:09 File
-rw-rw-r--.  1  test  test      0 05-22 14:28 findtestfile
-rwxr-xr-x.  1  nalee nalee 159024 05-13 20:31 grep-test
drwxrwxr-x.  2  nalee nalee     86 05-21 13:07 pattern
-rw-r--r--.  1  root  root      0 05-24 11:52 rootfile
-rw-rw-rw-.  1  nalee nalee     60 05-21 12:27 Separator.txt
-r--r--r--.  1  nalee nalee    721 05-19 11:14 test.txt
# awk 테스트를 위한 두 번째 샘플 파일
[nalee@localhost awk]$ cat awk-sample1.txt
-rw-rw----.  1  nalee nalee  65942 05-15 16:49 aa.txt
-rw-------.  1  nalee nalee     40 05-22 16:34 amin.txt
-rw-rw----.  1  nalee nalee  65942 05-15 16:49 bb.txt
```

예제1) BEGIN { 액션 } END { 액션 }을 사용하는 경우

패턴 BEGIN과 END는 다른 패턴 표현과는 다르게 awk 수행을 위해 대상 파일에서 데이터를 읽어들이기 전 또는 후에 실행되는 특수 패턴입니다. 다음 예제처럼 BEGIN과 END는 따로 선언하여 사용할 수 있으며, 같이 사용할 수도 있습니다. BEGIN 패턴의 경우에는 다음 예제처럼 awk-sample1.txt의 8번째 필드값을 출력하기 전에 "# Filename #"이라는 문구를 출력하도록 되어 있습니다. END 패턴의 경우에는 awk-sample1.txt의 8번째 필드값을 모두 출력한 후 "The file is NR(레코드 수)"를 출력합니다.

```
# awk-sample1.txt의 8번째 필드를 출력하기 전에 "# Filename #" 문구를 출력함
[nalee@localhost awk]$ awk 'BEGIN {print "# Filename #"} {print $8}' awk-sample1.
txt
# Filename #
aa.txt
amin.txt
bb.txt
# awk-sample1.txt의 8번째 필드 출력 후 "*The file is NR(레코드 수)"를 출력함
[nalee@localhost awk]$ awk '{print $8} END { print "*The file is "NR }' awk-
```

```
sample1.txt
aa.txt
amin.txt
bb.txt
*The file is 3
```

예제2) BEGINFILE { 액션 } ENDFILE { 액션 }을 사용하는 경우

패턴 BEGINFILE과 ENDFILE은 awk 내장변수 중 FILENAME이라는 변수를 사용할 경우
사용하는 특수 패턴입니다. BEGIN과 END 패턴과 동일하게 awk를 수행하기 위해 대상 파일
을 읽어들이기 전 또는 후에 수행됩니다. BEGINFILE과 ENDFILE 역시 따로 선언하여 사용
할 수도 있고, 다음 예제처럼 함께 사용할 수도 있습니다. 다음 예제는 awk-sample1.txt 파
일의 8번째 필드를 출력하기 전에 "Start--> 파일명"을 출력하고, 8번째 필드를 모두 출력한
후 "End--> 파일명"을 출력합니다.

```
# 8번째 필드 출력 전 "Start--> 파일명"을 출력하고, 8번째 출력 후 "End--> 파일명"을
출력함
[nalee@localhost awk]$ awk 'BEGINFILE { print "Start--> " FILENAME}  { print $8 }
ENDFILE { print "End--> " FILENAME}' awk-sample1.txt
Start--> awk-sample1.txt
aa.txt
amin.txt
bb.txt
End--> awk-sample1.txt
```

예제3) /정규 표현식/을 사용하는 경우

패턴 /정규 표현식/은 대상 파일에 정규 표현식으로 명시한 패턴과 일치하는 데이터가 있는
지 확인하여, 해당 데이터가 포함된 라인을 출력합니다. 정규 표현식은 **2.6 정규 표현식**에서
살펴봤던 POSIX 기본 문법 및 확장 문법, 문자클래스 등을 이용하여 표현할 수 있으며, awk
에서는 슬래시/ 사이에 정규 표현식을 명시해야만 정규 표현식으로 인식합니다. 다음 예제는
awk-sample1.txt 파일에서 소유자만 읽고 쓰기가 가능한 파일 목록을 정규 표현식을 이용
해 찾았으며 a로 시작해 txt로 끝나는 파일 목록을 정규 표현식을 이용해 찾았습니다.

```
# 소유자만 읽고 쓰기가 가능한 파일 목록 출력
[nalee@localhost awk]$ awk '/^-rw-{7}/ { print }' awk-sample1.txt
-rw-------.  1   nalee nalee     40 05-22 16:34 amin.txt
# 파일명이 a로 시작해 txt로 끝나는 파일 목록 출력
[nalee@localhost awk]$ awk '/a[[:lower:]]*.txt/ { print }' awk-sample1.txt
-rw-rw----.  1   nalee nalee  65942 05-15 16:49 aa.txt
-rw-------.  1   nalee nalee     40 05-22 16:34 amin.txt
```

예제4) 관계식을 사용하는 경우

패턴 관계식은 산술 연산자를 이용하여 2개의 값을 비교할 수 있습니다. 다음 예제를 보면, awk-sample.txt 파일의 2번째 필드값이 2인 라인을 읽어 마지막 필드의 값을 출력하는 예입니다. 산술식에 사용할 수 있는 연산자는 C 언어에서 사용되는 ==, !=, >, >=, <, <=, +, −, *, /, % 등의 기호를 사용할 수 있습니다.

```
# 2번째 필드값이 2로, 디렉터리일 경우에만 디렉터리명 출력
[nalee@localhost awk]$ awk '$2 == 2 { print $NF }' awk-sample.txt
File
pattern
```

예제5) 패턴1 && 패턴2를 사용하는 경우

패턴1 && 패턴2는 산술식 또는 정규 표현식으로 이루어진 두 패턴 사이의 AND 연산을 수행합니다. 다음 첫 번째 예제는 awk-sample.txt 파일의 총 레코드 개수가 1이 아니고 2번째 필드값이 2인 라인을 출력하는 예이며, 두 번째 예제는 소유자가 읽고 쓸 수 있으며, a와 txt 사이가 영문소문자로 이루어진 파일 목록을 출력하는 예입니다.

```
# 레코드 번호가 1이 아니고, 디렉터리인 경우만 디렉터리 목록 출력
[nalee@localhost awk]$ awk 'NR !=1 && $2 == 2 { print }' awk-sample.txt
drwxrwxr-x.  2   nalee nalee     87 05-20 17:09 File
drwxrwxr-x.  2   nalee nalee     86 05-21 13:07 pattern
# 소유자가 읽고 쓸 수 있으며, a와 txt 사이가 영문소문자로 이루어진 파일 목록 출력
[nalee@localhost awk]$ awk '/^-rw-*/ && /a[[:lower:]]*.txt/ {print}' awk-sample.
txt
-rw-rw----.  1   nalee nalee  65942 05-15 16:49 aa.txt
-rw-------.  1   nalee nalee     40 05-22 16:34 amin.txt
-rw-rw-rw-.  1   nalee nalee     60 05-21 12:27 Separator.txt
```

예제6) 패턴1 || 패턴2를 사용하는 경우

패턴1 || 패턴2는 산술식 또는 정규 표현식으로 이루어진 두 패턴의 OR 연산을 수행합니다. 다음 예제는 3번째 필드값이 nalee가 아니고, 4번째 필드가 0인 파일 목록을 출력하는 예입니다.

```
# 파일 소유자가 nalee가 아니고, 파일 사이즈가 0인 파일 목록 출력
[nalee@localhost awk]$ awk '$3 != "nalee" || $4 == 0 { print }' awk-sample.txt
-rw-rw-r--.  1  test   test      0 05-22 14:28 findtestfile
-rw-r--r--.  1  root   root      0 05-24 11:52 rootfile
```

예제7) 패턴1 ? 패턴2 : 패턴3을 사용하는 경우

패턴1 ? 패턴2 : 패턴3은 C 언어의 3항 연산자와 동일하게 연산을 합니다. 패턴1이 참인 경우 패턴2를 수행하고, 패턴1이 거짓인 경우 패턴3을 수행합니다. 다음 예제는 2번째 필드값이 2이면 res라는 변수에 "Directory"를 저장하고, 필드값이 2가 아니면 res에 "File"을 저장합니다. 그리고, printf를 이용해 파일명과 res에 저장된 값을 출력합니다.

```
# 2번째 필드값이 2면 Directory를 res에 저장하고, 아니면 File을 res에 저장한 후
# 파일명은 10칸 내에 맞추고, res 변수값과 뉴라인을 추가하여 출력함
[nalee@localhost awk]$ awk '$2 == 2 ? res="Directory" : res="File" { printf "%-10s
%s\n", $NF, res }' awk-sample1.txt
aa.txt      File
amin.txt    File
bb.txt      File
```

예제8) (패턴)을 사용하는 경우

(패턴)은 산술식이든 정규 표현식이든 소괄호( )를 이용해 그룹핑을 하거나, 산술식 같은 경우 연산 우선순위를 결정합니다. 다음 예제는 산술식에 소괄호( )를 사용하여 그룹핑했으며, 그룹핑을 통해 가독성이 높아졌습니다.

```
# 6번째 필드(수정일자)가 05-22보다 크거나 같은 경우의 파일 목록 출력
# 관계식을 소괄호()로 묶어 가독성을 높이는 데 사용
[nalee@localhost awk]$ awk '($6 >= "05-22") { print }' awk-sample.txt
-rw-------.  1  nalee nalee    40 05-22 16:34 amin.txt
-rw-rw-r--.  1  test   test     0 05-22 14:28 findtestfile
-rw-r--r--.  1  root   root     0 05-24 11:52 rootfile
```

예제9) ! 패턴을 사용하는 경우

! 패턴은 산술식이나 정규 표현식의 NOT 연산을 수행합니다. 다음 예제는 awk-sample.txt 파일에서 nalee라는 문자열이 포함되지 않은 라인을 읽어 출력합니다.

```
# 파일 소유자가 nalee가 아닌 파일 목록 출력
[nalee@localhost awk]$ awk '!(/nalee/) { print }' awk-sample.txt
-rw-rw-r--.  1   test   test     0 05-22 14:28 findtestfile
-rw-r--r--.  1   root   root     0 05-24 11:52 rootfile
```

예제10) 패턴1, 패턴2를 사용하는 경우

패턴1, 패턴2는 awk에서만 사용되는 형식으로 범위 패턴이라고 하며, 패턴1부터 패턴2 사이에 해당하는 레코드를 출력합니다. 다음 예제 중 첫 번째 예제는 awk-sample.txt 파일의 레코드 번호가 2부터 5인 라인을 읽어 출력하며, 두 번째 예제는 6번째 필드값이 "05-20"보다 크고, "05-25"보다 작은 값을 가진 라인을 출력합니다.

```
# 파일 레코드 번호가 2부터 5까지에 해당하는 파일 목록 출력
[nalee@localhost awk]$ awk 'FNR==2, FNR==5 { print }' awk-sample.txt
-rw-------.  1   nalee nalee     40 05-22 16:34 amin.txt
-rw-rw----.  1   nalee nalee  65942 05-15 16:49 bb.txt
-rw-rw-r--.  1   nalee nalee    750 05-13 14:40 expression.tar.gz
-rw-------.  1   nalee nalee    717 05-21 12:26 expression.txt
# 파일 수정일자가 05-20보다 늦고 05-25보다 빠른 일자에 수정한 파일 목록 출력
[nalee@localhost awk]$ awk '($6 > "05-20"),($6 < "05-25") { print }' awk-sample.
txt
-rw-------.  1   nalee nalee     40 05-22 16:34 amin.txt
-rw-------.  1   nalee nalee    717 05-21 12:26 expression.txt
-rw-rw-r--.  1   test   test     0 05-22 14:28 findtestfile
drwxrwxr-x.  2   nalee nalee     86 05-21 13:07 pattern
-rw-r--r--.  1   root   root     0 05-24 11:52 rootfile
-rw-rw-rw-.  1   nalee nalee     60 05-21 12:27 Separator.txt
```

5.3 awk 옵션

awk 옵션은 일반적으로 사용되는 표준 옵션과 awk 프로그래밍을 위한 확장 옵션으로 이루

어집니다. awk 옵션에는 마이너스 – 기호 와 함께 알파벳 한글자로 이루어진 POSIX 스타일
의 옵션과 더블 마이너스 – – 기호와 긴 문자열로 이루어진 GNU 스타일의 옵션이 있습니다.
표준 옵션은 GNU 기반의 리눅스나 BSD 또는 Debian 기반의 리눅스에서 사용하는 mawk
의 표준 옵션이나 모두 동일한 포맷을 갖습니다. 그러나, mawk의 확장 옵션의 경우에는 –W
와 함께 GNU 스타일의 긴 문자열로 이루어진 옵션을 사용합니다.

5.3.1 표준 옵션

표준 옵션은 awk 프로그램이 되어 있는 파일을 이용하여 awk를 수행할 수 있는 옵션과 대상
파일의 구분 기호를 바꿔주는 옵션, 외부에서 선언된 값이나 별도의 값을 사용할 때 쓰이는 옵
션으로 3가지 옵션을 제공합니다. 이는 gawk이거나 mawk에 상관없이 모두 동일합니다. 다
음은 표준 옵션을 정리한 것입니다.

옵션	설명
–f 파일 / ––file 파일	awk 프로그램(패턴 {액션})을 파일에 저장하고, 해당 파일을 이용하여 필요한 필드 및 레코드를 추출함
–F 구분 기호 ––field-separator 구분 기호	필드구분 기호를 변경할 수 있음. awk의 기본 필드구분 기호는 스페이스이지만, –F 옵션을 통해 필드구분 기호를 변경할 수 있음
–v 변수=값 ––assign 변수=값	필드 및 레코드를 출력할 때 –v 옵션을 통해 변수의 값을 함께 출력할 수 있음

awk 테스트를 위한 예제 파일 확인

예제를 살펴보기 전에 테스트를 위한 예제 파일의 내용을 한번 더 확인하도록 하겠습니다. 이
번 예제 파일에는 테스트를 위한 세 번째 예제 파일이 있습니다. 세 번째 예제 파일은 csv 형태
의 파일로 –F 옵션 예제에서 사용할 예정입니다.

```
# awk 테스트를 위한 첫 번째 샘플 파일
[nalee@localhost awk]$ cat awk-sample.txt
-rw-rw----.  1  nalee nalee  65942 05-15 16:49 aa.txt
-rw-------.  1  nalee nalee     40 05-22 16:34 amin.txt
-rw-rw----.  1  nalee nalee  65942 05-15 16:49 bb.txt
-rw-rw-r--.  1  nalee nalee    750 05-13 14:40 expression.tar.gz
-rw-------.  1  nalee nalee    717 05-21 12:26 expression.txt
drwxrwxr-x.  2  nalee nalee     87 05-20 17:09 File
```

```
-rw-rw-r--.  1   test   test      0 05-22 14:28 findtestfile
-rwxr-xr-x.  1   nalee nalee 159024 05-13 20:31 grep-test
drwxrwxwx-x. 2   nalee nalee     86 05-21 13:07 pattern
-rw-r--r--.  1   root   root      0 05-24 11:52 rootfile
-rw-rw-rw-.  1   nalee nalee     60 05-21 12:27 Separator.txt
-r--r--r--.  1   nalee nalee    721 05-19 11:14 test.txt
# awk 테스트를 위한 두 번째 샘플 파일
[nalee@localhost awk]$ cat awk-sample1.txt
-rw-rw----.  1   nalee nalee  65942 05-15 16:49 aa.txt
-rw-------.  1   nalee nalee     40 05-22 16:34 amin.txt
-rw-rw----.  1   nalee nalee  65942 05-15 16:49 bb.txt
# awk 테스트를 위한 세 번째 샘플 파일
[nalee@localhost awk]$ cat awk-test.csv
Nalee Jang,2,Red Hat Korea,1230
Gildong Hong,1,ABC Corporation,2345
Yejee Kim,2,BBB Company,5678
Heechul Park,1,CCC Company,6789
```

예제) -f 파일 / --file 파일 옵션을 사용하는 경우

-f / --file 옵션은 명시한 파일이 awk 프로그래밍이 되어 있는 파일이여야 합니다. Awk를 이용해 대상 파일에서 필요한 레코드나 필드를 출력할 때 프로그래밍된 파일을 이용하여 출력합니다. 다음 예제에서는 2번째 필드값이 2일 경우 마지막 필드값을 출력하라는 패턴과 액션을 awk-prog.txt 파일에 저장합니다. 그리고, -f 옵션 뒤에 앞서 저장한 awk-prog.txt 파일을 사용하고, 마지막으로 대상 파일을 적어줍니다.

```
# 패턴과 액션을 awk-prog.txt 파일에 저장
[nalee@localhost awk]$ echo '$2 == 2 { print $NF }' > awk-prog.txt
# awk-prog.txt 파일을 이용하여 디렉터리명 추출
[nalee@localhost awk]$ awk -f awk-prog.txt awk-sample.txt
File
pattern
```

예제) -F 구분 기호 / --field-separator 구분 기호 옵션을 사용하는 경우

옵션 -F / --field-separator는 대상 파일의 구분 기호를 변경할 때 사용하는 옵션입니다. 다음 예제를 통해 자세히 살펴보겠습니다. Awk-test.csv 파일은 csv 형태의 파일로 사용자명, 성별 구분 숫자, 소속 기업 및 전화번호 뒷자리로 구성되어 있습니다. -F 옵션없이 awk-test.csv 파일의 첫 번째 필드를 출력하면 사용자명이 출력되다 말고 스페이스를 기준으로 짤립니다. 그런데 -F 옵션을 이용하여 구분 기호를 명시해 주면, 사용자명이 정상적으로 출력됩니다. 이렇게 csv 형태와 같은 파일에서 데이터를 출력할 때 -F / --field-separator 옵션을 사용할 수 있습니다.

```
# awk-test.csv의 이름 출력 실패
[nalee@localhost awk]$ awk '{ print $1 }' awk-test.csv
Nalee
Gildong
Yejee
Heechul
# -F 옵션을 이용해 awk-test.csv의 이름 출력 성공
[nalee@localhost awk]$ awk -F ',' '{ print $1 }' awk-test.csv
Nalee Jang
Gildong Hong
Yejee Kim
Heechul Park
```

예제) -v 변수=값 / --assign 변수=값 옵션을 사용하는 경우

-v / --assign 옵션은 명시된 변수에 명시된 값을 저장합니다. 그리고, 해당 변수를 액션에서 출력할 경우 함께 사용할 수 있습니다. 또는 셀 스크립트 구현 시 앞에서 실행된 명령문의 결과값을 -v 옵션을 통해 변수에 할당하고, 이를 출력할 때 함께 사용할 수 있습니다. 다음 예제는 label이라는 변수에 "Filename: "을 저장하고, 이를 awk-sample1.txt 파일의 마지막 필드값을 출력할 때 함께 출력하였습니다.

```
# label에 저장된 "Filename: "이라는 문자열을 파일명과 함께 출력
[nalee@localhost awk]$ awk -v label="Filename: " '{ print label $NF }' awk-sample1.txt
Filename: aa.txt
Filename: amin.txt
Filename: bb.txt
```

5.3.2 확장 옵션

확장 옵션은 awk 프로그래밍을 위한 디버그 옵션이나 내장변수 정보, 에러 메시지 등을 표현할 경우 사용되는 옵션들입니다. GNU 기반의 리눅스에서 사용하는 gawk는 다음과 같이 POSIX 스타일의 옵션과 GNU 스타일의 옵션을 제공하며, BSD나 Debian 기반의 리눅스에서 사용하는 mawk는 -W와 함께 GNU 스타일의 옵션을 제공합니다. 여기서는 gawk에서 제공하는 확장 옵션 중 유용하게 사용할 수 있는 옵션만 살펴보도록 하겠습니다. 다음은 gawk의 확장 옵션을 정리한 것입니다.

옵션	설명
-b / --characters-as-bytes	입력되는 문자열을 바이트로 처리하며, 문자열 길이를 구하는 length( ) 같은 함수의 결과값에 영향을 줌
-C / --copyright	GNU 라이센스 정보를 보여줌
-d파일명 --dump-variables=파일명	Awk 내장 변수와 값을 명시한 파일에 저장하여 확인할 수 있음
-h / --help	Awk에 대한 사용법 및 옵션을 보여줌
-L 'fatal' / --lint='fatal'	구문 오류에 대한 에러 메시지를 자세하게 보여줌
-p파일명 --profile=파일명	Awk 프로그램(패턴 {액션})을 awkprog.out 또는 명시한 파일에 파싱하여 저장함
-S / --sandbox	system( ) 함수, getline, 프린트 함수를 이용한 redirection, 확장 모듈 사용을 할 수 없음
-V / --version	Awk에 대한 버전 정보를 보여줌

예제1) -b / --characters-as-bytes 옵션을 사용하는 경우

옵션 -b / --characters-as-bytes는 문자를 바이트로 계산합니다. 영문자를 제외한 한글이나 일본어, 중국어 같은 경우에는 1문자를 표현하기 위해 2바이트 내지는 3바이트를 사용합니다. 다음 예제를 보면 echo를 이용해 "테스트"라는 한글을 출력하고, awk를 이용해 문자열의 길이를 계산해 보면 -b 옵션을 사용하지 않은 경우에는 문자 개수에 해당하는 길이를 반환하고, -b 옵션을 사용한 경우에는 문자 자체에 사용된 바이트를 기준으로 길이를 계산하여 반환한 것을 확인할 수 있습니다.

```
# 문자열 "테스트"의 길이 출력
[nalee@localhost awk]$ echo "테스트" | awk '{ print length($1) }'
3
# -b 옵션에 의해 "테스트"에 소요된 총 바이트 수를 출력
[nalee@localhost awk]$ echo "테스트" | awk -b '{ print length($1) }'
9
```

예제2) -C / --copyright 옵션을 사용하는 경우

옵션 -C / --copyright는 awk의 라이센스 정보를 출력합니다. Awk는 자유 소프트웨어 재단에 의해 발행된 GNU 제너럴 퍼블릭 라이센스General Public License를 갖는 자유 소프트웨어입니다.

```
# awk 라이센스 정보 출력
[nalee@localhost awk]$ awk -C
Copyright (C) 1989, 1991-2012 Free Software Foundation.

This program is free software; you can redistribute it and/or modify
it under the terms of the GNU General Public License as published by
the Free Software Foundation; either version 3 of the License, or
(at your option) any later version.

This program is distributed in the hope that it will be useful,
but WITHOUT ANY WARRANTY; without even the implied warranty of
MERCHANTABILITY or FITNESS FOR A PARTICULAR PURPOSE.  See the
GNU General Public License for more details.

You should have received a copy of the GNU General Public License
along with this program. If not, see http://www.gnu.org/licenses/.
```

예제3) -d파일명 / --dump-variables=파일명 옵션을 사용하는 경우

옵션 -d / --dump-variables는 대상 파일로부터 필요한 파일을 출력할 때 사용된 awk 내장 변수 정보를 명시한 파일에 저장합니다. 이때 -d와 파일명 사이에 스페이스를 주어서는 안됩니다. 다음 예제처럼 -d와 파일명은 스페이스 없이 명시되어야 하며, 파일명이 생략되었을 경우에는 awkdump.out이라는 파일에 awk 내장 변수 정보를 저장합니다. 앞서 [Tip] awk의 내장 변수Built-in Variables를 통해 살펴봤던 변수 정보들은 dump-var.txt에서 확인할 수 있습니다.

```
# -d 옵션을 이용해 dump-var.txt에 내장 변수 정보 저장
[nalee@localhost awk]$ awk -ddump-var.txt '{print}' awk-sample1.txt
-rw-rw----. 1  nalee nalee  65942 05-15 16:49 aa.txt
-rw-------. 1  nalee nalee     40 05-22 16:34 amin.txt
-rw-rw----. 1  nalee nalee  65942 05-15 16:49 bb.txt
# 저장된 dump-var.txt 내용 확인
[nalee@localhost awk]$ cat dump-var.txt
ARGC: 2
ARGIND: 1
ARGV: array, 2 elements
BINMODE: 0
CONVFMT: "%.6g"
ERRNO: ""
FIELDWIDTHS: ""
FILENAME: "awk-sample1.txt"
FNR: 3
FPAT: "[^[:space:]]+"
FS: " "
IGNORECASE: 0
LINT: 0
NF: 8
NR: 3
OFMT: "%.6g"
OFS: " "
ORS: "\n"
RLENGTH: 0
RS: "\n"
RSTART: 0
RT: "\n"
SUBSEP: "\034"
TEXTDOMAIN: "messages"
```

예제4) -h / --help 옵션을 사용하는 경우

옵션 -h / --help는 awk의 사용법 및 옵션을 보여줍니다.

```
# awk 사용법 및 옵션을 보여줌
[nalee@localhost awk]$ awk -h
awk: option requires an argument -- h
Usage: awk [POSIX or GNU style options] -f progfile [--] file ...
Usage: awk [POSIX or GNU style options] [--] 'program' file ...
```

```
POSIX options:        GNU long options: (standard)
    -f progfile       --file=progfile
    -F fs             --field-separator=fs
    -v var=val        --assign=var=val
Short options:        GNU long options: (extensions)
    -b                --characters-as-bytes
    -c                --traditional
...
```

예제5) -L 'fatal' / --lint='fatal' 옵션을 사용하는 경우

옵션 -L / --lint는 awk 프로그램에 구문 오류가 있을 경우 왜 에러가 발생했는지를 자세하게 보여주며, 다음 예제와 같이 에러 메시지를 출력하지 않는 경우에도 에러 메시지를 보여줍니다. 따라서, 작성한 awk 구문에 문제가 있는지 여부를 확인할 때 매우 유용하게 사용할 수 있습니다.

```
# 테스트를 위한 빈 파일 생성 후 해당 파일을 이용해 awk 실행
[nalee@localhost awk]$ echo "" > awk-prog.txt
[nalee@localhost awk]$ awk -f awk-prog.txt awk-sample1.txt
[nalee@localhost awk]$
# -L 옵션에 의해 에러 메시지를 보여줌
[nalee@localhost awk]$ awk -L 'fatal' -f awk-prog.txt awk-sample1.txt
awk: fatal: no program text at all!
```

예제6) -p파일명 / --profile=파일명 옵션을 사용하는 경우

옵션 -p / --profile은 명시한 파일에 awk의 액션과 패턴에 해당하는 구문을 파싱하여 저장합니다. 이때 파일명을 생략하면 awkprof.out 파일에 파싱된 awk 프로그램 구문이 저장됩니다. 다음 예제처럼 BEGINFILE부터 ENDFILE까지의 awk 프로그램 구문을 파싱하여 awkprof.out에 저장된 것을 확인할 수 있습니다. 이는 테스트나 잘 작성된 awk 프로그램 구문을 파일로 저장할 경우 매우 유용하며 -f 옵션을 이용하여 다시 재사용할 수 있습니다.

```
# 8번째 필드 출력 전 "Start--> 파일명"을 출력하고, 8번째 출력 후 "End--> 파일명"을
출력함
[nalee@localhost awk]$ awk -p 'BEGINFILE { print "Start--> " FILENAME}  { print $8
} ENDFILE { print "End--> " FILENAME}' awk-sample1.txt
```

```
Start--> awk-sample1.txt
aa.txt
amin.txt
bb.txt
End--> awk-sample1.txt
# awkprof.out에 앞서 실행한 awk 프로그램 코드가 파싱되어 저장되었음
[nalee@localhost awk]$ cat awkprof.out
    # gawk profile, created Fri May 29 16:25:56 2020

    # BEGINFILE block(s)

    BEGINFILE {
        print "Start--> " FILENAME
    }

    # Rule(s)

    {
        print $8
    }

    # ENDFILE block(s)

    ENDFILE {
        print "End--> " FILENAME
    }
```

예제7) -S / --sandbox 옵션을 사용하는 경우

옵션 -S / --sandbox는 대상 파일을 제외한 이외 파일의 접근을 차단합니다. 다음 예제
처럼 -S 옵션 없이 사용한 awk 구문에서는 awk-sample1.txt의 첫 번째 필드값을 awk-
filetype.txt 내용으로 변경하여 출력하였으나 -S 옵션을 사용한 경우에는 awk-filetype.txt
파일 내용을 읽어 올 수 없음을 확인할 수 있습니다.

```
# awk-filetype.txt의 파일 내용을 읽어 첫 번째 필드의 값을 변경함
[nalee@localhost awk]$ awk '{ getline $1 < "awk-filetype.txt"; print }' awk-
sample1.txt
1_Ascii_text  1 nalee nalee 65942 05-15 16:49 aa.txt
2_Ascii_text  1 nalee nalee 40 05-22 16:34 amin.txt
3_Ascii_text  1 nalee nalee 65942 05-15 16:49 bb.txt
```

```
# -S 옵션을 사용하면 awk-filetype.txt에서 파일 내용을 못 읽어옴
[nalee@localhost awk]$ awk -S '{ getline $1 < "awk-filetype.txt"; print }' awk-
sample1.txt
awk: cmd. line:1: (FILENAME=awk-sample1.txt FNR=1) fatal: redirection not allowed
in sandbox mode
```

예제8) -V / --version 옵션을 사용하는 경우

-V / --version 옵션은 awk의 버전 정보와 라이센스 정보를 함께 보여줍니다.

```
# 버전 정보와 라이센스 정보를 보여줌
[nalee@localhost ~]$ awk -V
GNU Awk 4.0.2
Copyright (C) 1989, 1991-2012 Free Software Foundation.

This program is free software; you can redistribute it and/or modify
it under the terms of the GNU General Public License as published by
the Free Software Foundation; either version 3 of the License, or
(at your option) any later version.

This program is distributed in the hope that it will be useful,
but WITHOUT ANY WARRANTY; without even the implied warranty of
MERCHANTABILITY or FITNESS FOR A PARTICULAR PURPOSE.  See the
GNU General Public License for more details.

You should have received a copy of the GNU General Public License
along with this program. If not, see http://www.gnu.org/licenses/.
```

◈ 마무리

awk는 표 형식의 데이터에서 원하는 레코드와 필드값을 추출할 수 있는 명령어입니다. 매우 유용한 명령어이지만, awk를 통해 표현할 수 있는 다양한 패턴과 액션을 제대로 알고 사용하는 사람은 많지 않습니다. 이제 awk를 이용하여 다른 리눅스 명령어나 애플리케이션 명령어를 실행하여 나온 결과에서 필요한 값을 추출하여 사용할 수 있습니다. 또한, awk의 다양한 패턴과 액션을 이용하여 재가공된 데이터를 만들어 낼 수도 있습니다.

## CHAPTER 6

찾은 문자열을 바꿀 수 있는 sed

얼마 전에 문서 작업을 하다가 문서에 작성된 IP를 변경해야 하는 작업이 있었습니다. 변경해야 할 값이 한두 개면 문서 편집기를 이용해 그냥 변경하면 됩니다. 하지만, 많은 양을 변경해야 한다면, 시간이 정말 많이 걸립니다. 문서 편집기에서는 찾기와 바꾸기 기능을 사용하면 쉽게 할 수 있지만, 리눅스와 같은 시스템 환경 설정을 이처럼 변경해야 한다면 문서 편집기를 사용할 수도 없고, 어떻게 하면 좋을까요? 이런 경우 sed를 이용하면 쉽게 변경해야 할 문자열을 찾아 변경하고자 하는 문자열로 변경할 수 있습니다. 특정 문자열을 찾아 원하는 문자열로 변경하는 것뿐만 아니라, 범위를 지정하고 해당 범위의 문자열을 변경할 수도 있습니다. 그럼, 지금부터 sed의 사용법과 다양한 옵션들을 알아보도록 하겠습니다.

6.1 sed 사용법 알아보기

sed는 스트림 편집기입니다. 스트림 편집기는 입력 스트림에서 텍스트 변환을 수행하는 데 사용됩니다. 여기서 입력 스트림은 텍스트를 변경하고자 하는 대상 파일이며, 스크립트는 어떤 텍스트를 어떻게 변환할지 정의하는 일을 말합니다. 그럼, 지금부터 sed 사용법을 알아보도록 하겠습니다.

기본 사용법1

sed의 가장 기본적인 사용법은 옵션, 어떤 텍스트를 어떻게 변경할 것인지를 기술한 스크립트 그리고, 대상 파일이 필요합니다. 그리고, 스크립트는 대상 파일의 범위를 지정하는 어드레스와 명령어로 이루어집니다. 어드레스가 생략되면 sed는 대상 파일 전체를 대상으로 명령어를 수행합니다.

```
sed [옵션] '어드레스 {명령어}' 대상 파일
```

예제1) sed 기본 사용법1

예제를 통해 기본 사용법1을 알아보겠습니다. 예를 들어 ssh로 원격 서버를 접근할 때 보안을 위해 root 사용자 계정으로는 접근을 못하게 설정하는 경우가 있습니다. 이런 경우 sshd_config 파일의 PermitRootLogin이라는 옵션을 yes로 설정하면 root 계정으로 로그인을 차단할 수 있습니다. 먼저 grep을 이용해 /etc/ssh/sshd_config 파일의 PermitRootLogin이라는 옵션이 있는지 먼저 찾아봅니다. 그런데, PermitRootLogin은 주석 처리가 되어 있습니다. 이때, sed를 이용해 #PermitRootLogin을 PermitRootLogin으로 다음과 같이 변경할 수 있습니다. **6.2.2 명령어**에서 다루지만 s/찾을문자열/변경문자열/은 sed에서 가장 많이 사용되는 찾은 문자열을 원하는 문자열로 바꿔주는 명령어입니다.

```
# grep을 이용해 변경할 대상 문자열 확인
[root@localhost ~]# cat /etc/ssh/sshd_config | grep '^#PermitRoot'
#PermitRootLogin yes
# /etc/ssh/sshd_config 파일의 #PermitRoot를 PermitRoot로 변경
[root@localhost ~]# sed 's/#PermitRoot/PermitRoot/' /etc/ssh/sshd_config | grep
'^PermitRoot'
PermitRootLogin yes
```

기본 사용법2

두 번째 기본 사용법은 찾을 문자열과 변경하고자 하는 문자열을 스크립트로 작성한 파일을 이용하여 대상 파일의 문자열을 변경하는 방법입니다.

```
sed [옵션] -f 스크립트파일 대상 파일
```

예제1) sed 기본 사용법2

앞에서 사용했던 스크립트 내용을 sed-script.txt 파일에 저장합니다. 그리고, 저장한 파일을 이용하여 다음 예제와 같이 sshd_config 파일의 PermitRootLogin을 변경할 수 있습니다. 이때, 데미안 계열의 리눅스에서는 /etc/ssh_config 파일을 ssh 설정 시 사용할 수 있으며, 페도라 계열의 리눅스는 다음 예제와 같이 /etc/ssh/sshd_config 파일을 ssh 설정 시 사용할 수 있습니다.

```
# 스크립트 내용을 echo를 이용해 sed-script.txt에 저장
[root@localhost ~]# echo "s/#PermitRootLogin/PermitRootLogin/" > sed-script.txt
# -f 옵션을 이용하여 저장한 스크립트 파일을 이용하여 sed 수행
[root@localhost ~]# sed -f sed-script.txt /etc/ssh/sshd_config | grep
'^PermitRoot'
PermitRootLogin yes
```

기본 사용법3

sed의 기본 사용법3은 리눅스 명령어나 애플리케이션의 명령어를 통해 얻은 결과를 이용해 해당 결과에서 찾은 문자열을 변경할 때 주로 이용합니다. 셸 스크립트 작성 시 다른 명령어들과 함께 사용되며, 특수 문자열을 변경할 경우 많이 사용됩니다.

```
명령어 | sed [옵션] '{스크립트}'
```

예제1) sed 기본 사용법3

다음 예제는 cat을 이용해 /etc/ssh/sshd_config 파일 내용을 확인하고, sed 명령어를 통해 cat 결과에서 #PermitRoot 문자열을 찾아 PermitRoot로 변경합니다. 그리고, 변경된 결과에서 다시 grep을 이용해 PermitRoot가 변경되었는지 확인합니다. 이렇듯, 다양한 명령어를 조합하여 사용하면 쉽게 문자열을 찾고, 변경할 수 있습니다.

```
# cat을 이용해 /etc/ssh/sshd_config 내용을 확인하고, sed는 cat의 결과에서 해당 문
자열 변경
[root@localhost ~]# cat /etc/ssh/sshd_config | sed -e 's/#PermitRoot/PermitRoot/'
| grep '^PermitRoot'
PermitRootLogin yes
```

6.2 sed 스크립트

sed 스크립트는 어떤 범위의 어떤 문자열이 포함된 라인을 추출하던지 특정 문자열을 원하는 다른 문자열로 변경할 것인지를 명시하는 일입니다. 여기서 어떤 범위는 어드레스^{addresses}에 해당하며, 특정 문자열을 추출하거나 변경하는 일은 명령어^{command}라고 합니다. 어드레스는 옵션처럼 생략될 수도 있으며, 어드레스가 생략되면 sed는 대상 파일 전체에서 특정 문자열을 찾고 변경합니다. 지금부터 sed 스크립트의 핵심인 어드레스와 명령어를 알아보도록 하겠습니다.

- 어드레스
- 명령어

6.2.1 어드레스

어드레스는 대상 파일에서 어떤 범위에 해당합니다. 그리고, 어드레스가 정의되지 않았을 경우에는 대상 파일 전체에서 특정 문자열을 찾거나 명령어를 수행합니다. 어드레스는 특정 라인일 수도 있고, 정규 표현식과 같은 패턴일 수도 있습니다. 또는 특정 라인부터 특정 패턴이 포함된 라인까지이거나 특정 패턴이 포함된 라인부터 명시한 라인 수까지일 수도 있습니다. 다음은 이런 어드레스 종류를 정리한 것입니다.

옵션	설명
number	명시된 숫자에 해당하는 라인 번호일 경우 다음 명령어를 수행함
number~step	명시된 숫자에 해당하는 라인부터 명시한 단계만큼 해당 라인을 스킵한 다음 라인일 경우 다음 명령어를 수행함
$	파일의 마지막 라인일 경우 다음 명령어를 수행함
/regexp/	명시한 정규 표현식과 일치하는 라인일 경우 다음 명령어를 수행함
\cregexpc	명시한 정규 표현식과 일치하는 라인일 경우 다음 명령어를 수행함
0,addr2	1번째 라인부터 addr2가 포함된 라인까지가 범위이며, addr2는 정규 표현식이여야 함
addr1,+N	addr1이 포함된 라인부터 +N라인까지가 범위이며, addr1은 정규 표현식이여야 하며, N은 숫자여야 함
addr1,~N	addr1이 포함된 라인을 기준으로 N라인까지가 범위이며, addr1은 정규 표현식이여야 하며, N은 숫자여야 함

sed 테스트를 위한 예제 파일 준비

sed의 어드레스 표현법은 예제를 통해 좀 더 알아보겠습니다. 그 전에 테스트를 위한 예제 파일을 다음과 같이 git을 이용해 다운로드 받습니다. 그리고, sed 테스트를 위한 sed 디렉터리를 하나 생성합니다. 그러면, Easy-Shell-Script/6.Sed 디렉터리의 모든 파일을 앞서 만든 sed 디렉터리에 복사합니다. 그리고, sed 디렉터리로 위치를 전환합니다.

```
# git을 이용한 예제 파일 다운로드
[nalee@localhost ~]$ git clone https://github.com/naleeJang/Easy-Shell-Script.git
# 예제 파일 복사를 위한 디렉터리 생성
[nalee@localhost ~]$ mkdir sed
# Easy-Shell-Script/5.Awk 디렉터리 내의 모든 파일을 awk 디렉터리로 복사
[nalee@localhost ~]$ cp Easy-Shell-Script/6.Sed/* sed/
# sed 디렉터리로 전환
[nalee@localhost ~]$ cd sed
```

sed 디렉터리에는 테스트를 위한 예제 파일이 있습니다. 예제 파일은 IP와 호스트명을 설정하기 위한 hosts 파일 내용을 약간 수정한 것입니다. sed는 주로 환경 설정 파일의 특정 문자열을 변경할 때 사용하는 명령어로, 리눅스에서 자주 사용하는 환경 설정 파일인 hosts 내용을 예제 파일로 사용하였습니다.

```
# sed 테스트를 위한 샘플 파일 내용
[nalee@localhost sed]$ cat hosts
# This is Sed Sample File
# We will test to replace from a-text to b-text.
# It was created by NaleeJang.

127.0.0.1    localhost

# Development
192.168.100.250 git.example.com
192.168.100.10  servera.example.com
192.168.100.11  dev.example.com

# Test
172.1.2.12 test1.example.com
172.1.2.13 test2.example.com

# Production
122.10.10.31 service.example.com
122.10.10.32 service1.example.com
122.10.10.33 service2.example.com
```

예제) number 어드레스를 사용할 경우

어드레스 number는 명시한 숫자에 해당하는 라인을 의미합니다. 다음 예제는 hosts 파일의 5번째 라인을 출력하는 예제로, -n 옵션은 대상 파일 내용을 출력하지 않겠다는 의미의 옵션이며, 숫자 5는 대상 파일의 5번째 라인을 의미합니다. 5 다음에 있는 p는 print의 약자로 현재 어드레스에 의해 정의된 범위의 내용을 출력하라는 의미입니다. 여기서 숫자 5는 어드레스에 해당하며, p는 명령어에 해당합니다.

```
# 5번째 줄을 출력함
[nalee@localhost sed]$ sed -n '5 p' hosts
127.0.0.1    localhost
```

예제) first~step 어드레스를 사용할 경우

어드레스 first~step은 모두 숫자로 명시하여야 합니다. 첫 번째로 명시한 숫자는 숫자에 해당하는 라인을 의미하며, 두 번째 명시한 숫자는 첫 번째 명시한 숫자에 해당하는 라인부터 두 번째 명시한 숫자만큼 라인을 건너뛰라는 의미입니다. 다음 예제는 1번째 라인부터 시작하여 3칸의 라인을 건너뛰고 다음 라인을 읽으라는 뜻이고 = 기호는 현재 읽어들인 라인의 라인 번호를 출력하라는 의미입니다.

```
# 1번째 라인부터 시작하여 3라인마다 해당 라인 번호 출력
[nalee@localhost sed]$ sed -n '1~3 =' hosts
1
4
7
10
13
16
19
```

예제) $ 어드레스를 사용할 경우

$ 어드레스는 파일의 마지막 라인을 의미합니다. 다음 예제의 sed 스크립트 '$ ='는 마지막 라인의 라인 번호를 출력하라는 의미이며 '$ p'는 마지막 라인의 내용을 출력하라는 의미입니다.

```
# 파일의 마지막 라인 번호 출력
[nalee@localhost sed]$ sed -n '$ =' hosts
19
# 파일의 마지막 라인 문자열 출력
[nalee@localhost sed]$ sed -n '$ p' hosts
122.10.10.33 service2.example.com
```

예제) /regexp/ 어드레스를 사용할 경우

라인 번호 외에도 정규 표현식을 사용하여 어드레스를 표현할 수도 있습니다. 다음과 같이 정규 표현식을 사용하면 해당 패턴이 포함된 라인이 대상범위가 됩니다. 다음 예제는 test와 숫자로 시작하는 문자열이 포함된 라인을 출력하는 예입니다.

```
# test와 숫자로 시작하는 문자열이 포함된 라인 출력
[nalee@localhost sed]$ sed -n '/test[0-9].*/ p' hosts
172.10.2.12 test1.example.com
172.10.2.13 test2.example.com
```

예제) \cregexpc 어드레스를 사용할 경우

정규 표현식을 표현할 때 슬래시 // 사이에 표현할 수도 있지만, 역슬래시 \와 검색하고자 하는 문자열에 포함되지 않은 영문소문자 사이에 정규 표현식을 표현할 수도 있습니다. 다음 예제는 앞서 살펴봤던 예제와 동일한 예제이며, 다만 정규 표현식을 \c ~ c 사이에 표현하였습니다.

```
# test와 숫자로 시작하는 문자열이 포함된 라인 출력
[nalee@localhost sed]$ sed -n '\ctest[0-9].*c p' hosts
172.10.2.12 test1.example.com
172.10.2.13 test2.example.com
```

예제) 0,addr2 어드레스를 사용할 경우

어드레스 0,addr2는 첫 번째 라인부터 addr2가 포함된 라인까지가 대상범위가 되며, addr2는 정규 표현식으로 표현됩니다. 다음 예제는 hosts 파일의 1번째 라인부터 # Devel로 시작하는 문자열이 포함된 라인까지를 출력하는 예입니다.

```
# 1번째 라인부터 # Devel로 시작하는 문자열이 있는 라인까지 출력
[nalee@localhost sed]$ sed -n '0,/^# Devel*/ p' hosts
# This is Sed Sample File
# We will test to replace from a-text to b-text.
# It was created by NaleeJang.

127.0.0.1   localhost

# Development
```

예제) addr1,+N 어드레스를 사용할 경우

어드레스 addr1,+N에서 addr1은 정규 표현식으로 표현하며, N은 숫자로 명시해야 합니다. 정규 표현식에 의해 일치하는 라인부터 명시한 숫자에 해당하는 라인을 더한 만큼이 명령어 수행 대상범위가 됩니다. 다음 예제는 처음으로 검색된 # Devel로 시작하는 문자열이 있는 라인부터 더하기 3줄까지가 대상범위가 됩니다.

```
# # Devel로 시작하는 라인부터 아래 3줄까지 출력
[nalee@localhost sed]$ sed -n '/^# Devel*/,+3 p' hosts
# Development
192.168.100.250 git.example.com
192.168.100.10  servera.example.com
192.168.100.11  dev.example.com
```

예제) addr1,~N 어드레스를 사용할 경우

어드레스 addr1,~N은 앞서 살펴본 어드레스와 매우 유사하지만, 명시한 숫자에 해당하는 라인까지가 명령어 수행 대상범위가 됩니다. 다음 예제는 # Devel이 처음으로 검색된 라인을 기준으로 3번째 라인까지 출력하는 예입니다.

```
# # Devel이 포함된 라인을 기준으로 3번째 라인까지 출력
[nalee@localhost ~]$ sed -n '/^# Devel*/,~3 p' hosts
# Development
192.168.100.250 git.example.com
192.168.100.10  servera.example.com
```

6.2.2 명령어

sed 명령어에는 어드레스를 필요로 하지 않거나, 숫자나 정규 표현식과 같은 단일 어드레스를 사용할 때 사용할 수 있는 명령어와 어드레스 범위를 허용하는 명령어들이 있습니다. 어드레스를 필요로 하지 않는 명령어는 라벨, 주석, 블록이 있으며, 단일 어드레스를 사용할 수 있는 명령어와 어드레스 범위를 허용하는 명령어에는 주로 문자열 추가, 삭제, 변경, 파일 저장과 같은 명령어들이 있습니다. 그럼 지금부터 sed와 함께 사용할 수 있는 다양한 명령어들을 알아보겠습니다.

- 0 or 1 어드레스 명령어(Zero- or One- address commands)
- 어드레스 범위 명령어(Commands which accept address ranges)

0 or 1 어드레스 명령어

0 어드레스 명령어에는 라벨, 주석, 블록과 같이 파일 내용에 아무런 영향을 주지 않는 명령어와 문자열 추가, 삽입, 스크립트 종료, 파일 내용 추가와 같은 명령어들로 어드레스가 필요한 명령어가 있습니다. 다음은 이런 명령어들을 정리한 것입니다.

옵션	설명	옵션	설명
:label	라벨	i \ text	문자열 삽입
#comment	주석	q	sed 스크립트 실행 종료
{ ... }	블록	Q	sed 스크립트 실행 종료
=	현재 라인 번호 출력	r 파일명	파일 내용 추가
a \ text	문자열 추가	R 파일명	파일의 첫 라인 추가

예제) :label, #comment, { ... }, = 명령어를 사용할 경우

0 어드레스 명령어에는 별도의 어드레스가 필요 없으면서, 파일 내용에 아무런 영향을 주지 않는 라벨, 주석, 블록과 같은 것들이 있습니다. 이런 명령어들은 어떤 경우에 사용되는지 예제를 통해 알아보겠습니다. 다음 예제는 스크립트 파일을 이용한 sed 실행 방법을 보여주고 있습니다. 먼저 생성한 sed-script.txt 파일 내용의 /# Test/,+3은 어드레스 범위로 # Test가 포함된 라인부터 3번째 라인까지가 대상범위이며, 해당 범위의 명령어들을 중괄호{}로 블록화하였습니다. 중괄호 안에 오는 명령어들은 현재 라인 번호를 출력하는 = 명령어와 #으로 시작하는 주석, 콜론:으로 시작하는 라벨이 있습니다. 해당 스크립트를 실행하면 대상범위에 해당하는 라인 번호가 출력됨을 알 수 있습니다.

```
# # Test로 시작하는 라인부터 +3라인까지의 라인 번호 출력
[nalee@localhost sed]$ cat sed-script.txt
/# Test/,+3 {
=
# first label
:label1
}
# 파일을 이용하여 sed 실행
[nalee@localhost sed]$ sed -n -f sed-script.txt hosts
12
13
14
15
```

예제) a \text 명령어를 사용할 경우

명령어 a \text는 해당 어드레스 다음 라인에 명시한 문자열을 추가합니다. 다음 예제는 172.10.2.13이 있는 라인 다음에 172.10.2.14 test3.example.com을 추가한 후 출력하는 예입니다. sed에서 사용되는 명령어들은 한 라인에 한 명령어만 사용할 수 있습니다. 따라서 여러 줄의 명령어를 사용하려면 다음 예제와 같이 중괄호{}로 블록을 만들어 주어야 합니다.

```
# 172.10.2.3이 있는 다음 라인에 새 주소 172.10.2.14 추가
[nalee@localhost sed]$ sed -n '/172.10.2.13/ { a \
172.10.2.14 test3.example.com
p }' hosts
172.10.2.13 test2.example.com
172.10.2.14 test3.example.com
```

예제) i \text 명령어를 사용할 경우

i \text 명령어는 앞서 살펴본 a \text와 유사하지만, 해당 어드레스 이전 라인에 명시한 문자열을 삽입합니다. 다음 예제는 172.10.2.13이 있는 라인 위에 17.10.2.14 test3.example.com을 삽입하고 수정된 내용을 출력합니다.

```
# 172.10.2.3에 있는 라인 위에 새 주소 172.10.2.14 추가
[nalee@localhost sed]$ sed -n '/172.10.2.13/ { i \
172.10.2.14 test3.example.com
```

```
p }' hosts
172.10.2.14 test3.example.com
172.10.2.13 test2.example.com
```

예제) q 명령어를 사용할 경우

q는 수행 중이던 스크립트를 종료할 때 사용하는 명령어입니다. 다음 예제를 보면 a 명령어에 의해 추가할 17.10.2.14 test3.example.com을 추가하지 않은채 추가할 텍스트만 출력하고 sed 실행을 종료합니다.

```
# test2.example.com을 출력하지 않고 종료
[nalee@localhost sed]$ sed -n '/172.10.2.13/ { a \
172.10.2.14 test3.example.com
q
p }' hosts
172.10.2.14 test3.example.com
```

예제) Q 명령어를 사용할 경우

앞서 살펴본 예제에서 추가할 텍스트만 출력하고 sed 실행을 종료했다면, Q 명령어는 출력조차하지 않고 바로 sed 수행을 종료합니다.

```
# 아무것도 출력하지 않고 종료
[nalee@localhost sed]$ sed -n '/172.10.2.13/ { a \
172.10.2.14 test3.example.com
Q
p }' hosts
[nalee@localhost sed]$
```

예제) r 파일명 명령어를 사용할 경우

r 파일명 명령어는 앞에서 명시한 해당 어드레스 뒤에 명시한 파일로부터 해당 내용을 읽어 해당 내용을 추가합니다. 다음 예제에서는 추가할 IP 주소와 호스트명을 sed-read.txt에 저장합니다. 그리고, sed를 이용해 단일 어드레스인 172.10.2.13 뒤에 r sed-read.txt를 선언하고 해당 내용을 출력하도록 하였습니다. 172.10.2.13이 포함된 라인 뒤에 파일 내용인

172.10.2.14 test3.example.com과 172.10.2.15 test4.─ example.com이 추가된 것을 확인할 수 있습니다.

```
# 새 IP 주소를 sed-read.txt 파일에 저장
[nalee@localhost sed]$ cat sed-read.txt
172.10.2.14 test3.example.com
172.10.2.15 test4.example.com
# 172.10.2.13 라인 뒤에 파일의 모든 새 IP 추가
[nalee@localhost sed]$ sed -n '/172.10.2.13/ { r sed-read.txt
p }' hosts
172.10.2.13 test2.example.com
172.10.2.14 test3.example.com
172.10.2.15 test4.example.com
```

예제) R 파일명 명령어를 사용할 경우

R 파일명 명령어는 r 파일명과는 다르게 해당 파일의 첫 번째 라인만 읽어 추가합니다. 다음 예제를 보면, 앞서 살펴본 예제와 동일하지만 명령어가 r에서 R로 바뀜으로 인해 해당 파일의 첫 번째 라인인 172.10.2.14 test3.example.com만 추가된 것을 확인할 수 있습니다.

```
# 172.10.2.13 라인 뒤에 파일의 첫 번째 새 IP만 추가
[nalee@localhost sed]$ sed -n '/172.10.2.13/ { R sed-read.txt
p }' hosts
172.10.2.13 test2.example.com
172.10.2.14 test3.example.com
```

어드레스 범위 명령어

어드레스 범위는 특정 라인부터 특정 라인까지를 의미하며, 이런 어드레스를 허용하는 명령어들에는 문자열 변경, 삭제, 출력, 라벨 분기와 같은 명령어들이 있습니다. 다음은 어드레스 범위 명령어 Commands which accept address ranges 를 정리한 것입니다.

옵션	설명
b label	라벨을 호출함
c \ text	앞에서 명시된 패턴이 포함된 라인을 text 문자열로 변경
d D	앞에서 명시된 패턴 삭제

옵션	설명
h H	패턴 공간을 홀드 공간에 복사/추가
g G	홀드 공간을 패턴 공간에 복사/추가
l	입력된 데이터의 현재 라인 출력
l width	명시한 너비에 맞게 입력된 데이터의 현재 라인 출력
n N	입력된 데이터의 다음 라인을 복사/추가
p P	현재 패턴 공간 출력
s/regexp/replacement/	정규 표현식(regexp)에 해당하는 데이터를 그 다음 오는 데이터(replacement)로 변경함
t label / T label	앞에서 선언된 명령어를 실행 후 라벨로 분기
w 파일명 / W 파일명	명시한 파일에 현재 패턴 공간을 저장함
x	홀드와 패턴 공간의 콘텐츠를 교환함
y/source/dest/	패턴이 포함된 라인의 문자열(source)을 dest 문자열로 변경

sed 테스트를 위한 예제 파일 확인

예제를 살펴보기에 앞서 테스트를 위한 예제 파일 내용을 한번 더 살펴보겠습니다. 그리고, 이번 테스트에서는 라벨 분기와 같은 명령어 예를 테스트하기 위해 파일 내용에서 # Test와 172.1.2.12 test1.example.com 내용 사이에 뉴라인을 추가하였습니다.

```
# sed 테스트를 위한 샘플 파일 내용
[nalee@localhost sed]$ cat hosts
# This is Sed Sample File
# We will test to replace from a-text to b-text.
# It was created by NaleeJang.

127.0.0.1   localhost

# Development
192.168.100.250 git.example.com
192.168.100.10  servera.example.com
192.168.100.11  dev.example.com

# Test

172.1.2.12 test1.example.com
172.1.2.13 test2.example.com
```

```
# Production
122.10.10.31 service.example.com
122.10.10.32 service1.example.com
122.10.10.33 service2.example.com
```

예제) b label 명령어를 사용할 경우

명령어 b label은 sed 명령어를 수행하다가 b label을 만나면 해당 라벨로 분기를 수행합니다.
다음 예제의 sed-script1.txt를 보면 # Test가 포함된 라인부터 3줄까지가 어드레스 범위이
며, 중괄호{} 사이의 블록에는 읽어들인 라인에 값이 없을 경우 다음 명령어인 문자열 변경을
수행하지 말고, label1이라는 라벨로 분기하라는 내용입니다. 이와 같이 sed 수행이 불필요한
경우 label을 통해 sed 수행을 분기할 수 있습니다. 이렇게 생성된 파일을 이용하여 sed를 수
행하면 다음과 같이 Test나 test가 dev로 변경된 것을 확인할 수 있습니다.

```
# 입력된 해당 라인에 값이 없으면 문자열 변경을 수행하지 않고, 라벨 호출
[nalee@localhost sed]$ cat sed-script1.txt
/# Test/,+3 {
# if input line is empty, doesn't execute replacing
/^$/ b label1
s/[tT]est/dev/
: label1
p
}
# 스크립트 수행 결과 test가 dev로 변경되었음
[nalee@localhost sed]$ sed -n -f sed-script.txt hosts
# dev

172.10.2.12 dev1.example.com
172.10.2.13 dev2.example.com
```

예제) c \text 명령어를 사용할 경우

c \text 명령어는 앞에서 명시한 어드레스가 포함된 라인을 명시한 text로 변경하라는 의미입
니다. 다음 예제를 보면 service.e로 시작되는 문자열이 포함된 라인을 122.10.10.30 vip.
service.example.com으로 내용을 변경하였음을 확인할 수 있습니다. sed 명령어 다음에 사용
된 tail 명령어는 파일 내용이 길어 해당 내용을 마지막 4라인만 확인하기 위해 사용되었습니다.

```
# service.e가 있는 라인의 값을 변경
[nalee@localhost sed]$ sed '/service.e/ c \122.10.10.30 vip.service.example.com'
hosts | tail -n4
# Production
122.10.10.30 vip.service.example.com
122.10.10.32 service1.example.com
122.10.10.33 service2.example.com
```

예제) d와 D 명령어를 사용할 경우

명령어 d와 D는 앞에서 명시한 어드레스에 해당하는 문자열이 포함된 라인을 삭제합니다. 이때, d 명령어는 뉴라인과 상관없이 해당 문자열이 포함된 라인을 삭제하며, D 명령어는 패턴 공간의 뉴라인을 인식하여 해당 뉴라인까지만 삭제합니다. 예제를 통해 다시 한번 더 설명하겠습니다. 다음 첫 번째 예제는 hosts의 문자열 중 We will test to replace를 We will test to 와 replace 사이에 뉴라인 \n을 추가하여 문자열 변경을 하였습니다. 그리고, text 포함된 라인을 삭제한 후 편집 내용을 출력해 보면 We will로 시작하는 라인이 모두 사라진 것을 확인할 수 있습니다. 이와 반대로 D 명령어를 사용한 두 번째 예제를 보면 We will test to까지만 삭제하고, 나머지 문자열은 삭제되지 않았음을 알 수 있습니다.

```
# 뉴라인 상관없이 test가 포함된 라인 삭제
[nalee@localhost sed]$ sed -n '0,/NaleeJang/ {
s/We will test to replace/We will test to\nreplace/
/test/ d
> p }' hosts
# This is Sed Sample File

# It was created by NaleeJang.
# 패턴 공간에 포함된 뉴라인을 인식한 후 test가 포함된 라인 삭제
[nalee@localhost sed]$ sed -n '0,/NaleeJang/ {
s/We will test to replace/We will test to\nreplace/
/test/ D
p }' hosts
# This is Sed Sample File
replace from a-text to b-text.
# It was created by NaleeJang.
```

예제) h와 H 명령어를 사용할 경우

명령어 h 또는 H는 이런 홀드 버퍼의 내용을 패턴 버퍼로 복사합니다. 다음 예제는 Production 을 Service로 변경한 후 홀드 버퍼의 내용을 패턴 버퍼로 복사하고 패턴 버퍼의 내용을 출력한 것입니다. 문자열 변경은 패턴 버퍼에서 수행했고, 그 이후 홀드 버퍼를 패턴 버퍼로 복사했기 때문에 패턴 버퍼에서 변경됐던 문자열을 원래 문자열로 원복되었음을 알 수 있습니다.

```
# 홀드 버퍼 복사로 변경한 문자열 정보가 보이지 않음
[nalee@localhost sed]$ sed -n '/Product/,+3 {
s/Production/Service/
> h
> p }' hosts
# Service
122.10.10.31 service.example.com
122.10.10.32 service1.example.com
122.10.10.33 service2.example.com
```

TIP_ 패턴 버퍼와 홀드 버퍼

sed는 명령을 수행할 때 대상 파일의 내용을 한 줄씩 읽어 패턴 버퍼(패턴 공간)에 삽입합니다. 패턴 버퍼는 현재 정보를 저장하는 버퍼 메모리이며, sed를 통해 출력을 실행하면 패턴 버퍼의 내용이 인쇄됩니다. 이 외에도 홀드 버퍼(홀드 공간)라 불리는 임시 버퍼 메모리 공간이 있습니다. 홀드 버퍼에는 대상 파일의 라인 수만큼의 빈 공간을 가지고 있으며, sed가 다른 라인을 처리할 때 재사용할 수 있습니다. 따라서, sed 의 대부분의 명령어는 패턴 버퍼에서 작업이 이루어집니다.

```
sed -n 's/original/a original/' test-file
```

| File: test-file
This is original file | Pattern buffer | Hold buffer |

sed를 수행하면 대상 파일인 test-file의 첫 번째 라인을 패턴 공간으로 읽어들입니다.

| File: test-file
This is original file | Pattern buffer
This is original file | Hold buffer |

그리고, 첫 번째 라인에 패턴과 일치하는 문자열이 있는지 확인하고, 문자열을 변경합니다.

| File: test-file
This is original file | Pattern buffer
This is a original file | Hold buffer |

이때 출력 명령을 수행하면 패턴 버퍼에 저장되어 있는 "This is a original file"이 출력됩니다.

예제) g와 G 명령어를 사용할 경우

이번에는 패턴 버퍼에 있는 내용을 홀드 버퍼로 복사하는 명령어인 g와 G 명령어를 알아보겠습니다. 다음 예제는 홀드 버퍼의 내용을 패턴 버퍼에 복사하는 명령어인 h와 반대로 패턴 버퍼의 내용을 홀드 버퍼로 복사하는 g 명령어를 사용하는 예입니다. 첫 번째 예를 보면 먼저 패턴 버퍼에서 Production을 Service로 변경하는 명령을 수행한 후 홀드 버퍼의 내용을 패턴 버퍼로 복사합니다. 그리고, 다시 패턴 버퍼에 122.10.10을 199.9.9로 변경한 후 패턴 버퍼 내용을 홀드 버퍼에 복사합니다. 마지막으로 패턴 버퍼 내용을 출력합니다. 결과는 Production은 Service로 변경되었지만 122.10.10은 199.9.9로 변경되지 않았습니다. 이는 두 번째 예제를 통해 sed가 수행되는 과정을 확인할 수 있습니다.

```
# 패턴 버퍼와 홀드 버퍼 사용 예
[nalee@localhost sed]$ sed -n '/Product/,+3 {
s/Production/Service/
h
s/122.10.10/199.9.9/
g
p }' hosts
# Service
122.10.10.31 service.example.com
122.10.10.32 service1.example.com
122.10.10.33 service2.example.com
# 대문자 H와 G를 사용할 경우 sed의 문자열 변경과정을 볼 수 있음
[nalee@localhost sed]$ sed -n '/Product/,+3 {
s/Production/Service/
H
s/122.10.10/199.9.9/
G
p }' hosts
# Service

# Service
199.9.9.31 service.example.com

# Service
122.10.10.31 service.example.com
199.9.9.32 service1.example.com

# Service
122.10.10.31 service.example.com
```

```
122.10.10.32 service1.example.com
199.9.9.33 service2.example.com

# Service
122.10.10.31 service.example.com
122.10.10.32 service1.example.com
122.10.10.33 service2.example.com
```

예제) l 명령어를 사용할 경우

l 명령어는 현재 읽어들인 라인을 출력하는 명령어입니다. 다음 예제는 hosts 파일에서 Product가 포함된 라인부터 아래 3줄까지 입력되는 현재 라인을 출력하는 예입니다. l 명령어는 패턴 버퍼의 내용을 출력하는 p 명령어와는 다르게 문자의 끝을 알리는 $ 기호와 같은 특수 기호를 함께 출력합니다.

```
# Production이 포함된 라인부터 아래 3라인까지 현재 읽어들인 라인 출력
[nalee@localhost sed]$ sed -n '/Product/,+3 l' hosts
# Production$
122.10.10.31 service.example.com$
122.10.10.32 service1.example.com$
122.10.10.33 service2.example.com$
```

예제) l width 명령어를 사용할 경우

l width 명령어의 width는 너비를 의미하는 숫자로, 명시한 숫자만큼 라인의 너비를 보여줍니다. 다음 예제는 l 20을 사용하여 해당 내용을 너비 20에 맞추어 보여주고, 나머지 문자열은 다음 라인에 보여줍니다.

```
# 라인 너비를 20에 맞추어 보여줌
[nalee@localhost sed]$ sed -n '/Product/,+3 l 20' hosts
# Production$
122.10.10.31 servic\
e.example.com$
122.10.10.32 servic\
e1.example.com$
122.10.10.33 servic\
e2.example.com$
```

예제) n과 N 명령어를 사용할 경우

명령어 n 또는 N은 입력된 다음 라인을 복사합니다. 다음 예제를 보면 첫 번째 예제에서는 n 명령어를 p 명령어보다 먼저 선언하여 입력된 라인의 다음 라인을 복사한 후 출력을 수행했으므로, 복사된 값이 출력되었습니다. 두 번째 예제에서는 p 명령어를 수행한 후 N 명령어를 수행하여 입력된 라인을 출력했음을 알 수 있습니다.

```
# 입력된 라인의 다음 라인을 복사함. 복사 후 출력을 했으므로 복사한 값 출력
[nalee@localhost sed]$ sed -n '/Product/,+3 {
n
p }' hosts
122.10.10.31 service.example.com
122.10.10.33 service2.example.com
# 복사 전 출력을 했으므로 현재 입력된 라인을 출력
[nalee@localhost sed]$ sed -n '/Product/,+3 {
p
N }' hosts
# Production
122.10.10.32 service1.example.com
```

예제) p와 P 명령어를 사용할 경우

명령어 p와 P 명령어는 패턴 공간의 내용을 그대로 출력합니다. 이때, 패턴 내용에 편집에 의해 삽입된 뉴라인이 있다면 p는 뉴라인 상관없이 패턴 내용을 그대로 출력하지만, P는 뉴라인 다음 라인은 출력하지 않습니다. 아래 첫 번째 예제에서는 p를 사용하여 패턴 공간에 변경된 내용을 그대로 출력하였고, 두 번째 예제에서는 P를 사용하여 뉴라인이 있는 라인의 다음 라인은 출력되지 않았음을 알 수 있습니다.

```
# 소문자 p는 패턴 공간 내용을 그대로 출력
[nalee@localhost sed]$ sed -n '0,/NaleeJang/ {
> s/We will test to replace/We will test to\nreplace/
> p }' hosts
# This is Sed Sample File
# We will test to
replace from a-text to b-text.
# It was created by NaleeJang.
# 대문자 P는 패턴 공간을 출력하되, 뉴라인이 있는 라인은 뉴라인까지만 출력
[nalee@localhost sed]$ sed -n '0,/NaleeJang/ {
```

```
s/We will test to replace/We will test to\nreplace/
P }' hosts
# This is Sed Sample File
# We will test to
# It was created by NaleeJang.
```

예제) s/regexp/replacement/ 명령어를 사용할 경우

s/regexp/replacement/ 명령어는 regexp라는 정규 표현식과 일치하는 문자열을 replace
ment에서 명시된 문자열로 변경합니다. sed의 가장 기본적이면서 대표적인 명령어로 가장 많
이 사용되는 명령어입니다. 다음 예제는 0번째 라인부터 Nalee라는 문자열이 처음으로 검색
된 라인에서 # 문자를 공백으로 변경하는 예제입니다.

```
# 첫 번째 라인부터 Nalee가 포함된 라인의 #을 공백으로 변경 후 출력
[nalee@localhost sed]$ sed -n '0,/Nalee/ {
> s/^# //
> p }' hosts
This is Sed Sample File
We will test to replace from a-text to b-text.
It was created by NaleeJang.
```

예제) t label / T label 명령어를 사용할 경우

t label과 T label 명령어는 명시한 라벨로 분기하는 명령어입니다. t 명령어는 앞에 오는 어
드레스가 참이든 거짓이든 상관없이 분기된 라벨 다음 명령어를 수행하지만, T 명령어는 어드
레스가 거짓일 경우에만 명시한 라벨 다음 명령어를 수행합니다. 다음 첫 번째 예제에서 사용
된 /192.20.3/ t label2는 현재 패턴에서 192.20.3이라는 문자가 있든 없든 상관없이 label2
다음 명령어를 해당 범위까지 모두 수행한 후 패턴 내용을 출력합니다. 반면, 두 번째 예제는
/172.10.2/ T label2를 사용하여 현재 패턴에 172.10.2가 없으므로 label2 다음 명령어를 수
행한 것입니다.

```
# 해당 범위에 192.20.3이 있든 없든 label2로 분기하여 명령어 수행
[nalee@localhost sed]$ sed -n '/# Test/,+3 {
:label2
s/172.10.2/192.20.3/
```

```
/192.20.3/ t label2
p }' hosts
# Test

192.20.3.12 test1.example.com
192.20.3.13 test2.example.com
# 해당 범위에 172.10.2가 없기 때문에 label2로 분기됨
[nalee@localhost sed]$ sed -n '/# Test/,+3 {
:label2
s/172.10.2/192.20.3/
/172.10.2/ T label2
p }' hosts
# Test

192.20.3.12 test1.example.com
192.20.3.13 test2.example.com
```

예제) w와 W 파일명 명령어를 사용할 경우

w와 W 명령어는 현재 패턴 내용을 파일로 저장합니다. 다음 첫 번째 예제를 살펴보겠습니다. w 명령어를 사용하여 변경된 패턴 내용을 sed-w.txt에 저장해 해당 파일을 확인해보면 패턴 내용과 동일한 내용이 저장된 것을 확인할 수 있지만, W 명령어를 사용한 두 번째 예제에서는 패턴 내용과 일치하지 않음을 알 수 있습니다. 이렇듯 소문자로 된 명령어는 패턴에 편집된 뉴라인을 모두 정상적으로 처리하지만, 대문자로 된 명령어는 패턴에 편집된 뉴라인의 다음 라인은 모두 제외하고 처리합니다.

```
# w 명령어로 변경된 패턴 내용을 sed-w.txt에 저장
[nalee@localhost sed]$ sed -n '0,/NaleeJang/ {
s/We will test to replace/We will test to\nreplace/
w sed-w.txt
p }' hosts
# This is Sed Sample File
# We will test to
replace from a-text to b-text.

# It was created by NaleeJang.
# 저장된 sed-w.txt 파일 내용 확인
[nalee@localhost sed]$ cat sed-w.txt
# This is Sed Sample File
# We will test to
```

```
replace from a-text to b-text.
# It was created by NaleeJang.

# W 명령어로 변경된 패턴 내용을 sed-w.txt에 저장
[nalee@localhost sed]$ sed -n '0,/NaleeJang/ {
s/We will test to replace/We will test to\nreplace/
W sed-w.txt
p }' hosts
# This is Sed Sample File
# We will test to
replace from a-text to b-text.
# It was created by NaleeJang.

# 저장된 sed-w.txt 파일 내용 확인
[nalee@localhost sed]$ cat sed-W.txt
# This is Sed Sample File
# We will test to
# It was created by NaleeJang.
```

예제) x 명령어를 사용할 경우

x 명령어는 패턴 버퍼와 홀드 버퍼의 내용을 서로 바꿔줍니다. 다음 예제를 보면 172.10.2를 192.20.3으로 변경하는 명령어 앞뒤로 패턴 버퍼와 홀드 버퍼의 내용을 서로 바꾸고 출력하였더니, 해당 내용에 문자열이 변경되지 않은 채 출력되었음을 알 수 있습니다.

```
# 패턴 버퍼와 홀드 버퍼의 내용을 두 번 교환하여 파일이 수정되지 않음
[nalee@localhost sed]$ sed -n '/# Test/,+3 {
x
s/172.10.2/192.20.3/
x
p }' hosts
# Test

172.10.2.12 test1.example.com
172.10.2.13 test2.example.com
```

예제) y/source/dest/ 명령어를 사용할 경우

명령어 y/source/dest/는 source 위치에서 명시한 문자열을 dest에서 명시한 문자열로 변경할 때 사용하는 명령어입니다. 다음 예제를 보면 y 명령어를 이용해 test라는 소문자로 구성된 각각의 문자가 TEST라는 대문자로 구성된 각각의 문자로 변경되었음을 알 수 있습니다.

```
#
[nalee@localhost ~]$ sed -n '/# Test/,+3 {
y/test/TEST/
p }' hosts
# TEST

172.10.2.12 TEST1.ExamplE.com
172.10.2.13 TEST2.ExamplE.com
```

6.3 sed 옵션

sed는 스트림 에디터로 vi 에디터와 같은 문서 편집기가 나오기 이전에 사용되던 문서 편집기였습니다. 그래서, 문서 편집 시 도움이 되는 옵션들을 많이 가지고 있습니다. 앞에서 살펴봤던 −n −e −f와 같은 기본 옵션 외에도 편집된 내용을 바로 파일에 적용하는 옵션이나, 파일에 내용을 적용하기 전 원본 파일을 백업하는 기능 등의 옵션들이 있습니다. 다음은 이런 sed의 옵션들을 정리한 것입니다.

옵션	설명
−n, −−quiet, −−silent	현재 패턴 공간을 출력하지 않음
−e 스크립트, −−expression=스크립트	여러 개의 스크립트를 실행할 때 사용함
−f 스크립트파일, −−file=스크립트파일	스크립트 파일을 통해 sed를 실행할 때 사용함
−−follow−symlinks	−i 옵션과 함께 사용할 경우 스크립트 실행 결과를 심볼릭 링크 자체가 아닌 심볼릭 링크와 연결된 원본 파일에 적용함
−i파일 확장자, −−in−place=파일 확장자	스크립트 실행 결과를 파일에 바로 적용함. 이때, 파일 확장자를 명시하면, 변경 전 명시한 확장자를 가진 백업 파일을 생성함
−c, −−copy	−i 옵션과 함께 사용할 수 있으며, 파일명 뒤에 c가 붙은 백업 파일을 생성함
−l N, −−line−length=N	l 명령어와 함께 사용할 수 있으며, 긴 문자열을 포함하는 파일의 내용을 확인할 경우 명시한 N만큼 라인 넓이를 설정할 수 있음

--posix	POSIX 확장 기능을 끔. POSIX 확장을 지원하지 않는 시스템에서 sed를 실행해야 할 경우 POSIX 확장 기능을 끄고, 스크립트를 검증할 수 있음
-r, --regexp-extended	스크립트에서 POSIX 확장 정규식을 사용할 수 있음. sed는 기본적으로 확장 정규식을 인식하지 않음
-s, --separate	sed는 기본적으로 여러 개의 파일을 하나의 파일로 간주하지만, -s 옵션을 사용하면 여러 개의 파일을 각각 처리할 수 있음
-u, --unbuffered	대용량의 파일에서 스크립트 실행 결과를 터미널로 출력할 경우, -u 옵션을 사용하면 버퍼를 자주 비워 성능이 향상됨
-z, --null-data	구분 기호가 null인 데이터의 문자열을 변경할 때 사용
--help	sed 사용법 및 도움말을 보여줌
--version	버전 정보를 보여줌

예제) -n, --quiet, --silent 옵션을 사용할 경우

-n, --quite, --silent 옵션은 모두 현재 패턴 버퍼의 내용을 출력하지 않을 때 많이 사용되는 옵션입니다. sed는 기본적으로 대상 파일 내용을 포함하여 편집 중인 패턴 버퍼의 내용을 출력하지만, -n 옵션을 사용하면 명령어에 의해 해당 내용만 출력합니다. 다음 예제는 전체 파일 내용을 출력하지 않고, 명령어에 의해 첫 번째 라인부터 5번째 라인까지만 출력합니다.

```
# 패턴 공간의 내용은 출력하지 않고, 명령어에 의한 내용만 출력
[nalee@localhost sed]$ sed -n '1,5 p' hosts
# This is Sed Sample File
# We will test to replace from a-text to b-text.
# It was created by NaleeJang.

127.0.0.1   localhost
```

예제) -e 스크립트, --expression=스크립트 옵션을 사용할 경우

옵션 -e 스크립트, --expression=스크립트 옵션은 여러 개의 스크립트를 실행할 경우 사용하는 옵션입니다. 다음 예제는 hosts 파일에서 172.1.2가 포함된 라인의 test를 imsi로 변경하는 스크립트와 Test라는 문자열을 Imsi로 변경하는 스크립트를 동시에 실행하는 예제입니다.

```
# -e 옵션을 사용하여 2개 이상의 스크립트 실행 가능
[nalee@localhost sed]$ sed -n -e '/172.1.2.*/ s/test/imsi/p' -e 's/Test/Imsi/p'
hosts
# Imsi
172.1.2.12 imsi1.example.com
172.1.2.13 imsi2.example.com
```

예제) −f 스크립트파일, −−file=스크립트파일 옵션을 사용할 경우

−f 스크립트파일, −−file=스크립트파일 옵션은 말 그대로 sed 수행 스크립트를 파일에 저장하고 해당 파일을 이용하여 sed를 수행할 때 사용합니다. 다음 예제에서는 먼저 스크립트 내용을 script.txt에 저장하고, −f 옵션을 이용하여 script.txt를 수행한 예입니다. 다음 예제의 sed의 대상범위는 test와 숫자 그리고, 소문자로 이루어진 문자열이 있는 라인이며, 해당 라인에서 172.1.2를 192.10.8로 변경하고 해당 내용을 출력합니다.

```
# 테스트를 위해 sed script 내용을 script.txt 파일에 저장
[nalee@localhost sed]$ echo "/test[0-9].[a-z]*/ s/172.1.2/192.10.8/p" > script.txt
# 저장한 파일을 이용해 hosts의 IP 수정
[nalee@localhost sed]$ sed -n -f script.txt hosts
192.10.8.12 test1.example.com
192.10.8.13 test2.example.com
```

예제) −i 파일 확장자, −−in−place=파일 확장자 옵션을 사용할 경우

−i 파일 확장자 옵션, −−in−place=파일 확장자 옵션은 파일 확장자를 생략하고 옵션을 사용할 수도 있으며, 파일 확장자와 함께 사용할 수도 있습니다. −i 옵션만 사용할 경우에는 편집된 내용을 바로 파일에 반영하지만, 파일 확장자와 함께 사용했을 경우에는 편집된 내용을 파일에 적용하기 전에 명시한 파일 확장자로 끝나는 원본 파일을 백업합니다. 그리고, 편집 내용을 파일에 적용합니다. 다음 예제를 보면 −i 옵션만 사용한 경우에는 172.1.2가 192.10.8로 파일에 변경 적용된 것을 확인할 수 있으며 −i.bak를 사용한 경우에는 hosts 파일 외에 hosts.bak라는 파일이 함께 생성된 것을 확인할 수 있습니다.

```
# -i 옵션을 사용하여 hosts의 IP를 바로 수정
[nalee@localhost sed]$ sed -i '/test[0-9].[a-z]*/ s/172.1.2/192.10.8/' hosts
# cat과 grep 명령어를 통해 파일 내용이 수정되었는지 확인
[nalee@localhost sed]$ cat hosts | grep 'test[0-9].[a-z]*'
192.10.8.12 test1.example.com
192.10.8.13 test2.example.com
# -i 옵션을 사용하여 hosts의 IP를 바로 수정
[nalee@localhost sed]$ sed -i.bak '/test[0-9].[a-z]*/ s/192.10.8/192.1.2/' hosts
[nalee@localhost sed]$ ll hosts*
-rw-rw-r--. 1 naleejang naleejang 425 Jun  1 14:11 hosts
-rw-rw-r--. 1 naleejang naleejang 427 Jun  1 14:00 hosts.bak
```

예제) --follow-symlinks 옵션을 사용할 경우

--follow-symlinks 옵션은 심볼릭 링크가 대상 파일일 경우 사용하는 옵션입니다. 다음 예제를 통해 살펴보면, 심볼릭 링크의 파일 내용을 수정할 때 --follow-symlinks 옵션을 함께 사용한 경우에는 심볼릭 링크와 연결된 원본 파일의 내용이 수정되었지만, 그렇지 않은 경우에는 심볼릭 링크에 해당 패턴 내용이 바로 저장되어 심볼릭 링크가 파일로 변경된 것을 확인할 수 있습니다.

```
# 테스트를 위해 hosts를 바로 보는 심볼릭 링크 sym-hosts 생성
[nalee@localhost sed]$ ln -s hosts sym-hosts
# 생성된 파일 목록 확인
[nalee@localhost sed]$ ll *hosts
-rw-rw-r--. 1 naleejang naleejang 425 Jun  1 16:32 hosts
lrwxrwxrwx. 1 naleejang naleejang   5 Jun  1 17:48 sym-hosts -> hosts
# --follow-symlinks 옵션을 이용하여 심볼릭 링크 내용 수정
[nalee@localhost sed]$ sed --follow-symlinks -i '/test[0-9].[a-z]*/
s/172.1.2/192.10.8/' sym-hosts
# 심볼릭 링크와 연결된 hosts가 정상적으로 수정
[nalee@localhost sed]$ ll *hosts
-rw-rw-r--. 1 naleejang naleejang 427 Jun  1 18:00 hosts
lrwxrwxrwx. 1 naleejang naleejang   5 Jun  1 17:48 sym-hosts -> hosts
# --follow-symlinks 옵션없이 심볼릭 링크 내용 수정
[nalee@localhost sed]$ sed -i '/test[0-9].[a-z]*/ s/172.1.2/192.10.8/' sym-hosts
# 심볼릭 링크가 바로 수정되면서 파일로 변경되었음
[nalee@localhost ~]$ ll *hosts
-rw-rw-r--. 1 naleejang naleejang 427 Jun  1 18:00 hosts
-rw-rw-r--. 1 naleejang naleejang 427 Jun  1 18:02 sym-hosts
```

예제) -c, --copy 옵션을 사용할 경우

-c, --copy 옵션은 -i 옵션을 사용하면 편집한 내용을 파일에 적용할 때 원본 파일에 c를 붙여 백업 파일을 생성합니다. 이때 -c나 --copy 옵션은 -i 바로 뒤에 와야 합니다. 다음 예제를 보면 옵션 -ic를 사용하여 hosts 파일외에 hostsc라는 파일이 더 생성된 것을 확인할 수 있습니다.

```
# -c 옵션은 -i 옵션 바로 뒤에 와야 함
[nalee@localhost sed]$ sed -ic '/test[0-9].[a-z]*/ s/192.1.2/172.10.2/' hosts
# hostsc라는 파일이 생성된 것을 확인할 수 있음
[nalee@localhost sed]$ ll hosts*
-rw-rw-r--. 1 naleejang naleejang 427 Jun  1 18:15 hosts
-rw-rw-r--. 1 naleejang naleejang 427 Jun  1 18:00 hosts.bak
-rw-rw-r--. 1 naleejang naleejang 427 Jun  1 18:14 hostsc
```

예제) -l N, --line-length=N 옵션을 사용할 경우

-l N, --line-length=N 옵션은 명령어 l 을 사용할 경우 명시한 숫자에 맞게 너비를 조정하여 출력합니다. 다음 예제에서는 테스트를 위해 장문의 문자열을 파일로 저장하고, -l 옵션을 사용하여 50으로 너비를 조정하여 l 명령어를 실행했습니다. 장문의 문자열은 너비 50에 맞게 여러 라인으로 보여줌을 알 수 있습니다.

```
# 테스트를 위해 장문의 문자열을 file로 저장
[nalee@localhost sed]$ echo "This is a test sentence for testing line length. sed
command has line break function. If you want to apply this function, you can use
-l N option. N is number of line length" > sed-line-length.txt
# 너비 50컬럼에 맞춰 sed-line-length.txt 출력
[nalee@localhost sed]$ sed -n -l 50 'l' sed-line-length.txt
This is a test sentence for testing line length. \
sed command has line break function. If you want \
to apply this function, you can use -l N option. \
N is number of line length$
```

예제) -r, --regexp-extended 옵션을 사용할 경우

옵션 -r, --regexp-extended는 어드레스를 명시할 때 확장 정규 표현식을 이용할 경우 사용할 수 있는 옵션입니다. 다음은 소문자와 숫자로 이루어진 문자열을 확장 정규 표현식으로 표현한 예입니다.

```
# 확장 정규 표현식을 이용하여 영문소문자와 숫자로 이루어진 문자열에 해당하는 라인
출력
[nalee@localhost sed]$ sed -n -r '/[[:lower:]]+[0-9].*/ p' hosts
172.10.2.12 test1.example.com
172.10.2.13 test2.example.com
122.10.10.32 service1.example.com
122.10.10.33 service2.example.com
```

예제) --posix 옵션을 사용할 경우

--posix 옵션은 -r 옵션과 다르게 확장 정규 표현식을 사용하지 못하도록 하는 옵션입니다. 다음 예제는 -r 옵션을 이용하여 확장 정규 표현식을 사용하였지만 --posix 옵션에 의해 확장 정규 표현식이 적용되지 않아 해당 결과가 아무것도 없는 것을 알 수 있습니다.

```
# -r 옵션이 있어도 --posix 옵션이 있으면 확장 정규 표현식이 적용되지 않음
[nalee@localhost sed]$ sed -n -r --posix '/[[:lower:]]+[0-9].*/ p' hosts
[nalee@localhost sed]$
```

예제) -s, --separate 옵션을 사용할 경우

-s, --separate 옵션은 두 개의 대상 파일을 사용할 경우 대상 파일을 하나의 파일로 인식하는 것이 아니라, 각각의 파일로 인식하도록 할 경우 사용되는 옵션입니다. sed는 패턴 공간이라는 곳에 읽어들인 파일 내용을 저장하는데 -s 옵션이 없는 경우에는 두 개의 파일 내용을 하나의 패턴에 모두 저장하며, -s 옵션을 사용할 경우에는 각각의 파일을 위해 분리된 별도의 패턴을 사용합니다. 다음 예제를 통해 확인할 수 있습니다.

```
# -s 옵션없이 hosts와 hostsc 파일의 마지막 라인 번호를 출력하면 38이 출력됨
[nalee@localhost sed]$ sed -n '$=' hosts hostsc
38
# -s 옵션과 함께 hosts와 hostsc 파일의 마지막 라인 번호를 출력하면 각각 출력됨
[nalee@localhost sed]$ sed -n -s '$=' hosts hostsc
19
19
```

예제) -z, --null-data 옵션을 사용할 경우

-z, --null-data 옵션은 명령어의 실행 결과 중 NULL에 의해 문자열 라인을 구분했을 경우 이를 구분하기 위해 사용하는 옵션입니다. 다음 예제는 grep 명령어를 이용하여 CPU라는 단어가 포함된 txt 파일을 NULL 값으로 구분하여 해당 파일 경로를 출력합니다. 이때, sed의 -z 옵션을 사용하면 파일명 앞의 디렉터리 경로를 쉽게 변경할 수 있습니다. 그리고, 이렇게 변경된 파일 경로는 xargs와 echo를 이용해 스페이스로 구분된 파일 경로를 출력할 수 있습니다.

```
# Script 디렉터리에서 CPU라는 단어가 포함된 txt 파일 경로 검색
[nalee@localhost Script]$ grep -lZ CPU ./*.txt
./expression.txt./test.txt
# null 값으로 구분된 파일명을 sed의 -z 옵션을 사용하여 현재 디렉터리(./) 기호 삭제
[nalee@localhost Script]$ grep -lZ CPU ./*.txt | sed -z 's/^.\///'
expression.txttest.txt
# xargs를 이용해 null이 구분 기호로 되어 있는 문자열 출력
[nalee@localhost Script]$ sed -z 's/^.\///' sed-test.txt | xargs -0 echo
expression.txt test.txt
```

예제) --help 옵션을 사용할 경우

--help 옵션은 sed의 사용법과 옵션을 보여줍니다.

```
# sed 사용법과 옵션을 보여줌
[nalee@localhost ~]$ sed --help
Usage: sed [OPTION]... {script-only-if-no-other-script} [input-file]...

  -n, --quiet, --silent
                 suppress automatic printing of pattern space
  -e script, --expression=script
                 add the script to the commands to be executed
  -f script-file, --file=script-file
                 add the contents of script-file to the commands to be executed
  --follow-symlinks
                 follow symlinks when processing in place
  -i[SUFFIX], --in-place[=SUFFIX]
                 edit files in place (makes backup if SUFFIX supplied)
  -c, --copy
                 use copy instead of rename when shuffling files in -i mode
  -b, --binary
```

```
                    does nothing; for compatibility with WIN32/CYGWIN/MSDOS/EMX (
                    open files in binary mode (CR+LFs are not treated specially))
  -l N, --line-length=N
                    specify the desired line-wrap length for the `l' command
  --posix
                    disable all GNU extensions.
  -r, --regexp-extended
                    use extended regular expressions in the script.
  -s, --separate
                    consider files as separate rather than as a single continuous
                    long stream.
  -u, --unbuffered
                    load minimal amounts of data from the input files and flush
                    the output buffers more often
  -z, --null-data
                    separate lines by NUL characters
  --help
                    display this help and exit
  --version
                    output version information and exit

If no -e, --expression, -f, or --file option is given, then the first
non-option argument is taken as the sed script to interpret.  All
remaining arguments are names of input files; if no input files are
specified, then the standard input is read.

GNU sed home page: <http://www.gnu.org/software/sed/>.
General help using GNU software: <http://www.gnu.org/gethelp/>.
E-mail bug reports to: <bug-sed@gnu.org>.
Be sure to include the word ``sed'' somewhere in the ``Subject:'' field.
```

예제) --version 옵션을 사용할 경우

--version 옵션은 sed의 버전명과 라이센스 정보를 보여줍니다.

```
# sed 버전 정보를 보여줌
[nalee@localhost ~]$ sed --version
sed (GNU sed) 4.2.2
Copyright (C) 2012 Free Software Foundation, Inc.
License GPLv3+: GNU GPL version 3 or later <http://gnu.org/licenses/gpl.html>.
This is free software: you are free to change and redistribute it.
There is NO WARRANTY, to the extent permitted by law.
```

```
Written by Jay Fenlason, Tom Lord, Ken Pizzini,
and Paolo Bonzini.
GNU sed home page: <http://www.gnu.org/software/sed/>.
General help using GNU software: <http://www.gnu.org/gethelp/>.
E-mail bug reports to: <bug-sed@gnu.org>.
Be sure to include the word ``sed'' somewhere in the ``Subject:'' field.
```

◈ 마무리

sed는 파일에서 내가 편집하고자 하는 범위를 정하고, 해당 범위에서 변경하고자 하는 문자열을 찾아 원하는 다른 문자열로 변경할 수 있는 명령어입니다. sed의 다양한 명령어와 옵션을 사용하여 특정 문자열을 변경할 때 우선 해당 내용을 확인한 후 파일에 적용하고, 만일을 대비해 백업 파일을 만들어 둔다면, 훨씬 효율적으로 sed 명령어를 사용할 수 있습니다.

## CHAPTER 7

날짜와 시간을 알려주는 date

날짜와 시간을 알려주는 date 명령어는 개발할 때는 물론이고, 시스템의 데이터를 동기화할 때, 데이터를 백업할 때 등등 매우 많은 곳에서 사용합니다. 그런데, 막상 date를 이용해 내가 원하는 포맷으로 날짜를 출력하고 싶을 때는 어떻게 해야 하는지 잘 모르거나 생각이 나지 않아 인터넷에서 검색하곤 합니다. 지금부터 자주 사용하는 date 사용법과 옵션들을 알아보도록 하겠습니다.

7.1 date 사용법 알아보기

date는 현재 시스템에 설정된 로케일^{locale}과 타임존$^{time\ zone}$에 따라 현재 시각을 보여주는 리눅스 명령어입니다. date를 잘 이용하면 다양한 방식으로 날짜와 시간을 표현할 수 있으며, 과거나 미래의 시간까지도 계산할 수 있습니다. 그럼, 지금부터 date 사용법을 알아보도록 하겠습니다.

기본 사용법1

date의 가장 기본적인 사용법은 date 명령어 자체만을 사용하거나, date의 옵션과 함께 사용하는 경우일 것입니다.

```
date [옵션]
```

예제1) date 기본 사용법1

다음 예제와 같이 data 명령어 자체만을 실행했을 경우에는 현재 설정된 로케일 형식으로 현재 날짜를 보여줍니다. 그리고, date 옵션 중 -d 옵션을 사용하여 특정 일자의 시간을 확인할 수도 있습니다. 또한, date 옵션은 **7.2 Date 옵션**에서 자세하게 다루니 해당 챕터를 참조하기 바랍니다.

```
# 현재 날짜를 설정된 로케일 형식으로 보여줌
[root@localhost ~]# date
Thu Jun 11 10:08:51 KST 2020
# 현재 시간을 기준으로 어제 시간을 보여줌
[root@localhost ~]# date -d yesterday
Wed Jun 10 10:12:19 KST 2020
```

기본 사용법2

date의 두 번째 사용법은 date 명령어를 사용할 때 내가 원하는 형식으로 데이터를 출력하고 싶을 경우 사용하는 방법인 플러스 + 기호와 함께 포맷을 사용하는 것입니다.

```
date +포맷
```

예제1) date 기본 사용법2

다음 예제는 date의 기본 사용법2에 해당하는 예로 년-월-일 시:분을 12시간 표현법으로 출력한 것입니다. 여기서 사용된 date 포맷은 **7.3 Date 포맷**에서 다시 확인할 수 있습니다.

```
# 현재 시간을 명시한 포맷에 맞추어 보여줌
[root@localhost ~]# date '+%Y-%m-%d %l:%M %p'
2020-06-11 12:53 PM
```

기본 사용법3

date의 세 번째 기본 사용법은 옵션과 포맷을 함께 사용하는 것입니다.

```
date [옵션] +포맷
```

예제1) date 기본 사용법3

다음 예제는 -d 옵션을 사용하여 어제 시간을 조회하고, + 포맷을 사용하여 요일, 월일, 연도를 영어 표현식으로 출력한 것입니다.

```
# 현재 시간을 기준으로 어제 시간을 명시한 포맷에 맞게 보여줌
[root@localhost ~]# date -d yesterday '+%A, %B %d,%Y'
Wednesday, June 10,2020
```

7.2 date 옵션

date 옵션에는 특정 날짜와 시간대를 표현하는 옵션 및 다양한 표준에 의해 해당 형식으로 날짜와 시간을 출력해 주는 옵션과 날짜나 시간을 설정하는 옵션 등이 있습니다. 다음은 이런 옵션을 정리한 것입니다.

옵션	설명
-d 문자열, --date=문자열	현재 시간은 아니며, 문자열에 의해 명시된 날짜를 보여줌
-f 파일, --file=파일	-d 옵션과 동일하며, 단 파일에서 날짜를 읽어와 보여줌
-I[타임스팩], --iso-8601[=타임스팩]	ISO 8601 형식으로 날짜와 시간을 보여줌. 타임스팩으로 hours, minutes, date, seconds, ns를 사용할 수 있음
-r 파일, --reference=파일	파일의 최근 수정일자를 보여줌
-R, --rfc-2822	RFC 2822 포맷으로 날짜와 시간을 보여줌 예) Mon, 07 Aug 2006 12:34:56 -0600
--rfc-3339=타임스팩	RFC 3339 포맷으로 날짜와 시간을 보여줌. 타임스팩으로 date, seconds, ns를 사용할 수 있음
-s 문자열, --set=문자열	문자열에 의해 명시한 시간으로 설정
-u, --utc, --universal	UTC 타입으로 설정하고 출력함
--help	Date 사용법과 옵션을 보여줌
--version	Date 버전을 보여줌

예제) -d 문자열, --date=문자열 옵션을 사용할 경우

-d 문자열, --date=문자열 옵션은 현재 시각이 아닌 문자열에 의해 명시된 날짜를 보여줌

니다. 이때, 문자열은 영문으로 표현되며 다음 첫 번째 예제처럼 tomorrow, yesterday와 같은 단어를 사용할 수 있으며, 두 번째 예제처럼 "1 day ago, 2 weeks ago, 3 days ago, 4 month ago, 5 years ago" 등을 사용하여 과거 시간을 표현할 수 있습니다. 미래 시간을 표현할 경우에는 세 번째 예제처럼 +1 day +2 weeks +3 days와 같이 표현할 수 있으며, 동일한 방법으로 마이너스 기호 −를 붙여 과거 날짜나 시간을 표현할 수 있습니다.

```
# 현재 시간을 기준으로 내일 시간을 보여줌
[nalee@localhost ~]$ date -d "tomorrow"
Fri Jun 12 10:21:37 KST 2020
# 현재 시간을 기준으로 10년 전 시간을 보여줌
[nalee@localhost ~]$ date -d "10 years ago"
Fri Jun 11 10:21:55 KST 2010
# 현재 시간을 기준으로 10일 후 시간을 보여줌
[nalee@localhost ~]$ date -d "+10 day"
Sun Jun 21 10:26:27 KST 2020
# 현재 시간을 기준으로 3주 전 시간을 보여줌
[nalee@localhost ~]$ date -d "-3 week"
Thu May 21 10:27:04 KST 2020
```

예제) −f 파일, −−file=파일 옵션을 사용할 경우

−f 파일 옵션, −−file=파일 옵션은 −d 옵션과 동일하며, 대신 −d 옵션일 때 사용했던 문자열을 파일에 저장하고, 해당 파일을 통해 날짜를 보여줍니다. 다음 예제를 보면 우선, 테스트를 위해 "−5 day"라는 문자열을 date-test.txt에 저장합니다. 그리고, −f 옵션을 사용하여 해당 파일을 명시해 주면 현재 시간을 기준으로 5일 전 날짜와 시간을 보여줍니다.

```
# 테스트를 위한 -5 day를 date-test.txt에 저장
[nalee@localhost ~]$ echo "-5 day" > date-test.txt
# -f 옵션을 이용하여 저장한 date-test.txt에서 정보를 읽어 해당 날짜를 보여줌
[nalee@localhost ~]$ date -f date-test.txt
Sat Jun  6 10:41:20 KST 2020
```

예제) −I[타임스팩], −−iso−8601[=타임스팩] 옵션을 사용할 경우

옵션 −I[타임스팩], −−iso−8601[=타임스팩]은 명시한 타임스팩에 맞는 날짜 및 시간을 ISO 8601 형식으로 보여줍니다. 다음 예제를 보면 먼저 −I 옵션만 사용했는데, 이와 같은 경우에는 년-월-일 형식의 현재 날짜만 보여주며, -I 옵션 다음에 hours를 명시하면 시간까지 함께 보여줍니다. 이때 타임스팩은 hours, minutes, date, seconds, ns를 사용할 수 있습니다.

```
# 현재 날짜를 보여줌
[nalee@localhost ~]$ date -I
2020-06-11
# ISO 8601 형식으로 현재 날짜와 시각을 함께 보여줌
[nalee@localhost ~]$ date -Ihours
2020-06-11T11+0900
# ISO 8601 형식으로 현재 날짜, 시각 및 나노초까지 보여줌
[nalee@localhost ~]$ date --iso-8601=ns
2020-06-11T11:04:57,230833759+0900
```

예제) -r 파일, --reference=파일 옵션을 사용할 경우

-r 파일 옵션, --reference=파일 옵션은 명시한 파일의 최근 수정일자를 보여줍니다. 다음 예제는 앞에서 생성한 date-test.txt라는 파일의 최근 수정일자를 보여줍니다.

```
# date-test.txt 파일의 최근 수정일자를 보여줌
[nalee@localhost ~]$ date -r date-test.txt
Thu Jun 11 10:41:14 KST 2020
```

예제) -R, --rfc-2822 옵션을 사용할 경우

-R, --rfc-2822 옵션은 현재 일자를 RFC 2822 형식으로 보여줍니다. 또한 -d나 -f 옵션과 함께 사용할 수 있으며, 해당 일자를 RFC 2822 형식으로 보여줍니다.

```
# RFC 2822 형식으로 현재 날짜와 시간을 보여줌
[nalee@localhost ~]$ date -R
Thu, 11 Jun 2020 11:15:31 +0900
# -d 옵션을 사용하면 해당 일자는 RFC 2822 형식으로 보여줌
[nalee@localhost ~]$ date -R -d '+1 day'
Fri, 12 Jun 2020 11:16:02 +0900
```

예제) --rfc-3339=타임스팩 옵션을 사용할 경우

--rfc-3339=타임스팩 옵션은 현재 날짜를 명시한 타임스팩에 맞게 RFC 3339 형식으로 보여줍니다. 여기서 타임스팩으로 date, seconds, ns를 사용할 수 있습니다.

```
# RFC 3339 형식으로 현재 날짜와 시간 및 초를 보여줌
[nalee@localhost ~]$ date --rfc-3339=seconds
2020-06-11 11:19:12+09:00
```

예제) -s 문자열, --set=문자열 옵션을 사용할 경우

-s 문자열, --set=문자열 옵션은 문자열로 설정한 날짜나 시간 또는 -d 옵션에서 살펴보았던 문자열에 해당하는 날짜와 시간으로 현재 시간을 변경할 때 사용하는 옵션입니다. 다음 예제를 보면 현재 시간이 6월 11일 11시 25분이었는데, -s 옵션을 이용하여 하루 후로 날짜를 설정하니 6월 12일 11시 25분으로 설정된 것을 확인할 수 있습니다. 이때, 시간 설정은 root 계정이거나 root 권한이 있어야 합니다.

```
# 현재 일자 확인
[root@localhost ~]# date
Thu Jun 11 11:25:20 KST 2020
# 하루 후로 날짜 변경
[root@localhost ~]# date -s "1 day"
Fri Jun 12 11:25:28 KST 2020
# 변경된 날짜 확인
[root@localhost ~]# date
Fri Jun 12 11:25:32 KST 2020
```

예제) -u, --utc, --universal 옵션을 사용할 경우

옵션 -u, --utc, --universal은 현재 시각을 UTC 형식으로 보여줍니다. 또한 -d나 -f 옵션과 함께 사용할 수 있으며, 해당 일자는 UTC 형식으로 보여줍니다.

```
# UTC 형식으로 현재 시간을 보여줌
[root@localhost ~]# date -u
Thu Jun 11 02:23:38 UTC 2020
```

예제) --help 옵션을 사용할 경우

옵션 --help는 date 사용법과 옵션 및 포맷 정보를 보여줍니다.

```
# date 사용법과 옵션, 포맷 정보를 보여줌
[nalee@localhost ~]$ date --help
Usage: date [OPTION]... [+FORMAT]
  or:  date [-u|--utc|--universal] [MMDDhhmm[[CC]YY][.ss]]
Display the current time in the given FORMAT, or set the system date.

Mandatory arguments to long options are mandatory for short options too.
  -d, --date=STRING         display time described by STRING, not 'now'
  -f, --file=DATEFILE       like --date once for each line of DATEFILE
  -I[TIMESPEC], --iso-8601[=TIMESPEC]  output date/time in ISO 8601 format.
                              TIMESPEC='date' for date only (the default),
                              'hours', 'minutes', 'seconds', or 'ns' for date
                              and time to the indicated precision.
  -r, --reference=FILE      display the last modification time of FILE
  -R, --rfc-2822           output date and time in RFC 2822 format.
                              Example: Mon, 07 Aug 2006 12:34:56 -0600
...
After any flags comes an optional field width, as a decimal number;
then an optional modifier, which is either
E to use the locale's alternate representations if available, or
O to use the locale's alternate numeric symbols if available.

Examples:
Convert seconds since the epoch (1970-01-01 UTC) to a date
  $ date --date='@2147483647'

Show the time on the west coast of the US (use tzselect(1) to find TZ)
  $ TZ='America/Los_Angeles' date

Show the local time for 9AM next Friday on the west coast of the US
  $ date --date='TZ="America/Los_Angeles" 09:00 next Fri'

GNU coreutils online help: <http://www.gnu.org/software/coreutils/>
For complete documentation, run: info coreutils 'date invocation'
```

예제) --version 옵션을 사용할 경우

--version 옵션은 현재 시스템에 설치된 date의 버전을 다음 예제처럼 보여줍니다.

```
# date의 현재 버전을 보여줌
[nalee@localhost ~]$ date --version
date (GNU coreutils) 8.22
Copyright (C) 2013 Free Software Foundation, Inc.
License GPLv3+: GNU GPL version 3 or later <http://gnu.org/licenses/gpl.html>.
This is free software: you are free to change and redistribute it.
There is NO WARRANTY, to the extent permitted by law.

Written by David MacKenzie.
```

7.3 date 포맷

date 포맷은 날짜와 포맷을 내가 원하는 형식으로 출력할 수 있도록 도와줍니다. % 퍼센트 기호와 함께 사용되며 요일, 년, 월, 일, 시, 분, 초 등을 조합하여 원하는 날짜와 시간으로 출력할 수 있습니다. 다음은 이런 date의 포맷을 정리한 것으로 다음과 같은 포맷을 사용하면, 다양하게 날짜와 시간을 표현할 수 있습니다.

포맷	설명	포맷	설명
%%	% 기호	%N	나노초(000000000..999999999)
%a	로케일 타입의 짧은 요일(예: Sun)	%p	로케일 타입의 AM 또는 PM
%A	로케일 타입의 요일(예: Sunday)	%P	%p와 동일하며, 소문자임
%b	로케일 타입의 짧은 월(예: Jan)	%r	로케일 타입의 시(예: 11:11:04 PM)
%B	로케일 타입의 월(예: January)	%R	24시간 기준의 시와 분, %H:%M과 동일
%c	로케일에 따른 날짜와 시간 (예: Thu Mar 3 23:05:25 2005)	%s	UTC 타입의 초
		%S	초 (00..60)
%C	세기(예: 20)	%t	탭
%d	일(예: 01)	%T	시간(%H:%M:%S)
%D	날짜 %m/%d/%y)	%u	요일 (1..7); 1은 월요일임
%e	일 %_d와 동일함	%U	일요일로 시작하는 연도의 주수(00..53)
%F	날짜(%Y-%m-%d)	%V	월요일로 시작하는 연도의 주수(01..53)
%g	2 자리수 연도	%w	주별 일수 (0..6); 0은 일요일임
%G	4 자리수 연도	%W	월요일로 시작하는 연도별 주수(00..53)

%h	%b 와 동일함	%x	로케일 타입의 날짜(예: 12/31/99)
%H	시(00..23)	%X	로케일 타입의 시간(예: 23:13:48)
%I	시(01..12)	%y	연도(00..99)
%j	일(001..366)	%Y	연도
%k	시(0..23), %_H와 동일함	%z	타임존(예: +0900)
%l	시(1..12), %_I 와 동일함	%:z	타임존(예: +09:00)
%m	월(01..12)	%::z	타임존(예: +09:00:00)
%M	분(00..59)	%:::z	타임존(예: +09, +05:30)
%n	뉴라인	%Z	타임존(예: KST)

예제1) 2020-06-11 형식으로 날짜를 표현할 경우

date 포맷 예제는 다른 명령어와 다르게 포맷 형식을 하나하나 실행하는 것보다는 여러 포맷 기호를 조합하여 다양한 날짜 표현을 예제화하였습니다. 다음 예제는 포맷 기호를 조합하여 현재 날짜를 2020-06-11 형식으로 출력합니다. 연도 4자리를 전부 표현하는 포맷 기호는 %Y 이며, 월은 %m일은 %d입니다. 해당 포맷 기호를 대시- 기호와 연결하면 다음과 같이 2020-06-11 형식으로 날짜를 출력할 수 있습니다.

```
# 년-월-일 형태의 날짜 표현
[nalee@localhost ~]$ date +%Y-%m-%d
 2020-06-11
```

예제2) 06-11-20 형식으로 날짜를 표현할 경우

다음 예제는 연도를 표시할 때 4자리로 된 연도가 아니라 2자리로 된 연도를 표시합니다. 이런 경우에는 소문자 y로 된 %y를 이용하면 두 자리수로 된 연도를 표현할 수 있습니다.

```
# 월-일-년(00) 형태의 날짜 표현
[nalee@localhost ~]$ date +%m-%d-%y
 06-11-20
```

예제3) 11-Jun-2020 형식으로 날짜를 표현할 경우

월을 표현할 때는 숫자로 이루어진 월을 표현할 때도 있지만, 영문으로 된 월을 표현할 때도 있습니다. 영문으로 월을 표현할 때는 완전한 단어로 표현할 때도 있고, 짧은 단어로 표현할 때도 있습니다. %b를 사용하면 짧은 영문 형식의 월을 다음 예제와 같이 표현할 수 있습니다.

```
# 일-영문월-년 형식의 날짜 표현
[nalee@localhost ~]$ date +%d-%b-%Y
11-Jun-2020
```

예제4) 1:20:20 PM 형식으로 시간을 표현할 경우

이번에는 시간 표현법을 살펴보겠습니다. 시간을 표현할 때는 시:분:초로 주로 표현하며, 시는 24시간 기준으로 표현하는 방법이 있고, 12시간을 기준으로 표현하는 방법이 있습니다. 12시간을 기준으로 표현할 때는 오전은 AM, 오후는 PM을 표시합니다. 다음 예제 같은 경우에는 12시간 기준의 시를 의미하는 %l, 분을 의미하는 %M, 초를 의미하는 %S와 AM과 PM을 표현해주는 %p를 사용하여 다음과 같이 표현할 수 있습니다.

```
# 12시간 기준의 시:분:초 AM/PM 형식의 시간 표현
[nalee@localhost ~]$ date '+%l:%M:%S %p'
12:39:04 PM
```

예제5) 13:20:20 형식으로 시간을 표현할 경우

24시간을 기준으로 시를 표현할 때는 %k를 사용하여 다음과 같이 표현할 수 있습니다.

```
# 24시간 기준의 시:분:초 시간 표현
[nalee@localhost ~]$ date '+%k:%M:%S'
12:40:43
```

예제6) 2020-06-11 09:10 PM 형식으로 날짜를 표현할 경우

다음은 날짜와 시간을 함께 표현한 예제입니다. 연도는 4자리수 연도이고, 시는 12시 기준의 시를 표현하였으며, 12시 기준이기 때문에 AM/PM을 함께 표현하였습니다. 날짜 포맷을 사용할 경우 스페이스를 함께 사용하면 다음과 같이 반드시 따옴표 ''나 쌍따옴표 ""로 묶어주어야 합니다.

```
# 년-월-일 시:분:초 AM/PM 형식의 날짜 표현
[nalee@localhost ~]$ date '+%Y-%m-%d %l:%M %p'
2020-06-11 12:43 PM
```

예제7) 2020-06-11 20:20 KST +09:00 형식으로 날짜를 표현할 경우

때로는 날짜를 표현하다보면 타임존에 대한 정보를 함께 표현할 경우가 있습니다. 이런 경우에는 타임 존을 의미하는 %Z와 표준시간대인 UTC로부터 증가되거나 감소한 시간차를 표현할 때 쓰는 %z 또는 %:z와 같은 포맷을 사용할 수 있습니다.

```
# 년-월-일 시:분:초 타임존 시간차 형식의 날짜 표현
[nalee@localhost ~]$ date '+%Y-%m-%d %k:%M %Z %:z'
2020-06-11 21:36 KST +09:00
```

예제8) Thursday, June 11, 2020 형식으로 날짜를 표현할 경우

이번에 살펴볼 예제는 영문으로 요일과 월을 표현할 경우입니다. 영문으로 요일을 표현할 때도 완전한 스펠링으로 이루어진 표현과 짧은 영문으로 표현할 경우가 있습니다. 다음 예제는 완전한 단어로 표현한 경우입니다. 완전한 영어로 요일을 표현할 때는 %A를 사용하고, 월을 표현할 때는 %B를 사용합니다.

```
# 요일, 월 일,년 형식의 날짜 표현
[nalee@localhost ~]$  date '+%A, %B %d,%Y'
Thursday, June 11,2020
```

예제9) Thursday, June 11, 2020 at 09:10:30 AM 형식으로 날짜를 표현할 경우

물론 다음 예제처럼 영문 표기법으로 날짜와 시간을 함께 표현할 수도 있습니다.

```
# 요일, 월 일,년 at 시:분:초 AM/PM 형식의 날짜 표현
[nalee@localhost ~]$ date '+%A, %B %d,%Y at %H:%M:%S %p'
Thursday, June 11,2020 at 12:45:37 PM
```

예제10) 20200611122623 형식으로 날짜를 표현할 경우

백업 파일을 만들거나 로그를 생성할 경우에는 다음과 같이 날짜와 시간을 모두 붙여 종종 사용하곤 합니다. 다음 예제는 년월일시분초에 해당하는 포맷을 모두 붙여 사용하였습니다.

```
# 년월일시분초 형식의 날짜 표현
[nalee@localhost ~]$ date +%Y%m%d%H%M%S
20200611124638
```

예제11) 기타

앞에서 살펴본 예제 이외에도 현재 설정되어 있는 로케일 형식의 날짜 표현이라던가, 날짜와 시간을 따로 표현할 수도 있으며, 세기를 계산하거나, 요일을 숫자로 표현할 수도 있습니다. 다음 예제는 앞에서 살펴보지 못한 포맷들을 이용하여 다양하게 표현해 보았습니다.

```
# 로케일 형식의 날짜와 시간 표현
[nalee@localhost ~]$ date +%c
Thu 11 Jun 2020 09:10:57 PM KST
# 로케일 형식의 날짜 표현
[nalee@localhost ~]$ date +%x
06/11/2020
# 로케일 형식의 시간 표현
[nalee@localhost ~]$ date +%X
09:20:03 PM
# 100년 뒤는 몇 세기일까?
[nalee@localhost ~]$ echo "The $(date -d '+100 years' +%Y) is the $(date -d '+100
years' +%C) century."
The 2120 is the 21 century.
# 오늘은 몇 번째 요일일까?
[nalee@localhost ~]$ echo "Today is the $(date +%u)th day of the week."
Today is the 4th day of the week.
# 이번 주는 올해의 몇 번째 주일까?
[nalee@localhost ~]$ echo "This week is the $(date +%V)th week of the year."
This week is the 24th week of the year.
```

◈ 마무리

date는 현재 날짜와 시간을 다양하게 표현할 수 있습니다. 사용 용도에 따라, 날짜만 표현할 수도 있고, 시간만 표현할 수도 있습니다. 시스템 파일을 찾을 경우 특정일자에 수정한 파일을 찾는다거나 백업 파일을 만들 경우, 사용자가 직접 만든 셸 스크립트를 이용하여 로그를 생성할 경우에도 date를 사용할 수 있습니다.

3부
예제와 함께 하는
셸 스크립트 활용

3부에서 다루는 내용

1부와 2부에서 셸 스크립트를 생성하기 위한 기초 지식을 습득했다면 이제 습득한 기초 지식을 가지고, 실무에 활용할 차례입니다. 시스템을 운영하거나 개발환경을 구축할 경우, 또는 클라우드 시스템을 운영할 경우에 발생하는 다양한 상황에서 어떻게 셸 스크립트를 활용하는지 알아보도록 하겠습니다. 또한 3부에서는 다양한 상황을 가정하고, 해당 상황에서 어떻게 문제를 해결할 것인지 방법을 찾고, 찾은 방법에 따라 해당 스크립트를 생성하고, 스크립트를 통해 문제를 해결하는 방식으로 상황 ▶ 방법 찾기 ▶ 스크립트 생성 ▶ 문제 해결 순으로 각 챕터를 구성하였습니다.

## CHAPTER 8

시스템 구축

우리는 시스템을 사용하기 위해 가장 먼저 시스템을 구축합니다. 사용자 계정을 만들고, 해당 사용자 계정으로 시스템에 접속할 수 있도록 SSH Key를 생성합니다. 그리고, 여러 시스템의 시간대를 설정하고 동기화를 합니다. 이렇게 시스템을 구축하면서 여러 상황이 발생할 때 셸 스크립트를 사용해 문제를 효율적으로 해결할 수 있도록 예제를 통해 셸 스크립트 사용법을 배워보겠습니다.

8.1 사용자 계정을 만들 때

상황

시스템을 구축하면 가장 먼저 하는 일은 사용자 계정을 만드는 일입니다. 시스템에 접속할 사용자 계정을 만들 수도 있고, 특정 서비스를 구축하기 위한 사용자 계정을 만들 수도 있습니다. 물론 시스템 한 대에서 사용자 계정을 만든다면 상관없지만, 여러 서버에서 동일한 계정을 생성해야 하거나, 여러 계정을 만들어야 할 경우에는 단순하지만 많은 시간이 소요됩니다. 지금부터 이런 상황이 발생했을 경우 활용할 수 있는 셸 스크립트 생성 방법을 찾아보도록 하겠습니다.

방법 찾기

셸 스크립트를 생성한다는 것은 셸 스크립트를 개발한다는 것과 같은 의미입니다. 모든 개발에는 프로세스가 존재하며, 개발을 효율적으로 하기 위해서는 프로세스 설계가 반드시 필요합니다. 특히 시스템을 다루어 본 경험이 얼마 없다거나, 셸 스크립트를 이제 배우기 시작한 경우에는 더욱더 프로세스 설계가 필요합니다. 먼저 다수의 사용자 계정을 생성할 경우와 여러 시스템에 동일한 사용자 계정을 만들 경우에 필요한 프로세스와 명령어들을 나열해 보겠습니다.

필요한 정보
- 사용자 계정 ID와 패스워드 필요
- 사용자 계정 생성 명령어: useradd
- 패스워드 설정 명령어: passwd

프로세스
- 사용자 계정과 패스워드를 입력받는다.
- 입력 정보가 없으면 에러 메시지를 보여주고 셸 스크립트를 종료한다.
- 여러 명의 사용자 계정을 생성할 경우에는 for문을 이용한다.
- 생성하고자 하는 사용자 계정이 있는지 확인한다.
- 사용자 계정이 없으면 사용자 계정을 생성하고, 패스워드를 설정한다.
- 만일 사용자 계정이 있으면 계정이 있다고 메시지를 보여준다.

스크립트 생성

앞에서 사용자 계정을 생성하기 위해 정보를 수집하고 프로세스를 만들어봤습니다. 그럼, 이제 생성한 프로세스대로 셸 스크립트를 만들어 보겠습니다. 먼저 vi 에디터나 선호하는 편집기를 오픈합니다. 여기서는 일반적으로 많이 사용하는 vi 에디터를 사용하도록 하겠습니다.

```
[root@localhost ~]# vi adduser-script.sh
#!/bin/bash

# 사용자 계정 및 패스워드가 입력되었는지 확인
if [[ -n $1 ]] && [[ -n $2 ]]  ❶
then

  UserList=($1)  ❷
  Password=($2)

  # for문을 이용하여 사용자 계정 생성
  for (( i=0; i < ${#UserList[@]}; i++ ))  ❸
  do
    # if문을 사용하여 사용자 계정이 있는지 확인
    if [[ $(cat /etc/passwd | grep ${UserList[$i]} | wc -l) == 0 ]]  ❹
```

```
    then
        # 사용자 생성 및 패스워드 설정
        useradd ${UserList[$i]}    ❺
        echo ${Password[$i]} | passwd ${UserList[$i]} --stdin
    else
        # 사용자가 있다고 메시지를 보여줌
        echo "this user ${UserList[$i]} is existing."
    fi
  done

else
  # 사용자 계정과 패스워드를 입력하라는 메시지를 보여줌
  echo -e 'Please input user id and password.\nUsage: adduser-script.sh "user01
user02" "pw01 pw02"'
fi
```

그럼, 생성한 스크립트에 어떤 문법들이 사용되었는지 살펴보도록 하겠습니다.

❶ 사용자 계정과 패스워드가 입력되었는지 확인하기 위해 if문을 사용하였습니다. 그리고, 입력된 문자열 길이가 0이 아니면 참을 리턴하는 문자열 연산자를 사용하였으며, 사용자 계정과 패스워드가 모두 입력되었는지 확인하기 위해 && AND 논리 연산이 사용되었습니다. 그리고, 입력되는 값이 외부에서 입력되는 파라미터이므로, 더블 중괄호[[ ]]를 사용하였습니다.

❷ 외부에서 입력받은 사용자 계정과 패스워드를 변수에 배열로 할당합니다. 이는 여러 건의 사용자 생성과 패스워드 설정을 처리하기 위함입니다.

❸ 여러 건의 사용자를 생성하기 위해 for문을 사용하였으며, 배열로 사용자 계정이 할당된 UserList의 길이만큼 사용자를 생성하기 위해 ${#배열형변수명[@]}를 사용하였습니다. 이렇게 표현하면 해당 변수의 길이를 구할 수 있습니다.

❹ 이번에는 grep 명령어를 사용하여 /etc/passwd에 생성하고자 하는 사용자 정보가 있는지 확인합니다. 그리고, 결과값을 개수로 세어 개수가 0이면 사용자를 아직 생성하지 않았다는 의미입니다.

❺ 사용자를 생성할 때 인덱스에 해당하는 배열의 값을 가지고 오기 위해 ${배열형변수명[인덱스]}를 사용하였습니다.

이렇게 해서 다수의 사용자 계정을 생성할 수 있는 스크립트를 생성해 보았습니다. 그럼, 단일 사용자 계정을 여러 서버에 생성할 경우에는 어떻게 하면 효율적으로 스크립트를 활용해 사용자를 생성할 수 있을까요? 이런 경우에는 ssh를 활용하여 다른 서버에 사용자 계정을 생성할 수 있습니다. 다음 예제는 여러 서버에 사용자를 생성하고 패스워드를 설정하는 매우 간단한 스크립트입니다.

```
[root@localhost ~]# vi multisystem-adduser.sh
#!/bin/bash

for server in "host01 host02 host03"   ❶
do
  # 여러 대의 시스템에 사용자 생성 및 패스워드 설정
  echo $server
  ssh root@$server "useradd $1"   ❷
  ssh root@$server "echo $2 | passwd $1 --stdin"
done
```

해당 스크립트는 생성하기 전에 먼저 사용자 계정을 생성하고자 하는 서버의 도메인 주소나 IP 주소를 알고 있어야 하며, ssh를 통해 root 계정으로 접속되어야 합니다. 그럼, 잠시 스크립트를 살펴보도록 하겠습니다.

❶ 여러 서버에 접속하기 위해 for문을 사용하였습니다.

❷ ssh를 이용해 서버에 접속할 경우 for문에서 선언된 server라는 변수를 사용하였습니다. ssh 접속 정보를 선언한 후에는 해당 서버에서 실행할 명령어를 적어주면 되는데, 이때 사용자 생성을 위한 useradd 명령어와 패스워드 설정을 위한 passwd 명령어를 사용합니다. 또한, 명령어와 명령어에 넘겨줄 파라미터는 쌍따옴표 ""로 묶어주면 명령어가 어디서부터 어디까지인지를 정확하게 인식할 수 있습니다.

이렇게 해서 원격 서버의 사용자 생성 및 패스워드 설정을 위한 스크립트를 생성해 보았습니다. 해당 스크립트에는 여러 계정을 생성하기 위해 스크립트에 있는 조건문은 사용되지 않았습니다. 앞서 생성한 adduser-script.sh를 활용하여 좀더 완성된 스크립트를 생성해보기 바랍니다.

문제 해결

스크립트 생성이 끝났다면 이제 스크립트를 실행하여 여러 사용자 계정을 생성하고, 패스워드를 설정해 보겠습니다. 먼저 adduser-script.sh를 실행해 보겠습니다. 사용자 ID와 패스워드를 입력하지 않았을 경우 에러 메시지를 잘 보여주는지는 테스트해 보고, 실제로 사용자 ID와 패스워드를 함께 입력한 후 스크립트를 실행해 봅니다. 사용자가 생성되었고, 해당 사용자의 패스워드가 잘 설정된 것을 확인할 수 있습니다. 그 다음에는 동일한 사용자 정보로 다시 스크립트를 실행하여 사용자가 존재하는지 여부를 메시지로 보여주는지 테스트를 합니다.

```
# 사용자 계정과 패스워드를 입력하지 않았을 경우
[root@localhost ~]# sh adduser-script.sh
Please input user id and password.
Usage: adduser-script.sh "user01 user02" "pw01 pw02"
# 사용자 계정과 패스워드를 정상적으로 입력한 경우
[root@localhost ~]# sh adduser-script.sh "user01 user02" "user01pw! user02pw!"
Changing password for user user01.
passwd: all authentication tokens updated successfully.
Changing password for user user02.
passwd: all authentication tokens updated successfully.
# 사용자 계정과 패스워드가 있을 경우
[root@localhost ~]# sh adduser-script.sh "user01 user02" "user01pw! user02pw!"
this user user01 is existing.
this user user02 is existing.
```

이번에는 여러 대의 서버에 단일 사용자 생성을 해 보겠습니다. 여러 대의 서버에 사용자가 생성되고, 패스워드가 설정되는 것을 확인할 수 있습니다.

```
# 여러 대의 시스템에 사용자 생성 및 패스워드 설정
[root@localhost ~]# sh multisystem-adduser.sh stack stackpw
host01
Changing password for user stack.
passwd: all authentication tokens updated successfully.
host02
Changing password for user stack.
passwd: all authentication tokens updated successfully.
host03
Changing password for user stack.
passwd: all authentication tokens updated successfully.
```

8.2 SSH Key를 여러 서버에 복사할 때

상황

시스템을 구축하고, 애플리케이션을 설치할 경우 해당 애플리케이션을 사용하는 서버들끼리는 ssh 접속을 할 때 패스워드 대신 SSH 키를 주로 사용합니다. 그리고, SSH 공개 키를 복사하여 패스워드 입력없이 서버에 접속합니다. 이와 같은 경우에도 서버가 한두 대라면 상관이 없지만, 3대 이상이면 매우 번거로운 일이 발생합니다. 이때 간단하게 셸 스크립트를 만들어 사용하면 쉽고 빠르게 SSH 공개 키를 여러 서버에 복사할 수 있습니다.

방법 찾기

셸 스크립트를 이용하여 SSH 키를 복사하기 위해서는 SSH 키를 먼저 생성한 후 해당 키를 여러 서버에 복사합니다. 이때 어떤 계정으로 키를 복사할지 여부와 해당 계정의 패스워드를 알고 있어야 합니다. 그럼, 필요한 정보들이 무엇이 있는지 알아보고, 프로세스화를 해보도록 하겠습니다.

필요한 정보

- SSH Key 생성 명령어: ssh-keygen
- SSH Key 복사 명령어: ssh-copy-id
- 접속할 서버 정보: IP, 접속 계정 및 패스워드

프로세스

- 접속할 서버 정보 및 SSH 키, 공개 키 경로를 변수에 저장한다.
- SSH Key를 생성한다.
- 생성한 SSH 공개 키를 해당 서버에 복사한다.

스크립트 생성

수집된 정보와 프로세스를 바탕으로 스크립트를 생성해 보도록 하겠습니다. 먼저 서버 정보와 SSH 키가 생성된 디렉터리 경로 및 복사할 공개 키의 경로를 변수에 저장합니다. 그리고, ssh-keygen 명령어를 이용하여 ssh-key를 생성합니다. 마지막으로 생성된 공개 키를 해당 서버에 복사합니다.

```
[nalee@localhost ~]$ vi send-new-ssh-key.sh
#!/bin/bash

# 접속할 서버 정보, SSH 키 경로, 공개 키 경로를 변수에 저장
servers="host01 host02"
sshKey="$HOME/.ssh/key.pem"    ❶
sshPub="$HOME/.ssh/key.pem.pub"

# SSH Key 생성
```

```
ssh-keygen -q -N "" -f $sshKey

# 생성된 SSH Key를 해당 서버에 복사
for server in $servers   ❷
do
  echo $server
  sshpass -p "$1" ssh-copy-id -i $sshPub stack@$server   ❸
done
```

생성된 스크립트에 사용된 문법들을 살펴보겠습니다.

❶ SSH 키가 생성될 경로를 저장할 때, $HOME이라는 환경변수를 사용하여 스크립트가 실행되는 계정의 홈
  디렉터리 아래의 .ssh 디렉터리에 SSH 키와 공개 키가 생성됩니다.

❷ for문을 사용하여 설정한 서버 개수만큼 다음 작업을 반복합니다.

❸ 공개 키를 해당 서버에 복사할 때 해당 서버에 접속할 것인지 물어보는 메시지와 패스워드가 무엇인지 물어보
  는 메시지를 없애기 위해 sshpass 명령어와 ssh-copy-id 명령어를 사용하여 공개 키를 복사합니다. 이
  때 패스워드는 보안을 위해 스크립트를 실행할 때 입력받는 것이 좋습니다.

문제 해결

앞에서 생성한 스크립트를 실행하여 host01 서버와 host02 서버에 생성한 SSH 공개 키를 복
사해 보도록 하겠습니다. 다음과 같이 셸 스크립트를 실행하면 사용자에게 그 어떤 질문없이
SSH 키가 생성되고, 해당 키가 host01과 host02 서버에 복사됩니다. 스크립트 실행이 끝나면
ssh 명령어를 통해 해당 서버에 접속해 봅니다. 패스워드를 물어보지 않고 바로 접속된다면 셸
스크립트 수행이 정상적으로 끝난 것입니다.

```
# host01 서버와 host02 서버에 SSH 공개 키가 복사됨
[nalee@localhost ~]$ sh send-new-ssh-key.sh stackpw
host01
/usr/bin/ssh-copy-id: INFO: Source of key(s) to be installed: "/home/nalee/.ssh/
key.pem.pub"
/usr/bin/ssh-copy-id: INFO: attempting to log in with the new key(s), to filter
out any that are already installed
/usr/bin/ssh-copy-id: INFO: 1 key(s) remain to be installed -- if you are prompted
now it is to install the new keys

Number of key(s) added: 1

Now try logging into the machine, with:   "ssh 'stack@host01'"
```

```
and check to make sure that only the key(s) you wanted were added.

host02
/usr/bin/ssh-copy-id: INFO: Source of key(s) to be installed: "/home/nalee/.ssh/
key.pem.pub"
/usr/bin/ssh-copy-id: INFO: attempting to log in with the new key(s), to filter
out any that are already installed
/usr/bin/ssh-copy-id: INFO: 1 key(s) remain to be installed -- if you are prompted
now it is to install the new keys

Number of key(s) added: 1

Now try logging into the machine, with:   "ssh 'stack@host02'"
and check to make sure that only the key(s) you wanted were added.

# 패스워드를 물어보지 않고 ssh를 통해 서버에 접속됨
[nalee@localhost ~]$ ssh stack@host01
...
Last login: Fri Jun 12 13:14:38 2020 from 192.168.122.10
[stack@host01 ~]$
```

8.3 다수의 서버에 NTP 서버를 설치할 때

상황

NTP는 Network Time Protocol의 약자로 특정 애플리케이션 서비스를 위해 클러스터로 묶여있는 서버들의 시간을 동기화하기 위해 설치하는 서비스입니다. 만약 서버 간의 시간이 서로 맞지 않을 경우에는 데이터의 생성 시간이 서로 맞지 않아 오류가 발생되기도 합니다. 따라서, 매우 중요한 서비스라 볼 수 있습니다. 이런 서비스를 여러 서버에 설치해야 할 경우 셸 스크립트를 활용한다면 훨씬 유용할 것입니다.

방법 찾기

NTP를 설치하기 위해서는 패키지 리포지터리가 설정되어 있어야 하며, 오픈소스 리눅스 같은 경우에는 인터넷이 되는 환경이여야 합니다. 만일 인터넷이 안되는 환경이라면 내부에 로컬 리포지터리를 가지고 있어야 합니다. 그럼, NTP를 설치하기 위해 필요한 정보를 수집하고, 프로세스화를 해 보겠습니다.

필요한 정보

- NTP 설치 명령어: 페도라 계열 리눅스 – yum install ntp
- NTP 설치 명령어: 데비안 계열 리눅스 – apt–get install ntp
- NTP 서버 정보, NTP를 설치할 대상 서버 정보

프로세스

- NTP를 설치할 대상 서버 정보를 변수에 저장한다.
- 리눅스가 페도라 계열인지 데비안 계열인지 체크한다.
- 페도라 계열이면 yum install로 ntp를 해당 서버에 설치한다.
- 데비안 계열이면 apt–get install로 ntp를 해당 서버에 설치한다.

스크립트 생성

필요한 명령어를 알아보고 스크립트 생성 순서를 프로세스화했으면, 이번에는 스크립트를 생성합니다. SSH를 통해 NTP를 설치하려면 root 권한이 있는 사용자 계정이나 root 계정을 사용해야 합니다.

```
[nalee@localhost ~]$ vi install-ntp.sh
#!/bin/bash

# NTP를 설치할 대상 서버정보 저장
servers='host01 host02 host03'
cmd1='cat /etc/*release| grep ID_LIKE | sed "s/ID_LIKE=//;s/\"//g"'   ❶
cmd2=''

for server in $servers; do
  # 해당 서버의 운영체제 타입 확인
  ostype=$(sshpass -p $1 ssh root@$server $cmd1)   ❷

  # 운영체제가 Fedora 계열인지 Debian 계열인지 체크
  if [[ $ostype == "fedora" ]]; then   ❸
    cmd2="yum install -y ntp"
  elif [[ $ostype == "debian" ]]; then
    cmd2="apt-get install -y ntp"
  fi

  # 해당 운영체제에 ntp 설치
```

```
    sshpass -p $1 ssh root@$server $cmd2   ❹
done
```

그럼, 이번 스크립트에서 사용된 명령어와 문법들을 살펴보겠습니다.

- ❶ fedora 계열의 리눅스는 /etc/redhat-release에서 운영체제 타입을 확인할 수 있습니다. 그리고, debian 계열의 리눅스에서는 os-release에서 운영체제 타입을 확인할 수 있습니다. 이때, 운영체제 타입에 해당하는 옵션값이 바로 ID_LIKE입니다. 따라서, cat을 이용해 /etc/*release 파일을 확인하여 grep으로 ID_LIKE를 조회하면 해당 값을 확인할 수 있습니다. 여기서 값은 ID_LIKE="fedora", ID_LIKE=debian으로 조회되기 때문에 sed 명령어를 이용해 ID_LIKE=를 공백으로 변경합니다. 그리고, "fedora" 같은 경우에는 앞뒤에 붙어 있는 쌍따옴표를 없애주어야 합니다. 이를 sed로 처리할 수 있습니다.

- ❷ ssh를 통해 ❶에서 만들어준 명령어의 실행 결과를 ostype이라는 변수에 저장합니다. 셸 스크립트에서 명령어를 실행한 결과를 저장하기 위해서는 $(명령어)와 같이 소괄호를 사용해야 합니다.

- ❸ 운영체제 타입을 조회했다면 if문을 이용하여 fedora 계열인지 debian 계열인지를 확인합니다. 그리고, 해당 운영체제에 맞는 ntp 설치 명령어를 cmd2 변수에 저장합니다.

- ❹ 마지막으로 ssh를 통해 해당 서버에 ntp 설치 명령어를 실행합니다. 이때는 ssh 접속 계정은 설치 명령어를 사용하므로, root 계정이나 root 권한을 가진 사용자 계정을 사용해야 합니다.

문제 해결

스크립트 생성이 끝났으면 실행하여 host01 host02 host03 서버에 ntp를 설치합니다. 이렇게 간단한 스크립트 하나만 잘 만들어 놓아도, 해당 스크립트를 조금 수정하여 다시 재사용할 수 있습니다.

```
[nalee@localhost ~]$ sh install-ntp.sh rootpw
host01
Reading package lists...
Building dependency tree...
Reading state information...
The following additional packages will be installed:
  libevent-core-2.1-7 libevent-pthreads-2.1-7 libopts25 sntp
Suggested packages:
  ntp-doc
The following packages will be REMOVED:
  chrony
...
Processing triggers for libc-bin (2.31-0ubuntu9) ...
host02
```

```
Reading package lists...
Building dependency tree...
Reading state information...
The following additional packages will be installed:
  libevent-core-2.1-7 libevent-pthreads-2.1-7 libopts25 sntp
Suggested packages:
  ntp-doc
The following packages will be REMOVED:
  chrony
...
Processing triggers for libc-bin (2.31-0ubuntu9) ...
host03
Reading package lists...
Building dependency tree...
Reading state information...
The following additional packages will be installed:
  libevent-core-2.1-7 libevent-pthreads-2.1-7 libopts25 sntp
Suggested packages:
  ntp-doc
The following packages will be REMOVED:
  chrony
...
Processing triggers for libc-bin (2.31-0ubuntu9) ...
```

8.4 다수의 서버에 Timezone을 설정할 때

상황

시간을 표현할 때 UTC를 기준으로 각 나라마다 설정하는 시간 기준이 달라집니다. 이때 해당 지역의 표준시간을 설정하는 기준을 Timezone이라고 합니다. 대한민국의 Timezone은 'Asia/Seoul'입니다. 시스템을 설치할 때 Timezone까지 모두 설정하여 시스템을 설치하면 좋겠지만, 미처 그렇게 하지 못했을 경우에는 일일이 모든 시스템에 들어가서 Timezone을 확인해야 할 상황이 생기는 경우가 있습니다. 이런 경우 역시 셸 스크립트를 사용한다면 효율적으로 여러 서버의 Timezone을 확인하고 설정할 수 있습니다.

방법 찾기

TimeZone을 설정하기 위해서 필요한 명령어와 프로세스를 정리해 보도록 하겠습니다.

필요한 정보

- Timezone을 확인하기 위한 명령어: datetimectl status
- Timezone을 설정하기 위한 명령어: datetimectl set-timezone

프로세스

- 파라미터로 입력받은 Timezone을 변수에 저장한다.
- 해당 서버의 Timezone을 확인하기 위한 명령어를 저장한다.
- For문을 돌면서 해당 서버의 Timezone을 확인한다.
- 입력받은 Timezone과 해당 서버의 Timezone이 일치하는지 확인한다.
- 일치하지 않으면 입력받은 Timezone으로 해당 서버의 Timezone을 변경한다.

스크립트 생성

생성하고자 하는 셸 스크립트에 필요한 명령어 사용법도 알아보고, 프로세스를 만들었다 해도 실제로 셸 스크립트를 개발하다 보면 생각하지 못한 문제에 부딪히게 됩니다. 그런 경우에는 셸 스크립트에 사용할 명령어를 직접 실행해보고, 생각한 결과대로 실행되는지 테스트를 해봐야 합니다. 그러면 처음 셸 스크립트를 개발할 때는 힘이 들지만, 다음에 비슷한 업무를 수행해야 할 때는 매우 유용하게 사용할 수 있습니다. 그럼, 지금부터 조사한 명령어와 프로세스를 기반으로 셸 스크립트를 작성해 보겠습니다.

```
[nalee@localhost ~]$ vi set-timezone.sh
#!/bin/bash

# Timezone을 설정할 대상 정보 및 명령어 저장
servers="host01 host02 host03"
cmd1="timedatectl status | grep 'Time zone'"
cmd2="timedatectl set-timezone $1"

# timezone 또는 패스워드 둘 중 하나라도 입력하지 않았다면 스크립트 종료
if [[ -z $1 ]] || [[ -z $1 ]]; then  ❶
  echo -e 'Please input timezone and password\nUsage: sh set-timezone.sh Seoul/
Asia password'
  exit;
fi
```

```
for server in $servers
do
  # 해당 서버의 설정된 timezone 정보 조회
  timezone=$(sshpass -p $2 ssh root@$server "$cmd1" | awk '{print $3}')  ❷
  echo "$server: $timezone"

  # 설정하고자 하는 timezone과 조회된 timezone이 다른지 확인
  if [[ $timezone != $1 ]]  ❸
  then
    # timezone이 서로 다르면 해당 서버에 입력받은 timezone으로 설정
    sshpass -p $2 ssh root@$server $cmd2
    echo "$server timezone changed to $1"
  fi
done
```

이번 셸 스크립트에서 보고 가야 할 핵심 포인트 및 문법들을 잠시 살펴보겠습니다.

❶ 연산자 −z는 변수의 길이가 0이면 true를 리턴하는 연산자로써 timezone이나 접속하고자 하는 서버의 패스워드를 입력하지 않은 경우 echo를 이용하여 메시지를 보여주고, 스크립트를 종료합니다.

❷ timedatectl status 명령어를 실행하면 "Time zone: Asia/Seoul (KST, +0900)"과 항목을 확인할 수 있습니다. 해당 Time zone이 포함된 라인만 조회하기 위해 grep 명령어를 사용하였고, 조회된 결과에서 awk를 이용하여 3번째 인덱스에 해당하는 Asia/Seoul과 같은 timezone 정보만을 추출해 낼 수 있습니다.

❸ 변경할 대상 서버에서 조회한 timezone과 파라미터로 입력받은 timezone을 비교하는데, 문자열이 서로 다르면 if문 내의 대상 서버의 timezone 설정을 변경합니다.

문제 해결

이렇게 생성된 셸 스크립트를 직접 실행해 보고 검증합니다. set-timezone.sh만 실행했을 경우에는 예상대로 timezone과 패스워드를 입력하라는 메시지를 보여주고, set-timezone.sh를 timezone과 패스워드를 함께 실행한 경우에는 대상 서버의 timezone 결과를 보여주고, timezone과 패스워드가 다른 경우에는 입력한 timezone으로 변경합니다.

```
# 파라미터 없이 set-timezone.sh 실행 시 타임존과 패스워드를 입력하는 메시지 출력
[nalee@localhost ~]$ sh set-timezone.sh
Please input timezone and password
Usage: sh set-timezone.sh Seoul/Asia password
# 타임존과 패스워드 입력 시 host01, host03 타임존 변경
[nalee@localhost ~]$ sh set-timezone.sh Asia/Seoul rootpw
host01: Asia/Singapore
host01 timezone changed to Asia/Seoul
```

```
host02: Asia/Seoul
host03: Asia/Singapore
host03 timezone changed to Asia/Seoul
```

이때 timezone을 어떻게 써야 할지 잘 모르겠다면 timedatectl list-timezones 명령어를
이용하여 timezone을 찾아볼 수 있습니다. 또한, grep 명령어를 이용하여 원하는 지역의
timezone을 검색해 볼 수 있습니다.

```
# timezone 목록 확인
[nalee@localhost ~]$ timedatectl list-timezones
Africa/Abidjan
Africa/Accra
Africa/Addis_Ababa
Africa/Algiers
Africa/Asmara
…
# grep을 이용해 원하는 지역의 timezone 검색
[nalee@localhost ~]$ timedatectl list-timezones | grep Tokyo
Asia/Tokyo
```

8.5 CLI를 이용하여 오픈스택 인스턴스를 생성할 때

상황

오픈스택은 기업의 퍼블릭 클라우드 시스템이나 프라이빗 클라우드 시스템을 구축할 때 사용
하는 오픈소스 소프트웨어입니다. 오픈스택을 사용하는 곳은 대체적으로 포탈이나 대시보드를
이용하여 인스턴스를 생성하지만, 운영을 하다 보면 때로는 명령어를 이용하여 인스턴스를 생
성해야 할 경우가 종종 있습니다. 인스턴스를 생성하기 위해서는 여러 가지 정보가 필요하고,
인스턴스 생성 명령어 또한 복잡합니다. 이런 경우 셸 스크립트를 이용하여 인스턴스를 만드는
과정을 저장해 둔다면 매우 유용하게 쓰일 것입니다.

방법 찾기

그럼, 인스턴스를 생성하기 위한 명령어들을 알아보고 프로세스화를 해보도록 하겠습니다.

필요한 정보

- 이미지 조회 명령어: openstack image list
- 네트워크 조회 명령어: openstack network list
- Flavor 조회 명령어: openstack flavor list
- 보안그룹 조회 명령어: openstack security group list
- SSH 키 조회 명령어: openstack keypair list
- 인스턴스 생성 명령어: openstack server create

프로세스

- 인스턴스명을 입력받는다.
- 이미지 정보를 보여주고 생성하고자 하는 이미지명을 입력받는다.
- 네트워크 정보를 보여주고 네트워크명을 입력받는다.
- Flavor 정보를 보여주고 Flavor명을 입력받는다.
- 보안그룹 정보를 보여주고 보안그룹명을 입력받는다.
- SSH 키 정보를 보여주고 SSH 키를 입력받는다.
- 앞에서 입력받은 데이터를 이용하여 인스턴스를 생성한다.

스크립트 생성

어떤 명령어가 필요한지 알아보고 프로세스를 정리했다면 이번에는 프로세스에 따라 스크립트를 생성합니다. 처음 스크립트를 생성하거나, 스크립트를 생성할 일이 별로 없었던 사람이 스크립트를 생성한다면 처음부터 고급스러운 문법을 사용하려고 하지 말고, 평소에 자주 사용하던 명령어들을 파일로 저장해 둔다고 생각하면 좀 더 쉽게 셸 스크립트를 만들 수 있습니다.

```
[nalee@localhost ~]$ vi create-instance.sh
#!/bin/bash

# 인스턴스명 입력
read -p "Input instance name : " vmname      ❶

# 이미지 정보
echo "== Image List =="
openstack image list -c Name -f value        ❷
read -p  "Input image name : " image

# 네트워크 정보
echo "== Network List =="
openstack network list -c Name -f value
read -p "Input network name : " net
```

```
# Flaver 정보
echo "== Flavor List =="
openstack flavor list -c Name -f value
read -p "Input flavor name : " flavor

# 보안그룹 정보
echo "== Security group List =="
openstack security group list --project $OS_PROJECT_NAME -c Name -f value
read -p "Input security group name : " sec
secgrp=$(openstack security group list --project $OS_PROJECT_NAME -f value -c ID
-c Name | grep "$sec\$" | awk '{print $1}')  ❸

# SSH 키 정보
echo "== Keypair List =="
openstack keypair list -c Name -f value
read -p "Input keypair name : " keypair

# 볼륨 생성
echo "== Create volume =="
read -p "Input volume size: " size
openstack volume create --size $size --image $image --bootable $vmname

# 인스턴스 생성
echo "Create Instance Starting"
openstack server create \  ❹
--volume $(openstack volume list --name $vmname -f value -c ID) \
--flavor $flavor \
--security-group $secgrp \
--key-name $keypair \
--network $net \
--wait \
$vmname
```

그럼, 생성한 스크립트를 살펴보도록 하겠습니다.

❶ read 명령어는 외부 사용자로부터 파라미터를 직접 입력받을 때 사용하는 명령어입니다. -p 옵션은 프롬프트 메시지를 함께 보여줄 때 사용하는 옵션이며, vmname은 사용자로부터 입력받은 문자열을 저장하기 위해 사용하는 변수입니다.

❷ 오픈스택 명령어를 사용할 때 -c 옵션을 사용하면 특정 컬럼 정보만 조회할 수 있습니다. 따라서, -c Name 은 Name 컬럼만 출력하겠다는 의미입니다. -f value 옵션은 출력 시 헤더값을 제외하고, 결과값만 출력하겠다는 의미입니다. 따라서 다른 오픈스택 명령어도 이와 유사하게 명령어를 실행하였으며, 모두 Name 컬럼의 조회된 결과값만 출력합니다.

❸ 오픈스택 명령어를 실행한 결과를 변수에 저장합니다. 오픈스택의 보안 그룹을 조회하는 명령어인 openstack security group list는 모든 프로젝트의 보안 그룹 목록을 보여줍니다. 따라서, 명령어를 실행할 때 프로젝트에 해당하는 환경변수를 사용하여 보안 그룹 목록을 조회해야 합니다. 또한, 조회된 목록에서 특정 프로젝트만 필터링해야 하므로, grep과 awk 명령어를 추가 사용하여 보안그룹 UUID를 추출합니다.

❹ 프롬프트에서 여러 줄의 명령어를 입력할 때 역슬래시 \를 사용합니다. 셸 스크립트도 똑같이 역슬래시를 사용하면 여러 줄로 명령어를 입력하고, 사용할 수 있습니다.

문제 해결

이제 스크립트를 실행해 보겠습니다. 생성하고자 하는 프로젝트 정보를 임포트하기 위해 만들어 놓은 파일을 source 명령어를 통해 임포트한 후 셸 스크립트를 실행합니다. 인스턴스명, 이미지명, 네트워크 등의 정보를 입력하라는 프롬프트가 뜨면, 해당 정보를 입력하고 엔터 키를 누르면 다음 단계로 넘어갑니다. 또한 이번 스크립트는 오픈스택 클라이언트가 설치되어 있는 서버에서 실행해야 셸 스크립트가 정상적으로 동작합니다.

```
# 인증정보 import
[stack@osp ~]$ source overcloudrc
# 스크립트 실행을 통한 오픈스택 인스턴스 생성
(overcloud)[stack@osp ~]$ sh create-instance.sh
Input instance name : test
== Image List ==
cirros-0.5.1
rhel-server-7.7
Input image name : cirros-0.5.1
== Network List ==
ext_net
demo_net
Input network name : demo_net
== Flavor List ==
tiny
small
Input flavor name : tiny
== Security group List ==
default-seg
default
Input security group name : default
== Keypair List ==
demo_key
Input keypair name : demo_key
== Create volume ==
```

```
Input volume size: 10
+----------------------+------------------------------------+
| Field                | Value                              |
+----------------------+------------------------------------+
| attachments          | []                                 |
| availability_zone    | nova                               |
| bootable             | false                              |
| consistencygroup_id  | None                               |
| created_at           | 2020-06-13T09:18:41.000000         |
| description          | None                               |
| encrypted            | False                              |
| id                   | 5f0c588b-2a5c-49f9-87cc-403ae5b9a32d |
| migration_status     | None                               |
| multiattach          | False                              |
| name                 | test                               |
| properties           |                                    |
| replication_status   | None                               |
| size                 | 10                                 |
~
| user_id              | 5310212b71ce475dbaa0c49ab367a02c   |
+----------------------+------------------------------------+
Create Instance Starting

+------------------------------------+-------------------------------------------
+
| Field                              | Value                                      |
+------------------------------------+-------------------------------------------
+
| OS-DCF:diskConfig                  | MANUAL                                     |
| OS-EXT-AZ:availability_zone        | nova                                       |
| OS-EXT-SRV-ATTR:host               | com01.localdomain                          |
~
| key_name                           | demo_key                                   |
| name                               | test                                       |
| progress                           | 0                                          |
| project_id                         | 93332231ea804c2e991a6d9122196a42           |
| properties                         |                                            |
| security_groups                    | name='default'                             |
| status                             | ACTIVE                                     |
| updated                            | 2020-06-13T09:19:03Z                       |
| user_id                            | 5310212b71ce475dbaa0c49ab367a02c           |
| volumes_attached                   | id='5f0c588b-2a5c-49f9-87cc-403ae5b9a32d'  |
|                                    |                                            |
+------------------------------------+-------------------------------------------
+
```

8.6 패키지 리포지터리 다운로드할 때

상황

대부분의 회사에 구축되는 리눅스 서버들은 인터넷이 되지 않은 환경에서 구축되는 경우가 많습니다. 그래서, 회사 내부에 패키지 리포지터리를 구성하는 경우가 많습니다. 그런 경우에 시스템 엔지니어는 인터넷이 되는 DMZ 구간의 서버에서 외부 리포지터리와 내부 리포지터리를 정기적으로 동기화해야 합니다. 특히 기업에서 주로 쓰는 레드햇 리눅스일 경우 이런 작업을 해야 할 기회가 더 많습니다. 이런 경우 셸 스크립트를 이용하면 매번 명령어를 사용하지 않고, 쉽게 리포지터리의 패키지들을 다운로드할 수 있습니다. 우분투와 같은 데비안 계열의 리눅스에도 패키지 리포지터리를 동기화하는 방법이 있지만, 많이 사용하지 않으므로, 여기서는 레드햇 리눅스에 대한 패키지 리포지터리 동기화에 대해서만 알아보도록 하겠습니다.

방법 찾기

패키지 리포지터리를 다운로드 받기 위한 명령어와 셸 스크립트 개발을 위한 프로세스화를 해보겠습니다.

필요한 정보

- 패키지 리포지터리 동기화 명령어: reposync
- 디렉터리의 리포지터리화하는 명령어: createrepo

프로세스

- 동기화를 할 리포지터리는 외부로부터 입력받아 변수에 저장한다.
- 리포지터리를 저장할 경로를 저장한다.
- 운영체제 버전을 확인한다.
- 리포지터리를 동기화한다.
- 동기화가 끝나면 리포지터리를 다운로드 받은 경로를 createrepo를 통해 리포지터리화한다.

스크립트 생성

리포지터리 서버를 만들기 위해서는 주로 아파치 웹 서버를 사용합니다. 그리고, 레드햇 리눅스와 같은 경우에는 서브스크립션을 등록해야 합니다. 셸 스크립트는 이런 사전 준비를 할 경우에 셸 스크립트를 사용하지는 않습니다. 자주 수행하는 작업을 좀 더 효율적으로 수행하기

위해 셸 스크립트를 주로 작성합니다. 그럼, 그런 환경이 되어 있다는 가정에서 레드햇 리눅스
7 버전과 레드햇 리눅스 8 버전에서 사용할 수 있는 셸 스크립트를 개발해 보도록 하겠습니다.

```bash
[nalee@localhost ~]$ vi reposync.sh
#!/bin/bash

# 레파지토지 목록을 입력받지 않고, 파일에 직접 입력해도 됨
repolist=$1
repopath=/var/www/html/repo/
osversion=$(cat /etc/redhat-release | awk '{print $(NF-1)}')   ❶

# 리포지터리 입력이 없으면 메시지를 보여주고 스크립트 종료
if [[ -z $1 ]]; then
  echo "Please input repository list. You can get repository from [yum repolist]"
  echo "Rhel7 Usage: reposync.sh \"rhel-7-server-rpms\""
  echo "Rhel8 Usage: reposync.sh \"rhel-8-for-x86_64-baseos-rpms\""
  exit;
fi

# 운영체제 버전에 따라 입력한 레포지토리만큼 동기화를 함
for repo in $repolist; do
  # OS가 Rhel7일 경우
  if [ ${osversion:0:1} == 7 ]; then   ❷
    reposync --gpgcheck -l -n --repoid=$repo --download_path=$repopath
    # 해당 디렉터리를 리포지터리화한다.
    createrepo $repopath$repo
  # OS가 Rhel8일 경우
  elif [ ${osversion:0:1} == 8 ]; then
    reposync --download-metadata --repo=$repo -p $repopath
  fi
done
```

그럼, 생성한 스크립트에서 사용된 문법들을 살펴보도록 하겠습니다.

❶ /etc/redhat-release에는 레드햇 리눅스 이름과 버전이 적혀 있습니다. 여기서 버전 정보만 가져오기 위해 awk 명령어를 이용해 총 필드수 − 1번째의 문자열을 추출하면 레드햇 버전만 가져올 수 있습니다.

❷ ❶번에 가져온 버전 정보는 아마도 7.x나 8.x일 것입니다. 여기서 가장 앞문자 하나를 추출하기 위해 ${변수: 시작위치:길이}를 사용하여 운영체제 버전이 7인지 8인지를 확인했습니다.

문제 해결

이렇게 생성한 스크립트를 파라미터 없이 실행하면 리포지터리를 입력하라는 메시지와 사용법을 보여주고 스크립트를 종료합니다. 해당 버전에 맞는 리포지터리 정보와 함께 스크립트를 실행하면 자동으로 리포지터리에서 패키지들을 다운로드 받고, 패키지를 다운로드 받은 디렉터리를 리포지터리화합니다. 이제 다음 리포지터리를 다운로드 받기 위해 모니터링할 필요없이 스크립트를 돌려놓고, 다른 일을 해도 됩니다.

```
# 리포지터리 정보없이 스크립트 실행 시 메시지를 보여주고 종료
[nalee@localhost ~]$ sudo sh reposync.sh
Please input repository list. You can get repository from [yum repolist]
Rhel7 Usage: reposync.sh "rhel-7-server-rpms"
Rhel8 Usage: reposync.sh "rhel-8-for-x86_64-baseos-rpms"
# rhel-7-server-rpms에 대한 리포지터리를 다운로드 받음
[nalee@localhost ~]$ sudo sh reposync.sh "rhel-7-server-rpms"
Loaded plugins: langpacks, product-id, subscription-manager
rhel-7-server-rpms                                        | 3.5 kB  00:00:00
(1/1): rhel-7-server-rpms/7Server/x86_64/primary_db       |  70 MB  00:00:02
No Presto metadata available for rhel-7-server-rpms
(1/299): 389-ds-base-1.3.10.1-9.el7_8.x86_64.rpm          | 1.7 MB  00:00:00
(2/299): 389-ds-base-libs-1.3.10.1-9.el7_8.x86_64.rpm     | 711 kB  00:00:00
(3/299): augeas-1.4.0-9.el7_8.1.x86_64.rpm                |  40 kB  00:00:00
(4/299): augeas-libs-1.4.0-9.el7_8.1.i686.rpm             | 354 kB  00:00:00
...
Spawning worker 0 with 691 pkgs
Spawning worker 1 with 691 pkgs
Spawning worker 2 with 691 pkgs
Spawning worker 3 with 690 pkgs

...
Workers Finished
Saving Primary metadata
Saving file lists metadata
Saving other metadata
Generating sqlite DBs
Sqlite DBs complete
```

## CHAPTER 9

환경 설정

서버에 운영체제를 설치하고, 다양한 애플리케이션들을 설치하다 보면, 해당 애플리케이션이나 시스템에 환경 설정을 해야 하는 상황이 발생합니다. 예를 들어 클러스터된 서비스를 구축한다고 가정해봅시다. 클러스터 간에 ssh를 통해 패스워드 없이 ssh-key로 접속할 수 있도록 설정해야 할 수도 있고, 클러스터 간 시간 동기화를 위해 NTP 설정을 해야 하는 경우도 있습니다. 때로는 개발 서버 간 소스를 공유하기 위해 NFS 스토리지에 마운트를 해야 하는 상황도 발생합니다. 이런 경우 역시 셸 스크립트를 사용한다면 쉽게 환경 설정을 할 수 있습니다. 이번 챕터에서는 여러 시스템 환경 설정 상황을 가정하고, 해당 상황에서 어떻게 셸 스크립트를 생성하고, 이용하는지를 알아보도록 하겠습니다.

9.1 sshd 환경 설정 변경할 때

상황

대부분의 회사에 구축되는 리눅스 시스템은 보안을 위해 접근 제한을 하기도 하고, SSH 기본 포트인 22번 포트를 다른 포트로 변경하기도 합니다. 서버가 한두 대라면 상관이 없지만, 여러 대의 서버에 적용해야 한다거나, 시스템의 SSH 설정을 확인하고 조치까지 취해야 한다면 셸 스크립트가 매우 도움이 됩니다. 그럼, 지금부터 SSH 환경 설정을 위한 셸 스크립트 개발 방법을 찾아보겠습니다.

방법 찾기

SSH에서 가장 설정 변경을 많이 하는 항목들을 알아보고, 해당 항목들이 어떤 의미를 갖는지, 환경 설정파일에서 어떻게 표현되어 있는지 알아야 합니다. 우선 해당 항목들을 알아보고, 환경 설정파일의 위치 및 grep을 통해 해당 항목들이 어떻게 설정되어 있는지 확인합니다.

필요한 정보

- SSH 환경 설정파일 경로: /etc/ssh/sshd_config
- 많이 사용되는 환경 설정 항목
  - Port::SSH 기본 포트인 22번을 다른 번호로 변경할 때 주로 사용함
  - PermitRootLogin::root 계정으로 SSH 접근을 허용할지 여부
  - PasswordAuthentication:: 패스워드를 이용한 인증을 허용할지에 대한 여부
  - PubkeyAuthentication:: 퍼블릭키를 이용한 인증을 허용할지에 대한 여부

```
# Port는 22번이 기본 포트이며, 주석 처리되어 있음
[root@localhost ~]# cat /etc/ssh/sshd_config | grep 'Port'
# Port 22
# Root 계정으로 SSH 접근 허용할지 여부이며, 기본적으로 접근 불가함
[root@localhost ~]# cat /etc/ssh/sshd_config | grep 'PermitRootLogin'
#PermitRootLogin yes
# SSH 접근 시 패스워드로 접근을 허용할지 여부이며, 기본적으로 패스워드 접근임
[root@localhost ~]# cat /etc/ssh/sshd_config | grep 'PasswordAuthentication'
#PasswordAuthentication yes
# SSH 접근 시 SSH 키를 통해 접근을 허용할지 여부이며, 기본적으로 허용임
[root@localhost ~]# cat /etc/ssh/sshd_config | grep 'PubkeyAuthentication'
#PubkeyAuthentication yes
```

프로세스

- 환경 설정파일 경로를 변수에 저장한다.
- Switch~case문을 이용하여 해당 번호를 입력받으면 환경 설정을 한다.
- 해당 경로에서 해당 항목을 찾아 sed를 이용하여 값을 변경하고, 파일에 적용한다.
- 설정 변경이 되었으면 SSH 서비스를 재시작한다.
- 운영체제가 레드햇 리눅스이고, Port를 변경했다면 Selinux 설정을 변경한다.

스크립트 생성

필요한 명령어와 정보들을 수집하고, 프로세스화를 한다 해도 직접 스크립트를 작성하다 보면 스크립트 실행 결과가 생각한대로 나오지 않을 때가 있습니다. 그럴땐 당황하지 말고, 설정하고자 하는 환경 설정파일을 복사해, 미리 테스트를 해 보면 훨씬 도움이 됩니다.

```
[nalee@localhost ~]$ vi conf-sshd.sh
#!/bin/bash

conf_path=/etc/ssh/sshd_config

function restart_system()    ❶
{
  echo "Restart sshd"
  systemctl restart sshd
}

function selinux()
{
  # 운영체제가 레드햇 리눅스이고, port를 수정했을 경우
  if [[ $(cat /etc/*release | grep -i redhat | wc -l) > 1 ]] && [[ $1 == 1 ]]
  then
    # SELinux에 해당 port 추가
    echo "Add port $port to selinux"
    semanage port -a -t ssh_port_t -p tcp $port    ❷
  fi
}

# 환경 설정파일 백업
cp $conf_path ${conf_path}.bak.$(date +%Y%m%d)    ❸

case $1 in    ❹
  1)
  # Port 변경
  read -p "Please input port: " port
  exist_conf=$(cat $conf_path | grep -e '^#Port' -e '^Port')    ❺
  sed -i "s/$exist_conf/Port $port/g" $conf_path    ❻
  restart_system    ❼
  selinux $1    ❽
  ;;
  2)
  # PermitRootLogin 변경
  read -p "Please input PermitRootLogin yes or no: " rootyn
  exist_conf=$(cat $conf_path | grep -e '^#PermitRootLogin' -e '^PermitRootLogin')
  sed -i "s/^/PermitRootLogin $rootyn/g" $conf_path
  restart_system
  ;;
  3)
  # PasswordAuthentication 변경
  read -p "Please input PasswordAuthentication yes or no: " pwyn
```

```
exist_conf=$(cat $conf_path | grep -e '^#PasswordAuthentication' -e
'^PasswordAuthentication')
sed -i "s/$exist_conf/PasswordAuthentication $pwyn/g" $conf_path
restart_system
;;
4)
# PubkeyAuthentication 변경
read -p "Please input PubkeyAuthentication yes or no: " keyyn
exist_conf=$(cat $conf_path | grep -e '^#PubkeyAuthentication' -e
'^PubkeyAuthentication')
sed -i "s/$exist_conf/PubkeyAuthentication $keyyn/g" $conf_path
restart_system
;;
*)
echo "Please input with following number"
echo "1) Port  2) PermitRootLogin  3) PasswordAuthentication  4)
PubkeyAuthentication"
echo "Usage: config-sshd.sh 2"
esac
```

그럼, 작성된 셸 스크립트를 살펴보도록 하겠습니다.

❶ 셸 스크립트를 작성할 때 늘 변수만 사용하는 것은 아닙니다. 중복되는 코드를 줄이기 위해 함수를 사용할 경우도 많습니다. 함수를 만들 때는 function으로 시작하면 함수라는 의미이며, 함수 이름 뒤에는 반드시 소괄호( )를 열고 닫아주어야 합니다.

❷ semanage port -a -t ssh_port_t -p tcp $port는 레드햇 계열의 리눅스를 사용할 경우 보안을 위해 사용되는 SELinux의 ssh 포트에 변경한 포트를 추가함으로써 추가한 port를 ssh 용도로 사용할 수 있도록 허용합니다.

❸ cp $conf_path ${conf_path}.bak.$(date +%Y%m%d)는 기존 환경 설정파일을 환경 설정을 변경하기 전에 만일을 대비해 백업본을 만들어 줍니다. ${변수명}을 사용한 이유는 뒤에 오는 .bak와 구분하기 위해서며, 언제 작업을 했는지 알기 쉽도록 date 명령어를 써 년월일을 파일명 뒤에 오도록 하였습니다.

❹ 이번 셸 스크립트에서는 switch~case문을 이용하여 파라미터로 어떤 값을 입력받았느냐에 따라 명령어가 실행될 수 있도록 하였습니다.

❺ exist_conf=$(cat $conf_path | grep -e '^#Port' -e '^Port')는 기존 설정 정보를 사전에 확인하여 해당 라인을 변경할 수 있도록 하기 위해서입니다. 또한 설정을 변경했는데, 다른 값으로 다시 변경을 해야 할 경우에도 해당 라인을 찾아 변경하기 때문에 좀 더 정확도를 높일 수 있습니다.

❻ sed -i "s/$exist_conf/Port $port/g" $conf_path는 ❺에서 찾은 기존 설정 정보를 앞서 입력받은 포트 번호로 변경해 줍니다. sed의 -i 옵션은 직접 파일을 수정하기 때문에 사전에 -i 옵션 없이 테스트를 해보고 문제가 없을 경우 사용해야 합니다.

❼ restart_system은 앞서 생성한 함수를 호출합니다.

❽ selinux $1은 함수를 호출할 때, 셸 스크립트를 실행할 때 입력받은 파라미터를 함께 넘겨줍니다.

문제 해결

생성한 스크립트 파일을 실행해 보도록 하겠습니다. 우선, 파라미터 없이 스크립트를 실행해 봅니다. 스크립트 사용법을 잘 보여주는지 확인하고, 파라미터 1부터 4까지 실행합니다. 1인 경우에는 포트를 수정하며, 포트를 입력하면 입력한 포트로 설정을 변경합니다. 그리고, 서비스를 재시작하고 레드햇 리눅스일 경우에는 SELinux를 수정합니다. 2의 경우는 PermitRootLogin을 수정하며, yes나 no를 입력하면 입력한대로 설정을 수정합니다. 그리고, 서비스를 재시작합니다. 3과 4 역시 마찬가지입니다. 그럼, 마지막으로 환경 설정이 잘 적용되었는지 확인해 보고, 레드햇 리눅스라면 SELinux 설정도 확인해 봅니다. 셸 스크립트를 개발하기까지는 어려웠지만, 조금만 노력하고 개발해 놓으면 해당 스크립트를 수정하여 다양하게 응용할 수 있습니다.

```
# 파라미터 입력없이 스크립트를 실행하면 메시지를 보여줌
[root@localhost ~]# sh conf-sshd.sh
Please input with following number
1) Port  2) PermitRootLogin  3) PasswordAuthentication  4)PubkeyAuthentication
Usage: config-sshd.sh 2
# 1과 함께 셸 스크립트를 실행하면 Port를 수정하고, 서비스를 재시작함
[root@localhost ~]# conf-sshd.sh 1
Please input port: 28
Port 28
Restart sshd
Add port 28 to selinux
# 2와 함께 셸 스크립트를 실행하면 PermitRootLogin을 수정하고, 서비스를 재시작함
[root@localhost ~]# sh conf-sshd.sh 2
Please input PermitRootLogin yes or no:  no
Restart sshd
# 3과 함께 셸 스크립트를 실행하면 PasswordAuthentication을 수정하고, 서비스를 재시작함
[root@localhost ~]# sh conf-sshd.sh 3
Please input PasswordAuthentication yes or no: yes
Restart sshd
# 4와 함께 셸 스크립트를 실행하면 PubkeyAuthentication을 수정하고, 서비스를 재시작함
[root@localhost ~]# sh conf-sshd.sh 4
Please input PubkeyAuthentication yes or no: yes
Restart sshd
```

```
# 환경 설정이 잘 변경되었는지 확인
[root@localhost ~]# cat /etc/ssh/sshd_config | grep -e '^Port' -e '^Permit' -e
'^Password' -e '^Pubkey'
Port 22
PermitRootLogin no
PubkeyAuthentication yes
PasswordAuthentication yes
PasswordAuthentication yes
# SELinux에 포트가 잘 추가되었는지 확인
[root@localhost ~]# semanage port -l | grep ssh
ssh_port_t                          tcp       28, 22
```

9.2 ntp 서버 환경 설정할 때

상황

NTP는 Network Time Protocol의 약자로 서버 간의 시간을 동기화할 때 주로 사용합니다. 또한 인터넷이 되지 않은 환경이나, 회사 내부에서 사용할 목적으로 자체 NTP 서버를 구축하는 경우도 있습니다. NTP 서버는 말 그대로 ntp를 설치하여 구축할 수도 있고, 최근 ntp를 보완하여 나온 chrony를 설치하여 구축하는 경우도 있습니다. 이때, 스크립트를 이용하여 설치되어 있는 ntp 패키지를 확인하고 해당 환경 설정을 수정할 경우 셸 스크립트를 이용할 수 있으며, 여러 시스템을 구축할 때 셸 스크립트를 이용하여 환경 설정파일을 수정할 수 있습니다. 그럼, 지금부터 NTP 서버 환경 설정을 위한 셸 스크립트 개발 방법을 찾아보겠습니다.

방법 찾기

NTP 설정 변경 시 주로 설정하는 항목들을 알아보고, 해당 항목들이 어떤 의미를 갖는지, 환경 설정파일에서 어떻게 표현되어 있는지 알아야 합니다.

필요한 정보
- Chrony일 경우 환경 설정파일 경로: /etc/chrony.conf
- Ntp일 경우 환경 설정파일 경로: /etc/ntp.conf
- 설정될 환경 설정 항목들
  - ntp server pool:: ntp.conf와 chrony.conf에서 동일하게 사용되는 ntp 서버 목록

- allow : : ntp를 접근할 수 있는 네트워크 대역을 제한할 때 사용하며, chrony.conf에서 쓰임
- restrict : : ntp를 접근할 수 있는 네트워크 대역을 제한할 때 사용하며, ntp.conf에서 사용됨

프로세스

- 파라미터로 ip 대역을 입력받아 정규 표현식에 의해 ip 대역인지를 확인한다.
- 잘못 입력했다면 메시지를 출력한다.
- 설치된 ntp 패키지 정보를 확인한다.
- 기본으로 설정되어 있는 ntp 서버 풀을 주석 처리한다.
- 주석 처리된 서버 풀 아래에 로컬 서버 정보를 서버 풀로 추가한다.
- IP 대역을 확인 후 있으면 allow나 restrict로 설정한다.
- Ntp 서비스를 재시작한다.
- Firewall에 ntp 포트를 추가한다.

스크립트 생성

Ntp 설정과 관련된 정보를 확인하고 프로세스를 만들어보았으면, 이제 셸 스크립트를 작성합니다. 이번에는 함수를 이용하여 Netmask의 또 다른 표현법인 CIDR을 Netmask로 변경하는 함수를 만들어 보고, 외부로부터 입력받은 IP를 정규 표현식을 이용하여 정상적으로 입력했는지 확인합니다.

```
[nalee@localhost ~]$ vi config-ntp.sh
#!/bin/bash

ip=""
netmask=""
conf=""
service=""

# IP CIDR을 NetMask로 변경함
function transfer_iprange()
{
    ip=${1%/*}    ❶
    if [[ ${1#*/} == 16 ]]; then netmask="255.255.0.0"; fi    ❷
    if [[ ${1#*/} == 23 ]]; then netmask="255.255.254.0"; fi
    if [[ ${1#*/} == 24 ]]; then netmask="255.255.255.0"; fi
    if [[ ${1#*/} == 28 ]]; then netmask="255.255.240.0"; fi
}

if [[ -n $1 ]]; then
    # 정규 표현식을 이용하여 IP 범위를 정상적으로 입력했는지 확인
```

```
  range_chk=$(echo "$1" | grep -E "^[0-9]{1,3}.[0-9]{1,3}.[0-9]{1,3}.0/[0-9]{2}$"
| wc -l)  ❸
  # 정규 표현식과 다르다면 메시지를 출력하고 스크립트 종료
  if [[ range_chk -eq 0 ]]; then
    echo "This ip cidr is wrong. Please input the right ip cidr."
    exit;
  fi
fi

# chrony가 설치되어 있는지, ntp가 설치되어 있는지 환경 설정파일을 통해 확인
if [[ -f /etc/chrony.conf ]]; then
  conf=/etc/chrony.conf
  service=chronyd.service
elif [[ -f /etc/ntp.conf ]]; then
  conf=/etc/ntp.conf
  service=ntpd.service
fi

# 환경 설정파일 백업
cp $conf ${conf}.bak

# 서버 주소 변경
sed -i "s/^server/#server/g" $conf
sed -i "/^#server 3/ a \server 127.127.1.0" $conf  ❹

# 파라미터로 입력받은 IP가 있고, chrony이면  allow 설정
if [[ -n $1 && -f /etc/chrony.conf ]]; then  ❺
    sed -i "/^#allow/ a \allow $1" $conf
# 파라미터로 입력받은 IP가 있고, ntp이면  restrict 설정
elif [[ -n $1 && -f /etc/ntp.conf ]]; then
    transfer_iprange $1
    restrict="restrict $ip mask $range nomodify notrap"  ❻
    sed -i "/^#restrict/ a \restrict $restrict" $conf
fi

# 서비스 재시작
echo "systemctl restart $service"
systemctl restart $service

# 포트 추가
echo "firewall-cmd --add-service=ntp"
firewall-cmd --add-service=ntp
echo "firewall-cmd --add-service=ntp --permanant"
firewall-cmd --add-service=ntp --permanant
```

셸 스크립트를 만들 때는 반드시 생성하고자 하는 환경을 확인하고, 해당 환경에 맞게 스크립트를 생성해야 합니다. 다른 누군가가 이미 만들어 놓은 스크립트 파일을 가져다 사용할 경우에도 적용하고자 하는 운영체제 종류, 애플리케이션의 버전을 확인해야 합니다. 운영체제 종류나 애플리케이션 버전에 따라 환경 설정 항목이 변경될 수도 있고, 삭제되었을 수도 있기 때문입니다. 그럼, 위에서 생성한 스크립트에서 확인하고 넘어가야 할 부분들을 살펴보겠습니다.

❶ ip=${1%/*}은 외부로부터 입력받은 위치 매개변수를 매개변수 확장자 %를 사용하여 /로 시작하는 문자 뒷부분을 삭제합니다. 예를 들어 10.10.10.0/24를 입력받았다면 /24는 삭제되고, 10.10.10.0만 남게 됩니다.

❷ if [[${1#*/} == 16]]; then netmask="255.255.0.0"; fi는 if문을 한줄로 표현한 것으로 외부로부터 입력받은 위치 매개변수를 매개변수 확장자 #을 사용하여 /로 앞부분의 문자열을 모두 삭제합니다. 따라서, 입력받은 IP에서 / 뒷부분의 CIDR에 해당하는 부분만 남게 됩니다. 이때 해당 숫자가 16이라면 255.255.0.0을 netmask 변수에 저장합니다.

❸ range_chk=$(echo "$1" | grep -E "^[0-9]{1,3}.[0-9]{1,3}.[0-9]{1,3}.0/[0-9]{2}$" | wc -l)는 grep -E 명령어를 이용하여 입력받은 IP와 CIDR을 정상적으로 입력했는지 확인합니다. ^는 시작을 의미하며 [0-9]는 0에서 9로 이루어진 숫자를 의미합니다. {1,3}은 앞에 온 숫자가 1개 이상 3개 이하까지를 의미하며 [0-9]{2}$는 2자리 숫자로 끝나는 문자열을 의미합니다. 이렇게 해서, 입력한 IP CIDR이 검색되면, wc -l로 라인 개수를 세어 range_chk라는 변수에 저장합니다.

❹ sed -i "/^#server 3/ a \server 127.127.1.0" $conf에서 sed는 특정 문자열을 변경할 때 사용하는 명령어로 옵션 -i 를 사용하면 해당 파일에 직접 수정하겠다는 의미이며, /^#server 3/은 #server 3으로 시작하는 문자열을 의미합니다. 이때 a \server 127.127.1.0을 사용하여 #server 3으로 시작하는 문자열 뒤에 server 127.127.1.0을 추가합니다.

❺ if [[-n $1 && -f /etc/chrony.conf]]; then은 입력한 파라미터가 있고, /etc/chrony.conf가 파일이면 다음 명령어를 실행하라는 의미로 AND 연산을 합니다.

❻ restrict="restrict $ip mask $netmask nomodify notrap"은 sed를 이용해 추가할 문자열을 미리 만들어 restrict라는 변수에 저장합니다. 이때, 함수를 이용해 IP와 NETMASK를 추출하여 변수에 저장하면, 여기서 해당 변수를 사용합니다.

문제 해결

셸 스크립트 생성이 완료되면 다음과 같이 정상적으로 수행되는지 테스트해야 합니다. 셸 스크립트는 특성상 여러 번 수행하면 해당 명령어가 여러 번 수행되므로, 반드시 필요시에 한번만 수행해야 합니다. 하지만, 한번 생성해 놓으면 유사시에 여러 시스템의 설정을 작업해야 할 경우 매우 유용하게 사용할 수 있습니다.

```
# IP를 입력없이 conf-ntp.sh를 실행하면 ip pool만 local ip로 변경하고 시스템 재시작
[root@localhost ~]# sh conf-ntp.sh
systemctl restart chronyd.service
firewall-cmd --add-service=ntp
success
firewall-cmd --add-service=ntp --permanant
success
# 잘못된 IP를 입력하면 IP를 다시 입력하라는 메시지를 보여줌
[root@localhost ~]# sh conf-ntp.sh 10.10.0.10/24
This ip cidr is wrong. Please input the right ip cidr.
# IP와 함께 실행하면 ip pool, allow를 모두 수정 후 서비스 재시작
[root@localhost ~]# sh conf-ntp.sh 10.10.0.0/24
systemctl restart chronyd.service
firewall-cmd --add-service=ntp
success
firewall-cmd --add-service=ntp --permanant
success
# 스크립트 실행 후 chrony.conf 파일 확인
[root@localhost ~]# cat /etc/chrony.conf | grep -e server -e allow
# Use public servers from the pool.ntp.org project.
#server 0.rhel.pool.ntp.org iburst
#server 1.rhel.pool.ntp.org iburst
#server 2.rhel.pool.ntp.org iburst
#server 3.rhel.pool.ntp.org iburst
server 127.127.1.0        <--------- 셀 스크립트를 통해 추가된 라인
#allow 192.168.0.0/16
allow 192.255.254.0/24    <--------- 셀 스크립트를 통해 추가된 라인
```

9.3 lvm 환경 설정할 때

상황

Lvm은 Logical Volume Manager의 약자로 여러 디바이스(여기서는 DISK를 의미함)를 하나의 볼륨으로 만들고, 필요에 따라 볼륨을 할당하여 사용할 수 있도록 해주는 서비스입니다. 그래서, 대부분의 회사에서는 시스템을 구성할 때 lvm을 구성하여 주로 사용합니다. 근래에는 오픈스택과 같은 클라우드 서비스를 도입하여 사용하거나, KVM과 같은 하이퍼바이저를 이용하여 가상머신[VM: Virtual Machine]을 생성하여 사용하는 경우가 많이 늘고 있습니다. 이때, 호스

트(물리 서버를 의미함)에 설치된 운영체제와 가상머신에 설치된 운영체제에 모두 lvm이 설정되어 있을 경우, 호스트의 lvm 서비스가 가상머신의 lvm 서비스에 사용하는 디바이스까지 모두 스캔하여, 가상머신의 lvm 서비스가 정상적으로 동작하지 않을 경우가 발생합니다. 이런 경우에는 호스트의 lvm 환경 설정을 통해 이를 해결할 수 있습니다. 이때, 여러 대의 시스템에 lvm 환경 설정을 변경해야 한다면 셸 스크립트를 이용하여 작업하면 훨씬 쉽게 환경 설정을 변경할 수 있습니다.

방법 찾기

Lvm 환경 설정은 /etc/lvm/lvm.conf 파일을 통해 설정할 수 있습니다. Lvm은 여러 디바이스를 하나의 볼륨으로 만들기 때문에 디바이스를 허용할지 또는 거부할지 등을 filter 또는 global_filter 항목을 통해 설정합니다. 그리고, 이런 filter 항목은 주석 처리가 되어 있습니다. 그렇지만, 이미 기존에 운영하고 있는 곳이라면 Lvm 환경 설정이 안되어 있을 수도 있으므로, 반드시 해당 설정파일을 먼저 확인해야 합니다. 그럼, 지금부터 셸 스크립트를 생성하기 위해 필요한 정보를 확인해 보고, 프로세스화 해보겠습니다.

필요한 정보

- Lvm 환경 설정파일 경로: /etc/lvm/lvm.conf
- 설정될 환경 설정 항목
  - global_filter

프로세스

- Lvm 환경 설정을 변경할 호스트 노드 목록을 변수에 저장한다.
- for문을 돌면서 다음 프로세스를 처리한다.
  - grep을 이용해 lvm.conf에서 global_filter가 주석 처리되어 있는지 확인한다.
  - 설정을 변경하기 전에 백업을 받는다.
  - 주석 처리되어 있다면 sed를 이용해 설정을 변경한다.
  - 설정이 변경되었으면 lvm 관련 서비스들을 재시작한다.

스크립트 생성

필요한 정보들을 찾아보고 프로세스화를 했다면, 프로세스에 맞게 스크립트를 작성합니다. 여러 노드에 ssh를 이용하여 명령어를 실행할 경우에는 실행할 명령어를 미리 변수에 저장합니다. ssh 명령어를 실행할 때는 해당 명령어가 저장되어 있는 변수를 대신 사용하면 코드 수를 훨씬 줄일 수 있습니다.

```
[root@localhost #]$ vi conf-lvm.sh
#!/bin/bash

# 설정 변경 대상 노드들
nodes="host01 host02 host03"
# 환경 설정 확인 명령어
cmd1="cat /etc/lvm/lvm.conf | grep -e '^[[:space:]]*global_filter =' | wc -l"
# 환경 설정파일 백업 명령어
cmd2="cp /etc/lvm/lvm.conf /etc/lvm/lvm.conf.bak"
# 환경 설정 변경 명령어
cmd3="sed -i 's/\(# global_filter =.*\)/\1\n    global_filter = [ ""r|.*|"" ]/g' /
etc/lvm/lvm.conf"  ❶
# lvm 관련 서비스 재시작 명령어
cmd4="systemctl restart lvm2*"

stty -echo  ❷
read -p "Please input Hosts password: " pw
stty echo

if [[ -z $pw ]]; then echo -e "\nYou need a password for this script. Please retry
script"; exit; fi  ❸

for node in $nodes
do
  echo -e "\n$node"
  conf_chk=$(sshpass -p $pw ssh root@$node $cmd1)
  if [[ conf_chk -eq 0 ]]; then
    # 설정 변경 전 백업
    echo "lvm.conf backup"
    sshpass -p $pw ssh root@$node $cmd2
    # sed를 이용해 설정을 변경함
    echo "lvm.conf reconfiguration"
    sshpass -p $pw ssh root@$node $cmd3
    # lvm 관련 서비스 재시작
    echo "lvm related service restart"
    sshpass -p $pw ssh root@$node $cmd4
  fi
done
```

스크립트 작성이 완료되었다면 생성된 스크립트를 살펴보도록 하겠습니다.

❶ cmd3="sed −i 's/\(# global_filter =.*\)/\1\n global_filter = [""r|.*|""]/g' /etc/lvm/lvm.conf"
  는 해당 호스트의 /etc/lvm/lvm.conf 파일의 # global_filter로 시작하는 라인의 다음 줄(\1\n)에

global_filter = ["r|.*"]로 내용을 대체하라는 의미입니다. 이때 여기서 [""r|.*|""] 에 더블 쌍따옴표""""
기호를 넣은 건 문자열에서 쌍따옴표""를 표현하기 위함입니다.

❷ stty −echo는 패스워드를 입력받을 때 외부로부터의 유출을 막기 위함입니다. read 명령어는 셀 스크립트
수행 중 프롬프트를 통해 사용자로부터 값을 입력받아 변수에 저장하여 사용할 수 있습니다. 이때, read 명령
어를 그대로 사용하면 사용자가 입력하는 패스워드가 그대로 외부로 노출됩니다. 이때 read 명령어 앞, 뒤로
stty −echo, stty echo를 사용하면 패스워드 유출을 막을 수 있습니다.

❸ if [[−z $pw]]; then echo −e "\nYou need a password for this script. Please retry script";
exit; fi는 if문을 한줄로 표현한 것입니다. if [[−z $pw]]는 사용자가 패스워드를 입력하지 않았을 경우
echo에 있는 메시지를 보여주고, 스크립트 수행을 중단합니다.

문제 해결

스크립트 작성이 완료되면 스크립트를 수행해 봅니다. 이번에 작성한 conf-lvm.sh를 실행하
면 다음과 같이 패스워드를 입력하라는 프롬프트가 뜹니다. 이때 패스워드를 입력하지 않고,
엔터 키를 누르면 "You need a password for this script. Please retry script"라는 메시
지를 보여주면서 스크립트 수행이 중단됩니다. 다시, 스크립트 수행을 하고, 이번에는 패스워
드를 입력합니다. 그러면, 해당 호스트를 돌면서 환경 설정파일을 백업하고 환경 설정 변경을
한 후 관련 서비스를 재시작합니다.

```
# 패스워드 입력없이 수행할 경우 메시지를 보여주고 스크립트 종료
[root@localhost ~]# sh conf-lvm.sh
Please input Hosts password: _
You need a password for this script. Please retry script
# 패스워드를 입력하면 for문을 돌면서 호스트의 lvm 설정 변경 및 서비스 재시작
[root@localhost ~]# sh conf-lvm.sh
Please input Hosts password: ******
host01
lvm.conf backup
lvm.conf reconfiguration
lvm related service restart
host02
lvm.conf backup
lvm.conf reconfiguration
lvm related service restart
host03
lvm.conf backup
lvm.conf reconfiguration
lvm related service restart
```

여기서는 스크립트를 통해 환경 설정을 한 후 바로 해당 서비스를 재시작하였습니다. 그런데, 만일 서비스 재시작은 하지 않고, 스크립트를 통해 환경 설정을 한 후 해당 설정이 잘 되었는지 확인하고 별도로 서비스 재시작을 하고 싶다면 스크립트에서 서비스 재시작하는 부분을 주석 처리하고, 대신 환경 설정을 확인하는 명령어를 추가하면 됩니다. 그리고, 셸 스크립트를 통해 해당 설정이 정상적으로 되었다면 그때 명령어를 통해 각 호스트의 서비스를 재시작할 수도 있습니다.

```
# 패스워드 입력없이 수행할 경우 메시지를 보여주고 스크립트 종료
[root@localhost ~]# vi conf-lvm.sh
...
cmd5="cat /etc/lvm/lvm.conf | grep -e '^[[:space:]]*global_filter ='"
...
    # lvm 관련 서비스 재시작
    # echo "lvm related service restart"
    # sshpass -p $pw ssh root@$node $cmd4
    # 설정 변경 확인
    sshpass -p $pw ssh root@$node $cmd5
  fi
done
# 패스워드를 입력하면 for문을 돌면서 호스트의 lvm 설정 변경 후 설정 내용 확인
[root@localhost ~]# sh conf-lvm.sh
Please input Hosts password: ******
host01
lvm.conf backup
lvm.conf reconfiguration
    global_filter = [ r|.*| ]
host02
lvm.conf backup
lvm.conf reconfiguration
    global_filter = [ r|.*| ]
host03
lvm.conf backup
lvm.conf reconfiguration
    global_filter = [ r|.*| ]
# 스크립트 파일이 아닌 명령 프롬프트에서 for문을 이용해 바로 수행 가능
[root@localhost ~]# for node in "host01 host02 host03"; do sshpass -p 'p@sswo4d!'
ssh root@$node "systemctl restart lvm*"; done
```

9.4 NFS 스토리지 마운트할 때

상황

NFS 스토리지는 네트워크를 통해 볼륨을 사용할 수 있으며, 여러 서버에서 동시에 접근하여 볼륨을 사용할 수 있는 공유 스토리지입니다. 그래서, 개발 환경을 구축할 때나 데이터베이스 시스템 등을 구축할 때 정말 많이 사용됩니다. 이런 NFS 스토리지를 리눅스에서 사용할 경우 스토리지와 마운트할 디렉터리를 생성해야 하며, 재부팅 시에도 스토리지 연결을 유지하기 위해 /etc/fstab에 NFS 스토리지 정보를 등록해야 합니다. 이러한 여러 과정을 셸 스크립트로 만들어두면, 필요시 유용하게 NFS 스토리지를 마운트하여 사용할 수 있습니다.

방법 찾기

NFS 스토리지 마운트는 베어메탈 환경의 호스트 서버나 가상머신^{VM} 환경에서도 사용할 수 있습니다. 따라서, 셸 스크립트를 만들어 둔다면 여러 상황에서 유용하게 쓰일 수 있습니다. 그럼, NFS 스토리지를 마운트할 때 필요한 정보들을 알아보고, 프로세스화 해보도록 하겠습니다.

필요한 정보

- 마운트 명령어: mount
- 마운트할 대상 NFS 서버 경로
- 마운트할 디렉터리
- 마운트할 NFS 버전 및 옵션

프로세스

- 마운트할 대상 NFS 서버 경로를 변수에 저장한다.
- 마운트할 디렉터리명을 변수에 저장한다.
- 마운트할 디렉터리가 있는지 체크 후 디렉터리를 생성한다.
- 생성한 디렉터리에 마운트 대상 NFS를 기본 옵션으로 마운트한다.
- 마운트가 되면 mount 명령어를 이용하여 마운트된 디렉터리의 NFS 정보를 확인한다.
- /etc/fstab에 해당 정보를 추가한다.
- /etc/fstab을 열어 추가된 정보를 확인한다.

스크립트 생성

NFS 스토리지를 마운트하기 위해 필요한 정보들을 알아보고 마운트 과정을 프로세스화 해보았다면, 이제 스크립트를 작성합니다. 셸 스크립트는 평소에 자주 사용하는 명령어를 실행 순서대로 나열한 것으로 스크립트 문법 및 변수가 사용된 것이 특징입니다. 따라서, 셸 스크립트를 작성하기 전에 실행할 명령어를 충분히 검토한 후 작성하는 것이 좋습니다.

```
[root@localhost ~]# vi conf-nfs.sh
#!/bin/bash

# 변수에 마운트 대상 NFS 경로 및 디렉터리 저장
nfs_server="nfs.host01:/temp"
nfs_dir=/nfs_temp

# 마운트할 디렉터리가 있는지 체크 후 없으면 디렉터리 생성
if [ ! -d $nfs_dir ]; then mkdir -p $nfs_dir; fi  ❶

# 해당 NFS와 디렉터리 마운트
mount -t nfs $nfs_server $nfs_dir

# 마운트 정보에서 마운트 타입과 옵션 추출
nfs_type=$(mount | grep $nfs_dir | awk '{print $5}')  ❷
nfs_opt=$(mount | grep $nfs_dir | awk '{print $6}' | awk -F ',' '{print
$1","$2","$3}')

# 추출한 마운트 정보를 조합하여 /etc/fstab에 설정
echo "$nfs_server  $nfs_dir  $nfs_type  ${nfs_opt:1}  1  1" >> /etc/fstab  ❸

# 설정한 /etc/fstab 내용 확인
cat /etc/fstab | grep $nfs_dir

# 마운트된 디렉터리 정보 확인
df -h | grep $nfs_dir
```

이렇게 작성된 셸 스크립트를 살펴보도록 하겠습니다.

❶ if [! -d $nfs_dir]; then mkdir -p $nfs_dir; fi는 if문을 한 줄로 표현한 것으로 if [! -d $nfs_dir]에서 -d $nfs_dir만 사용할 때 nfs_dir에 저장된 디렉터리가 존재하면 true를 리턴하지만, 디렉터리가 없을 경우에 디렉터리를 생성해야 하기 때문에 느낌표!를 두어 NOT 연산을 함으로써, 디렉터리가 없으면 해당 디렉터리를 생성합니다.

❷ type=$(mount | grep $nfs_dir | awk '{print $5}')는 마운트 정보에서 nfs_dir에 저장된 디렉터리를 검색한 후 5번째 인덱스의 값을 추출합니다. 이렇게 되면 설정하고자 하는 nfs 버전 정보를 확인할 수 있습니다. 또한 opt=$(mount | grep $nfs_dir | awk '{print $6}' | awk -F ',' '{print $1","$2","$3}')의 awk '{print $6}' 에서 마운트된 디렉터리의 속성을 추출하고, 추출된 속성에서 레코드 구분 기호를 쉼표 , 기호로 바꿔 1번째, 2번째, 3번째 항목을 추출합니다.

```
# 마운트한 디렉터리 정보 확인
[root@localhost ~]# mount | grep /nfs_temp
nfs.host01:/temp on /nfs_temp type nfs4 (rw,relatime,vers=4.2,rsize=1048576,wsize=
1048576,namlen=255,hard,proto=tcp,timeo=600,retrans=2,sec=sys,clientaddr=192.168.1
22.107,local_lock=none,addr=192.168.122.10)
# 마운트된 디렉터리 정보에서 5번째 인덱스를 추출
[root@localhost ~]# mount | grep /nfs_temp | awk '{print $5}'
nfs4
# 추출한 마운트된 디렉터리 속성에서 1~3번째 인덱스 항목 추출
[root@localhost ~]# mount | grep $nfs_dir | awk '{print $6}' | awk -F ',' '{print
$1","$2","$3}'
(rw,relatime,vers=4.2
```

❸ echo "$nfs_server $nfs_dir $nfs_type ${nfs_opt:1} 1 1" >> /etc/fstab은 추출한 정보들을 조
합하여 /etc/fstab에 추가합니다. 이때 사용된 ${nfs_opt:1}은 nfs_opt에 저장된 문자열을 첫 번째 인덱
스부터 마지막까지 잘라냅니다.

문제 해결

이제 생성한 스크립트를 실행해 볼 차례입니다. 다른 사람이 만든 셸 스크립트를 실행할 경우
에는 반드시 실행하고자 하는 환경에 맞추어 스크립트를 수정한 후 실행해야 합니다. 그리고,
sh 대신 스크립트에 실행 권한을 추가하여 실행할 수도 있으며 sh 명령어로 스크립트가 정상
적으로 수행되지 않는다면, bash 명령어를 이용하여 스크립트를 수행하면 정상적으로 작동합니
다. 이는 리눅스 종류나 버전에 따라서 약간씩 차이가 있을 수 있습니다. 이렇게 스크립트를 실행
하면, Nfs가 마운트되고 /etc/fstab에도 설정 정보가 잘 추가된 것을 확인할 수 있습니다.

```
[root@localhost ~]# sh conf-nfs.sh
nfs.host01:/temp  /nfs_temp  nfs4  rw,relatime,vers=4.2  1  1
nfs.host01:/temp  460G  229G  232G  50% /nfs_temp
```

9.5 네트워크 IP 설정할 때

상황

리눅스 시스템 엔지니어가 네트워크 IP를 설정하는 일은 그다지 어려운 일이 아닐 수 있습니

다. 그러나, 네트워크 IP를 설정할 일이 많지 않은 일반 사용자들이 IP를 설정하는 것은 매우 어려운 일이 될 수 있습니다. 처음 네트워크 IP를 설정할 때 설정 방법들을 스크립트화해 놓는다면 필요할 경우 스크립트를 참조하여 IP 설정을 할 수도 있고, 스크립트를 이용하여 IP 설정을 할 수도 있습니다. 그럼, 지금부터 네트워크 IP를 설정하기 위해 필요한 정보와 해당 방법을 알아보겠습니다.

방법 찾기

네트워크 IP를 설정하는 방법은 리눅스의 종류와 버전에 따라 달라집니다. 설정하고자 하는 리눅스 타입과 버전에 맞게 설정해야 합니다. 여기서는 모든 리눅스 종류와 버전에 대해 스크립트로 작성할 수 없으므로, 데비안 계열에서는 우분투 18.04 LTS 버전 이상에서의 네트워크 IP 설정을 해보고, 페도라 계열에서는 레드햇 8이나 CentOS 8에서 네트워크 설정을 해보도록 하겠습니다.

필요한 정보

- 데비안 계열에서 네트워크 설정 방법
  - 18.04 LTS 버전부터 netplan 파일 설정으로 변경
- 페도라 계열에서 네트워크 설정 방법
  - 8 버전부터 nmcli 명령어를 이용하여 설정
- 네트워크 IP 설정 시 필요한 정보들
  - Network Interface name
  - IP/CIDR
  - Gateway
  - DNS

프로세스

- 운영체제 타입을 확인 후 변수에 저장한다.
- 네트워크 디바이스명을 조회하여 보여준다.
- 네트워크 IP 설정에 필요한 정보를 사용자로부터 입력받는다.
- 네트워크 정보를 입력받지 않았을 경우 입력하라는 메시지 출력 후 스크립트를 종료한다.
- 운영체제 타입이 페도라일 경우 nmcli를 이용해 네트워크 IP 설정을 한다.
- 운영체제 타입이 데비안일 경우 netplan 파일을 생성하여 IP 설정을 한다.

스크립트 생성

네트워크 IP 설정을 위해 필요한 정보들을 알아보고, 프로세스화도 해보았습니다. 그럼, 이제

필요한 스크립트를 생성해 보도록 하겠습니다. 네트워크 IP 설정은 물리 서버가 될 수도 있고, 가상 서버가 될 수도 있습니다. 여기서는 개발환경으로 많이 사용하는 가상 서버에서의 네트워크 IP 설정을 스크립트로 생성해 보겠습니다.

```bash
[root@localhost ~]# vi conf-netip.sh
#!/bin/bash

# 운영체제 타입 확인
ostype=$(cat /etc/*release| grep ID_LIKE | sed "s/ID_LIKE=//;s/\"//g")

# 네트워크 정보를 사용자로부터 입력 받음
echo "=== Network Devices ==="
ip a | grep '^[0-9]' | awk '{print $1" "$2}' | grep -v -e 'lo' -e 'v' -e 't'   ❶
read -p "Please input network interface: " net_name
read -p "Please input network ip(ex:192.168.122.10/24): " net_ip
read -p "Please input network gateway: " net_gw
read -p "Please input network dns: " net_dns

# 하나라도 입력하지 않았을 경우 입력하라는 메시지 출력 후 스크립트 종료
if [[ -z $net_name ]] || [[ -z $net_ip ]] || [[ -z $net_gw ]] || [[ -z $net_dns ]];
then
  echo "You need to input network information. Please retry this script"
  exit;
fi

# 운영체제가 페도라 계열일 경우 nmcli 명령어를 이용하여 네트워크 IP 설정
if [[ $ostype == "fedora" ]]; then
  nmcli con add con-name $net_name type ethernet ifname $net_name ipv4.address
$net_ip ipv4.gateway $net_gw ipv4.dns $net_dns ipv4.method manual
  nmcli con up $net_name
# 운영체제가 데비안 계열일 경우 netplan에 yaml 파일을 생성하여 네트워크 IP 설정
elif [[ $ostype == "debian" ]]; then
  ip_chk=$(grep $net_name /etc/netplan/*.yaml | wc -l)
  # 설정하고자 하는 IP로 설정파일이 없을 경우 관련 네트워크 yaml 파일 생성
  if [ $ip_chk -eq 0 ]; then
    cat > /etc/netplan/${net_name}.yaml << EOF   ❷
network:
 version: 2
 renderer: networkd
 ethernets:
   $net_name:
     dhcp4: no
```

```
        dhcp6: no
        addresses: [$net_ip]
        gateway4: $net_gw
        nameservers:
          addresses: [$net_dns]
  EOF
      echo "cat /etc/netplan/${net_name}.yaml"   ❸
      cat /etc/netplan/${net_name}.yaml
      echo "apply netplan"
      netplan apply
    else
      echo "This $net_name is configured already."
    fi
  fi
```

스크립트 작성이 완료되면 생성한 스크립트를 살펴봅니다. 어떤 명령어가 사용되었고, 어떤 문법이 사용되었는지를 다시 한번 더 확인해 보면 다음에 다시 스크립트를 생성하거나 사용할 때 도움이 됩니다.

❶ ip a | grep '^[0-9]' | awk '{print $1" "$2}' | grep -v -e 'lo' -e 'v' -e 't'에서 ip a는 네트워크 디바이스 목록을 확인하는 명령어입니다. ip a를 통해 확인한 네트워크 목록에서 grep을 이용해 숫자로 시작하는 라인만 검색한 후 첫 번째 인덱스와 두 번째 인덱스의 필드값을 추출합니다. 그리고, 다시 grep을 이용해 로컬 호스트를 의미하는 lo와 가상 네트워크 디바이스를 의미하는 v로 시작하는 네트워크와 컨테이너에서 사용하는 t로 시작하는 네트워크를 제외하면 실제 사용 네트워크가 조회됩니다.

❷ cat 〉 /etc/netplan/${net_name}.yaml 《 EOF는 cat 명령어와 리다이렉션을 사용하여 EOF 다음 라인부터 EOF가 나올 때까지의 모든 문자열을 /etc/netplan/${net_name}.yaml 파일에 저장하겠다는 의미입니다. 여기서 사용된 ${net_name}은 스크립트 수행자로부터 입력받은 네트워크 디바이스명입니다.

❸ echo "cat /etc/netplan/${net_name}.yaml"은 생성된 yaml을 적용 전에 보여줌으로써 설정이 정상적으로 되었는지를 다시 한번 더 확인할 수 있게 해 줍니다.

문제 해결

이렇게 생성된 스크립트는 페도라 계열의 레드햇이나 CentOS 8에서 네트워크 IP를 설정할 수 있으며, 데비안 계열인 우분투 20.04 LTS 버전에서도 네트워크 IP를 설정할 수 있습니다. 먼저 페도라 계열의 레드햇 8에서 먼저 셸 스크립트를 실행해 봅니다. 그러면, 해당 운영체제의 네트워크 디바이스명을 보여줍니다. 그리고, 네트워크 인터페이스를 입력하라는 프롬프트가 뜨면, 앞에서 보여준 네트워크 디바이스 목록에 있던 인터페이스 하나를 입력합니다. 계속해서 네트워크 IP, 게이트웨이, DNS를 입력하라는 프롬프트가 뜨고 해당 정보는 다음 예제와 같이 입력하면 네트워크 설정이 완료됩니다. 스크립트 실행이 완료되면 IP가 잘 변경되었는지 ip address show 명령어를 이용하여 다음과 같이 확인합니다.

```
# 셸 스크립트를 통해 네트워크 IP 설정
[root@rhel8 ~]# sh conf-netip.sh
=== Network Devices ===
2: ens3:
6: ens10:
Please input network interface : ens10
Please input network ip(ex:192.168.122.10/24): 192.168.100.20/24
Please input network gateway: 192.168.100.1
Please input network dns: 8.8.8.8
Connection 'ens10' (52d370fa-2b1a-46e0-9b40-35ad1bd541e1) successfully added.
Connection successfully activated (D-Bus active path: /org/freedesktop/
NetworkManager/ActiveConnection/5)
# 입력한 IP대로 설정이 잘 되었는지 확인
[root@rhel8 ~]# ip address show ens10
6: ens10: <BROADCAST,MULTICAST,UP,LOWER_UP> mtu 1500 qdisc fq_codel state UP group
default qlen 1000
    link/ether 52:54:00:0e:50:42 brd ff:ff:ff:ff:ff:ff
    inet 192.168.100.20/24 brd 192.168.100.255 scope global noprefixroute ens10
       valid_lft forever preferred_lft forever
    inet6 fe80::30b8:5921:dd9:61da/64 scope link noprefixroute
       valid_lft forever preferred_lft forever
```

이번에는 데비안 계열인 우분투 20.04 버전에서 셸 스크립트를 수행해 보도록 하겠습니다. 우분투 20.04 버전에서는 sh 명령어가 아닌 bash 명령어를 사용하여야만, 앞에서 생성한 셸 스크립트가 정상적으로 실행됩니다. 그렇기 때문에 bash 명령어를 이용하여 셸 스크립트를 수행하면 앞서 수행했던 것처럼 네트워크 디바이스 목록을 보여주고 네트워크 인터페이스, IP, 게이트웨이, DNS를 입력하라는 프롬프트가 뜹니다. 이때, 해당 정보를 입력하면 ens3.yaml이라는 파일이 /etc/netplan 디렉터리에 생성되고, 해당 내용을 보여줍니다. 그리고, netplan을 적용하고 스크립트 수행이 끝납니다. IP가 정상적으로 변경되었는지 ip address show 명령어를 이용하여 확인해 보면 설정한 대로 IP가 잘 변경된 것을 확인할 수 있습니다.

```
# 셸 스크립트를 통해 네트워크 IP 설정
root@ubuntu20.04:~# bash conf-netip.sh
=== Network Devices ===
2: ens3:
Please input network interface: ens3
Please input network ip(ex:192.168.122.10/24): 192.168.122.10/24
Please input network gateway: 192.168.122.1
Please input network dns: 8.8.8.8
cat /etc/netplan/ens3.yaml
network:
 version: 2
 renderer: networkd
 ethernets:
   ens3:
     dhcp4: no
     dhcp6: no
     addresses: [192.168.122.10/24]
     gateway4: 192.168.122.1
     nameservers:
       addresses: [8.8.8.8]
apply netplan
# 입력한 IP대로 설정이 잘 되었는지 확인
root@ubuntu20.04:~# ip address show ens3
2: ens3: <BROADCAST,MULTICAST,UP,LOWER_UP> mtu 1500 qdisc fq_codel state UP group
default qlen 1000
    link/ether 52:54:00:c8:00:53 brd ff:ff:ff:ff:ff:ff
    inet 192.168.122.10/24 brd 192.168.122.255 scope global ens3
       valid_lft forever preferred_lft forever
    inet6 fe80::da5f:2f0e:ddfe:6ae/64 scope link noprefixroute
       valid_lft forever preferred_lft forever
root@ubuntu20.04:~#
```

## CHAPTER 10

보안

근래 들어 시스템은 가상화 환경으로 점점 바뀌어 가고 있으며, 점점 더 많은 업무가 웹 상에서 처리가 가능하도록 시스템화 되어 가고 있습니다. 기업의 중요 고객 정보는 서버의 데이터베이스에 저장되고 쇼핑, 은행업무, 공공기관 업무들이 웹 애플리케이션을 통해 처리되고 있습니다. 따라서, 과거에 비해 보안은 매우 중요한 업무가 되었고, 그 중 가장 기본적인 보안이 바로 운영체제 보안일 것입니다. 이 챕터에서는 리눅스 운영체제에 적용되는 가장 기본적인 보안 적용 상황에서 어떻게 셸 스크립트를 이용하여 효율적으로 시스템 보안을 적용하는지 알아보겠습니다.

10.1 패스워드 생성 법칙을 적용할 때

상황

보안의 가장 기본은 아마도 패스워드 보안일 것입니다. 그래서, 대부분의 시스템이나 웹 사이트에서는 복잡한 패스워드를 요구하는 곳이 많습니다. 리눅스 역시 생성되는 계정의 패스워드를 설정할 때 패스워드를 복잡하게 설정하여 외부로부터 침입하기 어려운 패스워드를 만들도록 설정할 수 있습니다. 이런 복잡한 패스워드 설정은 pam_pwquality라는 라이브러리에 의해 설정할 수 있습니다. 그럼, 지금부터 패스워드 생성 법칙을 적용하기 위한 방법을 알아보고, 스크립트화를 위한 프로세스를 만들어 보겠습니다.

방법 찾기

패스워드 생성 법칙은 pam_pwquality라는 라이브러리에 의해 설정되고 관리됩니다. 페도라 계열의 리눅스에서는 pam_pwquality라는 라이브러리가 기본적으로 탑재되어 있어 별도의 구성이 필요하지 않지만, 데비안 계열의 리눅스에서는 패스워드 생성 법칙을 적용하기 위해서 libpam-pwquality라는 패키지를 별도로 설치해야 합니다.

필요한 정보

- 페도라 계열의 리눅스 환경 설정파일 경로: /etc/pam.d/system-auth
- 데비안 계열의 리눅스 환경 설정파일 경로: /etc/pam.d/common-password
- 패스워드 생성 법칙 항목들과 의미
  - Retry: 패스워드 입력 실패 시 재시도 횟수
  - Minlen: 최소 패스워드 길이
  - Difok: 이전 비밀번호와 유사한 문자 개수
  - Lcredit: 소문자 최소 요구 개수
  - Ucredit: 대문자 최소 요구 개수
  - Dcredit: 숫자 최소 요구 개수
  - Ocredit: 특수 문자 최소 요구 개수
  - Enforce_for_root: root 사용자 패스워드 생성 법칙 적용

프로세스

- 운영체제 타입을 확인한다.
- 페도라 계열의 리눅스면 /etc/pam.d/system-auth 파일에 설정을 적용한다.
- 데비안 계열의 리눅스라면 우선 /etc/pam.d/common-password 파일이 있는지 확인한다.
- 파일이 없으면 libpam-pwquality 패키지를 설치한다.
- 파일이 있으면 /etc/pam.d/common-password에 설정을 적용한다.

스크립트 생성

패스워드 생성 법칙을 적용하기 위한 방법을 알아보고, 프로세스화를 했다면 이번에는 프로세스대로 스크립트를 생성합니다. 패스워드 생성 법칙 적용 역시 리눅스 타입에 따라 그리고, 버전에 따라 설정항목 등의 차이가 있을 수 있습니다. 따라서, 셸 스크립트를 생성할 때는 반드시 셸 스크립트를 실행하고자 하는 환경에 맞게 개발해야 합니다. 여기서는 페도라 계열의 레드햇/CentOS 8 버전과 데비안 계열의 우분투 18.04 LTS 이상 버전을 기준으로 셸 스크립트를 작성하였습니다.

```bash
[root@localhost ~]$ vi conf-pwpolicy.sh
#!/bin/bash

# 운영체제 타입 확인
ostype=$(cat /etc/*release| grep ID_LIKE | sed "s/ID_LIKE=//;s/\"//g")

# 운영체제가 페도라 계열일 경우
if [[ $ostype == "fedora" ]]; then
  # 설정 여부 체크
  conf_chk=$(cat /etc/pam.d/system-auth | grep 'local_users_only$' | wc -l)
  # 설정이 안되어 있으면 설정 후 설정 내용 확인
  if [ $conf_chk -eq 1 ]; then
    sed -i 's/\(local_users_only$\)/\1 retry=3 authtok_type= minlen=8 lcredit=-1
ucredit=-1 dcredit=-1 ocredit=-1 enforce_for_root/g' /etc/pam.d/system-auth ❶
    cat /etc/pam.d/system-auth | grep '^password[[:space:]]*requisite' ❷
  fi
# 운영체제가 데비안 계열일 경우
elif [[ $ostype == "debian" ]]; then
  # pam_pwquality.so가 설치되어 있는지 설정파일을 통해 확인
  conf_chk=$(cat /etc/pam.d/common-password | grep 'pam_pwquality.so' | wc -l)
  # 설치가 안되어 있으면 libpam-pwquality 설치
  if [ $conf_chk -eq 0 ]; then
    apt install libpam-pwquality
  fi
  # 설정 여부 체크
  conf_chk=$(cat /etc/pam.d/common-password | grep 'retry=3$' | wc -l)
  # 설정이 안되어 있으면 설정 후 설정 내용 확인
  if [ $conf_chk -eq 1 ]; then
    sed -i 's/\(retry=3$\)/\1 minlen=8 maxrepeat=3 ucredit=-1 lcredit=-1
dcredit=-1 ocredit=-1 difok=3 gecoscheck=1 reject_username enforce_for_root/g' /
etc/pam.d/common-password ❸
    echo "========================================="
    cat /etc/pam.d/common-password | grep '^password[[:space:]]*requisite'
  fi
fi
```

지금까지 우리는 12번째 셸 스크립트 예제를 작성했습니다. 이제 1부에서 살펴본 셸 스크립트 문법과 2부에서 살펴본 주요 리눅스 명령어들이 어느 정도 익숙해졌을 거라 생각됩니다. 지금까지 작성된 셸 스크립트를 보면 매번 사용하는 문법과 명령어가 비슷하다는 것을 알았을 겁니다. 물론 상황에 따라 필요한 명령어들은 달라졌지만 기본적으로 사용되는 grep이나 sed, awk와 같은 명령어들은 유사한 패턴으로 계속 사용되고 있습니다. 그럼, 이번 셸 스크립트에서는 어떤 문법과 패턴이 사용되었는지 알아보겠습니다.

❶ sed는 스트림 편집기입니다. 문자열을 편집하고 싶은 대상 파일에서 특정 패턴에 해당하는 문자열을 검색하고, 수정합니다. -i 옵션은 파일에 수정한 문자열 내용을 바로 적용합니다. 이때 s로 시작되는 sed 명령어는 특정 패턴에 해당하는 문자열을 찾아 다른 문자열로 변경해 줍니다. s/\(local_user- s_only$\)/\1 retry=3에서 local_users_only$를 소괄호( )로 묶어줌으로써 뒤에 오는 \1에 대한 우선 순위를 나타냅니다. 이때 /\1은 local_users_only로 끝나는 라인의 바로 뒤에 오는 문자열을 붙여 쓰라는 뜻입니다. 그래서, 셸 스크립트를 수행하고 나면 local_users_only로 끝나는 라인 뒤에 retry=3으로 시작하는 문자열들이 오는 것을 확인할 수 있습니다.

❷ 여기서 사용된 grep은 다음 패턴에 해당하는 문자열을 찾아줍니다. '^password[[:space:]]*requisite' 패턴은 password로 시작하며 requisite 문자열 사이에 스페이스나 공백이 오는 문자열을 찾으라는 의미의 패턴입니다. 이때 사용된 [[:space:]]는 정규 표현식의 문자클래스에 해당합니다.

❸ 여기서 사용된 sed 명령어 역시 ❶에서 사용된 sed 명령어와 사용법이 동일하다는 것을 알았을 겁니다. 우분투 리눅스에서는 레드햇이나 CentOS 리눅스와는 약간 다르게 retry=3으로 끝나는 라인을 찾습니다. 그리고, 해당 라인 뒤에 minlen=8 … enforce_for_root까지의 문자열이 오게 됩니다.

문제 해결

이렇게 생성한 셸 스크립트는 레드햇 리눅스 8 버전과 우분투 20.04 버전에서 각각 테스트를 진행하였습니다. 레드햇이나 CentOS 리눅스에는 기본적으로 패스워드 정책을 설정하고 관리하는 pam_pw- quality.so라는 라이브러리가 설치되어 있습니다. 따라서, 별도의 패키지 설치없이 바로 설정파일에 해당 내용을 적용하면 됩니다.

```
# rhel8에서 셸 스크립트 실행
[root@rhel8 ~]# sh conf-pwpolicy.sh
password    requisite pam_pwquality.so try_first_pass local_users_only retry=3
authtok_type= minlen=8 lcredit=-1 ucredit=-1 dcredit=-1 ocredit=-1 enforce_for_
root
```

하지만, 데비안 계열의 우분투 리눅스의 경우에는 별도의 패키지 설치가 필요합니다. 그래서, 설정파일에서 해당 라이브러리가 설치되어 있는지 여부를 체크한 후 없으면 해당 라이브러리인 libpam-pwquality 패키지를 설치해야 합니다. 그러면, 환경 설정파일에 패스워드 생성 법칙을 적용할 수 있는 라인이 추가됩니다. 이때, 다음과 같이 해당 라인에 패스워드 생성 법칙을 추가합니다.

```
# ubuntu 20.04에서 셸 스크립트 실행
root@ubuntu20:~# bash conf-pwpolicy.sh
Reading package lists... Done
Building dependency tree
Reading state information... Done
The following NEW packages will be installed:
  libpam-pwquality
0 upgraded, 1 newly installed, 0 to remove and 148 not upgraded.
Need to get 11.2 kB of archives.
After this operation, 39.9 kB of additional disk space will be used.
Get:1 http://kr.archive.ubuntu.com/ubuntu focal/main amd64 libpam-pwquality amd64
1.4.2-1build1 [11.2 kB]
Fetched 11.2 kB in 1s (12.9 kB/s)
Selecting previously unselected package libpam-pwquality:amd64.
(Reading database ... 184994 files and directories currently installed.)
Preparing to unpack .../libpam-pwquality_1.4.2-1build1_amd64.deb ...
Unpacking libpam-pwquality:amd64 (1.4.2-1build1) ...
Setting up libpam-pwquality:amd64 (1.4.2-1build1) ...
Processing triggers for man-db (2.9.1-1) ...
==========================================
password    requisite          pam_pwquality.so retry=3 minlen=8 maxrepeat=3
ucredit=-1 lcredit=-1 dcredit=-1 ocredit=-1 difok=3 gecoscheck=1 reject_username
enforce_for_root
password    requisite          pam_deny.so
```

10.2 패스워드 변경 주기를 설정할 때

상황

앞에서 패스워드 생성 법칙을 적용하기 위한 셸 스크립트를 만들어 보았습니다. 패스워드를 생성할 때는 8글자 이상, 반드시 대문자, 소문자, 숫자, 특수 문자가 1글자 이상씩 들어간 복잡한 패스워드를 생성해야 합니다. 게다가 요즘은 패스워드 변경 주기를 설정하여 3개월 내지는 6개월에 한번씩 패스워드를 변경하도록 권고합니다. 리눅스 시스템 역시 마찬가지로 접근 계정의 패스워드를 3개월에 한번씩 변경하는 정책을 가져가는 회사가 많습니다. 이런 경우에도 셸 스크립트를 이용하여 패스워드 변경 주기를 설정할 수 있습니다. 그럼, 패스워드 변경 주기를 설정할 때 필요한 명령어와 옵션 등을 알아보고, 셀 스크립트 작성을 위한 프로세스화를 해 보겠습니다.

방법 찾기

패스워드 변경 주기 설정은 chage라는 명령어에 의해 설정할 수 있습니다. Chage 명령어에는 여러 가지 옵션이 있는데, 이중에서도 패스워드 변경 주기를 설정하기 위한 옵션들을 알아보도록 하겠습니다.

필요한 정보

- 패스워드 변경 주기 설정 명령어: chage
- 패스워드 변경 주기 설정을 위한 옵션 및 의미
  - -d, --lastday LAST_DAY : 마지막으로 패스워드를 변경한 날짜 설정
  - -E, --expiredate EXPIRE_DATE : 특정 계정의 패스워드 만료일 설정
  - -l, --list : 패스워드 설정 주기 정보 확인
  - -m, --mindays MIN_DAYS : 패스워드 변경 최소 설정일
  - -M, --maxdays MAX_DAYS : 패스워드 변경 최대 설정일
  - -W, --warndays WARN_DAYS : 패스워드 만료 경고일

프로세스

- 패스워드 설정 주기를 설정할 대상 서버 정보를 변수에 저장한다.
- 패스워드 설정 주기를 설정할 사용자 계정을 변수에 저장한다.
- For문을 돌면서 다음 프로세스를 수행한다.
  - 패스워드 설정 주기가 설정되어 있는지 chage -l 명령어를 이용해 확인한다.
  - 설정되어 있지 않다면, 패스워드 설정 주기를 90일로 설정한다.
  - 설정 정보를 확인한다.

스크립트 생성

패스워드 설정 주기를 설정할 명령어와 옵션들을 알아보고, 프로세스화를 했다면 이번에는 셸 스크립트를 작성합니다.

```
[nalee@localhost ~]$
#!/bin/bash

# 대상 서버와 계정정보 변수 저장
hosts="host01 host02"
```

```
account="root stack user01 user02"

# 대상 서버만큼 반복
for host in $hosts; do
  echo "###### $host ######"
  # 계정정보만큼 반복
  for user in $account; do
    # 패스워드 설정 주기 체크
    pw_chk=$(ssh -q root@$host "chage -l $user | grep 99999 | wc -l")  ❶
    # 패스워드 설정 주기가 설정되어 있지 않다면
    if [[ $pw_chk -eq 1 ]]; then
      # 패스워드 설정 주기를 90일로 설정
      ssh -q root@$host "chage -d $(date +%Y-%m-%d) -M 90 $user"  ❷
      echo "======> $user"
      # 설정 결과 확인
      ssh -q root@$host "chage -l $user"
    fi
  done
done
```

스크립트를 작성했다면 스크립트에서 사용된 문법과 주요 명령어들을 살펴보도록 하겠습니다.

❶ 해당 계정의 패스워드 변경주기 상태를 확인하기 위해서는 chage −l 계정명을 이용하여 확인할 수 있습니다. 이때 계정명을 user 변수로 변경해주면, for문에 의해 넘어온 계정에 대한 정보를 조회할 수 있습니다. 패스워드 변경주기 항목 중 Maximum number로 시작하는 항목의 값이 변경 전에는 99999로 설정되어 있습니다. 따라서, grep을 이용하여 99999로 조회되면 아직 패스워드 설정 주기가 설정되지 않았다는 것을 알 수 있습니다.

❷ 패스워드 변경 주기는 회사 보안 정책에 따라 다르지만, 대체적으로 90일을 설정합니다. 따라서, 여기서는 −M 옵션을 사용하여 90일을 설정하였으며, 페도라 계열의 리눅스 같은 경우 패스워드를 설정한 적이 없다면 마지막 패스워드 변경(Last password change)을 함께 설정하지 않기 때문에, −d 옵션을 사용하여 설정일을 마지막 패스워드 변경일로 설정할 수 있습니다. 이때 date 명령어를 사용하면 셸 스크립트를 수행하는 시점의 해당 날짜를 마지막 패스워드 변경일로 설정합니다.

문제 해결

이번에는 앞에서 생성한 셸 스크립트를 실행해 보도록 하겠습니다. Host01은 로케일 locale 이 ko_KR로 설정되어 있는 서버이며, host02는 en_US로 설정되어 있는 서버입니다. 따라서, 날짜 표현 시 로케일이 ko_KR로 설정된 서버의 경우에는 한글 표기법으로 날짜가 표현되며 로케일이 en_US로 설정된 서버의 경우에는 영문 표기법으로 날짜가 표시됩니다. 그외에는 설정되지 않은 패스워드 변경주기가 정상적으로 살 설정된 것을 확인할 수 있습니다.

```
[nalee@localhost ~]$ sh conf-pwage.sh
###### host01 ######
======> root
Last password change                            : 6월 12, 2020
Password expires                                : 9월 10, 2020
Password inactive                       : never
Account expires                 : never
Minimum number of days between password change   : 0
Maximum number of days between password change   : 90
Number of days of warning before password expires : 7
======> stack
Last password change                            : 6월 26, 2020
Password expires                                : 9월 24, 2020
Password inactive                       : never
Account expires                 : never
Minimum number of days between password change   : 0
Maximum number of days between password change   : 90
Number of days of warning before password expires : 7
======> user01
Last password change                            : 6월 26, 2020
Password expires                                : 9월 24, 2020
Password inactive                       : never
Account expires                 : never
Minimum number of days between password change   : 0
Maximum number of days between password change   : 90
Number of days of warning before password expires : 7
======> user02
Last password change                            : 6월 26, 2020
Password expires                                : 9월 24, 2020
Password inactive                       : never
Account expires                 : never
Minimum number of days between password change   : 0
Maximum number of days between password change   : 90
Number of days of warning before password expires : 7
###### host02 ######
==========> stack
Last password change                            : Jun 26, 2020
Password expires                                : Sep 24, 2020
Password inactive                       : never
Account expires                 : never
Minimum number of days between password change   : 0
Maximum number of days between password change   : 90
Number of days of warning before password expires : 7
==========> user01
```

```
    Last password change                       : Jun 26, 2020
    Password expires                           : Sep 24, 2020
    Password inactive                          : never
    Account expires                  : never
    Minimum number of days between password change    : 0
    Maximum number of days between password change    : 90
    Number of days of warning before password expires : 7
    ==========> user02
    Last password change                       : Jun 26, 2020
    Password expires                           : Sep 24, 2020
    Password inactive                          : never
    Account expires                  : never
    Minimum number of days between password change    : 0
    Maximum number of days between password change    : 90
    Number of days of warning before password expires : 7
```

10.3 디렉터리 및 파일 접근 권한 변경할 때

상황

리눅스에서는 파일 소유자나 그룹 소유자만 해당 파일을 읽고, 쓰고, 삭제할 수 있는 권한을 줄 수 있습니다. 이런 권한을 Sticky bit라 부르며, sticky bit가 파일이나 디렉터리 소유자에게 부여한 것을 SUID, 그룹 소유자에게 부여한 것을 SGID, 기타 사용자에게 부여한 것을 Sticky bit라 부릅니다. 그런데, 이런 파일들은 특정 명령어를 실행하여 root 권한 획득 및 서비스의 장애를 발생시킬 수 있습니다. 따라서, 불필요한 파일에 SUID나 SGID, Sticky bit가 설정되어 있지 않도록 관리해야 합니다. 또한, 모든 사용자가 접근 및 수정할 수 있는 권한을 가진 파일이 존재할 경우, 일반 사용자의 실수로 중요 파일 정보가 노출되거나 삭제되어 시스템 장애를 유발할 수 있습니다. 이런 파일을 World Writable 파일이라고 합니다. 따라서, 시스템을 구축할 경우나 운영할 경우 주기적으로 이런 디렉터리 및 파일 접근권한을 모니터링하고 조치해야 합니다. 이 경우에도 셸 스크립트를 활용하면 좀 더 쉽게 파일을 찾고 조치할 수 있습니다.

방법 찾기

Sticky bit가 석용된 파일이나 모든 사용자가 읽고, 쓸 수 있는 파일 내지는 디렉터리를 찾는 명령어를 알아보고, 검색된 파일이나 디렉터리를 조치하기 위한 프로세스를 만들어 보도록 하겠습니다.

필요한 정보

- SUID (Set User ID) 설정파일을 찾기 위한 명령어: find / −perm −04000
- SGID (Set Group ID) 설정파일을 찾기 위한 명령어: find / − perm −02000
- Sticky bit 설정파일을 찾기 위한 명령어: find / − perm −01000
- World Writable 파일 또는 디렉터리를 찾기 위한 명령어: find / −xdev −perm −2

프로세스

- SUID, SGID, Sticky bit가 설정된 파일 및 디렉터리를 찾는다.
- World Writable 디렉터리 및 파일을 찾는다.
- 찾은 파일 목록을 보여주고, 권한 변경 여부를 묻는다.
- Y를 선택하면 Sticky bit 파일은 644로 권한을 변경한다.
- World Writable 파일의 경우는 기타 사용자의 쓰기 권한을 제거한다.
- 모든 파일의 권한 변경이 완료되면 결과를 보여준다.
- N을 선택하면 스크립트를 그냥 종료한다.
- 엔터 키를 누르면 아무것도 입력하지 않았다는 메시지를 보여준 후 스크립트를 종료한다.
- 이외에는 글자를 잘못 입력했다는 메시지를 보여준 후 스크립트를 종료한다.

스크립트 생성

필요한 정보들을 찾아보고, 어떤 순서로 셸 스크립트를 만들어나갈지 프로세스화를 해보았다면 이번에는 프로세스대로 셸 스크립트를 작성합니다. 늘 그렇듯이 스크립트를 작성할 때는 사전에 필요한 명령어를 실행해보고, 어떤 결과가 나오는지 확인한 다음에 해당 명령어를 이용하여 셸 스크립트를 작성해야 합니다.

```
[root@localhost ~]# vi conf-file.sh
#!/bin/bash

# Sticky bit가 설정된 경로 검색
echo "=== SUID, SGID, Sticky bit Path ==="
s_file=$(find / -perm -04000 -o -perm -02000 -o -perm 01000 2>/dev/null | grep -e
'dump$' -e 'lp*-lpd$' -e 'newgrp$' -e 'restore$' -e 'at$' -e 'traceroute$')  ❶
find / -perm -04000 -o -perm -02000 -o -perm 01000 2>/dev/null | grep -e 'dump$'
-e 'lp*-lpd$' -e 'newgrp$' -e 'restore$' -e 'at$' -e 'traceroute$' | xargs ls -dl  ❷

# World Writable 경로 검색
```

```
echo -e "\n=== World Writable Path ==="
w_file=$(find / -xdev -perm -2 -ls | grep -v 'l.........' | awk '{print $NF}')
find / -xdev -perm -2 -ls | grep -v 'l.........' | awk '{print $NF}' | xargs ls
-dl  ❸

# 검색된 파일들의 파일 권한 변경 여부 확인
echo ""
read -p "Do you want to change file permission(y/n)? " result  ❹

if [[ $result == "y" ]]; then

  # Sticky bit 경로 권한 변경
  echo -e "\n=== Chmod SUID, SGID, Sticky bit Path ==="
  for file in $s_file; do
    echo "chmod -s $file"
    chmod -s $file
  done
  # Writable 경로 권한 변경
  echo -e "\n=== Chmod World Writable Path ==="
  for file in $w_file; do
    echo "chmod o-w $file"
    chmod o-w $file
  done

  # Sticky bit 경로 변경 결과 조회
  echo -e "\n=== Result of Sticky bit Path ==="
  for file in $s_file; do
    ls -dl $file
  done
  # Writable 경로 변경 결과 조회
  echo -e "\n=== Result of World Writable Path ==="
  for file in $w_file; do
    ls -dl $file
  done
# 파일 권한 변경을 원하지 않을 경우
elif [[ $result == "n" ]]; then
  exit
# 파일 권한 변경 여부 질의에 아무것도 입력하지 않았을 경우
elif [[ -z $result ]]; then
  echo "Yon didn't have any choice. Please check these files for security."
  exit
# 파일 권한 변경 여부 질의에 아무 글자나 입력했을 경우
else
  echo "You can choose only y or n."
```

```
    exit
  fi
```

이번에 다룬 Sticky bit가 설정된 파일이나 디렉터리 또는 World Writable 속성을 갖는 파일이나 디렉터리가 왜 보안적인 측면에서 사용을 자제하는지 그리고 어떻게 해당 파일들을 찾고 조치하는지에 대해서는 인터넷을 검색하면 쉽게 찾아 볼 수 있습니다. 셸 스크립트를 작성할 때는 그렇게 찾아서 분석하고, 알아본 명령어와 프로세스를 기반으로 작성합니다. 그러면, 이번 셸 스크립트에서 사용된 문법 및 주요 명령어들을 살펴보도록 하겠습니다.

❶ 명령어 find는 파일 관련 테스트인 -perm을 이용하여 특정 권한을 가진 파일을 검색할 수 있습니다. 여기서 -perm -04000 -o -perm -02000 -o -perm -01000은 SUID 권한을 가졌거나 GUID 또는 기타 사용자에게 Sticky bit 권한을 가진 파일이나 디렉터리를 검색합니다. 이때 퍼미션(Permission)으로 인해 접근 불가능한 디렉터리와 같은 경우에는 에러 메시지를 출력하는데, 2>/dev/null을 사용함으로써 에러 메시지는 보여주지 않습니다. 이렇게 해서 검색된 파일이나 디렉터리 중 Sticky bit를 가지면 안되는 주요 파일 경로를 grep을 이용하여 검색합니다. 그리고, 해당 결과는 s_file에 저장합니다.

❷ ❶에서는 명령어 실행 결과를 변수에 저장하지만, ❷에서는 명령어 실행 결과를 xargs ls -dl을 사용하여 검색된 파일 경로를 xargs로 받아 파라미터로 사용하여 ls -dl 명령어를 실행함으로써 상세 파일 목록을 조회할 수 있습니다.

❸ 이번에는 find / -xdev -perm 2 -ls를 사용하여 쓰기 권한을 가진 파일이나 디렉터리를 검색합니다. 이때 -xdev를 사용하여 xfs 파일시스템 유형을 가진 파일이나 디렉터리만 검색하게 됩니다. 이렇게 검색된 파일 목록은 -ls 액션을 만나 상세 파일 목록을 보여줍니다. 그리고, grep -v 'l.........' 명령어를 이용하여 l 로 시작하는 심볼릭 링크를 검색에서 제외합니다. 나머지 검색 결과는 awk '{print $NF}' 명령어를 만나 마지막 필드값인 파일 경로만 추출하게 됩니다. 그리고, 이렇게 추출된 경로는 xargs ls -dl 명령어를 만나 다시 상세 파일 목록으로 조회됩니다.

❹ 이렇게 앞에서 Sticky bit 권한을 가진 파일 목록과 World Writable 속성을 가진 파일 목록을 조회하여 보여준 뒤 read -p 명령어를 이용하여 파일 권한을 변경할 것이냐고 물어보는 메시지를 출력 후 사용자의 입력을 대기합니다.

TIP_ 파일시스템 유형

find 명령어 옵션 중 -xdev를 사용하면 xfs 이외의 파일시스템은 검색하지 않습니다. 그러나, -xdev 옵션을 사용하지 않으면 xfs 파일시스템 외에 proc, sysfs, debugfs, cgroup, tmpfs, mqueue와 같은 파일시스템 유형을 가진 파일 경로까지 모두 검색합니다. 일반적인 파일 속성을 확인하는 file이나 stat와 같은 명령어에서 이런 파일시스템 유형을 확인할 수 없습니다. 하지만, find의 printf와 같은 액션을 사용할 경우 파일시스템 유형을 출력해 주는 %F 포맷이 있습니다. 이를 통해 파일시스템 유형을 확인할 수 있습니다. 그럼, 리눅스 시스템에서 사용되는 파일시스템 유형을 알아보겠습니다.

- **Proc** 커널 프로세스를 포함하는 실행 중인 프로세스들을 위한 디렉터리 및 파일 유형
- **Sysfs** 리눅스 커널이 제공하는 가상 파일시스템을 위한 디렉터리 및 파일 유형
- **Debugfs** 파일시스템을 디버깅하기 위한 파일 및 디렉터리 유형
- **Cgroup** 컨테이너 기술에 사용되며, 프로세스들이 사용하는 컴퓨팅 자원을 제한하고 격리함
- **Tmpfs** 메모리를 디스크처럼 쓸 수 있는 파일시스템
- **Mqueue** 시스템의 메시지 큐를 읽기 위한 파일시스템
- **Xfs** 고성능 64비트 저널링 파일시스템

문제 해결

앞에서 생성한 스크립트를 이용하여 실행하면 셸 스크립트를 실행하는 리눅스 시스템의 Sticky bit 권한을 가진 파일 경로와 World Writable 속성을 가진 파일 경로를 검색하여 다음과 같이 보여줍니다. 그리고, 파일 퍼미션을 수정하길 원하는지 물어보는 프롬프트가 뜹니다. 그러면, 이때 y를 입력하면 Sticky bit 파일의 경우에는 파일 권한을 0644로 변경하고, World Writable 경로는 기타 사용자(o)의 쓰기(w) 권한을 제거합니다. 해당 파일 권한이 잘 변경되었는지를 ls –dl 명령어를 이용하여 다시 보여줍니다.

```
# 셸 스크립트를 이용하여 Sticky bit 파일 목록과 World Writable 파일 목록 검색 및 조치
[root@localhost ~]# sh conf-file.sh
=== SUID, SGID, Sticky bit Path ===
-rwsr-xr-x. 1 root root 53048 May 23  2018 /usr/bin/at
-rwsr-xr-x. 1 root root 41936 May  3  2019 /usr/bin/newgrp


=== World Writable Path ===
drwxrwxrwx. 4 root root  34 Apr 11 11:50 /osp13
drwxrwxrwx. 2 root root 108 Jun 13 18:18 /osp13/cinder
drwxrwxrwx. 2 root root  94 Apr 13 14:47 /osp13/glance
drwxr-xrwx. 3 root root  18 May 26 11:55 /source
drwxrwxrwt. 2 root root   6 Jun 27 21:11 /tmp
drwxrwxrwt. 2 root root   6 Jun 27 21:11 /var/tmp

Do you want to change file permission(y/n)? y

=== Chmod SUID, SGID, Sticky bit Path ===
chmod -s /usr/bin/newgrp
chmod -s /usr/bin/at
```

```
=== Chmod World Writable Path ===
chmod o-w /var/tmp
chmod o-w /tmp
chmod o-w /osp13
chmod o-w /osp13/cinder
chmod o-w /osp13/glance
chmod o-w /source

=== Result of Sticky bit Path ===
-rwxr-xr-x. 1 root root 41936 May  3  2019 /usr/bin/newgrp
-rwxr-xr-x. 1 root root 53048 May 23  2018 /usr/bin/at

=== Result of World Writable Path ===
drwxrwxr-t. 2 root root 6    Jun 27 21:11 /var/tmp
drwxrwxr-t. 2 root root 6    Jun 27 21:11 /tmp
drwxrwxr-x. 4 root root 34   Apr 11 11:50 /osp13
drwxrwxr-x. 2 root root 108  Jun 13 18:18 /osp13/cinder
drwxrwxr-x. 2 root root 94   Apr 13 14:47 /osp13/glance
drwxr-xr-x. 3 root root 18   May 26 11:55 /source
```

물론 상황에 따라서 바로 파일 권한을 변경하지 않을 수도 있습니다. 그런 경우에는 n을 입력하면 파일 권한을 변경하지 않고, 셸 스크립트를 종료합니다. 물론 아무것도 입력하지 않았을 경우나 잘못된 문자를 입력했을 경우에도 셸 스크립트는 종료됩니다. 이제 셸 스크립트를 이용하여 보안에 취약한 파일을 검색하고 조치할 수 있습니다.

```
# n을 선택했을 경우
[root@localhost ~]# sh conf-file.sh
...
Do you want to change file permission(y/n)? n
[root@localhost ~]#
# 아무것도 입력하지 않았을 경우
[root@localhost ~]# sh conf-file.sh
...
Do you want to change file permission(y/n)?
Yon didn't have any choice. Please check these files for security.
# 잘못된 문자를 입력했을 경우
[root@localhost ~]# sh conf-file.sh
...
Do you want to change file permission(y/n)? a
You can choose only y or n.
```

10.4 Firewall에 포트 추가할 때

상황

리눅스에는 자체적으로 외부로부터의 침입을 방지하기 위해 iptables나 firewalld와 같은 방화벽 서비스를 사용하여 서버에서 허용한 특정 포트 이외에는 들어오지 못하도록 설정합니다. 그래서, 애플리케이션을 설치할 때마다 해당 애플리케이션이 사용하는 포트를 iptables나 firewalld에 추가해야 합니다. 물론 한두 개의 포트를 추가할 경우에는 상관이 없지만, 여러 개의 포트를 추가할 경우에는 생각보다 꽤 많은 시간이 소요됩니다. 또한, 자주 사용하는 명령어가 아니다보니 시간이 지나 다시 이와 비슷한 작업을 할 경우에는 명령어가 생각나지 않는 경우도 종종 있습니다. 이런 경우 셸 스크립트를 이용하면 쉽게 포트를 추가할 수 있습니다.

방법 찾기

레드햇이나 CentOS 리눅스와 같은 경우에는 이전 6 버전 때에는 iptables를 기본 방화벽으로 사용하다가 7 버전으로 오면서 firewalld가 기본 방화벽으로 변경되었습니다. 우분투와 같은 데비안 계열의 리눅스의 경우에는 iptables 대신 ufw라는 방화벽을 사용합니다. 따라서, 많이 사용되는 페도라 계열 리눅스의 firewalld와 데비안 계열 리눅스의 ufw라는 방화벽 서비스에 어떻게 포트를 추가하면 되는지 먼저 알아보겠습니다.

필요한 정보

- firewalld에서 서비스 포트 추가 명령어: firewall-cmd --add-service=[service name]
- firewalld에서 포트 추가 명령어: firewall-cmd --add-port=[port/protocol]
- ufw에서 서비스 포트 추가 명령어: ufw allow [service name | port/protocol]

프로세스

- 운영체제 타입이 페도라 계열인지 데비안 계열인지 확인한다.
- 운영체제가 페도라 계열이면 시스템에 firewalld가 실행 중인지 확인한다.
- 운영체제가 데비안 계열이면 시스템에 ufw가 실행 중인지 확인한다.
- 사용자로부터 추가할 포트 목록을 입력받는다.
- 운영체제가 페도라 계열이면 firewall-cmd 명령어를 이용하여 포트를 추가한다.
- 운영체제가 데비안 계열이면 ufw 명령어를 이용하여 포트를 추가한다.

스크립트 생성

Firewall에 포트를 추가하기 위해 필요한 명령어를 알아보고, 어떤 순서로 스크립트를 작성할 것인지 프로세스화를 했다면 이제 셀 스크립트를 작성할 차례입니다.

```
[nalee@localhost ~]$ vi conf-firewall.sh
#!/bin/bash

# 운영체제 타입 확인
ostype=$(cat /etc/*release| grep ID_LIKE | sed "s/ID_LIKE=//;s/\"//g")

read -p "Please input ports(ex: http 123/tcp 123/udp) : " ports

if [[ -z $ports ]]; then echo "You didn't input port. Please retry."; exit; fi

# 운영체제가 페도라 계열일 경우
if [[ $ostype == "fedora" ]]; then
  # firewalld 실행 상태 체크
  run_chk=$( firewall-cmd --state )
  if [[ $run_chk == "running" ]]; then
    # 입력받은 port만큼 반복
    for port in $ports; do
      # service port인지, 일반 port인지 체크
      chk_port=$(echo $port | grep '^[a-zA-Z]' | wc -l)  ❶
      # service port일 경우
      if [[ chk_port -eq 1 ]]; then
        firewall-cmd --add-service=$port  ❷
        firewall-cmd --add-service=$port --permanent
      # 일반 port일 경우
      else
        firewall-cmd --add-port=$port
        firewall-cmd --add-port=$port --permanent
      fi
    done
    # port 추가 결과 확인
    firewall-cmd --list-all
  fi
# 운영체제가 데비안 계열일 경우
elif [[ $ostype == "debian" ]]; then
  # ufw 실행 상태 체크
  run_chk=$( ufw status | grep ": active" | wc -l )  ❸
  if [[ $run_chk -eq 1 ]]; then
    # 입력받은 port만큼 반복
```

```
    for port in $ports; do
      ufw allow $port
    done
    # port 추가 결과 확인
    ufw status
  fi
fi
```

스크립트를 작성했으면 어떤 문법과 어떤 명령어가 사용되었는지 살펴보도록 하겠습니다.

❶ 페도라 리눅스 계열의 firewalld는 이미 잘 알려진 서비스 포트 같은 경우에는 서비스명을 입력하면 해당 포트를 추가할 수 있습니다. 문자열로 된 서비스 포트를 추가할 경우에는 --add-service라는 옵션을 사용하여 추가하고, 숫자로 된 포트를 추가할 경우에는 --add-port 옵션을 사용하여 추가합니다. 그렇기 때문에 사전에 입력한 포트가 서비스명을 입력한 것인지 아니면 단순히 숫자로 된 포트를 입력한 것인지를 확인해 주어야 합니다. 그래서, echo로 입력된 포트를 출력하고, 해당 포트 내용을 grep '^[a-zA-Z]' 명령어를 이용하여 영문자로 시작하는지를 확인합니다.

❷ ❶에서 서비스명을 입력한 것인지 포트를 입력한 것인지를 체크하여 서비스명을 입력한 경우에는 firewall-cmd --add-service=$port를 실행하고, 일반 숫자로 된 포트를 입력했을 경우에는 firewall-cmd --add-port=$port를 실행합니다. 그리고, 재부팅이 되어도 추가된 포트가 사라지지 않게 하기 위해서 --permanent 옵션을 주어 한번 더 실행하면 firewalld 환경 설정에 해당 내용이 추가되면서 재부팅이 되어도 내용이 변경되지 않았습니다.

❸ 데비안 리눅스 계열에서는 ufw status 명령어를 이용하여 ufw가 실행 중인지를 확인할 수 있습니다. 이때 결과로 Status: active가 출력되기 때문에 grep ": active" 명령어를 이용하여 실행 중인지를 확인할 수 있습니다. 이렇게 해서 ufw가 실행 중인 것이 확인되면 ufw allow $port 명령어를 이용하여 포트를 추가합니다.

문제 해결

생성한 스크립트는 페도라 기반의 레드햇 8 버전의 리눅스와 데비안 계열의 우분투 20.04 버전에서 각각 테스트를 진행합니다. 먼저 레드햇 리눅스에서 셸 스크립트를 실행하면 포트를 입력하라는 프롬프트가 뜹니다. 그러면, 추가하고자 하는 포트를 입력하고 엔터 키를 누르면 입력한 포트들이 추가되는 것을 확인할 수 있습니다. 그리고, 추가가 완료되면 추가 결과까지 보여줍니다.

```
[root@rhel8 ~]# sh conf-firewall.sh
Please input ports(ex: http 123/tcp 123/udp) : http 123/tcp 123/udp
success
success
```

```
success
success
success
success
public (active)
  target: default
  icmp-block-inversion: no
  interfaces: ens10 ens3
  sources:
  services: cockpit dhcpv6-client http ssh
  ports: 123/tcp 123/udp
  protocols:
  masquerade: no
  forward-ports:
  source-ports:
  icmp-blocks:
  rich rules:

[root@rhel8 ~]#
```

이번에는 우분투 리눅스에서 셸 스크립트를 실행해 봅니다. 우분투 리눅스 역시 포트를 입력하라는 프롬프트가 뜨고, 추가할 포트를 입력하면, 해당 포트들이 추가됩니다. 그리고, 마지막으로 추가 결과를 보여줍니다. 완벽하게 셸 스크립트 프로그래밍을 하면 좋겠지만, 그럴 상황이나 시간이 되지 않을 경우에는 알고 있는 자주 사용하는 명령어들을 순서대로 파일에 저장해 놓으면 매우 유용하게 사용할 수 있습니다. 뿐만 아니라, 시간까지 단축시켜 줍니다.

```
root@ubuntu20:~# bash conf-firewall.sh
Please input ports(ex: http 123/tcp 123/udp) : http 123/tcp 123/udp
Rule added
Rule added (v6)
Rule added
Rule added (v6)
Skipping adding existing rule
Skipping adding existing rule (v6)
Status: active

To                         Action      From
--                         ------      ----
123/udp                    ALLOW IN    Anywhere
80/tcp                     ALLOW IN    Anywhere
```

```
123/tcp                    ALLOW IN    Anywhere
123/udp (v6)               ALLOW IN    Anywhere (v6)
80/tcp (v6)                ALLOW IN    Anywhere (v6)
123/tcp (v6)               ALLOW IN    Anywhere (v6)

root@ubuntu20:~#
```

10.5 사설 인증서 생성할 때

상황

개발을 하다보면 http 보안을 위해 공인 인증서를 발급받아 사용하거나 사설 인증서를 생성하여 사용합니다. 공인 인증서는 주로 서비스를 할 때 발급받아 사용하며, 그 외에 내부 서비스나 개발용으로는 사설 인증서를 주로 생성하여 사용합니다. 그런데 사설 인증서를 생성하는 과정과 명령어가 매우 복잡합니다. 그래서, 사설 인증서를 생성할 때마다 어떤 순서로 어떤 명령어를 써야 할지 몰라서 한참을 헤매기도 합니다. 이때 사설 인증서 생성과정을 잘 스크립트화 해놓는다면 굳이 스크립트를 실행하지 않더라도 어떤 명령어를 사용하였는지 참고할 수 있고, 스크립트를 사용하면 좀 더 쉽게 사설 인증서를 생성할 수 있습니다. 그럼, 사설 인증서를 생성할 때 필요한 명령어와 순서를 알아보도록 하겠습니다.

방법 찾기

사설 인증서를 생성할 때는 주로 openssl 명령어를 이용하여 인증기관용[CA] 인증서와 클라이언트용 인증서를 생성합니다. 인증서를 생성하는 방법은 페도라 계열의 리눅스나 데비안 계열의 리눅스나 크게 차이가 없습니다. 다만, 운영체제에 따라서 서명용 호스트를 초기화하는 방법이라든지 클라이언트에 인증기관용 인증서를 추가하는 명령어만 약간의 차이가 있습니다.

필요한 정보

- RSA 개인 키 생성 명령어: openssl genrsa
- 자체 서명된 Root CA 인증서 생성 명령어: openssl req
- 자체 CA 인증서와 클라이언트키를 이용하여 클라이언트 인증키 생성 명령어: openssl ca
- 명령어별 상세 옵션 설명 확인: man genrsa, man req, man ca

프로세스

- 자체 서명된 Root CA 인증서가 생성될 디렉터리를 생성한다.
- CA 디렉터리에 빈 index.txt와 1000이 입력된 serial을 생성한다.
- 인증 기관용(CA) 개인 키와 인증서를 생성한다.
- 클라이언트에 인증기관용 인증서를 추가한다.
- 추가한 인증서가 믿을 수 있는 인증서라고 설정한다.
- 서버에서 사용할 SSL/TLS 서버 키를 만든다.
- 서버에서 사용할 인증요청서를 만든다.
- 서버의 인증요청서를 이용하여 CA에서 인증서를 발급받는다.

스크립트 생성

사설인증서 생성은 암호화 알고리즘이라는 복잡한 용어들이 많이 사용되어 이해하기도 쉽지 않고, 명령어에 사용되는 옵션들도 많아 늘 생성할 때마다 매뉴얼을 찾아보거나 인터넷 검색을 해야만 합니다. 하지만, 이렇게 스크립트를 만들어놓는다면 특별히 인터넷 검색을 하거나, 매뉴얼을 찾아보지 않아도 셸 스크립트에 작성해 놓은 명령어만으로도 많은 도움이 됩니다. 셸 스크립트를 작성할 때 여러 종류의 운영체제를 고려하여 작성하면 좋겠지만, 그럴 상황이 아니라면 현재 사용하고 운영하는 리눅스를 기반으로 하는 셸 스크립트를 작성해도 좋습니다. 이번에는 페도라 계열과 데비안 계열의 리눅스에서 모두 사용할 수 있는 셸 스크립트가 아니라, 각각의 환경에서 사용 가능한 셸 스크립트를 작성해 봤습니다. 다음 셸 스크립트는 페도라 계열의 리눅스인 레드햇 8 버전에서 사설 인증서를 생성하는 스크립트입니다.

```
[root@rhel8 ~]# mkdir cert
[root@rhel8 ~]# cd cert
[root@rhel8 ~]# vi conf-certificate.sh
#!/bin/bash

# 서명용 호스트 초기화
echo "========================="
echo " Initializing sining host "
echo "========================="
touch /etc/pki/CA/index.txt  ❶
echo '1000' | tee /etc/pki/CA/serial

# 인증 기관용 인증서 생성
echo "================================"
echo " Creating a certificate authority "
```

```
echo "=================================="
echo "--------------------"
echo " Generate rsa ca key "
echo "--------------------"
openssl genrsa -out ca.key.pem 4096   ❷
echo "-----------------------"
echo " Generate rsa ca cert key "
echo "-----------------------"
openssl req -key ca.key.pem -new -x509 -days 7300 -extensions v3_ca -out ca.crt.
pem

# 클라이언트에 인증기관용 인증서 추가
echo "========================================"
echo " Adding the certificate authority to clients "
echo "========================================"
echo "cp ca.crt.pem /etc/pki/ca-trust/source/anchors/"
cp ca.crt.pem /etc/pki/ca-trust/source/anchors/
echo "update-ca-trust extract"
update-ca-trust extract   ❸

# SSL/TLS 서버 키 생성
echo "======================"
echo " Creating an SSL/TLS key "
echo "======================"
openssl genrsa -out server.key.pem 2048   ❹

# SSL/TLS 인증요청서 생성
echo "========================================="
echo " Creating an SSL/TLS certificate signing request "
echo "========================================="
cp /etc/pki/tls/openssl.cnf .
openssl req -config openssl.cnf -key server.key.pem -new -out server.csr.pem

# SSL/TLS 인증서 생성
echo "=============================="
echo " Creating the SSL/TLS certificate "
echo "=============================="
openssl ca -config openssl.cnf -extensions v3_req -days 3650 -in server.csr.pem
-out server.crt.pem -cert ca.crt.pem -keyfile ca.key.pem   ❺
```

페도라 계열의 리눅스인 레드햇 8 버전에서 생성한 셸 스크립트 내용을 확인해 보도록 하겠습니다.

❶ 레드햇 리눅스에는 일반적으로 /etc/pki/CA 디렉터리가 존재합니다. 해당 디렉터리에 index.txt 파일을 생성하고, serial에 1000이라는 숫자를 입력하여 파일을 생성합니다. 이는 마지막에 인증서를 생성할 때 index.txt에 발행한 인증서 정보를 저장하고, serial에 발급된 인증서 수를 등록하기 위함입니다.

❷ openssl genrsa 명령어는 RSA 개인 키를 생성합니다. 이때 키는 −out 옵션 다음에 오는 ca.key.pem 파일에 저장되고, 4096은 생성되는 키의 사이즈를 의미합니다. 여기서는 가장 기본적인 방법으로 키를 생성하였지만 다른 옵션(−aes256, −camellia256, −−des3와 같은 옵션)을 사용하여 생성되는 키의 암호화 방식을 설정할 수 있습니다. 이렇게 개인 키가 생성되면 다음 openssl req 명령어를 이용하여 앞에서 생성한 키를 이용하여 인증 기관용 인증요청서를 생성합니다.

❸ 자기 스스로 인증한 인증서이므로, 앞에서 생성한 인증요청서를 /etc/pki/ca-trust/source/anchors 디렉터리에 복사하고, update−ca−trust extract 명령어를 이용하여 믿을 수 있는 인증서라고 시스템이 인식할 수 있도록 만들어 줍니다.

❹ 이번에는 클라이언트에서 사용할 SSL/TLS를 위한 서버 키를 CA 개인 키를 만들 때처럼 openssl genrsa 명령어를 이용하여 서버 개인 키를 만들어 줍니다. 그리고, /etc/pki/tls/openssl.cnf를 인증서 생성 디렉터리에 복사합니다. 원래는 복사 후 cnf 파일을 사용하기 편리하게 수정하지만, 여기서는 해당 과정을 생략하고 진행하였습니다.

❺ 마지막으로 앞에서 생성한 서버용 인증요청서와 인증기관용 개인 키 및 인증요청서를 가지고 인증서를 발급받습니다. 발급받는 인증서는 −out 옵션을 이용하여 server.crt.pem 파일에 저장합니다.

다음 스크립트는 데비안 계열 리눅스인 우분투 20.04 버전에서 사설인증서를 생성하는 셸 스크립트입니다.

```
root@ubuntu20:~# mkdir cert
root@ubuntu20:~# cd cert
root@ubuntu20:~/cert# vi conf-certificate.sh
#!/bin/bash

# 서명용 호스트 초기화
echo "=========================="
echo " Initializing sining host "
echo "=========================="
mkdir -p ./demoCA ❶
mkdir -p ./demoCA/certs ./demoCA/crl ./demoCA/newcerts ./demoCA/private
touch ./demoCA/index.txt
echo '1000' | tee ./demoCA/serial

# 인증 기관용 인증서 생성
echo "================================"
echo " Creating a certificate authority "
echo "================================"
```

```
echo "--------------------"
echo " Generate rsa ca key "
echo "--------------------"
openssl genrsa -out ca.key.pem 4096
echo "------------------------"
echo " Generate rsa ca cert key "
echo "------------------------"
openssl req -key ca.key.pem -new -x509 -days 7300 -extensions v3_ca -out ca.crt.pem

# 클라이언트에 인증기관용 인증서 추가
echo "===================================="
echo " Adding the certificate authority to clients "
echo "===================================="
echo "cp ca.crt.pem /usr/local/share/ca-certificates/"
cp ca.crt.pem /usr/local/share/ca-certificates/  ❷
echo "update-ca-certificates"
update-ca-certificates

# SSL/TLS 서버 키 생성
echo "========================="
echo " Creating an SSL/TLS key "
echo "========================="
openssl genrsa -out server.key.pem 2048

# SSL/TLS 인증요청서 생성
echo "=============================================="
echo " Creating an SSL/TLS certificate signing request "
echo "=============================================="
cp /usr/lib/ssl/openssl.cnf .
openssl req -config openssl.cnf -key server.key.pem -new -out server.csr.pem

# SSL/TLS 인증서 생성
echo "================================="
echo " Creating the SSL/TLS certificate "
echo "================================="
openssl ca -config openssl.cnf -extensions v3_req -days 3650 -in server.csr.pem
-out server.crt.pem -cert ca.crt.pem -keyfile ca.key.pem
```

우분투 20.04 버전에서 생성한 스크립트 역시 레드햇 8 버전에서 생성한 스크립트와 거의 동일하며, 다른 부분만 찾아서 확인해 보도록 하겠습니다.

❶ 데비안 계열 리눅스인 우분투에는 별도의 CA 디렉터리가 없습니다. 따라서, 인증서를 생성한 디렉터리 내에 demoCA라는 디렉터리를 만들고 certs, crl, newcerts, private와 같은 디렉터리를 생성합니다. 그리고,

demoCA 디렉터리에 index.txt 파일과 1000이라는 숫자가 입력된 serial 파일을 생성합니다.

❷ 우분투 리눅스에서는 /usr/local/share/ca-certificates 디렉터리에 자체 CA 인증요청서를 복사하고, update-ca-certificates 명령어를 이용하여 믿을 수 있는 인증서라고 시스템이 인식할 수 있도록 만들어 줍니다.

문제 해결

이렇게 생성된 스크립트를 실행해 보도록 하겠습니다. 다음 내용은 레드햇 리눅스 8 버전에서 스크립트를 실행한 결과로 인증기관용 인증요청서를 생성할 때와 서버용 인증요청서를 생성할 때 두 번 인증서 정보를 입력하도록 되어 있습니다. 그리고 인증서를 생성하는 곳의 정보를 입력하면 됩니다.

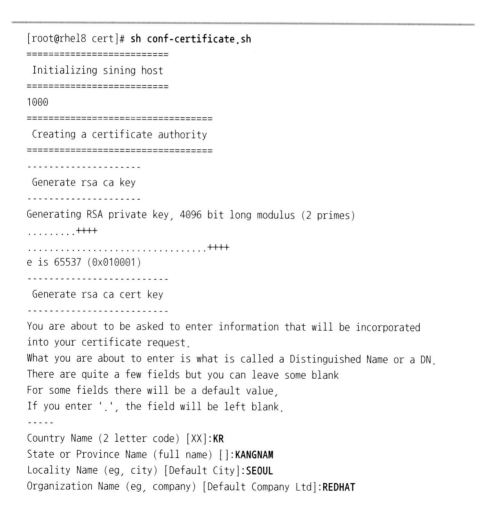

```
[root@rhel8 cert]# sh conf-certificate.sh
=========================
 Initializing sining host
=========================
1000
=================================
 Creating a certificate authority
=================================
---------------------
 Generate rsa ca key
---------------------
Generating RSA private key, 4096 bit long modulus (2 primes)
.........++++
...............................++++
e is 65537 (0x010001)
-------------------------
 Generate rsa ca cert key
-------------------------
You are about to be asked to enter information that will be incorporated
into your certificate request.
What you are about to enter is what is called a Distinguished Name or a DN.
There are quite a few fields but you can leave some blank
For some fields there will be a default value,
If you enter '.', the field will be left blank.
-----
Country Name (2 letter code) [XX]:KR
State or Province Name (full name) []:KANGNAM
Locality Name (eg, city) [Default City]:SEOUL
Organization Name (eg, company) [Default Company Ltd]:REDHAT
```

```
Organizational Unit Name (eg, section) []:SERVICE
Common Name (eg, your name or your server's hostname) []:dev.example.com
Email Address []:nalee999@gmail.com
=========================================
 Adding the certificate authority to clients
=========================================
cp ca.crt.pem /etc/pki/ca-trust/source/anchors/
update-ca-trust extract
=========================
 Creating an SSL/TLS key
=========================
Generating RSA private key, 2048 bit long modulus (2 primes)
.........+++++
.............................................+++++
e is 65537 (0x010001)
===============================================
 Creating an SSL/TLS certificate signing request
===============================================
You are about to be asked to enter information that will be incorporated
into your certificate request.
What you are about to enter is what is called a Distinguished Name or a DN.
There are quite a few fields but you can leave some blank
For some fields there will be a default value,
If you enter '.', the field will be left blank.
-----
Country Name (2 letter code) [XX]:KR
State or Province Name (full name) []:KANGNAM
Locality Name (eg, city) [Default City]:SEOUL
Organization Name (eg, company) [Default Company Ltd]:REDHAT
Organizational Unit Name (eg, section) []:SERVICE
Common Name (eg, your name or your server's hostname) []:dev.example.com
Email Address []:nalee999@gmail.com

Please enter the following 'extra' attributes
to be sent with your certificate request
A challenge password []:redhat
An optional company name []:REDHAT
==================================
 Creating the SSL/TLS certificate
==================================
Using configuration from openssl.cnf
Check that the request matches the signature
Signature ok
Certificate Details:
```

```
        Serial Number: 4096 (0x1000)
        Validity
            Not Before: Jun 29 15:18:26 2020 GMT
            Not After : Jun 27 15:18:26 2030 GMT
        Subject:
            countryName               = KR
            stateOrProvinceName       = KANGNAM
            organizationName          = REDHAT
            organizationalUnitName    = SERVICE
            commonName                = dev.example.com
            emailAddress              = nalee999@gmail.com
        X509v3 extensions:
            X509v3 Basic Constraints:
                CA:FALSE
            X509v3 Key Usage:
                Digital Signature, Non Repudiation, Key Encipherment
Certificate is to be certified until Jun 27 15:18:26 2030 GMT (3650 days)
Sign the certificate? [y/n]:y


1 out of 1 certificate requests certified, commit? [y/n]y
Write out database with 1 new entries
Data Base Updated
[root@rhel8 cert]#
```

스크립트를 실행한 후 ls −l 명령어를 이용하여 파일 목록을 확인해 보면 다음과 같이 인증서
가 생성된 것을 확인할 수 있습니다.

```
[root@rhel8 cert]# ls -l
total 40
-rw-r--r--. 1 root root  2143 Jun 30 00:00 ca.crt.pem
-rw-------. 1 root root  3247 Jun 29 23:59 ca.key.pem
-rw-r--r--. 1 root root  1836 Jun 29 23:59 conf-certificate.sh
-rw-r--r--. 1 root root 11225 Jun 30 00:00 openssl.cnf
-rw-r--r--. 1 root root  5552 Jun 30 00:19 server.crt.pem
-rw-r--r--. 1 root root  1123 Jun 30 00:18 server.csr.pem
-rw-------. 1 root root  1679 Jun 30 00:00 server.key.pem
[root@rhel8 cert]#
```

이번에는 우분투 리눅스에서 스크립트를 실행해 보도록 하겠습니다. 레드햇 리눅스에서 실행
했을 때와 마찬가지로 동일한 인증서 정보를 두 번 입력하면 인증서 생성이 완료됩니다.

```
root@ubuntu20:~/cert# bash conf-certificate.sh
==========================
 Initializing sining host
==========================
1000
===================================
 Creating a certificate authority
===================================
---------------------
 Generate rsa ca key
---------------------
Generating RSA private key, 4096 bit long modulus (2 primes)
...++++
..................++++
e is 65537 (0x010001)
--------------------------
 Generate rsa ca cert key
--------------------------
You are about to be asked to enter information that will be incorporated
into your certificate request.
What you are about to enter is what is called a Distinguished Name or a DN.
There are quite a few fields but you can leave some blank
For some fields there will be a default value,
If you enter '.', the field will be left blank.
-----
Country Name (2 letter code) [AU]:KR
State or Province Name (full name) [Some-State]:KANGNAM
Locality Name (eg, city) []:SEOUL
Organization Name (eg, company) [Internet Widgits Pty Ltd]:REDHAT
Organizational Unit Name (eg, section) []:SERVICE
Common Name (e.g. server FQDN or YOUR name) []:dev.example.com
Email Address []:nalee999@gmail.com
==========================================
 Adding the certificate authority to clients
==========================================
cp ca.crt.pem /usr/local/share/ca-certificates/
update-ca-certificates
Updating certificates in /etc/ssl/certs...
0 added, 0 removed; done.
Running hooks in /etc/ca-certificates/update.d...
done.
=========================
 Creating an SSL/TLS key
=========================
```

```
Generating RSA private key, 2048 bit long modulus (2 primes)
..............+++++
.........................................................................
..............................+++++
e is 65537 (0x010001)
==================================================
 Creating an SSL/TLS certificate signing request
==================================================
You are about to be asked to enter information that will be incorporated
into your certificate request.
What you are about to enter is what is called a Distinguished Name or a DN.
There are quite a few fields but you can leave some blank
For some fields there will be a default value,
If you enter '.', the field will be left blank.
-----
Country Name (2 letter code) [AU]:KR
State or Province Name (full name) [Some-State]:KANGNAM
Locality Name (eg, city) []:SEOUL
Organization Name (eg, company) [Internet Widgits Pty Ltd]:REDHAT
Organizational Unit Name (eg, section) []:SERVICE
Common Name (e.g. server FQDN or YOUR name) []:dev.example.com
Email Address []:nalee999@gmail.com

Please enter the following 'extra' attributes
to be sent with your certificate request
A challenge password []:redhat
An optional company name []:REDHAT
===================================
 Creating the SSL/TLS certificate
===================================
Using configuration from openssl.cnf
Check that the request matches the signature
Signature ok
Certificate Details:
        Serial Number: 4096 (0x1000)
        Validity
            Not Before: Jun 29 23:46:04 2020 GMT
            Not After : Jun 27 23:46:04 2030 GMT
        Subject:
            countryName               = KR
            stateOrProvinceName       = KANGNAM
            organizationName          = REDHAT
            organizationalUnitName    = SERVICE
            commonName                = dev.example.com
```

```
          emailAddress                = nalee999@gmail.com
        X509v3 extensions:
            X509v3 Basic Constraints:
                CA:FALSE
            X509v3 Key Usage:
                Digital Signature, Non Repudiation, Key Encipherment
Certificate is to be certified until Jun 27 23:46:04 2030 GMT (3650 days)
Sign the certificate? [y/n]:y


1 out of 1 certificate requests certified, commit? [y/n]y
Write out database with 1 new entries
Data Base Updated
root@ubuntu20:~/cert#
```

이렇게 생성된 인증서는 ls –l 명령어를 이용하여 다음과 같이 확인할 수 있습니다. 셸 스크립트를 사용하기 전에는 인증서를 생성하기 위해 꽤 많은 시간이 소요되었지만, 셸 스크립트를 사용하여 인증서를 생성하니 시간이 매우 단축되었습니다.

```
root@ubuntu20:~/cert# ls -l
total 44
-rw-r--r-- 1 root root  2143  6월 30 08:45 ca.crt.pem
-rw------- 1 root root  3243  6월 30 08:44 ca.key.pem
-rw-r--r-- 1 root root  1918  6월 30 08:43 conf-certificate.sh
drwxr-xr-x 6 root root  4096  6월 30 08:46 demoCA
-rw-r--r-- 1 root root 10909  6월 30 08:45 openssl.cnf
-rw-r--r-- 1 root root  5552  6월 30 08:46 server.crt.pem
-rw-r--r-- 1 root root  1123  6월 30 08:46 server.csr.pem
-rw------- 1 root root  1679  6월 30 08:45 server.key.pem
root@ubuntu20:~/cert#
```

## CHAPTER 11

모니터링

시스템이 구축되고, 운영으로 전환되면 서비스가 정상적으로 이루어지고 있는지를 확인하기 위해 운영체제, 가상 환경, 애플리케이션 환경 등을 모니터링합니다. 대부분은 모니터링 솔루션이나 시스템을 이용하여 모니터링을 하지만, 그런 상황이 되지 않을 경우에는 모니터링의 수집 데이터 활용으로 셸 스크립트를 사용하여 운영체제 환경을 모니터링할 수 있습니다. 특히 하드웨어 서버의 전원이 모두 정상적으로 켜져 있는지, 네트워킹은 제대로 되고 있는지, CPU 나 메모리와 같은 물리 자원들은 충분히 있는지 등을 인프라 관점에서 셸 스크립트를 사용하여 모니터링할 수 있습니다. 특히 여러 서버 환경을 모니터링할 경우 셸 스크립트를 사용하면 좀 더 효율적으로 모니터링할 수 있습니다.

11.1 IPMItool을 이용하여 서버 전원 체크할 때

상황

모든 시스템은 물리 서버에 구성됩니다. 따라서, 시스템이 구성된 물리 서버에 전원이 나간다면 시스템 운영에 매우 큰 영향을 미칩니다. 따라서, 물리 서버의 전원이 정상적으로 들어와 있는지를 모니터링하는 일은 매우 중요합니다. 대부분의 서버 업체에서는 전용 네트워크 인터페이스를 통해 서버의 전원을 제어할 수 있는 시스템을 제공합니다. 그리고, 리눅스에서는 IPMItool을 이용하여 시스템의 전원 상태를 체크하고 전원을 제어할 수 있습니다. 그럼, 서버 전원을 체크하기 위한 명령어를 알아보고, 프로세스화 해보겠습니다.

방법 찾기

IPMI는 Intelligent Platform Management Interface의 약자로 하드웨어를 원격으로 관리하기 위한 인터페이스입니다. IPMI를 사용하기 위해서는 서버에 구성된 IPMI용 포트에 네트워크가 연결되어 있어야 합니다. 그리고, 물리 서버 바이오스의 IPMI 정보에 해당 IP 및 포트, 그리고 사용자 계정 및 패스워드가 설정되어 있어야 합니다. 이렇게 구성되어 있다는 전제 하에 관리 서버에서 클러스터링으로 묶인 서버들의 전원 상태를 확인할 수 있습니다.

필요한 정보

- 모니터링하고자 하는 서버의 IPMI IP, Port, User ID, User Password
- 전원 체크를 위한 IPMI 명령어: ipmitool

프로세스

- 모니터링하고자 하는 서버의 IPMI IP 정보를 변수에 저장한다.
- IPMI 접근을 위한 해당 계정의 패스워드를 입력받는다.
- for문을 돌면서 ipmitool 명령어를 이용하여 해당 서버의 전원을 체크한다.
- 모니터링 결과는 echo 명령어를 이용해 보여준다.

스크립트 생성

필요한 정보들을 알아보고, 어떤 과정으로 셀 스크립트를 개발할 것인지 프로세스화를 했다면 이번에는 셀 스크립트를 생성해 보겠습니다.

```
[nalee@localhost ~]$ vi chk_ipmi.sh
#!/bin/bash

# IPMI IP 및 User ID를 변수에 저장
ipmi_hosts="192.168.0.10 192.168.0.11 192.168.0.12 192.168.0.13"
ipmi_userid="admin"

# IPMI User ID에 해당하는 패스워드를 입력받음
read -p "Please input ipmi password : " ipmi_pw    ❶
# 패스워드 입력을 안했으면 입력을 하지 않았다는 메시지를 보여주고, 스크립트 종료
if [[ -z $ipmi_pw ]]; then echo "You didn't input ipmi password. Please retry.";
exit; fi

# ipmitool 명령어를 이용하여 해당 서버의 전원 체크
for host in $ipmi_hosts
```

```
do
  echo "#### IPMI HOST:: $host ####"
  power_stat=$(ipmitool -I lanplus -H $host -L ADMINISTRATOR -U $ipmi_userid -P
$impi_pw -v power status)  ❷
  echo "$power_stat"
done
```

셸 스크립트를 작성했다면, 셸 스크립트에 사용된 문법 및 명령어들을 살펴보도록 하겠습니다.

❶ read 명령어를 이용하여 먼저 ipmi 계정 접속을 위한 패스워드를 입력받습니다. 이때, 만일 패스워드를 입력 하지 않았다면 패스워드를 입력하지 않았다는 메시지를 보여주고, 스크립트를 종료합니다. 패스워드 입력 여 부는 if문을 이용해 체크할 수 있습니다.

❷ 패스워드를 입력받았으면 ipmitool 명령어를 이용하여 해당 하드웨어에 전원이 들어왔는지 여부를 확인할 수 있습니다. 이때, -I lanplus는 지원되는 ipmi 인터페이스를 의미합니다. 대부분 lanplus를 이용하므로, lanplus를 사용합니다. -H 옵션은 전원 상태를 체크할 해당 호스트의 IPMI IP이며, -L 옵션은 세션 권한 수준으로 ADMINISTRATOR 값이 기본입니다. -U 옵션은 IPMI 사용자 ID이며, -P는 IPMI 패스워드 입니다. -v 옵션은 출력 레벨을 의미합니다. 마지막으로 전원 상태를 확인하는 power status 명령을 이용 하여 해당 IPMI 서버의 전원 상태를 확인합니다.

문제 해결

이제 작성할 셸 스크립트를 IPMI가 구성된 환경에서 실행하면 다음과 같이 서버의 전원 상태 를 확인할 수 있습니다. Ipmitool 명령어를 실행하는 서버에서는 ipmitool 패키지가 설치되 어 있어야만 다음과 같이 셸 스크립트를 실행할 수 있습니다.

```
[nalee@localhost ~]$ sh chk_ipmi.sh
Please input ipmi password : p@ssw0rd
#### IPMI HOST:: 192.168.0.10 ####
Chassis Power is on
#### IPMI HOST:: 192.168.0.11 ####
Chassis Power is on
#### IPMI HOST:: 192.168.0.12 ####
Chassis Power is on
#### IPMI HOST:: 192.168.0.13 ####
Chassis Power is on
```

11.2 네트워크 상태 모니터링할 때

상황

네트워크는 여러 서버를 연결하고, 외부에서 서비스를 할 경우 외부에서 유입되는 경로로 네트워크 상태를 모니터링하는 일이 매우 중요합니다. 특히 가상화가 되면서 많은 가상 시스템들이 하나의 물리 네트워크 인터페이스를 통해 통신됩니다. 따라서, 이런 네트워크에 문제가 생기면 서비스에 많은 영향을 미칩니다. 따라서, 모니터링을 통해 빠르게 문제를 인식하고 해결하는게 중요합니다. 이렇게 네트워크 상태를 모니터링할 때도 셸 스크립트를 활용하면 쉽게 여러 서버, 그리고, 여러 네트워크 인터페이스를 모니터링할 수 있습니다.

방법 찾기

리눅스에서는 기본적으로 물리 네트워크 인터페이스의 상태를 확인할 때 ip address show 나 ifconfig 명령어 등을 이용하여 확인할 수 있습니다. 그리고, 서버의 특성에 맞게 어떤 네트워크를 사용하고 있는지 사전 조사하여 해당 네트워크가 네트워크 스위치와 정상적으로 통신하고 있는지 등을 확인할 수 있습니다. 그럼, 스크립트를 통해 네트워크 상태 모니터링은 어떻게 하는지 필요한 정보를 알아보고, 프로스세화 해보겠습니다.

필요한 정보

- 네트워크 모니터링 대상 서버 정보
- SSH를 통해 접근할 수 있는 전용 계정
- 네트워크 모니터링 대상 인터페이스 정보
- 네트워크 인터페이스 상태 확인 명령어: ip address show, ip link show

프로세스

- 네트워크 모니터링 대상 서버 정보를 변수에 저장한다.
- 네트워크 모니터링 대상 인터페이스 정보를 변수에 저장한다.
- 네트워크 인터페이스 상태 확인 명령어를 이용해 네트워크 상태를 모니터링한다.
- echo 명령어를 이용해 모니터링 결과를 보여준다.

스크립트 생성

모니터링할 대상 서버와 어떤 네트워크 인터페이스를 모니터링할지 결정이 되었다면 이제 셸 스크립트를 이용하여 네트워크 인터페이스를 모니터링할 수 있도록 셸 스크립트를 작성해 보겠습니다.

```
[nalee@localhost ~]$ vi chk_network.sh
#!/bin/bash

# 네트워크 모니터링 대상 서버 정보 저장
hosts="host01 host02 host03"
nic_name="eno1 eno3 enp24s0f0 enp24s0f1"

# 모니터링 대상 NIC를 검색하기 위한 grep 옵션 생성
grep_nic=""
for nic in $nic_name; do
  grep_nic=$(echo "$grep_nic -e $nic")   ❶
done

# For문을 돌면서 네트워크 상태 체크
for host in $hosts; do
  echo "#### HOST:: $host ####"
  down_link=$(ssh mon@$host "ip link show | grep $grep_nic | grep 'state DOWN' |
awk -F ': ' '{print \$2}'")   ❷
  down_link_cnt=$(ssh mon@$host "ip link show | grep $grep_nic | grep 'state DOWN'
| wc -l")
  # 네트워크 상태 체크 결과 출력
  if [[ $down_link_cnt -eq 0 ]]; then   ❸
    echo "Network States are normal."
  else
    echo "Network $down_link is down. Please check network status."
  fi
done
```

프로세스화대로 셸 스크립트를 작성했다면, 이번에는 셸 스크립트에 사용된 문법과 명령어들을 살펴보도록 하겠습니다. 셸 스크립트를 작성할 때, 처음부터 모든 환경에서 실행될 수 있도록 작성하기보다는 현재 셸 스크립트를 실행하고자 하는 환경에 맞게 명령어 실행 순서를 프로세스화하고, 해당 순서대로 셸 스크립트를 작성하는 것이 좋습니다.

❶ 네트워크 인터페이스 상태를 확인할 때 grep 명령어를 이용하여 해당 네트워크만 조회할 예정입니다. grep을 이용하여 여러 개의 문자열을 검색할 경우에는 −e 옵션을 사용하면 여러 개의 패턴을 사용할 수 있습니다. 따라서, 검색하고자 하는 네트워크 인터페이스를 −e 옵션을 사용할 수 있도록, for문을 이용하여 grep_nic에 저장되어 있는 기존 문자열에 새로운 네트워크 인터페이스명이 추가 저장되도록 합니다. 물론 그 위에서 변수에 저장할 때 −e 옵션을 사용해도 상관은 없습니다.

❷ ip link show 명령을 실행하면 물리 네트워크 및 가상 네트워크까지 모두 검색이 됩니다. 따라서, 모니터링 하고자 하는 해당 네트워크만 검색하기 위해 ❶에서 생성한 grep 옵션을 이용해 검색된 네트워크 인터페이스 에서 네트워크 상태가 DOWN인 것을 검색한 후 awk 명령어를 이용해 2번째 필드를 검색합니다. 이때 −F 옵션을 사용하여 필드 구분자를 ': '으로 설정합니다.

❸ 앞에서 네트워크 인터페이스 상태가 DOWN인 인터페이스의 개수를 세어 해당 결과값이 0과 같으면 네트 워크 상태가 정상이며, 0보다 크면 네트워크 상태가 비정상이므로 네트워크 인터페이스를 확인하라고 출력 합니다.

문제 해결

이렇게 생성한 셸 스크립트를 실행하면 호스트별로 해당 네트워크 인터페이스 상태를 체크하고, 이상이 없으면 다음과 같이 네트워크 상태가 정상이라는 메시지를 출력합니다.

```
[nalee@localhost ~]$ sh chk_network.sh
#### HOST:: host01 ####
Network States are normal.
#### HOST:: host02 ####
Network States are normal.
#### HOST:: host03 ####
Network States are normal.
```

이때 만일 네트워크 상태에 문제가 있다면 다음과 같이 어떤 네트워크 인터페이스가 다운되었는지 보여주고, 해당 네트워크 인터페이스를 확인하라는 메시지를 보여줍니다.

```
[nalee@localhost ~]$ sh chk_network.sh
#### HOST:: host01 ####
Network States are normal.
#### HOST:: host02 ####
Network States are normal.
#### HOST:: host03 ####
Network enp24s0f0 is down. Please check network status.
```

11.3 서비스 상태 체크할 때

상황

IPMI를 이용하여 서버의 전원을 체크하고, 네트워크 상태를 확인했다면 이제 시스템에 설치되어 있는 중요 서비스들의 상태를 확인해야 합니다. 서비스가 정상적으로 실행 중인지 아니면 시스템의 문제로 인해 서비스가 정지되어 있지 않은지 등을 확인해야 합니다. 이런 경우에도 셸 스크립트를 활용하면 쉽게 모니터링할 수 있습니다.

방법 찾기

리눅스에 설치된 대부분의 시스템은 systemctl 명령어를 이용하여 서비스가 실행 중인지 여부를 확인할 수 있습니다. 또한, 해당 서비스가 사용하는 포트 같은 경우에는 netstat 명령어를 이용하여 해당 포트가 서비스 중인지를 확인할 수 있습니다. 이런 명령어들을 활용하여 서버별로 중요 서비스를 확인할 수 있으며, 셸 스크립트를 활용하면 좀 더 쉽게 여러 서버의 서비스들을 모니터링할 수 있습니다. 그럼, 이런 셸 스크립트를 생성하기 위해 필요한 정보들을 알아보고, 프로세스화 해보겠습니다.

필요한 정보

- 서비스 모니터링 대상 서버 정보
- SSH를 통해 접근할 수 있는 전용 계정
- 모니터링 대상 서비스들
- 모니터링 대상 서비스 포트들
- 서비스 상태 체크 명령어: systemctl
- 서비스 포트 체크 명령어: netstat

프로세스

- 서비스 모니터링 대상 서버 정보들을 변수에 저장한다.
- 모니터링 대상 서비스들을 변수에 저장한다.
- 모니터링 대상 포트들을 변수에 저장한다.
- for문을 돌면서 대상 서버의 서비스 상태와 포트를 체크한다.
- echo 명령어를 이용하여 모니터링 결과를 보여준다.

스크립트 생성

서비스 상태를 체크하기 위해 필요한 명령어 및 정보들을 알아보고, 프로세스화했다면 이제

셸 스크립트를 작성해 보겠습니다. 셸 스크립트에서는 모니터링을 위해 ssh를 이용합니다. 이
는 특별히 에이전트를 개발해야 하거나 하는 부담없이 쉽게 모니터링 대상 서버에 명령어를 실
행하고 그에 대한 결과를 확인할 수 있기 때문입니다. 그래서, ssh를 이용할 때는 사전에 ssh
key를 복사하여 패스워드 없이 해당 서버에 명령어를 실행할 수 있어야 모니터링을 제대로 할
수 있습니다. Ssh-key 복사는 **8.2 SSH Key를 여러 서버에 복사할 때**를 참조하기 바랍니다.

```
[nalee@localhost ~]$ vi chk_service.sh
#!/bin/bash

# 서비스 모니터링 대상 서버 정보 저장
hosts="host01 host02"
services="httpd haproxy rabbitmq"
ports="80 443 8080 5672 15672"

for host in $hosts; do
  echo "#### HOST:: $host ####"
  # 호스트별 서비스 상태 체크
  for service in $services; do
    chk_service=$(ssh mon@$host sudo systemctl is-active $service)    ❶
    # 서비스 상태 체크 결과 출력
    if [[ $chk_service == "active" ]]; then
      echo "$service state is active."
    else
      echo "$service state is inactive. Please check $service"
    fi
  done
  echo "*************************"
  # 호스트별 서비스 포트 상태 체크
  for port in $ports; do
    chk_port=$(ssh mon@$host sudo netstat -ntpl | grep $port | wc -l)    ❷
    # 서비스 포트 상태 체크 결과 출력
    if [[ $chk_port > 0 ]]; then
      echo "This port $port is open."
    else
      echo "This port $port is not found. Please check your system."
    fi
  done
  echo "*************************"
done
```

셀 스크립트 작성이 끝나면 셀 스크립트에 사용된 스크립트 문법 및 명령어 등을 살펴봅니다.

❶ ssh를 이용하여 모니터링할 때는 root 계정을 이용할 수도 있지만, 모니터링 전용 계정을 이용하는 것이 보안적으로 좋습니다. 따라서, 별도의 모니터링 전용 계정을 생성하고, 해당 계정을 통해 모니터링합니다. 서비스가 실행 중인지 여부를 확인할 때는 systemctl is-active 명령을 이용하면 해당 서비스가 실행 중인지를 확인할 수 있습니다. 이렇게해서 실행 상태가 확인되면 해당 결과를 if문을 이용하여 보여줍니다.

❷ 이번에는 해당 서비스 포트를 체크합니다. netstat -ntpl 명령어를 이용하면 서비스 중인 포트 정보를 확인할 수 있습니다. 이때, grep 명령어를 이용하여 검색하고자 하는 포트가 서비스 중인지를 확인할 수 있습니다. 그리고, 검색된 포트 개수를 세어 0보다 크면 서비스가 오픈되어 있는 것이고, 0이면 해당 포트가 서비스 중이 아니라는 것을 알 수 있습니다.

문제 해결

이렇게 생성된 셀 스크립트를 실행하면 다음과 같이 서비스가 실행 중인지 해당 포트가 잘 서비스되고 있는지를 확인할 수 있습니다. 이때, 해당 셀 스크립트에서 중요한 것은 모니터링 대상 서버들이 같은 유형이고, 같은 서비스와 포트가 실행되고 있는 서버들을 대상으로 해야 한다는 것입니다. 서로 다른 서비스를 하고 있다면, 셀 스크립트를 또 다르게 작성해야 합니다.

```
[nalee@localhost ~]$ sh chk_service.sh
#### HOST:: host01 ####
httpd state is active.
haproxy state is active.
rabbitmq state is active.
**************************
The 80 port is open.
The 443 port is open.
The 5672 port is open.
The 15672 port is open.
**************************
#### HOST:: host02 ####
httpd state is active.
haproxy state is active.
rabbitmq state is active.
**************************
The 80 port is open.
The 443 port is open.
The 5672 port is open.
The 15672 port is open.
**************************
```

11.4 클러스터 관리 툴 Pacemaker 상태 체크할 때

상황

리눅스에서는 HA ^{High Availability}를 구성할 때 pacemaker라는 클러스터 관리 툴을 주로 이용합니다. 시스템 이중화를 할 경우 pacemaker에 해당 시스템을 자원으로 등록하면 pacemaker가 해당 시스템에 문제가 발생했을 경우 시스템을 재시작해 주기도 하고, 주요 시스템에 문제가 발생했을 경우 시스템을 재부팅시켜 주기도 합니다. 따라서, 모니터링 대상 시스템이 클러스터 관리 툴인 pacemaker를 사용하고 있다면 해당 pacemaker의 상태도 함께 모니터링해야 합니다. 이때도 셸 스크립트를 이용하면 여러 클러스터군의 pacemaker 상태를 모니터링할 수 있습니다.

방법 찾기

단일 클러스터의 pacemaker 상태를 체크할 경우에는 셸 스크립트를 사용할 필요는 없습니다. 다만, 시스템의 여러 인프라 요소와 함께 모니터링을 해야 하는 경우나 여러 클러스터의 pacemaker 상태를 확인할 경우 셸 스크립트를 이용하면 쉽게 모니터링할 수 있습니다. 이 경우에는 모니터링 서버가 여러 클러스터에 네트워크를 통해 접근할 수 있어야 합니다. 이런 전제하에 여러 클러스터의 pacemaker를 모니터링하기 위한 정보들을 알아보고, 프로세스화 해 보겠습니다.

필요한 정보

- Pacemaker가 구성되어 있는 서버 주소
- SSH를 통해 접근할 수 있는 전용 계정
- Pacemaker 상태 체크 명령어: pcs status

프로세스

- 모니터링할 대상 서버 주소를 변수에 저장한다.
- for문을 돌면서 대상 서버의 Pacemaker 상태 체크를 한다.
- echo 명령어를 이용해 해당 결과를 보여준다.

스크립트 생성

모니터링을 할 경우 그리고, 셸 스크립트를 작성할 경우, IP보다는 도메인명을 사용하는 것이 훨씬 좋습니다. DNS 서버가 있어 도메인 서비스를 해 주면 좋지만 그런 상황이 아니라면

/etc/hosts에 해당 서버의 IP와 호스트명을 추가하면 IP 대신 호스트명을 사용할 수 있습니다.

```
[nalee@localhost ~]$ vi chk_pacemaker.sh
#!/bin/bash

# Pacemaker 모니터링 대상 서버 정보 저장
hosts="cluster01 cluster02"

for host in $hosts; do
  echo "#### HOST:: $host ####"
  # pacemaker 상태 체크
  chk_cluster=$(ssh -q mon@$host sudo pcs status | grep -i -c 'failed')   ❶

  # pacemaker 상태 체크 결과가 없으면 문제가 없는 것으로 인식
  if [[ $chk_cluster -eq 0 ]]
  then
      echo "Pacemaker status is normal."
  # pacemaker 상태 체크 결과가 있으면 문제가 있으므로 pacemaker 상태를 보여줌
  else
      echo "Please check pacemaker status."
      echo "********************************"
      echo "$(ssh -q mon@$host sudo pcs status)"   ❷
  fi
done
```

셸 스크립트 작성이 완료되었다면 이번에는 셸 스크립트에 사용된 문법과 명령어들을 살펴보도록 하겠습니다.

❶ pacemaker의 상태를 확인할 때는 pcs status 명령어를 사용할 수 있습니다. 이때 실행 결과를 모두 보여주기보다는 실행 결과에서 grep을 이용하여 잘못된 액션이 있었는지 확인합니다. Pacemaker는 실행 중 서비스가 잘못되어 재시작을 시작한 경우나 health check를 하여 응답이 없을 경우에는 Failed Action으로 해당 메시지를 보여줍니다. 따라서, 이상 여부를 확인하기 위해 grep -i 옵션을 이용하여 해당 결과에 잘못된 경우가 있었는지 확인하고, -c 옵션을 이용하여 검색된 문자열의 개수를 체크합니다.

❷ 이때 해당 결과에 잘못된 결과가 있었다면, ssh 명령어를 이용하여 pcs status 실행 결과를 바로 echo로 출력할 수 있습니다.

문제 해결

이렇게 생성된 셸 스크립트를 실행하면 다음과 같이 문제가 없을 경우에는 Pacemaker status is normal이라는 메시지를 보여주며, 문제가 있을 경우에는 Please check pacemaker status 메시지를 보여주고, pcs status 실행 결과를 보여주어 어떤 문제가 있는지를 바로 확인할 수 있습니다.

```
[nalee@localhost ~]$ sh chk_pacemaker.sh
#### HOST:: cluster01 ####
Pacemaker status is normal.
#### HOST:: cluster02 ####
Please check pacemaker status.
Cluster name: cluster02
Stack: corosync
Current DC: host03 (version 1.1.19-8.el7_6.4-c3c624ea3d) - partition with quorum
Last updated: Tue Aug  6 16:51:36 2019
Last change: Tue Aug  6 13:12:49 2019 by redis-bundle-0 via crm_attribute on con1

3 nodes configured
3 resources configured

Online: [ host01 host02 host03 ]
GuestOnline: [ galera-bundle-0@host01 galera-bundle-1@host02 rabbitmq-bundle-0@
host01 rabbitmq-bundle-2@host03 ]

Full list of resources:

 Galera-bundle [192.168.0.20:8787/mariadb:pcmklatest]
    galera-bundle-0      (ocf::heartbeat:galera):        Master host01
    galera-bundle-1      (ocf::heartbeat:galera):        Master host03
    galera-bundle-2      (ocf::heartbeat:galera):        Stopped host02
 Rabbitmq-bundle [192.168.0.20:8787/rabbitmq:pcmklatest]
    rabbitmq-bundle-0    (ocf::heartbeat:rabbitmq-cluster):    Started host01
    rabbitmq-bundle-1    (ocf::heartbeat:rabbitmq-cluster):    Stopped host02
    rabbitmq-bundle-2    (ocf::heartbeat:rabbitmq-cluster):    Started host03
 Haproxy-bundle [192.168.0.20:8787/haproxy:pcmklatest]
    haproxy-bundle-0     (ocf::heartbeat:docker):        Started host01
    haproxy-bundle-1     (ocf::heartbeat:docker):        Started host03
    haproxy-bundle-2     (ocf::heartbeat:docker):        FAILED host02

Failed Actions:
* haproxy-bundle-0_monitor_60000 on host01 'unknown error' (1): call=136,
status=Timed Out, exitreason='',
    last-rc-change='Sat Jul  4 15:35:02 2020', queued=0ms, exec=0ms
* rabbitmq-bundle-0_monitor_60000 on host01 'unknown error' (1): call=138,
status=Timed Out, exitreason='',
    last-rc-change='Sat Jul  4 15:35:02 2020', queued=0ms, exec=0ms
```

```
* galera-bundle-0_monitor_60000 on host01 'unknown error' (1): call=137,
status=Timed Out, exitreason='',
    last-rc-change='Sat Jul  4 15:35:02 2020', queued=0ms, exec=0ms
...
```

11.5 CPU 및 메모리 상태 체크할 때

상황

아무리 성능이 좋은 서버라고 해도 해당 서버에 많은 애플리케이션들이 설치되어 서비스되고 있다면, CPU와 메모리 자원을 많이 사용할 것입니다. 그렇기 때문에 관리하는 시스템의 CPU 및 메모리 상태는 늘 확인이 필요합니다. 해당 자원의 상태를 확인함으로써 자원 증설이나 자원 축소 등의 계획을 세울 수 있으며, 자원이 부족할 경우에는 애플리케이션 실행이 정상적으로 이루어지지 않으므로, 이런 상황을 사전에 대비할 수 있습니다.

방법 찾기

CPU나 메모리 사용 상태는 top 명령어를 이용하여 실시간으로 모니터링할 수 있지만, 셸 스크립트를 이용하여 사용 상태를 모니터링하기 위한 방법으로는 적합하지 않습니다. 따라서, CPU와 같은 경우에는 mpstat와 같은 명령어를 이용하여 사용량을 확인할 수 있으며, 메모리와 같은 경우에는 free 명령어를 이용하여 메모리 사용량을 체크할 수 있습니다. 그럼, 스크립트 생성을 위해 필요한 정보들을 알아보고 프로세스화 해보겠습니다.

필요한 정보

- 모니터링할 대상 서버 정보
- SSH를 통해 접근할 수 있는 전용 계정
- CPU 상태 체크 명령어: mpstat
- 메모리 상태 체크 명령어: free

프로세스

- 모니터링할 대상 서버 정보를 변수에 저장한다.
- for문을 돌면서 CPU 사용률과 메모리 사용률을 체크한다.
- 모니터링 결과를 echo 명령어를 이용하여 보여준다.

스크립트 생성

CPU와 메모리 상태를 확인하기 위해 필요한 정보와 명령어를 알아보고, 셸 스크립트를 생성하기 위해 프로세스화를 했다면 이번에는 셸 스크립트를 작성합니다. 메모리 사용량을 체크하기 위해 mpstat 명령어는 리눅스에서 기본적으로 제공되는 명령어가 아닙니다. 따라서, 해당 명령을 사용하기 위해서는 sysstat라는 패키지를 설치해야 합니다.

```
[nalee@localhost ~]$ vi chk_cpumem.sh
#!/bin/bash

# 모니터링 대상 서버 정보 저장
hosts="host01 host02 host03"

for host in $hosts; do
  echo "#### HOST:: $host ####"
  # cpu, memory 사용률 체크
  chk_cpu=$(ssh -q mon@$host mpstat | grep all | awk '{print $4}')  ❶
  chk_mem=$(ssh -q mon@$host free -h | grep Mem | awk '{print $4}')  ❷

  # cpu, memory 사용률 체크 결과
  echo "CPU usage is ${chk_cpu}%"
  echo "Memory free size is ${chk_mem}"
done
```

셸 스크립트 작성이 완료되었다면 사용된 명령어와 문법을 확인해 보도록 하겠습니다.

❶ mpstat 명령을 실행하면 다음과 같이 전체 CPU 사용률 및 어디서 CPU를 주로 사용하는지를 보여줍니다. 여기서 all이라는 문자열이 있는 라인을 grep 명령어로 검색한 뒤 전체 CPU 사용률만 추출하기 위해 awk를 사용하여 4번째 필드값을 추출합니다. 그러면 CPU 사용률을 구할 수 있습니다.

```
[nalee@localhost ~]$ mpstat
Linux 3.10.0-1127.13.1.el7.x86_64 (rhel7)   07/05/2020  _x86_64_   (8 CPU)

09:19:58 PM  CPU   %usr   %nice   %sys %iowait   %irq  %soft %steal %guest
%gnice  %idle
09:19:58 PM  all  14.89   0.13   2.09   0.24   0.00   0.03   0.00   6.53
0.00   76.10
```

❷ free 명령어는 다음과 같이 메모리 사용률을 보여줍니다. 여기서 확인해야 할 값은 바로 얼마나 메모리를 사용하고 얼마나 메모리가 남아 있는지를 보여주는 바로 free 용량입니다. 그 다음에 봐야 할 항목은 cache를

얼마나 사용하고 있는지를 확인해야 합니다. 따라서, 여기서는 grep을 이용해 free 메모리 용량이 얼마나 남아있는지를 확인하기 위해 Mem이 있는 라인을 검색하고 awk를 이용해 4번째 필드값인 free 용량을 추출합니다.

```
[nalee@localhost ~]$ free -h
              total        used        free      shared  buff/cache   available
Mem:          128G         27G         75G        752M         26G        101G
Swap:          15G        2.3M         15G
```

문제 해결

이제 앞에서 생성한 셸 스크립트를 실행하면 다음과 같이 모니터링 대상 서버의 CPU 사용률과 메모리의 Free 용량을 확인할 수 있습니다.

```
[nalee@localhost ~]$ sh chk_cpumem.sh
#### HOST:: host01 ####
CPU usage is 11.01%
Memory free size is 325G
#### HOST:: host02 ####
CPU usage is 10.85%
Memory free size is 324G
#### HOST:: host03 ####
CPU usage is 11.21%
Memory free size is 319G
```

11.6 서비스 로그 모니터링할 때

상황

시스템 실행 상태뿐만 아니라, 코드에 의한 버그나 잘못된 입력 파라미터에 의한 버그 또는 관련 시스템의 문제로 인한 에러 로그 등은 서비스 사용자로부터 연락이 오지 않는 이상 모니터링을 하지 않으면 알 수 없습니다. 그만큼 시스템에 구축된 서비스 로그를 주기적으로 모니터링하는 것이 중요합니다. 그런데, 수많은 서비스가 있다면, 해당 서비스들의 로그를 전부 모니터링한다는 건 쉬운 일이 아닙니다. 물론 전용 모니터링 시스템이 있다면 상관없지만, 그런 상황이 안될 경우에는 셸 스크립트를 이용하면 전용 모니터링 시스템만큼은 아니지만, 쉽게 여러 서비스의 로그를 모니터링할 수 있습니다.

방법 찾기

서비스 로그 모니터링을 하기 위해서는 어떤 서비스를 모니터링할 것인지 대상 서비스가 있어야 하며, 서비스 로그가 쌓이는 대상 디렉터리를 알고 있어야 합니다. 또한 서버 별로 어떤 서비스가 실행되고 있는지도 함께 알아야 합니다. 그럼, 셸 스크립트를 이용해 서비스 로그를 모니터링하기 위해 필요한 정보들을 알아보고, 프로세스화 해보겠습니다.

필요한 정보

- 서비스 로그 모니터링 대상 서버 정보
- SSH를 통해 접근할 수 있는 전용 계정
- 서버별 실행 서비스 및 로그 디렉터리 정보

프로세스

- 서비스 로그 모니터링 대상 서버 정보들을 변수에 저장한다.
- for문을 통해 대상 서버의 서비스 로그를 확인한다.
- 확인된 결과를 echo를 이용해 보여준다.

스크립트 생성

필요한 정보를 알아보고, 프로세스화를 했다면 이번에는 셸 스크립트를 생성합니다. 셸 스크립트를 이용해 서비스 로그를 모니터링할 경우에는 모든 로그를 모니터링하기보다는 해당 서비스에서 발생하는 에러[ERROR] 로그를 검색하여 모니터링하는 것이 좋습니다.

```
[nalee@localhost ~]$ vi chk_servicelog.sh
#!/bin/bash

# 모니터링 대상 서버 정보 저장
hosts="host01 host02"
# 모니터링 대상 서비스 정보 저장
services="httpd rabbitmq nginx"

for host in $hosts; do
  echo "#### HOST:: $host ####"

  for service in $services; do
```

```
# service's error log 검색
chk_log=$(ssh mon@$host sudo tail /var/log/$service/*.log | grep -i error | wc
-l)  ❶

# error log가 없으면 없다고 메시지를 보여줌
if [[ $chk_log -eq 0 ]]; then
  echo "No error services logs. The $service is normal"
else
  # error log가 있는 경우에는 체크하라고 메시지를 보여줌
  echo "Please check service $service logs and service $service"  ❷
  echo "$(ssh mon@$host sudo tail /var/log/$service/*.log | grep -i error)"
fi
    done
  done
done
```

셀 스크립트 작성이 완료되면 어떤 명령어와 문법이 사용되었는지 확인합니다.

❶ ssh를 통해 해당 서비스의 로그에서 ERROR 로그를 검색합니다. 이때 해당 서비스를 앞에서 for문을 통해 입력받은 service 변수에 해당하는 로그를 검색합니다. 그리고, 해당 로그에서 grep 명령어를 이용하여 대소 문자 구분없이 error라는 문자열이 포함된 라인을 검색합니다. 검색된 라인은 wc -l 명령어를 이용하여 다시 라인 수를 카운팅하여 결과를 보여줍니다. 여기서, 라인 수가 0과 같으면 문제가 발생한 적이 없는 것이며, 라인 수가 0보다 크면 문제가 있으므로 시스템을 확인해야 합니다.

❷ 어떤 서비스의 로그를 확인할 것인지는 echo를 통해 보여주며, ssh를 통해 검색된 에러 로그를 다시 echo를 이용하여 보여줍니다.

문제 해결

그럼, 앞에서 생성한 셀 스크립트를 실행해 보겠습니다. 모든 서비스에 문제가 없다면 다음과 같이 No error services logs라는 메시지를 보여줄 것입니다. 서버, 서비스가 여러 개일 경우 모든 서버와 서비스에 일일이 들어가서 문제가 있는지를 확인하기란 쉬운 일이 아닙니다. 문제가 발생한 경우에만 들어가서 확인해 보는 것이 바로 서비스 로그입니다. 그런데, 이렇게 셀 스크립트를 활용하면 쉽게 여러 서버의 서비스 로그에 문제가 있는지를 확인할 수 있습니다.

```
[nalee@localhost ~]$ sh chk_servicelog.sh
#### HOST:: host01 ####
No error services logs. The httpd is normal
No error services logs. The rabbitmq is normal
No error services logs. The nginx is normal
#### HOST:: host02 ####
```

```
No error services logs. The httpd is normal
No error services logs. The rabbitmq is normal
No error services logs. The nginx is normal
```

11.7 컨테이너 실행 상태 모니터링할 때

상황

근래에는 컨테이너를 이용하여 개발하고 서비스를 하는 곳이 많이 늘고 있습니다. 따라서, 시스템에서 컨테이너를 이용하여 서비스를 한다면, 컨테이너의 실행 상태 역시 모니터링이 필요합니다. 그리고, Docker를 이용하여 컨테이너 서비스를 운영하거나 개발할 경우에는 Docker 서비스 상태도 확인이 필요합니다. 이런 경우에도 셸 스크립트를 이용하면 여러 서버의 컨테이너 서비스들을 모니터링할 수 있습니다.

방법 찾기

컨테이너 실행 상태를 모니터링하기 위해서는 컨테이너 서비스가 운영 중인 서버 정보를 알아야 하며, 해당 서버의 컨테이너 엔진이 Docker인지 Podman인지도 알아야 합니다. 그럼, 셸 스크립트를 이용해 컨테이너 실행 상태를 모니터링하기 위해 필요한 정보들을 알아보고, 프로세스화 해보겠습니다.

필요한 정보

- 컨테이너 서비스가 운영 중인 서버 정보
- 컨테이너 엔진 확인 명령어: systemctl list-units
- 컨테이너 실행 상태 확인 명령어: docker ps 또는 podman ps

프로세스

- 컨테이너 서비스가 운영 중인 서버 정보를 변수에 저장한다.
- for문을 돌면서 어떤 컨테이너 엔진이 실행 중인지 확인한다.
- 컨테이너 실행 상태를 확인한다.
- 모니터링 결과를 echo를 이용해 보여준다.

스크립트 생성

컨테이너 실행 상태를 모니터링하기 위해 필요한 정보들을 알아보고, 셀 스크립트화하기 위해 프로세스화를 했다면 이번에는 셀 스크립트를 작성합니다. 대부분의 시스템은 모니터링을 위한 별도의 시스템을 구축하여 사용합니다. 시스템이 구축되기까지는 시간이 필요하므로, 그동안 셀 스크립트를 이용하여 간단하게 모니터링을 할 수 있습니다.

```
[nalee@localhost ~]$ vi chk_container.sh
#!/bin/bash

# 모니터링 대상 서버 정보 저장
hosts="host01 host02 host03"

for host in $hosts;do
  echo "#### HOST:: $host ####"
  # 해당 호스트에 Docker가 설치되어 있는지 확인
  chk_docker=$(ssh -q mon@$host rpm -qa | grep -c docker)   ❶
  if [[ $chk_docker > 0]]; then
    echo "This system's container engine is docker."
    # docker 서비스가 실행 중인지 확인
    chk_service=$(ssh -q mon@$host systemctl is-active docker)   ❷
    if [[ $chk_service == "active" ]]; then
      echo "Docker running state is active."
      # container 프로세스 확인
      chk_container=$(ssh -q mon@$host docker ps | grep -c seconds)   ❸
      if [[ $chk_container > 0 ]]; then
        echo "Please check your container state."
        echo "$(ssh -q mon@$host docker ps | grep seconds)"   ❹
      else
        echo "Container status is normal."
      fi
    else
      echo "Please check your docker state."
    fi
  fi

  # 해당 호스트에 podman이 설치되어 있는지 확인
  chk_podman=$(ssh -q mon@$host rpm -qa | grep -c podman)   ❺
  if [[ $chk_podman > 0]]; then
    echo "This system's container engine is podman."
    # container 프로세스 확인
    chk_container=$(ssh -q mon@$host podman ps | grep -c seconds)   ❻
```

```
    if [[ $chk_container > 0 ]]; then
      echo "Please check your container state."
      echo "$(ssh -q mon@$host podman ps | grep seconds)"   ❼
    else
      echo "Container status is normal."
    fi
  fi
done
```

셸 스크립트 작성이 완료되었다면, 이번에는 셸 스크립트에서 사용된 문법 및 명령어들을 살펴보도록 하겠습니다.

❶ 페도라 계열의 리눅스에서는 패키지가 설치되어 있는지 여부를 rpm -qa 명령어를 이용하여 확인할 수 있습니다. 데비안 계열의 리눅스에는 dpkg -l 명령어를 이용하여 패키지 설치 여부를 확인할 수 있습니다. 여기서 docker가 설치되어 있는지를 확인하기 위해 grep을 이용하여 docker 패키지 설치 여부를 확인합니다.

❷ Docker가 설치되어 있다면 docker 엔진이 실행 중인지 확인해야 합니다. 여기서는 systemctl is-active 명령어를 이용하여 docker 엔진이 실행되고 있는지 확인할 수 있습니다.

❸ Docker에서 실행 중인 컨테이너 목록을 확인하기 위해서는 다음과 같이 docker ps 명령을 사용할 수 있습니다. 이때 컨테이너 상태(STATUS) 항목에는 해당 컨테이너가 시작되고, 얼마의 시간이 흘렀는지를 보여줍니다. 그런데, seconds(초)가 계속 반복되는 컨테이너가 있다면 해당 컨테이너에는 문제가 있는 것입니다. 따라서, grep 명령어를 이용하여 docker ps | grep -c seconds 명령어를 이용하여 이런 컨테이너가 몇 개나 있는지 확인할 수 있습니다.

```
[nalee@localhost ~]$ sudo docker ps
CONTAINER ID   IMAGE                              COMMAND              CREATED
STATUS            PORTS              NAMES
047e7f30bbd3   docker.io/library/registry:latest  /etc/docker/regis...  7 days ago
Up 5 seconds ago  0.0.0.0:5000->5000/tcp  local-repo
```

❹ 문제가 있는 컨테이너가 있다면 어떤 컨테이너에 문제가 있는지 해당 결과를 보여주어야 합니다. 이때는 -c 옵션을 사용하지 않고 docker ps | grep seconds를 수행하면 해당 컨테이너 목록을 보여줄 수 있습니다.

❺ 이번에는 podman 패키지가 설치되어 있는지 확인합니다. 페도라 계열의 운영체제에서는 rpm -qa | grep podman 명령어를 이용하면 해당 패키지가 설치되어 있는지 확인할 수 있으며, 데비안 계열의 운영체제에서는 dpkg -l | grep podman 명령어를 이용하여 패키지 설치 여부를 확인할 수 있습니다.

❻ Podman 역시 Docker와 마찬가지로 컨테이너 상태에 계속 seconds가 반복되는 컨테이너를 찾는다면 그것은 분명 문제가 있는 컨테이너일 것입니다. 여기서 grep -c 옵션을 사용하여 seconds가 포함된 문자열 개수를 확인할 수 있습니다.

❼ 문제가 있는 컨테이너는 grep의 -c 옵션을 제외한 podman ps | grep seconds 명령 실행 결과를 보여줍니다.

문제 해결

이렇게해서 셸 스크립트 작성이 완료되었다면 이번에는 셸 스크립트를 실행해 보도록 하겠습니다. 컨테이너 엔진이 Docker이면서 정상적인 경우에는 다음과 같이 This system's container engine is docker. Docker running state is active. Container status is normal.이라는 문구를 호스트 별로 보여줍니다.

```
# 컨테이너 엔진이 Docker이면서 정상적인 경우
[nalee@localhost ~]$ sh chk_container.sh
#### HOST:: host01 ####
This system's container engine is docker.
Docker running state is active.
Container status is normal.
#### HOST:: host02 ####
This system's container engine is docker.
Docker running state is active.
Container status is normal.
#### HOST:: host03 ####
This system's container engine is docker.
Docker running state is active.
Container status is normal.
```

컨테이너 엔진이 podman일 경우에는 This system's container engine is podman. Container status is normal.이라는 문장을 호스트별로 다음과 같이 보여줍니다.

```
# 컨테이너 엔진이 Podman이면서 정상적인 경우
[nalee@localhost ~]$ sh chk_container.sh
#### HOST:: host01 ####
This system's container engine is podman.
Container status is normal.
#### HOST:: host02 ####
This system's container engine is podman.
Container status is normal.
#### HOST:: host03 ####
This system's container engine is podman.
Container status is normal.
```

이때 만일 컨테이너 엔진이 Docker이고 비정상적인 컨테이너가 있을 경우에는 다음과 같이 해당 컨테이너 목록을 함께 보여줍니다.

```
# 컨테이너 엔진이 Docker이면서 비정상적인 경우
[nalee@localhost ~]$ sh chk_container.sh
#### HOST:: host01 ####
This system's container engine is docker.
Please check your docker state.
#### HOST:: host02 ####
This system's container engine is docker.
Docker running state is active.
Please check your container state.
CONTAINER ID  IMAGE                                    COMMAND    CREATED
STATUS          PORTS                 NAMES
871be7836e13 registry.access.redhat.com/ubi8:latest  /bin/bash  5 weeks ago  Up 4
seconds ago  0.0.0.0:8080->8080/tcp  test_pod
#### HOST:: host03 ####
This system's container engine is docker.
Docker running state is active.
Container status is normal.
```

컨테이너 엔진이 podman일 경우 역시 비정상적인 컨테이너가 발견되면 다음과 같이 해당 컨테이너 목록을 보여줍니다.

```
# 컨테이너 엔진이 Podman이면서 비정상적인 경우
[nalee@localhost ~]$ sh chk_container.sh
#### HOST:: host01 ####
This system's container engine is podman.
Container status is normal.
#### HOST:: host02 ####
This system's container engine is podman.
Container status is normal.
#### HOST:: host03 ####
This system's container engine is podman.
Please check your container state.
CONTAINER ID  IMAGE                                    COMMAND    CREATED
STATUS          PORTS                 NAMES
871be7836e13 registry.access.redhat.com/ubi8:latest  /bin/bash  5 weeks ago  Up 4
seconds ago  0.0.0.0:8080->8080/tcp  test_pod
```

11.8 [종합] 일일 시스템 점검 모니터링하기

상황

앞에서 우리는 다양한 상황에서 시스템 모니터링을 하기 위해 필요한 정보들을 알아보고, 셸 스크립트화하기 위한 프로세스를 만들어 봤습니다. 그리고, 프로세스대로 셸 스크립트을 작성해 봤습니다. 시스템을 모니터링할 때는 대상 시스템의 환경에 따라 모니터링 대상이 달라집니다. 그렇기 때문에 어떤 항목을 모니터링해야 한다는 공식은 없습니다. 하지만, 앞에서 살펴본 모니터링 항목을 이용하여, 직접 운영 중인 시스템의 종합 모니터링을 위한 셸 스크립트를 만들 수 있습니다. 셸 스크립트는 운영체제가 리눅스라면 물리 서버 환경에서도 사용할 수 있고, 가상 서버 환경에서도 사용할 수 있습니다.

그럼, 먼저 다음과 같은 시스템을 운영해야 한다고 가정해 보도록 하겠습니다.

- 모니터링 서버 1대
- 클러스터링된 DB 및 웹 서버 3대
- 컨테이너 서비스가 운영 중인 서버 3대
- 기타 일반 리눅스 서버 5대

방법 찾기

이제 앞에서 가정한 시스템을 모니터링하기 위해 모니터링 항목을 정하고, 어떤 순서로 모니터링할지 모니터링 결과는 어떻게 남기고, 활용할지에 대한 방법을 찾아야 합니다. 셸 스크립트를 이용하였으므로, 일반 사용자가 생각하는 그래픽적인 모니터링 결과는 볼 수 없습니다. 텍스트 기반의 결과를 가공하여 볼 수 있으며, 로그로 남겨 그래픽적인 모니터링 툴의 데이터로 사용할 수 있습니다. 그럼, 지금부터 어떤 순서로 모니터링할 것인지 필요한 정보들을 알아보고, 프로세스화 해보겠습니다.

필요한 정보
- 모니터링 대상 서버 IP 또는 호스트명
- SSH를 통해 접근한 전용 계정 및 패스워드 또는 SSH 키
- 서버별 운영 중인 서비스 목록

프로세스
- 모니터링 대상 서버 정보를 변수에 저장한다.
- 모니터링 결과를 화면에 출력하고, 로그 파일에 저장하기 위한 함수를 생성한다.

- 로그 파일은 셸 스크립트가 실행되는 해당 일과 시각으로 그때 그때 생성한다.
- for문을 돌면서 IPMItool을 이용해 모든 서버의 전원 상태를 확인한다.
- 클러스터링된 서버 중 첫 번째 서버에서 pacemaker 상태를 확인한다.
- 모든 서버의 네트워크 상태를 확인한다.
- 모든 서버의 CPU와 메모리, 디스크 사용률을 확인한다.
- DB 서버와 웹 서버에서는 해당 서비스가 정상적으로 실행 중인지 확인한다.
- DB 서버와 웹 서버에서는 서비스 로그에 ERROR가 발생한 적이 있는지 확인한다.
- 컨테이너 서비스가 운영 중인 서버에서는 컨테이너 엔진을 확인한다.
- 컨테이너 서비스가 운영 중인 서버에서는 컨테이너 실행 상태를 점검한다.
- 모든 점검 결과는 화면에 보여주고, 로그 파일에 저장한다.

스크립트 생성

셸 스크립트를 생성하기 위해 필요한 정보들을 알아보고, 어떤 순서로 셸 스크립트를 생성할 것인지 프로세스화했다면, 이번에는 스크립트를 작성해 보도록 하겠습니다. 앞에서 살펴보았던 셸 스크립트와 문법들을 활용하면 쉽게 스크립트를 작성할 수 있습니다.

```
[mon@monserver ~]$ vi daily-system-chk.sh
#!/bin/bash

#-------------------------------
# 모니터링 대상 서버 정보를 변수에 저장
#-------------------------------
Cluster_servers="clus01 clus02 clus03"
Container_servers="con01 con02 con03"
General_servers="gen01 gen02 gen03 gen04 gen05"

LOG_FILE=""
#----------------------------
# 모니터링 로그 파일 생성
#----------------------------
function make_logs()  ❶
{
  DATE=$(date +%Y%m%d%H%M)
  LOG_FILE="/var/log/daily_system_chk/chk_system_$DATE.log"
  sudo touch $LOG_FILE
  sudo chmod 777 $LOG_FILE
}

#----------------------------
# 모니터링 로그 파일 권한 변경
```

```
#----------------------------
function change_logs()
{
  sudo chmod 644 $LOG_FILE
}


#----------------------------------------
# 모니터링 결과를 화면에 출력하고 로그에 저장
#----------------------------------------
function print_msg()
{
  Message=$1
  Date=$(date "+%Y-%m-%d %H:%M")
  echo "$Date [Daily_System_chk] $Message" >> $LOG_FILE  ❷
  echo "$Date $Message"
}

make_logs
print_msg "#----------------------------"
print_msg "# Check System Power"
print_msg "#----------------------------"

for i in {1..3}
do
  print_msg "#### NODE:: clus0$i ####"
  power_stat=$(ipmitool -I lanplus -H 192.168.0.1$i -L ADMINISTRATOR -U admin -P
P@ssw0rd! -v power status)  ❸
  print_msg "$power_stat"
done

for i in {1..3}
do
  print_msg "#### NODE:: con0$i ####"
  power_stat=$(ipmitool -I lanplus -H 192.168.0.2$i -L ADMINISTRATOR -U admin -P
P@ssw0rd! -v power status)
  print_msg "$power_stat"
done

for i in {1..5}
do
  print_msg "#### NODE:: gen0$i ####"
  power_stat=$(ipmitool -I lanplus -H 192.168.0.3$i -L ADMINISTRATOR -U admin -P
P@ssw0rd! -v power status)
  print_msg "$power_stat"
```

```
done

print_msg "#----------------------------"
print_msg "# Cluster Servers"
print_msg "#----------------------------"

for i in $Cluster_servers
do
  print_msg "#### NODE:: $i ####"
  if [ $i = "clus01" ]
  then
    print_msg "#----------------------------"
    print_msg "# Check Clustering"
    print_msg "#----------------------------"
    cluster_stat=$(ssh -q mon@$i sudo pcs status | grep 'failed' | wc -l)

    if [ $cluster_stat -eq 0 ]   ❹
    then
      print_msg "Pacemaker status is normal"
    else
      print_msg "Please check pacemaker"
      print_msg "$(ssh -q mon@$i sudo pcs status)"
    fi
  fi

  print_msg "#----------------------------"
  print_msg "# Check Network"
  print_msg "#----------------------------"
  grep_nic="-e eno1 -e eno3 -e enp24s0f0 -e enp24s0f1"
  down_link=$(ssh mon@$host "ip link show | grep $grep_nic | grep 'state DOWN' |
awk -F ': ' '{print \$2}'")   ❺
  down_link_cnt=$(ssh mon@$host "ip link show | grep $grep_nic | grep 'state DOWN'
| wc -l")
  if [[ $down_link_cnt -eq 0 ]]; then
    print_msg "Network States are normal."
  else
    print_msg "Network $down_link is down. Please check network status."
  fi

  print_msg "#----------------------------"
  print_msg "# Check CPU"
  print_msg "#----------------------------"
  mem_stat=$(ssh -q mon@$i sudo mpstat | grep all | awk '{print $4}')
  print_msg "CPU usage is ${chk_cpu}%. If CPU usage is high, please check system
```

```
cpu status"

  print_msg "#----------------------------"
  print_msg "# Check Memory"
  print_msg "#----------------------------"
  mem_stat=$(ssh -q mon@$i sudo free -h | grep -i mem | awk '{print $4}')
  print_msg "Memory free size is $mem_stat. If memory free size is low, please
check system memory status"

  print_msg "#----------------------------"
  print_msg "# Check Service Log"
  print_msg "#----------------------------"
  for service in "httpd mariadb"; do
    chk_log=$(ssh mon@$host sudo tail /var/log/$service/*.log | grep -i error | wc
-l)

    if [[ $chk_log -eq 0 ]]; then
      echo "No error services logs. The $service is normal"
    else
      echo "Please check service $service logs and service $service"  ❻
      echo "$(ssh mon@$host sudo tail /var/log/$service/*.log | grep -i error)"
    fi
  done
done

print_msg "#----------------------------"
print_msg "# Container Servers"
print_msg "#----------------------------"

for i in $Container_servers  ❼
do
  print_msg "#### NODE:: $i ####"
  print_msg "#----------------------------"
  print_msg "# Check Network"
  print_msg "#----------------------------"
  grep_nic="-e eno1 -e eno3 -e enp24s0f0 -e enp24s0f1"
  down_link=$(ssh mon@$host "ip link show | grep $grep_nic | grep 'state DOWN' |
awk -F ': ' '{print \$2}'")
  down_link_cnt=$(ssh mon@$host "ip link show | grep $grep_nic | grep 'state DOWN'
| wc -l")
  if [[ $down_link_cnt -eq 0 ]]; then
    print_msg "Network States are normal."
  else
    print_msg "Network $down_link is down. Please check network status."
```

```
   fi

   print_msg "#----------------------------"
   print_msg "# Check CPU"
   print_msg "#----------------------------"
   mem_stat=$(ssh -q mon@$i sudo mpstat | grep all | awk '{print $4}')
   print_msg "CPU usage is ${chk_cpu}%. If CPU usage is high, please check system
cpu status"

   print_msg "#----------------------------"
   print_msg "# Check Memory"
   print_msg "#----------------------------"
   mem_stat=$(ssh -q mon@$i sudo free -h | grep -i mem | awk '{print $4}')
   print_msg "Memory free size is $mem_stat. If memory free size is low, please
check system memory status"

   chk_docker=$(ssh -q mon@$host rpm -qa | grep -c docker)   ❽
   if [[ $chk_docker > 0]]; then
     print_msg "#----------------------------"
     print_msg "# Check Container - Docker"
     print_msg "#----------------------------"
     chk_service=$(ssh -q mon@$host systemctl is-active docker)   ❾
     if [[ $chk_service == "active" ]]; then
       print_msg "Docker running state is active."
       chk_container=$(ssh -q mon@$host docker ps | grep -c seconds)
       if [[ $chk_container > 0 ]]; then   ❿
         print_msg "Please check your container state."
         print_msg "$(ssh -q mon@$host docker ps | grep seconds)"
       else
         print_msg "Container status is normal."
       fi
     else
       print_msg "Please check your docker state."
     fi
   fi

   chk_podman=$(ssh -q mon@$host rpm -qa | grep -c podman)   ⓫
   if [[ $chk_podman > 0]]; then
     print_msg "#----------------------------"
     print_msg "# Check Container - Podman"
     print_msg "#----------------------------"
     chk_container=$(ssh -q mon@$host podman ps | grep -c seconds)
     if [[ $chk_container > 0 ]]; then   ⓬
       print_msg "Please check your container state."
```

```
            print_msg "$(ssh -q mon@$host podman ps | grep seconds)"
        else
            print_msg "Container status is normal."
        fi
    fi
done


print_msg "#----------------------------"
print_msg "# General Servers"
print_msg "#----------------------------"

for i in $General_servers  ⑬
do
    print_msg "#### NODE:: $i ####"
    print_msg "#----------------------------"
    print_msg "# Check Network"
    print_msg "#----------------------------"
    grep_nic="-e eno1 -e eno3 -e enp24s0f0 -e enp24s0f1"
    down_link=$(ssh mon@$host "ip link show | grep $grep_nic | grep 'state DOWN' |
awk -F ': ' '{print \$2}'")
    down_link_cnt=$(ssh mon@$host "ip link show | grep $grep_nic | grep 'state DOWN'
| wc -l")
    if [[ $down_link_cnt -eq 0 ]]; then
        print_msg "Network States are normal."
    else
        print_msg "Network $down_link is down. Please check network status."
    fi


    print_msg "#----------------------------"
    print_msg "# Check CPU"
    print_msg "#----------------------------"
    mem_stat=$(ssh -q mon@$i sudo mpstat | grep all | awk '{print $4}')
    print_msg "CPU usage is ${chk_cpu}%. If CPU usage is high, please check system
cpu status"


    print_msg "#----------------------------"
    print_msg "# Check Memory"
    print_msg "#----------------------------"
    mem_stat=$(ssh -q mon@$i sudo free -h | grep -i mem | awk '{print $4}')
    print_msg "Memory free size is $mem_stat. If memory free size is low, please
check system memory status"

done
change_logs
```

지금까지 앞에서 살펴보았던 셀 스크립트와 문법들을 활용하여 여러 시스템의 모니터링을 하는 셀 스크립트를 작성해 보았습니다. 앞에서 살펴보기는 했지만, 다시 한번 사용된 문법과 명령어들을 살펴보도록 하겠습니다.

❶ 모니터링을 위한 셀 스크립트에서는 함수를 이용하여 모니터링 결과를 저장할 수 있는 로그 파일을 생성합니다. 매일 셀 스크립트가 실행되는 시점을 로그 파일로 만들기 위해 date 명령어를 이용하여 해당 년월일시분을 구합니다. 어떤 디렉터리에 로그 파일을 생성할지를 LOG_FILE 변수에 선언합니다. 그리고, 선언한 로그 파일을 touch 명령어를 이용하여 생성한 후 로그 파일에 내용을 쓸 수 있게 파일 권한을 변경합니다.

```
LOG_FILE=""
#---------------------------
# 모니터링 로그 파일 생성
#---------------------------
function make_logs()  ❶
{
  DATE=$(date +%Y%m%d%H%M)
  LOG_FILE="/var/log/daily_system_chk/chk_system_$DATE.log"
  sudo touch $LOG_FILE
  sudo chmod 777 $LOG_FILE
}
```

❷ 이번에는 모니터링 결과를 화면에 출력하고, 해당 내용을 앞서 생성한 로그 파일에 저장하기 위한 함수를 생성합니다. 외부로부터 메시지를 입력받아 해당 메시지가 출력될 시각과 리다이렉션 기호를 이용하여 로그 파일에 저장하고, 메시지를 화면에 한 번 더 출력합니다.

```
#-------------------------------------
# 모니터링 결과를 화면에 출력하고 로그에 저장
#-------------------------------------
function print_msg()
{
  Message=$1
  Date=$(date "+%Y-%m-%d %H:%M")
  echo "$Date [Daily_System_chk] $Message" >> $LOG_FILE  ❷
  echo "$Date $Message"
}
```

❸ 가장 먼저 ipmitool 명령어를 이용하여 서버의 전원 상태를 확인합니다. 실제로 다음 명령어를 실행해 본다던가 다음 명령어를 이용하여 셀 스크립트를 생성할 경우에는 해당 서버의 IPMI IP 주소, 계정, 패스워드 정보를 변경해야 합니다. 이렇게 명령어를 실행한 결과는 power_stat라는 변수에 저장하여 print_msg 함수를 이용하여 로그 파일에 저장하고 실행 터미널에 보여줍니다.

```
for i in {1..3}
do
  print_msg "#### NODE:: clus0$i ####"
  power_stat=$(ipmitool -I lanplus -H 192.168.0.1$i -L ADMINISTRATOR -U admin -P
P@ssw0rd! -v power status)  ❸
  print_msg "$power_stat"
done
```

❹ 클러스터 서버 중 첫 번째 서버일 경우 pacemaker 상태를 확인합니다. 이때, 상태에서 failed라는 문구가 검색되지 않으면, 클러스터에 이상이 없다는 의미입니다. If문을 이용하여 cluster_stat가 0이 동일하면 이상이 없다는 메시지를 print_msg 함수를 이용하여 출력하고, 그렇지 않을 경우에는 이상이 있다는 의미이므로 해당 메시지와 pcs status 실행 결과를 보여줍니다.

```
if [ $i = "clus01" ]
then
  print_msg "#----------------------------"
  print_msg "# Check Clustering"
  print_msg "#----------------------------"
  cluster_stat=$(ssh -q mon@$i sudo pcs status | grep 'failed' | wc -l)

  if [ $cluster_stat -eq 0 ]  ❹
  then
    print_msg "Pacemaker status is normal"
  else
    print_msg "Please check pacemaker"
    print_msg "$(ssh -q mon@$i sudo pcs status)"
  fi
fi
```

❺ 네트워크 상태를 확인할 경우에는 ip link show 명령어를 이용하여 모니터링하고자 하는 네트워크 디바이스를 검색하고, 해당 디바이스 상태가 DOWN인지를 검색합니다. 그리고, 다운된 디바이스가 몇 개가 되는지 세어 down_link_cnt 변수에 저장합니다. 저장된 결과값이 0과 동일하면 네트워크에 문제가 없는 것이고, 그렇지 않으면 네트워크에 문제가 있는 것입니다.

```
print_msg "#----------------------------"
print_msg "# Check Network"
print_msg "#----------------------------"
grep_nic="-e eno1 -e eno3 -e enp24s0f0 -e enp24s0f1"
down_link=$(ssh mon@$host "ip link show | grep $grep_nic | grep 'state DOWN' |
awk -F ': ' '{print \$2}'")  ❺
```

```
down_link_cnt=$(ssh mon@$host "ip link show | grep $grep_nic | grep 'state DOWN'
| wc -l")
  if [[ $down_link_cnt -eq 0 ]]; then
    print_msg "Network States are normal."
  else
    print_msg "Network $down_link is down. Please check network status."
  fi
```

❻ 이번에는 서비스 로그를 체크하여 서비스에 문제가 있는지를 확인합니다. 대부분의 서비스 로그들은 /var/
log 디렉터리 아래 해당 서비스 디렉터리에 로그들이 쌓입니다. 만일 해당 서비스 로그 디렉터리가 다른 곳이
라면 셸 스크립트의 해당 디렉터리에서 로그를 모니터링할 수 있도록 작성하면 됩니다. 로그 디렉터리의 모든
로그 파일을 대상으로 error 문구가 있는지 확인한 후 개수를 셉니다. 그러면 서비스에 문제가 있는지 여부를
쉽게 확인할 수 있습니다.

```
print_msg "#----------------------------"
print_msg "# Check Service Log"
print_msg "#----------------------------"
for service in "httpd mariadb"; do
  chk_log=$(ssh mon@$host sudo tail /var/log/$service/*.log | grep -i error | wc
    -l)

  if [[ $chk_log -eq 0 ]]; then
    echo "No error services logs. The $service is normal"
  else
    echo "Please check service $service logs and service $service"  ❻
    echo "$(ssh mon@$host sudo tail /var/log/$service/*.log | grep -i error)"
  fi
done
```

❼ 앞에서 클러스터 서버의 모니터링을 했다면 이번에는 컨테이너가 실행 중인 서버의 모니터링을 합니다. 현재
어떤 서버를 모니터링 중인지 확인하기 위해 print_msg 함수를 이용하여 해당 서버명을 출력해 줍니다.

```
print_msg "#----------------------------"
print_msg "# Container Servers"
print_msg "#----------------------------"

for i in $Container_servers  ❼
do
  print_msg "#### NODE:: $i ####"
```

❽ 컨테이너 서버에 docker 엔진이 돌고 있는지 먼저 확인합니다. 컨테이너 서버에 어떤 컨테이너 엔진이 실행 중인지, 단일 컨테이너 엔진이 실행 중인지를 알고 있을 경우에는 어떤 컨테이너 엔진이 실행 중인지를 확인할 필요없이 바로 컨테이너 상태를 확인하면 됩니다.

```
chk_docker=$(ssh -q mon@$host rpm -qa | grep -c docker)   ❽
if [[ $chk_docker > 0]]; then
  print_msg "#----------------------------"
  print_msg "# Check Container - Docker"
  print_msg "#----------------------------"
```

❾ Docker 엔진이 실행 중이라면 systemctl is-active 명령어를 이용하여 docker 엔진이 실행 중인지 여부를 확인할 수 있습니다. 명령어 실행 결과가 active라면 print_msg 함수를 이용하여 docker가 실행 중이라는 메시지를 출력합니다.

```
  chk_service=$(ssh -q mon@$host systemctl is-active docker)   ❾
  if [[ $chk_service == "active" ]]; then
    print_msg "Docker running state is active."
```

❿ docker ps 명령어를 이용하여 현재 실행 중인 컨테이너를 확인할 수 있습니다. 컨테이너가 정상적으로 실행되지 않고, 계속 재부팅을 시도할 경우에는 상태가 seconds를 계속 반복합니다. 따라서, 컨테이너 상태에서 seconds가 검색된다면 해당 컨테이너에 문제가 있다는 의미입니다.

```
    chk_container=$(ssh -q mon@$host docker ps | grep -c seconds)
    if [[ $chk_container > 0 ]]; then   ❿
      print_msg "Please check your container state."
      print_msg "$(ssh -q mon@$host docker ps | grep seconds)"
    else
      print_msg "Container status is normal."
    fi
```

⓫ 이번에는 컨테이너 엔진이 podman일 경우를 확인합니다. Podman이 설치되어 있는지 여부는 페도라 계열의 리눅스일 경우 rpm -qa | grep podman 명령어를 이용하여 확인할 수 있으며, 데비안 계열의 리눅스일 경우 dpkg -l | grep podman 명령어를 이용하여 확인할 수 있습니다.

```
chk_podman=$(ssh -q mon@$host rpm -qa | grep -c podman)   ⓫
if [[ $chk_podman > 0]]; then
  print_msg "#----------------------------"
  print_msg "# Check Container - Podman"
  print_msg "#----------------------------"
```

⓬ podman에서 실행 중인 컨테이너 역시 podman ps 명령어를 통해 컨테이너 실행 상태를 확인할 수 있으며, seconds가 검색이 된다면 해당 컨테이너에 문제가 있다는 의미입니다.

```
    chk_container=$(ssh -q mon@$host podman ps | grep -c seconds)
  if [[ $chk_container > 0 ]]; then      ⓬
    print_msg "Please check your container state."
    print_msg "$(ssh -q mon@$host podman ps | grep seconds)"
  else
    print_msg "Container status is normal."
  fi
```

⓭ 클러스터 서버와 컨테이너 서버 모니터링이 끝나면 마지막으로 일반 서버 모니터링을 수행합니다. 현재 어떤 종류의 어떤 서버의 시스템을 모니터링 중인지 확인하기 위해 서버명을 print_msg 명령어를 이용하여 출력합니다.

```
print_msg "#----------------------------"
print_msg "# General Servers"
print_msg "#----------------------------"

for i in $General_servers    ⓭
do
  print_msg "#### NODE:: $i ####"
```

문제 해결

이렇게 해서 셸 스크립트 작성이 완료되면 셸 스크립트를 수행하여 여러 시스템의 상태를 확인할 수 있습니다. 다음과 같이 모니터링 서버에서 셸 스크립트를 실행하면 클러스터 서버, 컨테이너 서버 및 일반 서버의 시스템 상태를 한번에 확인할 수 있습니다. 이렇게 생성한 셸 스크립트는 Crontab을 이용하여 특정 시간에 실행되도록 설정할 수 있습니다. 그러면, 매일 일일이 셸 스크립트를 수행하는 번거로움 없이 셸 스크립트를 실행할 수 있습니다. 다만, 로그 파일을 자주 확인하는 일은 시스템을 담당하는 담당자가 해야 합니다.

```
[mon@monserver ~]$ sh daily-system-chk.sh
2020-07-19 18:11 #----------------------------
2020-07-19 18:11 # Check System Power
2020-07-19 18:11 #----------------------------
2020-07-19 18:11 #### NODE:: clus01 ####
2020-07-19 18:11 Chassis Power is on
```

```
2020-07-19 18:11 #### NODE:: clus02 ####
2020-07-19 18:11 Chassis Power is on
2020-07-19 18:11 #### NODE:: clus03 ####
2020-07-19 18:11 Chassis Power is on
2020-07-19 18:11 #### NODE:: con01 ####
2020-07-19 18:11 Chassis Power is on
2020-07-19 18:11 #### NODE:: con02 ####
2020-07-19 18:11 Chassis Power is on
2020-07-19 18:11 #### NODE:: con03 ####
2020-07-19 18:11 Chassis Power is on
2020-07-19 18:11 #### NODE:: gen01 ####
2020-07-19 18:11 Chassis Power is on
2020-07-19 18:11 #### NODE:: gen02 ####
2020-07-19 18:11 Chassis Power is on
2020-07-19 18:11 #### NODE:: gen03 ####
2020-07-19 18:11 Chassis Power is on
2020-07-19 18:11 #### NODE:: gen04 ####
2020-07-19 18:11 Chassis Power is on
2020-07-19 18:11 #### NODE:: gen05 ####
2020-07-19 18:11 Chassis Power is on
2020-07-19 18:11 #---------------------------
2020-07-19 18:11 # Cluster Servers
2020-07-19 18:11 #---------------------------
2020-07-19 18:11 #### NODE:: clus01 ####
2020-07-19 18:11 #---------------------------
2020-07-19 18:11 # Check Clustering
2020-07-19 18:11 #---------------------------
2020-07-19 18:11 Pacemaker status is normal
2020-07-19 18:12 #---------------------------
2020-07-19 18:12 # Check Network
2020-07-19 18:12 #---------------------------
2020-07-19 18:12 Network States are normal.
2020-07-19 18:12 #---------------------------
2020-07-19 18:12 # Check CPU
2020-07-19 18:12 #---------------------------
2020-07-19 18:12 CPU usage is 20.25%. If CPU usage is high, please check system
cpu status.
2020-07-19 18:12 #---------------------------
2020-07-19 18:12 # Check Memory
2020-07-19 18:12 #---------------------------
2020-07-19 18:12 Memory free size is 325G. If memory free size is low, please
check system memory status
2020-07-19 18:12 #---------------------------
2020-07-19 18:12 # Check Service Log
```

```
2020-07-19 18:12 #----------------------------
2020-07-19 18:12 No error services logs. The httpd is normal
2020-07-19 18:12 No error services logs. The mariadb is normal
2020-07-19 18:12 #### NODE:: clus02 ####
2020-07-19 18:12 #----------------------------
2020-07-19 18:12 # Check Network
2020-07-19 18:12 #----------------------------
2020-07-19 18:12 Network States are normal.
2020-07-19 18:12 #----------------------------
2020-07-19 18:12 # Check CPU
2020-07-19 18:12 #----------------------------
2020-07-19 18:12 CPU usage is 19.95%. If CPU usage is high, please check system
cpu status.
2020-07-19 18:12 #----------------------------
2020-07-19 18:12 # Check Memory
2020-07-19 18:12 #----------------------------
2020-07-19 18:12 Memory free size is 326G. If memory free size is low, please
check system memory status
2020-07-19 18:12 #----------------------------
2020-07-19 18:12 # Check Service Log
2020-07-19 18:12 #----------------------------
2020-07-19 18:12 No error services logs. The httpd is normal
2020-07-19 18:12 No error services logs. The mariadb is normal
2020-07-19 18:12 #### NODE:: clus03 ####
2020-07-19 18:12 #----------------------------
2020-07-19 18:12 # Check Network
2020-07-19 18:12 #----------------------------
2020-07-19 18:12 Network States are normal.
2020-07-19 18:12 #----------------------------
2020-07-19 18:12 # Check CPU
2020-07-19 18:12 #----------------------------
2020-07-19 18:12 CPU usage is 21.18%. If CPU usage is high, please check system
cpu status.
2020-07-19 18:12 #----------------------------
2020-07-19 18:12 # Check Memory
2020-07-19 18:12 #----------------------------
2020-07-19 18:12 Memory free size is 324G. If memory free size is low, please
check system memory status
2020-07-19 18:12 #----------------------------
2020-07-19 18:12 # Check Service Log
2020-07-19 18:12 #----------------------------
2020-07-19 18:12 No error services logs. The httpd is normal
2020-07-19 18:12 No error services logs. The mariadb is normal
2020-07-19 18:12 #----------------------------
```

```
2020-07-19 18:12 # Container Servers
2020-07-19 18:12 #----------------------------
2020-07-19 18:12 #### NODE:: con01 ####
2020-07-19 18:12 #----------------------------
2020-07-19 18:12 # Check Network
2020-07-19 18:13 #----------------------------
2020-07-19 18:13 Network States are normal.
2020-07-19 18:13 #----------------------------
2020-07-19 18:13 # Check CPU
2020-07-19 18:13 #----------------------------
2020-07-19 18:13 CPU usage is 21.18%. If CPU usage is high, please check system
cpu status.
2020-07-19 18:13 #----------------------------
2020-07-19 18:13 # Check Memory
2020-07-19 18:13 #----------------------------
2020-07-19 18:13 Memory free size is 324G. If memory free size is low, please
check system memory status
2020-07-19 18:13 #----------------------------
2020-07-19 18:13 # Check Container - Docker
2020-07-19 18:13 #----------------------------
2020-07-19 18:13 Docker running state is active.
2020-07-19 18:13 Container status is normal.
2020-07-19 18:13 #### NODE:: con02 ####
2020-07-19 18:13 #----------------------------
2020-07-19 18:13 # Check Network
2020-07-19 18:13 #----------------------------
2020-07-19 18:13 Network States are normal.
2020-07-19 18:13 #----------------------------
2020-07-19 18:13 # Check CPU
2020-07-19 18:13 #----------------------------
2020-07-19 18:13 CPU usage is 22.88%. If CPU usage is high, please check system
cpu status.
2020-07-19 18:13 #----------------------------
2020-07-19 18:13 # Check Memory
2020-07-19 18:13 #----------------------------
2020-07-19 18:13 Memory free size is 325G. If memory free size is low, please
check system memory status
2020-07-19 18:13 #----------------------------
2020-07-19 18:13 # Check Container - Docker
2020-07-19 18:13 #----------------------------
2020-07-19 18:13 Docker running state is active.
2020-07-19 18:13 Container status is normal.
2020-07-19 18:13 #### NODE:: con03 ####
2020-07-19 18:13 #----------------------------
```

```
2020-07-19 18:13 # Check Network
2020-07-19 18:13 #---------------------------
2020-07-19 18:13 Network States are normal.
2020-07-19 18:13 #---------------------------
2020-07-19 18:13 # Check CPU
2020-07-19 18:13 #---------------------------
2020-07-19 18:13 CPU usage is 23.12%. If CPU usage is high, please check system
cpu status.
2020-07-19 18:13 #---------------------------
2020-07-19 18:13 # Check Memory
2020-07-19 18:13 #---------------------------
2020-07-19 18:13 Memory free size is 322G. If memory free size is low, please
check system memory status
2020-07-19 18:13 #---------------------------
2020-07-19 18:13 # Check Container - Docker
2020-07-19 18:13 #---------------------------
2020-07-19 18:13 Docker running state is active.
2020-07-19 18:13 Container status is normal.
2020-07-19 18:13 #---------------------------
2020-07-19 18:13 # General Servers
2020-07-19 18:13 #---------------------------
2020-07-19 18:13 #### NODE:: gen01 ####
2020-07-19 18:13 #---------------------------
2020-07-19 18:13 # Check Network
2020-07-19 18:13 #---------------------------
2020-07-19 18:13 Network States are normal.
2020-07-19 18:13 #---------------------------
2020-07-19 18:13 # Check CPU
2020-07-19 18:13 #---------------------------
2020-07-19 18:13 CPU usage is 19.12%. If CPU usage is high, please check system
cpu status.
2020-07-19 18:13 #---------------------------
2020-07-19 18:13 # Check Memory
2020-07-19 18:13 #---------------------------
2020-07-19 18:13 Memory free size is 325G. If memory free size is low, please
check system memory status
2020-07-19 18:14 #### NODE:: gen02 ####
2020-07-19 18:14 #---------------------------
2020-07-19 18:14 # Check Network
2020-07-19 18:14 #---------------------------
2020-07-19 18:14 Network States are normal.
2020-07-19 18:14 #---------------------------
2020-07-19 18:14 # Check CPU
2020-07-19 18:14 #---------------------------
```

2020-07-19 18:14 CPU usage is 21.58%. If CPU usage is high, please check system cpu status.
2020-07-19 18:14 #---------------------------
2020-07-19 18:14 # Check Memory
2020-07-19 18:14 #---------------------------
2020-07-19 18:14 Memory free size is 321G. If memory free size is low, please check system memory status
2020-07-19 18:14 #### NODE:: gen03 ####
2020-07-19 18:14 #---------------------------
2020-07-19 18:14 # Check Network
2020-07-19 18:14 #---------------------------
2020-07-19 18:14 Network States are normal.
2020-07-19 18:14 #---------------------------
2020-07-19 18:14 # Check CPU
2020-07-19 18:14 #---------------------------
2020-07-19 18:14 CPU usage is 22.52%. If CPU usage is high, please check system cpu status.
2020-07-19 18:14 #---------------------------
2020-07-19 18:14 # Check Memory
2020-07-19 18:14 #---------------------------
2020-07-19 18:14 Memory free size is 312G. If memory free size is low, please check system memory status
2020-07-19 18:14 #### NODE:: gen04 ####
2020-07-19 18:14 #---------------------------
2020-07-19 18:14 # Check Network
2020-07-19 18:14 #---------------------------
2020-07-19 18:14 Network States are normal.
2020-07-19 18:14 #---------------------------
2020-07-19 18:14 # Check CPU
2020-07-19 18:14 #---------------------------
2020-07-19 18:14 CPU usage is 25.08%. If CPU usage is high, please check system cpu status.
2020-07-19 18:14 #---------------------------
2020-07-19 18:14 # Check Memory
2020-07-19 18:14 #---------------------------
2020-07-19 18:14 Memory free size is 320G. If memory free size is low, please check system memory status
2020-07-19 18:14 #### NODE:: gen05 ####
2020-07-19 18:14 #---------------------------
2020-07-19 18:14 # Check Network
2020-07-19 18:14 #---------------------------
2020-07-19 18:14 Network States are normal.
2020-07-19 18:14 #---------------------------
2020-07-19 18:14 # Check CPU

```
2020-07-19 18:14 #----------------------------
2020-07-19 18:14 CPU usage is 22.17%. If CPU usage is high, please check system
cpu status.
2020-07-19 18:14 #----------------------------
2020-07-19 18:14 # Check Memory
2020-07-19 18:14 #----------------------------
2020-07-19 18:14 Memory free size is 320G. If memory free size is low, please
check system memory status
```

## CHAPTER 12

클라우드 시스템 운영

근래에는 베어메탈 환경을 그대로 운영하는 곳도 있지만, 대부분의 회사들이 클라우드 시스템을 사용하거나 클라우드 시스템 환경을 구축하고, 클라우드 서비스를 제공하는 곳도 많이 있습니다. 뿐만 아니라, 개발 환경 역시 베어메탈 환경에서 가상 환경으로 그리고, 컨테이너 환경으로 많이 넘어가고 있는 상황입니다. 이 챕터에서는 오픈소스 클라우드 플랫폼인 오픈스택을 이용하여 클라우드 시스템을 운영할 때 발생할 수 있는 다양한 상황에서 CLI^{Command Line Interface} 기반의 명령어와 셸 스크립트를 활용하여 좀 더 효율적으로 클라우드 시스템을 운영할 수 있는 방법들을 알아보고자 합니다.

12.1 VM 백업할 때

상황

오픈스택을 설치하고 운영하기 위해서는 오픈스택이 설치된 서버 이외에 필요한 시스템들이 많습니다. 이런 시스템을 구축하기 위해 별도의 서버에 VM(가상머신)을 생성하여 주로 사용합니다. 이러한 시스템은 주로 오픈스택을 배포하기 위한 배포 노드나 패키지 등을 저장하기 위해 리포지터리 서버, 백업을 위한 백업 서버 등이 해당됩니다. 이렇게 VM으로 구성된 서버의 운영체제 업데이트와 같은 작업을 할 경우나 시스템의 중요한 작업 등을 할 경우에 VM을 백업하고 작업하는 것이 좋습니다. 이와 같은 경우에도 셸 스크립트를 사용하면 쉽게 VM을 백업할 수 있습니다.

방법 찾기

VM을 백업하기 위해서는 백업을 할 별도의 스토리지가 필요합니다. 일반적으로는 운영체제와 분리된 디스크에 저장하거나, 별도의 NFS(네트워크 파일시스템)에 저장합니다. 그럼, 여기서는 별도의 NFS에 VM을 백업한다는 가정하에 어떤 정보가 필요한지 그리고, 셸 스크립트화하기 위한 프로세스화를 해보도록 하겠습니다.

필요한 정보

- VM을 백업받을 NFS 정보
- 백업받을 VM 정보
- VM이 생성되어 있는 디렉터리 정보

프로세스

- 현재 시스템에서 존재하는 VM 정보를 보여준다.
- 백업받을 VM명을 입력받는다.
- 백업받은 VM 상태가 Shutdown인지 확인한다.
- Shutdown이 아니라면 Shutdown할 것인지 물어본다.
- VM을 백업받을 NFS에 마운트되어 있는지 확인한다.
- 마운트되어 있지 않다면 디렉터리를 생성하고, 해당 디렉터리에 NFS를 마운트한다.
- 마운트된 디렉터리에 실행 날짜로 백업 디렉터리를 생성한다.
- 해당 백업 디렉터리에 VM을 tar 압축하여 백업한다.
- 백업이 끝나면 해당 VM을 다시 시작한다.
- 마지막으로 NFS를 언마운트 한다.

스크립트 생성

셸 스크립트를 생성하기 위해 필요한 정보를 찾아보고, 프로세스화를 했다면 이번에는 셸 스크립트를 작성해 보겠습니다. 셸 스크립트를 작성할 때 여러 VM을 백업하는 셸을 작성할 수도 있고, 지금처럼 하나씩 선택하여 VM을 백업할 수도 있습니다. 셸 스크립트를 작성할 때는 목적에 맞게 프로세스를 만들고, 해당 프로세스에 맞게 셸 스크립트를 작성하면 됩니다.

```
[nalee@localhost ~]$ vi vm_backup.sh
#!/bin/bash
NFS_PATH="192.168.100.10:/osp16_backup"   ❶
MOUNT_PATH=/tmp/backup

# VM 목록 확인
virsh list --all
```

```
# 백업할 VM명 입력
read -p "Input vm name for backup : " vmname  ❷

# 입력받은 VM 상태 확인
vmstat=$(virsh list --all | grep -e $vmname -e "shut off" | wc -l)  ❸

# VM 상태가 running일 경우
if [[ $vmstat -eq 0 ]]; then
  # VM을 shot off할지 여부 확인
  read -p "$vmname is running. Do you want to shut off? (y/n) " vmresult
  # Y를 입력했으면 VM을 shutdown하고, 스크립트 재실행하고 메시지 출력
  if [[ $vmresult == "y" ]]; then  ❹
    echo "$vmname will be shut off soon"
    virsh shutdown $vmname
    echo "Please retry to run this script."
    exit;
  # N을 입력했을 경우 스크립트 종료
  else
    exit;
  fi
# VM 상태가 shut off일 경우
else
  echo "#======================="
  echo "# Make Mount Directory "
  echo "#======================="
  mkdir -p $MOUNT_PATH

  echo "#======================="
  echo "# Mount Directory to NFS "
  echo "#======================="
  mount -t nfs $NFS_PATH $MOUNT_PATH

  echo "#======================="
  echo "# Macke Backup Directory "
  echo "#======================="
  backup_path=$MOUNT_PATH/bakup_$(date +%Y%M%d)  ❺
  mkdir -p $backup_path

  echo "#======================="
  echo "# Find vm file path "
  echo "#======================="
  file_path=$(virsh dumpxml $vmname | grep 'source file' | sed "s/
[[:blank:]]*<source file='//g" | sed "s/'\/>//g")  ❻
```

```
echo "#======================="
echo "# Backup vm file "
echo "#======================="
cp $file_path $backup_path
if [[ -f $backup_path/$file_path ]]; then  ❼
  echo "#============================="
  echo "# Finish backup and Start vm "
  echo "#============================="
  virsh start $vmname

  echo "#============="
  echo "# Umount NFS "
  echo "#============="
  umount $MOUNT_PATH
fi
fi
```

셸 스크립트 작성이 완료되었으면 이번에는 셸 스크립트에 사용된 명령어와 문법들을 살펴보도록 하겠습니다.

❶ 먼저 어디에 VM을 백업할 것인지 NFS 관련 정보와 NFS를 마운트할 마운트 디렉터리 정보를 변수에 저장합니다.

```
NFS_PATH="192.168.100.10:/osp16_backup"  ❶
MOUNT_PATH=/tmp/backup
```

❷ 이번에는 백업받을 VM명을 read 명령어를 이용하여 입력받습니다.

```
# 백업할 VM명 입력
read -p "Input vm name for backup : " vmname  ❷
```

❸ 입력받은 VM의 상태가 shut off인지 virsh list --all 명령어를 이용하여 확인합니다. 이때 grep 명령어를 이용하여 입력받은 VM명이면서, 상태가 shut off인 VM을 검색합니다. 그리고, wc -l 명령어를 이용하여 개수를 세어 vmstat라는 변수에 저장합니다.

```
# 입력받은 VM 상태 확인
vmstat=$(virsh list --all | grep -e $vmname -e "shut off" | wc -l)  ❸
```

❹ 이때 vmstat의 값이 0이라면 VM이 현재 실행 중이라는 의미입니다. 이런 경우 다시 read 명령어를 이용하여 해당 vm을 shut off할 것이지 물어봅니다. Y를 입력받으면 곧 vm이 shut off될 것이라는 메시지를 보여주고, virsh shutdown 명령어를 이용하여 해당 vm을 shut off 합니다. 그리고, 스크립트를 다시 재실행하라는 메시지를 보여준 후 스크립트를 종료합니다. 만일 사용자가 n을 입력했다면 그냥 스크립트를 종료합니다.

```
# VM 상태가 running일 경우
if [[ $vmstat -eq 0 ]]; then
  # VM을 shot off할 지 여부 확인
  read -p "$vmname is running. Do you want to shut off? (y/n) " vmresult
  # Y를 입력했으면 VM을 shutdown하고, 스크립트 재실행하고 메시지 출력
  if [[ $vmresult == "y" ]]; then  ❹
    echo "$vmname will be shut off soon"
    virsh shutdown $vmname
    echo "Please retry to run this script."
    exit;
  # N을 입력했을 경우 스크립트 종료
  else
    exit;
  fi
```

❺ 백업 디렉터리를 생성할 때는 해당 날짜를 함께 조합하여 백업 디렉터리를 만드는 것이 좋습니다. Date 명령어를 이용하여 백업 디렉터리명을 backup_path라는 변수에 저장하고 해당 변수를 이용하여 백업 디렉터리를 생성합니다.

```
echo "#========================="
echo "# Macke Backup Directory "
echo "#========================="
backup_path=$MOUNT_PATH/bakup_$(date +%Y%M%d)  ❺
mkdir -p $backup_path
```

❻ 이번에는 virsh dumpxml 명령어를 이용하여 입력받은 VM이 저장되어 있는 저장 경로를 grep 명령어와 sed 명령어를 이용하여 추출합니다. 그리고, 추출한 vm 저장 경로를 file_path라는 변수에 저장합니다.

```
echo "#========================="
echo "# Find vm file path "
echo "#========================="
file_path=$(virsh dumpxml $vmname | grep 'source file' | sed "s/
[[:blank:]]*<source file='//g" | sed "s/'\/>//g")  ❻
```

❼ 마지막으로 앞에서 추출된 vm 파일을 백업 디렉터리에 복사합니다. 그리고, 파일 복사가 끝나면 다시 해당 vm을 virsh start 명령어를 이용하여 시작하고, 앞에서 마운트했던 NFS를 마운트에서 해제합니다.

```
echo "#======================="
echo "# Backup vm file "
echo "#======================="
cp $file_path $backup_path
if [[ -f $backup_path/$file_path ]]; then     ❼
    echo "#============================="
    echo "# Finish backup and Start vm "
    echo "#============================="
    virsh start $vmname

    echo "#============="
    echo "# Umount NFS "
    echo "#============="
    umount $MOUNT_PATH
fi
```

문제 해결

스크립트 작성이 끝나면 이제 생성한 스크립트를 실행하여 VM을 백업해 보도록 하겠습니다. 다음 실행 예제 환경에는 osp16-compute0~3, osp16-controller0이라는 VM이 모두 running 상태이고, director라는 vm만 shut off 상태입니다. 여기서 director라는 vm을 백 업하기 위해 director를 입력하고 엔터 키를 누르면, 마운트 디렉터리를 생성하고 NFS에 해당 디렉터리를 마운트합니다. 그리고, vm이 저장된 파일 경로를 찾아 해당 vm을 백업합니다. 백 업이 완료되면 해당 VM을 시작하고 NFS에 마운트되어 있던 디렉터리는 다시 마운트를 해제 합니다. 일일이 명령어를 입력하고 기다리지 말고, 이제 스크립트를 실행해 놓고, 잠시 커피 한 잔의 여유를 가져도 될 것 같습니다.

```
[nalee@localhost ~]$ sudo sh vm_backup.sh
 Id    Name                        State
------------------------------------------------
 1     osp16-controller0           running
 2     osp16-compute0              running
 3     osp16-compute1              running
 4     osp16-compute2              running
 5     osp16-compute3              running
```

```
 -    director                        shut off
```

```
Input vm name for backup : director
#======================
# Make Mount Directory
#======================
#======================
# Mount Directory to NFS
#======================
#======================
# Macke Backup Directory
#======================
#======================
# Find vm file path
#======================
#======================
# Backup vm file
#======================
#============================
# Finish backup and Start vm
#============================
Domain director started


#=============
# Umount NFS
#=============
```

12.2 컨테이너화된 오픈스택 서비스 운영할 때

상황

근래에 설치되는 오픈스택 서비스는 이전과는 다르게 패키지 기반의 서비스가 아닌 컨테이너 기반의 서비스로 설치됩니다. 따라서, 컨테이너가 잘 동작을 하는지 그리고, 컨테이너 서비스에 문제는 없는지, 명령어는 잘 동작하는지를 확인할 경우에도 셸 스크립트를 사용하면 매우 효율적이고 빠르게 서비스 상태를 확인할 수 있습니다.

방법 찾기

오픈스택 서비스 역시 버전에 따라 그리고 어떤 방법과 어떤 환경으로 구축했느냐에 따라서 확인해야 할 서비스 종류가 달라집니다. 여기서는 일반적으로 많이 사용하는 서비스들을 알아보고, 어떤 방법과 순서로 서비스 상태를 체크할 것인지 프로세스화를 해보도록 하겠습니다.

필요한 정보

- 컨트롤러 노드에서 실행 중인 컨테이너 서비스 개수
- 컴퓨트 노드에서 실행 중인 컨테이너 서비스 개수
- 컨트롤러 노드의 오픈스택 컨테이너 로그 디렉터리: /var/log/containers
- 컴퓨트 노드의 오픈스택 컨테이너 로그 디렉터리: /var/log/containers
- 컴퓨트 서비스 실행 여부 확인 명령어: openstack compute service list
- 볼륨 서비스 실행 여부 확인 명령어: openstack volume service list
- 네트워크 서비스 실행 여부 확인 명령어: openstack network agent list

프로세스

- 컨트롤러 노드에서 실행 중인 컨테이너 개수를 사전에 조사하여 셸 스크립트 변수에 저장한다.
- 컴퓨트 노드에서 실행 중인 컨테이너 개수를 사전에 조사하여 셸 스크립트 변수에 저장한다.
- 접속하고자 하는 컨트롤러 노드의 호스명과 컴퓨트 노드의 호스트명을 변수에 저장한다.
- for문을 돌면서 컨트롤러 노드에서 실행 중인 컨테이너 개수를 확인한다.
- for문을 돌면서 컴퓨트 노드에서 실행 중인 컨테이너 개수를 확인한다.
- 사전에 조사한 컨테이너 개수와 확인된 컨테이너 개수가 맞지 않으면 경고 메시지를 출력한다.
- 컨트롤러 노드의 컨테이너 로그에서 ERROR가 있는지 확인한다.
- 컴퓨트 노드의 컨테이너 로그에서 ERROR가 있는지 확인한다.
- ERROR가 있으면 경고 메시지를 출력한다.
- 명령어를 이용하여 컴퓨트 서비스 실행 여부와 볼륨 서비스 실행 여부 그리고, 네트워크 서비스 실행 여부를 확인하여 보여준다.

스크립트 생성

이렇게 필요한 정보들을 알아보고, 어떤 순서로 셸 스크립트를 작성할 것인지 프로세스화를 했다면 이번에는 셸 스크립트 문법, 리눅스 명령어, 오픈스택 명령어 등을 이용하여 셸 스크립트를 작성합니다.

```
[nalee@localhost ~]$ vi chk_openstack.sh
#!/bin/bash

CON_CNT=34
```

```
COM_CNT=8

CON_HOSTS="ctrl1 ctrl2 ctrl3"
COM_HOSTS="com1 com2 com3 com4"

# 컨트롤러 노드 컨테이너 상태 및 서비스 로그 확인
for host in $CON_HOSTS
do
  echo "========== $host ============"
  echo ">>>>>> Check container's status <<<<<<"
  cnt=$(ssh heat-admin@$host "sudo docker ps | grep -v IMAGE | wc -l")  ❶
  if [[ $cnt -eq $CON_CNT ]]; then
    echo "The $host containers count is $cnt. This is normal."
  else
    echo "Please check container's status"
    ssh heat-admin@$host "sudo docker ps"
  fi

  echo ">>>>>> Check service logs <<<<<<"
  ssh heat-admin@$host "echo 'tail /var/log/containers/*/*.log | grep -i error |
      wc -l' > mon-logs.sh"  ❷
  err_cnt=$(ssh heat-admin@$host "sudo sh mon-logs.sh")  ❸
  if [[ $err_cnt -eq 0 ]]; then
    echo "The $host has no error logs. This system is normal."
  else
    echo "Please check service logs"
    ssh heat-admin@$host "echo 'tail /var/log/containers/*/*.log | grep -i error'
> mon-logs.sh"
    ssh heat-admin@$host "sudo sh mon-logs.sh"  ❹
  fi
done

# 컴퓨트 노드 컨테이너 상태 및 서비스 로그 확인
for host in $COM_HOSTS  ❺
do
    echo "========== $host ============"
  echo ">>>>>> Check container's status <<<<<<"
  cnt=$(ssh heat-admin@$host "sudo docker ps | grep -v IMAGE | wc -l")
  if [[ $cnt -eq $COM_CNT ]]; then
    echo "The $host containers count is $cnt. This is normal."
  else
    echo "Please check container's status"
    ssh heat-admin@$host "sudo docker ps"
  fi
```

```
    echo ">>>>>> Check service logs <<<<<<"
    ssh heat-admin@$host "echo 'tail /var/log/containers/*/*.log | grep -i error |
wc -l' > mon-logs.sh"
    err_cnt=$(ssh heat-admin@$host "sudo sh mon-logs.sh")
    if [[ $err_cnt -eq 0 ]]; then
      echo "The $host has no error logs. This system is normal."
    else
      echo "Please check service logs"
      ssh heat-admin@$host "echo 'tail /var/log/containers/*/*.log | grep -i error'
> mon-logs.sh"
      ssh heat-admin@$host "sudo sh mon-logs.sh"
    fi
done

echo "#============================"
echo "# Check OpenStack Services "
echo "#============================"
# 오픈스택 명령어를 이용한 서비스 확인
source /home/stack/adminrc

# 컴퓨트 서비스 확인
echo "openstack compute service list"   ❻
openstack compute service list
# 볼륨 서비스 확인
echo "openstack volume service list"   ❼
openstack volume service list
# 네트워크 서비스 확인
echo "openstack network agent list"   ❽
openstack network agent list
```

셸 스크립트 작성이 완료되면 셸 스크립트에 어떤 문법과 어떤 명령어가 사용되었는지 살펴보
도록 하겠습니다.

❶ 이 스크립트는 처음 컨트롤러 노드의 컨테이너 상태를 체크합니다. 이때 ssh를 이용하여 컨트롤러 노드에
docker ps 명령어를 이용하여 현재 실행 중인 컨테이너를 확인하고, grep -v를 이용하여 헤더를 삭제한
후 wc -l 을 이용하여 컨테이너 개수를 구합니다. 이렇게 구한 컨테이너 개수는 cnt에 저장하고 바로 다음
라인에서 if문을 이용하여 사전에 조사한 컨테이너 개수와 비교합니다. 개수가 동일하다면 문제가 없는 것이
고, 개수가 동일하지 않다면 문제가 있는 것입니다.

```
    echo ">>>>>> Check container's status <<<<<<"
    cnt=$(ssh heat-admin@$host "sudo docker ps | grep -v IMAGE | wc -l")   ❶
    if [[ $cnt -eq $CON_CNT ]]; then
```

```
    echo "The $host containers count is $cnt. This is normal."
  else
    echo "Please check container's status"
    ssh heat-admin@$host "sudo docker ps"
  fi
```

❷ 이번에는 서비스 로그를 체크합니다. 여기서는 ssh를 이용하여 컨트롤러 노드에 서비스를 로그로 체크하는 한 줄짜리 명령어를 echo를 이용하여 mon−logs.sh에 저장합니다.

```
echo ">>>>>> Check service logs <<<<<<"
ssh heat-admin@$host "echo 'tail /var/log/containers/*/*.log | grep -i error |
wc -l' > mon-logs.sh"   ❷
```

❸ 저장된 mon−logs.sh 파일을 실행하여 에러 로그가 있는지를 체크하고 에러가 있으면 에러 로그 개수를 err_cnt라는 변수에 저장하고, 바로 다음 라인에서 if문을 이용하여 0과 동일한지 확인합니다. 로그 개수가 0이라는 건 서비스에 문제가 없다는 의미입니다.

```
err_cnt=$(ssh heat-admin@$host "sudo sh mon-logs.sh")   ❸
if [[ $err_cnt -eq 0 ]]; then
  echo "The $host has no error logs. This system is normal."
```

❹ 만일 서비스가 문제가 있어 에러 로그가 발견되었다면 서비스 로그를 확인하라는 메시지를 보여주고, 이번에는 에러 로그 개수를 세는 것이 아니라 에러 로그 자체를 보여주는 한줄짜리 명령어를 echo를 이용하여 mon−logs.sh에 저장하고, mon−logs.sh를 실행하여 그 결과를 바로 보여줍니다.

```
  echo "Please check service logs"
  ssh heat-admin@$host "echo 'tail /var/log/containers/*/*.log | grep -i error'
> mon-logs.sh"
  ssh heat-admin@$host "sudo sh mon-logs.sh"   ❹
```

❺ 컨트롤러 노드의 컨테이너 상태와 서비스 로그를 확인했다면 이번에는 컴퓨트 노드의 컨테이너 상태와 서비스 로그를 확인합니다. 물론 확인 방법은 컨트롤러 노드와 동일합니다.

```
# 컴퓨트 노드 컨테이너 상태 및 서비스 로그 확인
for host in $COM_HOSTS   ❺
do
  echo "========== $host ============"
echo ">>>>>> Check container's status <<<<<<"
cnt=$(ssh heat-admin@$host "sudo docker ps | grep -v IMAGE | wc -l")
```

❻ 컨트롤러 노드와 컴퓨트 노드의 컨테이너 상태와 서비스 상태 확인이 모두 끝나면 마지막으로 오픈스택 명령어를 이용하여 컴퓨트 서비스를 확인합니다. 컴퓨트 서비스는 openstack compute service list 명령어를 통해 확인할 수 있습니다.

```
# 컴퓨트 서비스 확인
echo "openstack compute service list"  ❻
openstack compute service list
```

❼ 컴퓨트 서비스 확인이 끝나면 볼륨 서비스를 확인합니다. 볼륨 서비스는 openstack volume service list 명령어를 이용하면 쉽게 확인할 수 있습니다.

```
# 볼륨 서비스 확인
echo "openstack volume service list"  ❼
openstack volume service list
```

❽ 마지막으로 네트워크 서비스를 확인합니다. 네트워크 서비스는 openstack network agent list를 이용하여 확인할 수 있습니다.

```
# 네트워크 서비스 확인
echo "openstack network agent list"  ❽
openstack network agent list
```

문제 해결

이렇게 작성된 셸 스크립트는 실행을 통해 검증 과정을 거쳐야 합니다. 아무리 잘 작성이 된 스크립트라도 실제로 수행해보면 오타가 있을 수도 있고, 실행이 되지 않는 경우도 있습니다. 그렇기 때문에 스크립트 작성이 끝나면 반드시 실행을 통해 검증하고, 잘못된 문법이나 명령어는 바르게 수정해야 합니다. 이런 검증 과정이 끝나고 나면 이제 이 스크립트는 내 업무를 도와줄 유용한 스크립트가 되는 것입니다.

셸 스크립트 실행해보니 1분도 되지 않아 컨트롤러 노드와 컴퓨트 노드의 컨테이너 서비스, 서비스 로그들이 모두 정상적임을 확인할 수 있고 오픈스택 컴퓨트 서비스, 볼륨 서비스, 네트워크 서비스 등을 모두 확인할 수 있습니다.

```
[nalee@localhost ~]$ sh chk_openstack.sh
========== ctrl1 ============
```

```
>>>>>> Check container's status <<<<<<
The ctrl1 containers count is 34. This is normal.
>>>>>> Check service logs <<<<<<
The ctrl1 has no error logs. This system is normal.
========== ctrl2 ============
>>>>>> Check container's status <<<<<<
The ctrl2 containers count is 34. This is normal.
>>>>>> Check service logs <<<<<<
The ctrl2 has no error logs. This system is normal.
========== ctrl3 ============
>>>>>> Check container's status <<<<<<
The ctrl3 containers count is 34. This is normal.
>>>>>> Check service logs <<<<<<
The ctrl3 has no error logs. This system is normal.
========== com1 ============
>>>>>> Check container's status <<<<<<
The com1 containers count is 8. This is normal.
>>>>>> Check service logs <<<<<<
The com1 has no error logs. This system is normal.
========== com2 ============
>>>>>> Check container's status <<<<<<
The com2 containers count is 8. This is normal.
>>>>>> Check service logs <<<<<<
The com2 has no error logs. This system is normal.
========== com3 ============
>>>>>> Check container's status <<<<<<
The com3 containers count is 8. This is normal.
>>>>>> Check service logs <<<<<<
The com3 has no error logs. This system is normal.
========== com4 ============
>>>>>> Check container's status <<<<<<
The com4 containers count is 8. This is normal.
>>>>>> Check service logs <<<<<<
The com4 has no error logs. This system is normal.
#===========================
# Check OpenStack Services
#===========================
openstack compute service list
+------------------------------------------+----------------+----------------------+-
----------+---------+-------+----------------------------+
| ID                                       | Binary         | Host                 |
Zone     | Status  | State | Updated At                 |
+------------------------------------------+----------------+----------------------+-
----------+---------+-------+----------------------------+
```

```
| af1a4f02-8111-4be7-b77e-e8d50a138786 | nova-conductor | ctrl1.example.com    |
internal | enabled | up   | 2020-07-28T10:22:12.000000 |
| 1102b25d-1f73-4a79-88f8-add491622598 | nova-scheduler | ctrl1.example.com    |
internal | enabled | up   | 2020-07-28T10:22:14.000000 |
| e9b78bf6-c4d3-443a-9a46-bdc894bc2351 | nova-compute   | com2.example.com     |
dcn0     | enabled | up   | 2020-07-28T10:22:16.000000 |
| 2da24a6e-adf6-4daa-b3a2-83cf9e8037c1 | nova-compute   | com1.example.com     |
dcn0     | enabled | up   | 2020-07-28T10:22:16.000000 |
+--------------------------------------+----------------+----------------------+-
----------+---------+-------+----------------------------+
openstack volume service list
+------------------+------------------------+------+---------+-------+----------
------------------+
| Binary           | Host                   | Zone | Status  | State | Updated At
|
+------------------+------------------------+------+---------+-------+----------
------------------+
| cinder-scheduler | ctrl1                  | nova | enabled | up    | 2020-07-
28T10:23:23.000000 |
| cinder-volume    | hostgroup@tripleo_nfs  | nova | enabled | up    | 2020-07-
28T10:23:24.000000 |
+------------------+------------------------+------+---------+-------+----------
------------------+
openstack network agent list
+--------------------------------------+------------------------------+----------
------------+-------------------+-------+-------+----------------------------+
| ID                                   | Agent Type                   | Host
| Availability Zone | Alive | State | Binary                     |
+--------------------------------------+------------------------------+----------
------------+-------------------+-------+-------+----------------------------+
| 22f0d640-3646-4f48-9125-2777f1e0c87c | OVN Controller Gateway agent |
ctrl1.example.com     | n/a               | :-)   | UP    | ovn-controller
|
| 0d389c7a-e4c3-49cf-b404-5e79b499d02b | OVN Controller agent         |
com1.example.com      | n/a               | :-)   | UP    | ovn-controller
|
| 80e133dc-f6eb-4b74-8aeb-b575c5415ca3 | OVN Metadata agent           | com1.
example.com      | n/a               | :-)   | UP    | networking-ovn-metadata-
agent |
| 1923f6e6-dcca-45f6-89ae-46fb89d72d28 | OVN Controller agent         |
com2.example.com      | n/a               | :-)   | UP    | ovn-controller
|
| 74761a8e-c5e5-4df0-9c2a-3e1e94f4c3e7 | OVN Metadata agent           | com2.
example.com      | n/a               | :-)   | UP    | networking-ovn-metadata-
```

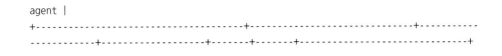

```
 agent      |
 +-------------------------------------+-----------------------------+-----------
 -----------+-----------------+-------+-------+-----------------------------+
```

12.3 CLI를 이용해 오픈스택 이미지 업로드할 때

상황

오픈스택 운영을 하다보면 인스턴스 생성에 필요한 이미지를 업로드해야 할 경우가 종종 발생합니다. 이미지 사이즈가 크지 않을 경우에는 오픈스택 대시보드를 이용하여 이미지를 업로드할 수 있지만, 이미지 사이즈가 큰 경우에는 명령어를 이용하여 이미지를 업로드해야 합니다. 이때 오픈스택 명령어를 이용하면 이미지를 업로드하기 위해 여러 옵션들을 사용해야 합니다. 이런 경우에도 오픈스택 명령어를 셀 스크립트로 작성해 두면, 필요할 때마다 명령어를 어떻게 사용해야 하는지 당황해 할 필요없이 셀 스크립트를 이용하여 이미지를 쉽게 업로드할 수 있습니다.

방법 찾기

명령어를 이용하여 오픈스택 이미지를 업로드하기 위해 필요한 명령어를 알아보고, 셀 스크립트를 생성하기 위한 프로세스를 만들어 보도록 하겠습니다.

필요한 정보
- 오픈스택 명령어 사용을 위한 인증 파일
- 오픈스택 이미지 업로드 명령어: openstack image create
- 오픈스택 이미지 경로 및 이미지명

프로세스
- Source 명령어를 이용하여 명령어 사용을 위한 인증 파일을 export한다.
- 업로드할 이미지의 파일 경로를 입력받는다.
- 파일 경로가 맞는지 확인하고, 맞지 않으면 에러 메시지를 출력한다.
- 파일 경로를 확인하여 파일명만 변수에 별도로 저장한다.
- 파일 확장자를 확인하여 변수에 확장자명만 별도로 저장한다.
- 오픈스택 명령어를 이용하여 해당 파일을 업로드한다.

스크립트 생성

필요한 정보들을 알아보고, 셸 스크립트 작성을 위해 프로세스화를 해보았다면 이번에는 셸 스크립트를 작성합니다.

```
[nalee@localhost ~]$ vi image-upload.sh
#!/bin/bash

# 이미지 경로를 입력받음
read -p "Please input image path : " imgpath        ❶

# 이미지가 해당 경로에 있는지 확인
if [[ -f $imgpath ]]; then        ❷

  # 업로드할 이미지명을 입력받음
  read -p "Please input image name : " imgname

  # 인증 파일 export
  source ~/adminrc

  # CLI를 이용한 이미지 업로드
  openstack image create \
  --file $imgpath \
  --container-format bare \
  --disk-format $(ls $imgpath | awk -F . '$NF == "qcow2" ? type="qcow2" :
type="raw" {print type}') \        ❸
  --public \
  $imgname

else
  # 이미지가 없을 경우 에러 메시지 출력 후 스크립트 종료
  echo "This is no image. Please try to run the script again."
  exit;
fi
```

셸 스크립트 작성이 끝나면 어떤 명령어가 사용되었는지 어떤 문법이 사용되었는지 살펴보도록 하겠습니다.

❶ 먼저 업로드할 이미지 경로를 read −p "Please input image path : " imgpath 명령어를 통해 입력받습니다. 입력받은 이미지 경로는 자동으로 imgpath라는 변수에 저장됩니다.

❷ 앞에서 받은 이미지 경로는 if문과 −f 연산자를 이용하여 해당 경로에 파일이 있는지 확인합니다.

❸ 파일이 있다면 오픈스택 명령어를 이용하여 이미지를 업로드합니다. Openstack image create 명령어를 이용하여 이미지를 업로드할 때는 파일 경로를 의미하는 --file 옵션, 이미지의 컨테이너 포맷을 의미하는 --container-format, 디스크 포맷을 의미하는 --format, 이미지를 모두가 함께 쓸 수 있는 이미지로 만들어주는 --public 옵션, 마지막으로 이미지명이 필요합니다. 이때 디스크 포맷은 이미지 확장자가 qcow2일 때는 그대로 qcow2로 입력해 주고, 그렇지 않을 경우에는 raw로 입력해 주어야 합니다. 이런 특성을 awk 명령어를 이용하여 연산 후 연산 결과를 출력합니다.

문제 해결

이렇게 만들어진 셸 스크립트를 실행하면 다음과 같이 이미지를 쉽게 업로드할 수 있습니다. 이제 명령어가 생각이 나지 않아도 문제가 없습니다.

```
[stack@dir ~]$ sh image-upload.sh
Please input image path : /home/stack/cirros-0.5.1-x86_64-disk.img
Please input image name : cirros-0.5.1
+------------------+--------------------------------------------------------
+
| Field            | Value                                                  |
+------------------+--------------------------------------------------------
-------------------------------------------------------------------------
-+
| checksum         | 1d3062cd89af34e419f7100277f38b2b                       |
| container_format | bare                                                   |
| created_at       | 2020-07-31T02:00:04Z                                   |
| disk_format      | raw                                                    |
| file             | /v2/images/e70516d6-5f97-4eb9-b180-d023d91d6949/file   |
| id               | e70516d6-5f97-4eb9-b180-d023d91d6949                    |
| min_disk         | 0                                                      |
| min_ram          | 0                                                      |
| name             | cirros-0.5.1                                           |
| owner            | c49e7931f6c94e26a7a36199f7a06368                       |
| properties       | direct_url='file:///var/lib/glance/images/e70516d6-5f97-4eb9-
b180-d023d91d6949', os_hash_algo='sha512', os_hash_value='553d220ed58cfee7dafe003c
446a9f197ab5edf8ffc09396c74187cf83873c877e7ae041cb80f3b91489acf687183adcd689b53b38
e3ddd22e627e7f98a09c46', os_hidden='False', stores='default_backend' |
| protected        | False                                                  |
| schema           | /v2/schemas/image                                      |
| size             | 16338944                                               |
| status           | active                                                 |
| tags             |                                                        |
| updated_at       | 2020-07-31T02:00:04Z                                   |
| virtual_size     | None                                                   |
```

```
| visibility      | public                                              |
+-----------------+-----------------------------------------------------
+
[stack@dir ~]$
```

12.4 CLI를 이용해 오픈스택 flavor 생성할 때

상황

flavor는 인스턴스를 생성할 때 필요한 인스턴스의 사양이라고 생각하면 됩니다. 예를 들어 VM을 생성할 때 필요한 CPU의 개수라든지, Memory 사이즈 또는 디스크 사이즈와 같은 것들을 미리 정의해 놓은 것입니다. 오픈스택이 구성되면 가장 처음으로 하는 일이 바로 flavor를 만드는 일입니다. 대시보드를 통해 flavor를 생성할 수도 있지만, 명령어를 이용하여 flavor를 생성할 수도 있습니다. 이때, 셸 스크립트를 이용하면 여러 개의 flavor를 쉽게 생성할 수 있습니다.

방법 찾기

flavor를 생성하기 위해서는 flavor 생성을 위한 명령어를 알아야 합니다. 그리고, 어떤 파라미터가 필요하며 해당 파라미터는 어떻게 입력받을 것인지 역시 정의해야 합니다.

필요한 정보

- 오픈스택 명령어 사용을 위한 인증 파일 경로
- flavor를 생성하기 위한 명령어: openstack flavor create
- flavor 생성 확인을 위한 명령어: openstack flavor list
- flavor를 생성하기 위한 파라미터 정보들 – vcpu, 메모리, 디스크 사이즈 등

프로세스

- 사용자는 flavor를 하나만 생성할 수도 있고, 여러 개를 한번에 생성할 수도 있다.
- 하나만 생성할 경우 사용자로부터 생성하고자 하는 flavor 정보를 입력받는다.
- flavor 정보는 flavor 이름, vcpu 개수, 메모리 사이즈, 디스크 사이즈 등을 입력받는다.
- 인증서를 export한다.
- 오픈스택 명령어를 이용하여 flavor를 생성한다.
- 여러 개를 생성할 경우 flavor 정보가 저장된 파일 경로를 입력받는다.

- 파일 경로가 정상인지 확인한다.
- 파일 내용을 한줄씩 읽어 오픈스택 명령어를 이용하여 flavor를 생성한다.
- 파일 경로가 잘못되었다면 에러 메시지 출력 후 스크립트를 종료한다.

스크립트 생성

flavor를 생성하기 위해 필요한 정보들을 알아보고, 셸 스크립트를 생성하기 위해 어떤 순서로 셸 스크립트를 작성할지 프로세스화했다면, 이번에는 셸 스크립트를 작성합니다. 이번 셸 스크립트에서는 flavor를 하나만 생성할 경우와 여러 개를 생성할 경우를 나누어서 셸 스크립트를 작성해 보았습니다.

```
[nalee@localhost ~]$ vi flavor-create.sh
#!/bin/bash

# flavor 하나만 생성할 경우
if [[ $1 == "" ]]; then
  # flavor 정보를 입력받음
  read -p "Flavor Name : " flavor_name      ❶
  read -p "Number of VCPUs : " vcpus
  read -p "Memory size in MB : " rams
  read -p "Disk size in GB : " disks
  read -p "Ephemeral disk size in GB: " edisks

  # 인증 정보 export
  source ~/adminrc

  # Cli를 이용한 flavor 생성
  openstack flavor create \       ❷
  --vcpus $vcpus \
  --ram $rams \
  --disk $disks \
  --ephemeral $edisks \
  --public \
  $flavor_name

# Flavor를 여러 개 만들 경우
else
  # 파라미터로 받은 파일 경로가 존재하는지 확인
  if [[ -f $1 ]]; then
    while read line      ❸
    do
```

```
        # 인증 정보 export
        source ~/adminrc

        # Cli를 이용하여 flavor 생성
        echo "Creating Flavor $(echo $line | awk '{print $1}')"   ❹
        openstack flavor create \
        --vcpus $(echo $line | awk '{print $2}') \   ❺
        --ram $(echo $line | awk '{print $3}') \
        --disk $(echo $line | awk '{print $4}') \
        --ephemeral $(echo $line | awk '{print $5}') \
        --public \
        $(echo $line | awk '{print $1}')
      done < $1
  else
    echo "This is no file. Please try to run this script again."
    exit;
  fi
fi
```

셀 스크립트를 작성했다면, 이번에는 셀 스크립트에 어떤 문법과 명령어가 사용되었는지 살펴
보도록 하겠습니다.

❶ 이번 셀 스크립트에서는 셀 스크립트 실행 시 파라미터를 받아 파라미터가 없으면 Flavor를 하나만 생성하고,
파라미터가 있을 경우에는 여러 개의 Flavor를 생성하도록 작성했습니다. 그러기 위해서는 우선, If문을 이용
하여 파라미터 값을 확인해야 합니다. 그리고, 파라미터 값이 없을 경우 read –p 명령어를 이용하여 생성하
고자 하는 Flavor 정보를 입력받습니다. 다음과 같이 flavor 이름, vcpu 개수, 메모리 사이즈, 디스크 사이즈,
Ephemeral 디스크 사이즈 등을 입력받습니다. 여기서 Ephemeral은 매우 짧은 시간이라는 뜻으로 시스템
이 살아있는 동안 무언가를 저장하는 캐시나 휘발성 데이터 저장 용도로 사용하는 메모리를 의미합니다.

```
# Flavor 하나만 생성할 경우
if [[ $1 == "" ]]; then
  # Flavor 정보를 입력받음
  read -p "Flavor Name : " flavor_name   ❶
  read -p "Number of VCPUs : " vcpus
  read -p "Memory size in MB : " rams
  read -p "Disk size in GB : " disks
  read -p "Ephemeral disk size in GB: " edisks
```

❷ Flavor 생성을 위해 필요한 정보를 입력받았으면 이번에는 오픈스택 CLI 명령어를 이용하여 Flavor를 생성
합니다. 이때, 앞에서 입력받은 변수들을 파라미터의 값으로 사용했습니다.

```
# CLI를 이용한 flavor 생성
openstack flavor create \   ❷
--vcpus $vcpus \
--ram $rams \
--disk $disks \
--ephemeral $edisks \
--public \
$flavor_name
```

❸ Flavor를 여러 개 생성할 경우에는 생성할 Flavor 정보가 저장된 파일 경로를 셸 스크립트 실행 시 함께 입력 받습니다. 그리고, 해당 파일 경로가 존재하는지 if문과 −f 연산자를 사용하여 확인합니다. 그리고, 해당 파일의 내용을 while read line; do ~ done 〈 $1을 이용하여 한줄 한줄 읽어 들입니다. 여기서, line은 읽어들인 해당 라인 내용을 저장할 변수명이며, done 다음에 나오는 $1은 파라미터로 받은 파일 경로입니다.

```
# 파라미터로 받은 파일 경로가 존재하는지 확인
if [[ -f $1 ]]; then
  while read line   ❸
  do
    ...
  done < $1
```

❹ 앞에서 읽어들인 라인을 echo와 awk를 이용하여 첫 번째 인덱스를 출력하면 Flavor명을 추출할 수 있습니다.

```
# Cli를 이용하여 flavor 생성
echo "Creating Flavor $(echo $line | awk '{print $1}')"   ❹
```

❺ 오픈스택 명령어를 이용하여 flavor를 생성할 때도 echo와 awk를 이용하여 해당 정보를 추출합니다. echo $line을 이용하면 앞에서 읽어들인 라인 내용을 그대로 출력하고, | 파이프라인 뒤에 awk를 이용하여 선언한 인덱스에 해당하는 데이터를 출력합니다.

```
openstack flavor create \
--vcpus $(echo $line | awk '{print $2}') \   ❺
--ram $(echo $line | awk '{print $3}') \
--disk $(echo $line | awk '{print $4}') \
--ephemeral $(echo $line | awk '{print $5}') \
--public \
$(echo $line | awk '{print $1}')
```

문제 해결

셸 스크립트 작성이 끝나면 이번에는 셸 스크립트를 이용하여 flavor를 생성해 보도록 하겠습니다. 우선, 파라미터 없이 셸 스크립트를 실행하면 Flavor명, VCPU 개수, 메모리 사이즈, 디스크 사이즈 등을 입력하라는 프롬프트가 나옵니다. 그러면 다음과 같이 프롬프트에 해당하는 정보를 입력하면 Flavor를 생성할 수 있습니다.

```
[stack@dir ~]$ sh flavor-create.sh
Flavor Name : m1.tiny
Number of VCPUs : 1
Memory size in MB : 512
Disk size in GB : 10
Ephemeral disk size in GB: 0
+----------------------------+--------------------------------------+
| Field                      | Value                                |
+----------------------------+--------------------------------------+
| OS-FLV-DISABLED:disabled   | False                                |
| OS-FLV-EXT-DATA:ephemeral  | 0                                    |
| description                | None                                 |
| disk                       | 10                                   |
| extra_specs                | {}                                   |
| id                         | 820e123b-17a5-4748-a2b4-9ea60ebdcde7 |
| name                       | m1.tiny                              |
| os-flavor-access:is_public | True                                 |
| properties                 |                                      |
| ram                        | 512                                  |
| rxtx_factor                | 1.0                                  |
| swap                       | 0                                    |
| vcpus                      | 1                                    |
+----------------------------+--------------------------------------+
[stack@dir ~]$
```

여러 개의 Flavor를 생성할 경우에는 다음과 같이 텍스트 파일을 하나 생성하고, 파일에 생성하고자 하는 Flavor 이름, VCPU 개수, 메모리 사이즈(MB 기준), 디스크 사이즈(GB 기준), Ephemeral 디스크 사이즈를 입력한 후 저장합니다. 그리고, 셸 스크립트 실행 시 해당 텍스트 파일을 함께 입력하여 실행하면 다음과 같이 Flavor가 생성됩니다. 셸 스크립트 하나만 잘 작성해 놓아도 시간이 많이 걸리던 업무를 좀 더 빠르고, 쉽게 작업할 수 있습니다.

```
[stack@dir ~]$ vi flavors.txt
m1.small  2 2048  50 0
m1.medium 4 4096 100 0
m1.large  8 8192 100 0

[stack@dir ~]$ sh flavor-create.sh flavors.txt
Creating Flavor m1.small
+-------------------------+-------------------------------------+
| Field                   | Value                               |
+-------------------------+-------------------------------------+
| OS-FLV-DISABLED:disabled | False                              |
| OS-FLV-EXT-DATA:ephemeral | 0                                 |
| description             | None                                |
| disk                    | 50                                  |
| extra_specs             | {}                                  |
| id                      | 447cb19e-07c4-44ff-9b2c-963ac8bf1f02 |
| name                    | m1.small                            |
| os-flavor-access:is_public | True                             |
| properties              |                                     |
| ram                     | 2048                                |
| rxtx_factor             | 1.0                                 |
| swap                    | 0                                   |
| vcpus                   | 2                                   |
+-------------------------+-------------------------------------+
Creating Flavor m1.medium
+-------------------------+-------------------------------------+
| Field                   | Value                               |
+-------------------------+-------------------------------------+
| OS-FLV-DISABLED:disabled | False                              |
| OS-FLV-EXT-DATA:ephemeral | 0                                 |
| description             | None                                |
| disk                    | 100                                 |
| extra_specs             | {}                                  |
| id                      | 5043912f-121e-4afc-8729-c2581122c46b |
| name                    | m1.medium                           |
| os-flavor-access:is_public | True                             |
| properties              |                                     |
| ram                     | 4096                                |
| rxtx_factor             | 1.0                                 |
| swap                    | 0                                   |
| vcpus                   | 4                                   |
+-------------------------+-------------------------------------+
Creating Flavor m1.large
+-------------------------+-------------------------------------+
```

```
| Field                          | Value                                  |
+--------------------------------+----------------------------------------+
| OS-FLV-DISABLED:disabled       | False                                  |
| OS-FLV-EXT-DATA:ephemeral      | 0                                      |
| description                    | None                                   |
| disk                           | 100                                    |
| extra_specs                    | {}                                     |
| id                             | b246762e-6917-476e-a637-0c179e546212   |
| name                           | m1.large                               |
| os-flavor-access:is_public     | True                                   |
| properties                     |                                        |
| ram                            | 8192                                   |
| rxtx_factor                    | 1.0                                    |
| swap                           | 0                                      |
| vcpus                          | 8                                      |
+--------------------------------+----------------------------------------+
[stack@dir ~]$
```

12.5 CLI를 이용해 오픈스택 인스턴스 마이그레이션할 때

상황

오픈스택을 운영하다 보면 시스템 업데이트 작업으로 인해 시스템을 재부팅해야 하는 경우가 발생하곤 합니다. 이런 경우에는 해당 시스템의 인스턴스를 다른 시스템으로 마이그레이션한 후 재부팅해야 합니다. 그런데, 이때 대시보드를 통해 마이그레이션을 할 수도 있지만, 오픈스택 명령어와 셸 스크립트를 이용해 특정 시스템의 인스턴스들을 다른 시스템으로 쉽게 마이그레이션할 수 있습니다.

방법 찾기

여기서는 오픈스택 명령어와 셸 스크립트를 이용하여 인스턴스 마이그레이션할 수 있는 오픈스택 명령어를 생성하는 셸 스크립트를 만들어 보도록 하겠습니다. 우선, 셸 스크립트를 작성하기 위해 필요한 정보를 알아보고, 스크립트를 작성하기 위한 프로세스화를 해보도록 하겠습니다.

필요한 정보

- 오픈스택 명령어 사용을 위한 인증 파일 경로
- 컴퓨트 노드 목록 확인 명령어: openstack compute service list
- 인스턴스 목록 확인 명령어: openstack server list
- 인스턴스 마이그레이션 명령어: openstack server migrate

프로세스

- 인스턴스를 마이그레이션하고자 하는 컴퓨트 노드명을 입력받는다.
- 인스턴스가 마이그레이션될 컴퓨트 노드명을 입력받는다.
- 오픈스택 명령어를 사용하기 위한 인증서를 export한다.
- 오픈스택 명령어를 이용하여 인스턴스 마이그레이션 명령어를 생성한다.
- 생성된 명령어는 리다이렉션 기호를 이용하여 다른 파일에 저장한다.

스크립트 생성

셸 스크립트 작성을 위해 필요한 정보를 알아보고, 프로세스화를 했다면 이제 셸 스크립트를
생성합니다. 셸 스크립트를 작성할 때는 셸 스크립트가 쓰여질 시스템의 환경에 맞추어 사전에
명령어와 옵션들을 모두 확인하고, 평소에 자주 사용하는 복잡한 명령어들을 셸 스크립트로 작
성하는 것이 좋습니다.

```
[nalee@localhost ~]$ vi vm-migrate.sh
#!/bin/bash

# 인증 파일 export
source ~/adminrc

# 원 호스트명과 대상 호스트명 파라미터 저장
HNAME=$1
TNAME=$2

if [[ -n "$HNAME" ]] && [[ -n "$TNAME" ]]
then
  # 원 호스트명 조회 및 추출
  Shost=$(openstack compute service list -c Binary -c Host -f value | grep compute
| grep " $HNAME" | awk '{print $2}') ❶
  # 대상 호스트명 조회 및 추출
  Dhost=$(openstack compute service list -c Binary -c Host -f value | grep compute
| grep " $TNAME" | awk '{print $2}')
```

```
    echo "This script will make a script about $Shost instance migrate to $Dhost"

    # 오픈스택 명령어를 이용한 인스턴스 마이그레이션 명령 생성
    openstack server list --host $Shost --all-projects -c ID -f value | awk -v
t=$Dhost '{print "openstack server migrate "$1" --live-migration --host "t"
--wait"}' > ~/vm_migrate_$HNAME.sh    ❷

    echo "Make the script finish. you can see /home/stack/vm_migrate_$HNAME.sh"

else
    echo "Please input source and target hostnames."
    echo "ex) sh migrate_vm_command.sh com01 com02"
fi
```

셀 스크립트 작성이 끝났으면 이번에는 셀 스크립트에서 사용된 문법과 명령어들을 살펴보도록 하겠습니다.

❶ 오픈스택의 특정 호스트에서 실행 중인 인스턴스 목록을 조회하기 위해서는 해당 호스트의 전체 이름을 알아야 합니다. 일반적으로 전체 호스트명을 알고 있는 사람은 드물기 때문에 짧은 호스트명을 입력하면 오픈스택 명령어를 통해 전체 호스트명을 조회해야 합니다.

```
# 원 호스트명 조회 및 추출
Shost=$(openstack compute service list -c Binary -c Host -f value | grep compute
| grep " $HNAME" | awk '{print $2}')    ❶
```

❷ 호스트명을 조회했다면 해당 호스트에서 실행 중인 인스턴스를 --host $Shost 옵션을 이용하여 조회합니다. 그리고, --all-projects 옵션을 이용하여 모든 프로젝트에 해당하는 인스턴스를 조회합니다. -c ID 옵션은 ID 컬럼만 출력하겠다는 의미이며, -f value 옵션은 값만 출력하겠다는 의미입니다. 이렇게 해당 호스트에서 실행 중인 인스턴스가 조회되면 awk 명령어를 이용하여 마이그레이션 대상 호스트명을 -v 옵션을 이용하여 t라는 변수에 저장합니다. 그리고, print 명령어를 이용하여 앞에서 조회한 인스턴스 ID와 오픈스택 마이그레이션 명령어를 조합하여 출력합니다. 해당 결과는 > 리다이렉션 기호를 이용하여 vm_migrate_$HNAME.sh에 저장합니다.

```
# 오픈스택 명령어를 이용한 인스턴스 마이그레이션 명령 생성
openstack server list --host $Shost --all-projects -c ID -f value | awk -v
t=$Dhost '{print "openstack server migrate "$1" --live-migration --host "t"
--wait"}' > ~/vm_migrate_$HNAME.sh    ❷
```

문제 해결

이렇게 생성된 셸 스크립트를 파라미터 없이 실행하면 다음과 같이 파라미터를 입력하라는 안내 메시지가 출력되며, 어디에서 어디로 마이그레이션할지 해당 호스트명과 함께 셸 스크립트를 실행하면 마이그레이션을 할 수 있는 스크립트가 생성되었다는 안내 메시지가 나오고 셸 스크립트 실행이 종료됩니다. 그리고, 생성된 셸 스크립트를 확인해 보면 다음과 같이 오픈스택 마이그레이션 명령어가 잘 생성되어 있는 것을 확인할 수 있습니다.

```
# 파라미터 없이 실행
[stack@dir ~]$ sh vm-migrate.sh
Please input source and target hostnames.
ex) sh migrate_vm_command.sh com01 com02
# 파라미터와 함께 실행
[stack@dir ~]$ sh vm-migrate.sh com1 com2
This script will make a script about com1.example.com instance migrate to com2.
example.com
Make the script finish. you can see /home/stack/vm_migrate_com1.sh
# 셸 스크립트에 의해 생성된 셸 스크립트 내용 확인
[stack@dir ~]$ cat vm_migrate_com1.sh
openstack server migrate d31f07fa-4cbf-4452-a264-b91fc9ae28cd --live-migration
--host com2.example.com --wait
openstack server migrate 97b83f5e-aa50-4a9c-a08a-490178fb189e --live-migration
--host com2.example.com --wait
openstack server migrate 9ff38f77-4415-49c2-9437-2993e6df1fae --live-migration
--host com2.example.com --wait
```

이렇게 생성된 셸 스크립트를 실행하면 1번째 컴퓨트 노드에서 실행 중이던 인스턴스들이 2번째 컴퓨트로 마이그레이션이 수행된 것을 Complete 메시지와 함께 확인할 수 있습니다. 마이그레이션이 완료되고, 오픈스택 명령어를 이용하여 라이브 마이그레이션이 잘 수행되었는지 확인할 수 있습니다.

```
# 셸 스크립트에 의해 생성된 셸 스크립트 실행
[stack@dir ~]$ sh vm_migrate_com1.sh
Complete
Complete
Complete
# 라이브 마이그레이션이 잘 되었는지 호스트 확인
[stack@dir ~]$ openstack server list --host com2.example.com
+------------------------------------+--------+--------+---------------------
```

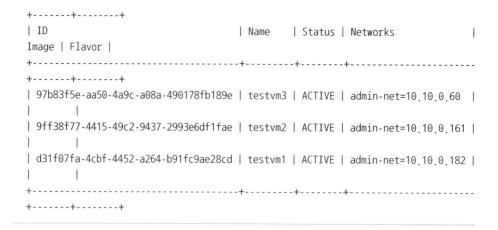

```
+-------+-------+
| ID                                   | Name    | Status | Networks            |
 Image | Flavor |
+--------------------------------------+---------+--------+---------------------
+-------+-------+
| 97b83f5e-aa50-4a9c-a08a-490178fb189e | testvm3 | ACTIVE | admin-net=10.10.0.60  |
|       |       |
| 9ff38f77-4415-49c2-9437-2993e6df1fae | testvm2 | ACTIVE | admin-net=10.10.0.161 |
|       |       |
| d31f07fa-4cbf-4452-a264-b91fc9ae28cd | testvm1 | ACTIVE | admin-net=10.10.0.182 |
|       |       |
+--------------------------------------+---------+--------+---------------------
+-------+-------+
```

12.6 CLI를 이용해 오픈스택 인스턴스의 전원을 끌 때

상황

오픈스택을 구축하고, 사용하다 보면 때로는 오픈스택의 모든 인스턴스 전원을 꺼야 할 경우가 생깁니다. 또는 특정 컴퓨트 노드에서 실행 중인 인스턴스의 전원을 꺼야 할 경우도 발생합니다. 인스턴스가 한두 개라면 상관이 없지만, 많은 수의 인스턴스의 전원을 꺼야 할 경우에는 많은 시간이 소요됩니다. 이런 경우에도 셸 스크립트를 활용한다면 인스턴스의 전원을 쉽게 끌수 있습니다.

방법 찾기

앞서 인스턴스 마이그레이션 시 오픈스택 명령어를 이용하여 마이그레이션을 위한 명령어를 셸 스크립트로 생성했듯이 여기서도 오픈스택 명령어를 이용하여 인스턴스 전원을 끄기 위한 오픈스택 명령어로 된 셸 스크립트를 만들어 보겠습니다. 우선, 인스턴스 전원을 끌 때 필요한 오픈스택 명령어를 알아보고, 셸 스크립트화하기 위한 프로세스화를 해 보도록 하겠습니다.

필요한 정보
- 오픈스택 명령어 사용을 위한 인증 파일 경로
- 컴퓨트 노드 목록 확인 명령어: openstack compute service list

- 인스턴스 목록 확인 명령어: openstack server list
- 인스턴스 전원 종료 명령어: openstack server stop

프로세스

- 인스턴스의 전원을 끌 대상 컴퓨트 노드 정보를 파라미터로 입력받는다.
- 컴퓨트명의 Full 이름을 조회한다.
- 해당 호스트의 인스턴스를 조회하여 전원 종료를 위한 명령어를 생성하고, 파일로 저장한다.

스크립트 생성

셸 스크립트를 생성하기 위해 필요한 정보를 알아보고, 프로세스화를 했다면 이번에는 프로세스대로 셸 스크립트를 작성합니다.

```
[nalee@localhost ~]$ vi vm-poweroff.sh
#!/bin/bash

# 인증 파일 export
source ~/adminrc

if [[ -n "$1" ]]; then

  # 호스트명 조회
  Shost=$(openstack compute service list -c Binary -c Host -f value | grep compute
| grep " $1" | awk '{print $2}')   ❶

  echo "This script will make a script about $Shost instance power off."

  # 오픈스택 명령어를 이용한 인스턴스 전원종료 명령 생성
  openstack server list --host $Shost --all-projects -c ID -f value | awk '{print
"openstack server stop "$1}' > /home/stack/vm_poweroff_$1.sh   ❷
else
  echo "Please input hostname."
  echo "ex) sh vm-poweroff.sh com01"
fi
```

셸 스크립트 작성이 끝나면 이번에는 셸 스크립트에서 사용된 문법과 명령어들을 알아보도록 하겠습니다.

❶ 오픈스택 명령어를 이용하여 컴퓨트 노드에 해당하는 모든 호스트명을 조회하면 다음과 같은 결과를 얻을 수 있습니다. 이때 사용자로부터 입력받은 호스트명을 grep을 이용하여 찾고, 여기서 다시 awk를 이용하여 2

번째 인덱스에 해당하는 값을 출력하면 그것이 바로 해당 호스트의 Full 이름이 됩니다.

```
[stack@dir ~]$ openstack compute service list -c Binary -c Host -f value | grep
compute
nova-compute com2.example.com
nova-compute com1.example.com
nova-compute dcn1-com1.example.com
nova-compute dcn1-com2.example.com
```

❷ 앞에서 찾은 호스트명은 오픈스택 명령어를 이용하여 다시 오픈스택 명령어를 만들 때 해당 데이터를 조회하
기 위해 사용됩니다. 이렇게 만들어진 명령어는 셸 스크립트에서 설정한 /home/stack/vm_poweroff_호
스트명.sh 파일에 저장됩니다.

문제 해결

이렇게 생성된 셸 스크립트를 파라미터 없이 실행하면 다음과 같이 호스트명을 함께 입력하는
메시지를 보여주고 스크립트가 종료됩니다. 파라미터와 함께 셸 스크립트를 실행하면 셸 스크
립트가 생성된다는 메시지를 보여주고 셸 스크립트가 생성됩니다. 그러면, 생성된 셸 스크립트
내용을 확인할 수 있습니다.

```
# 파라미터 없이 실행
[stack@dir ~]$ sh vm-poweroff.sh
Please input hostname.
ex) sh vm-poweroff.sh com01
# 파라미터와 함께 실행
[stack@dir ~]$ sh vm-poweroff.sh com2
This script will make a script about instance power off.
# 셸 스크립트에 의해 생성된 셸 스크립트 내용 확인
[stack@dir ~]$ cat vm_poweroff_.sh
openstack server stop 97b83f5e-aa50-4a9c-a08a-490178fb189e
openstack server stop 9ff38f77-4415-49c2-9437-2993e6df1fae
openstack server stop d31f07fa-4cbf-4452-a264-b91fc9ae28cd
[stack@dir ~]$
```

앞에서 생성된 셸 스크립트를 실행하면 셸 스크립트가 수행되면서 인스턴스 전원이 꺼집니다.
꺼진 인스턴스 전원은 다음과 같은 openstack server list 명령어를 이용하여 확인할 수 있습
니다.

```
# 셸 스크립트에 의해 생성된 셸 스크립트 실행
[stack@dir ~]$ sh vm_poweroff_.sh
[stack@dir ~]$
# 인스턴스 전원이 잘 꺼졌는지 확인
[stack@dir ~]$ openstack server list -c Name -c Status -c "Power State" --host
com1.example.com --long
+---------+---------+-------------+
| Name    | Status  | Power State |
+---------+---------+-------------+
| testvm3 | SHUTOFF | Shutdown    |
| testvm2 | SHUTOFF | Shutdown    |
| testvm1 | SHUTOFF | Shutdown    |
+---------+---------+-------------+
[stack@dir ~]$
```

12.7 CLI를 이용해 오픈스택 인스턴스 시작할 때

상황

인스턴스의 전원을 종료했다면 이번에는 인스턴스를 시작하는 스크립트를 만들어 보겠습니다. 인스턴스를 종료할 일이 있다면 당연히 인스턴스를 시작할 일도 있습니다. 특히 오픈스택을 구축하고, 테스트할 경우 여러 개의 인스턴스를 생성하고, 전원을 끄거나 다시 시작하거나, 삭제하는 등의 기능 테스트를 합니다. 이런 경우 스크립트를 사용하여 테스트를 한다면 좀 더 쉽고 빠르게 테스트할 수 있습니다.

방법 찾기

셸 스크립트를 생성하기 위해 필요한 정보를 찾아보고, 프로세스화를 해보도록 하겠습니다.

필요한 정보

- 오픈스택 명령어 사용을 위한 인증 파일 경로
- 컴퓨트 노드 목록 확인 명령어: openstack compute service list
- 인스턴스 목록 확인 명령어: openstack server list
- 인스턴스 시작 명령어: openstack server start

프로세스

- 인스턴스를 시작할 대상 컴퓨트 노드 정보를 파라미터로 입력받는다.
- 컴퓨트명의 Full 이름을 조회한다.
- 해당 호스트의 인스턴스를 조회하여 인스턴스 시작 명령어를 생성하고, 파일로 저장한다.

스크립트 생성

셸 스크립트를 작성한다는 것은 아주 작은 로직을 개발한다고 생각할 수 있습니다. 생성하기 위해 필요한 정보를 찾아보는 과정을 우리는 분석이라고 부릅니다. 그리고, 프로세스화하는 과정을 설계라고 볼 수 있습니다. 그리고, 분석된 정보와 프로세스를 가지고 셸 스크립트를 개발합니다.

```
[nalee@localhost ~]$ vi vm-start.sh
#!/bin/bash

# 인증 파일 export
source ~/adminrc

if [[ -n "$1" ]]; then

  # 호스트명 조회
  Shost=$(openstack compute service list -c Binary -c Host -f value | grep compute
| grep " $1" | awk '{print $2}') ❶

  echo "This script will make a script about $Shost instance start."

  # 오픈스택 명령어를 이용한 인스턴스 시작 명령 생성
  openstack server list --host $Shost --all-projects -c ID -f value | awk '{print
"openstack server start "$1}' > ~/vm_start_$1.sh ❷
else
  echo "Please input hostname."
  echo "ex) sh vm-start.sh com01"
fi
```

셸 스크립트를 작성했으면 셸 스크립트에 어떤 문법과 명령어가 사용되었는지 알아보도록 하겠습니다.

❶ 오픈스택 명령어를 이용하여 컴퓨트 노드에 해당하는 모든 호스트명을 조회한 후 사용자로부터 입력받은 호스트명을 grep을 이용하여 찾고, 여기서 다시 awk를 이용하여 2번째 인덱스에 해당하는 값을 출력하면 그것이 바로 해당 호스트의 Full 이름이 됩니다.

❷ 앞에서 찾은 호스트명을 가지고 해당 호스트에서 실행 중인 인스턴스를 찾습니다. 그리고, 해당 인스턴스 아이디를 가지고 인스턴스를 시작하는 오픈스택 명령어(openstack server start)를 생성합니다. 이렇게 생성된 명령어는 vm_start로 시작하는 파일에 저장합니다.

문제 해결

앞에서 생성한 스크립트를 이제 실행해 보겠습니다. 생성한 스크립트를 파라미터 없이 실행하면 다음과 같이 파라미터를 입력하라는 메시지가 출력되고 스크립트는 종료됩니다. 스크립트를 파라미터와 함께 즉 어떤 호스트의 인스턴스를 실행할지 대상 호스트명을 함께 입력하여 실행하면 셸 스크립트가 생성됩니다. 그리고 셸 스크립트에 의해 생성된 셸 스크립트를 확인해 보면 인스턴스 시작 명령어들을 확인할 수 있습니다.

```
# 파라미터 없이 실행
[stack@dir ~]$ sh vm-start.sh
Please input hostname.
ex) sh vm-start.sh com01
# 파라미터와 함께 실행
[stack@dir ~]$ sh vm-start.sh com1
This script will make a script about com1.example.com instance start.
# 셸 스크립트에 의해 생성된 셸 스크립트 내용 확인
[stack@dir ~]$ cat vm_start_com1.sh
openstack server start 97b83f5e-aa50-4a9c-a08a-490178fb189e
openstack server start 9ff38f77-4415-49c2-9437-2993e6df1fae
openstack server start d31f07fa-4cbf-4452-a264-b91fc9ae28cd
[stack@dir ~]$
```

이렇게 생성된 셸 스크립트를 실행하면 인스턴스가 시작됩니다. 그리고, 해당 명령어 실행이 끝나면 다시 오픈스택 명령어를 이용하여 해당 인스턴스가 잘 생성되었는지 확인합니다. 이렇게 셸 스크립트를 이용하면 좀 더 쉽게 작업을 처리할 수 있고, 셸 스크립트에 의해 만들어진 오픈스택 명령어를 다시 한번 더 검증하고 실행함으로써 실수를 예방할 수 있습니다.

```
# 셸 스크립트에 의해 생성된 셸 스크립트 실행
[stack@dir ~]$ sh vm_start_com1.sh
[stack@dir ~]$
# 인스턴스가 잘 시작되었는지 확인
[stack@dir ~]$ openstack server list -c Name -c Status -c "Power State" --host
com1.example.com --long
```

```
+----------+--------+-------------+
| Name     | Status | Power State |
+----------+--------+-------------+
| testvm3  | ACTIVE | Running     |
| testvm2  | ACTIVE | Running     |
| testvm1  | ACTIVE | Running     |
+----------+--------+-------------+
[stack@dir ~]$
```

12.8 CLI를 이용해 오픈스택 인스턴스 삭제할 때

상황

오픈스택을 구축하고 기능 테스트가 끝나면 이제 모든 인스턴스를 삭제해야 합니다. 물론 대시보드에서 인스턴스를 삭제할 수 있지만, 여기서는 오픈스택 명령어를 이용하여 인스턴스를 삭제하는 명령어를 만드는 셸 스크립트를 만들어보겠습니다.

방법 찾기

우선 셸 스크립트를 생성하기 위해 필요한 정보를 찾아보고, 프로세스화를 해보도록 하겠습니다.

필요한 정보

- 오픈스택 명령어 사용을 위한 인증 파일 경로
- 인스턴스 목록 확인 명령어: openstack server list
- 인스턴스 삭제 명령어: openstack server delete

프로세스

- 오픈스택 명령어를 사용하기 위한 인증 파일을 export한다.
- 인스턴스 목록을 조회하여 인스턴스 삭제 명령어를 생성하고, 파일로 저장한다.

스크립트 생성

오픈스택의 모든 인스턴스를 삭제하는 스크립트 작성은 다른 스크립트에 비해 좀 더 쉽습니다. 인스턴스 삭제를 위해 필요한 정보를 확인하고 프로세스화를 했다면, 이제 셸 스크립트를 작성해 보겠습니다.

```
[nalee@localhost ~]$ vi vm-delete.sh
#!/bin/bash

# 인증 파일 export
source ~/adminrc

echo "This script will make a script about instance delete."

# 오픈스택 명령어를 이용한 인스턴스 삭제 명령 생성
openstack server list --all-projects -c ID -f value | awk '{print "openstack
server delete "$1}' > ~/vm_delete.sh  ❶
```

스크립트 작성이 끝나면 해당 스크립트에 어떤 문법과 명령어가 사용되었는지 살펴보겠습니다.

❶ 이번에는 호스트명을 구하지 않고 모든 프로젝트, 모든 호스트에서 실행 중인 인스턴스를 찾아 awk 명령어를
이용하여 오픈스택 인스턴스 삭제 명령어(openstack server delete)를 만듭니다. 그리고, 이렇게 만들어
진 명령어는 vm_delete.sh라는 파일에 저장합니다.

문제 해결

이제 앞에서 만든 셀 스크립트를 실행해 보도록 하겠습니다. 이번 스크립트는 다른 스크립트와
다르게 파라미터 없이 셀 스크립트를 실행하면 다음과 같이 셀 스크립트가 생성됩니다. 생성된
셀 스크립트를 확인해 보면 오픈스택 인스턴스 삭제 명령어들을 확인할 수 있습니다. 그리고,
이렇게 생성된 셀 스크립트를 실행하면 인스턴스가 모두 삭제됩니다. 인스턴스가 모두 삭제되
었는지는 openstack server list라는 명령어를 통해 확인할 수 있습니다.

```
# 셀 스크립트 생성을 위한 셀 스크립트 실행
[stack@dir ~]$ sh vm-delete.sh
This script will make a script about instance delete.
# 셀 스크립트에 의해 생성된 셀 스크립트 확인
[stack@dir ~]$ cat vm_delete_.sh
openstack server delete 97b83f5e-aa50-4a9c-a08a-490178fb189e
openstack server delete 9ff38f77-4415-49c2-9437-2993e6df1fae
openstack server delete d31f07fa-4cbf-4452-a264-b91fc9ae28cd
# 셀 스크립트에 의해 생성된 셀 스크립트 실행
[stack@dir ~]$ sh vm_delete_.sh
# 인스턴스가 모두 삭제되었는지 확인
[stack@dir ~]$ openstack server list --all-projects

[stack@dir ~]$
```

## CHAPTER 13

퍼블릭 클라우드 사용

클라우드 시스템을 가장 쉽게 사용하는 방법은 바로 퍼블릭 클라우드 시스템을 사용하는 것입니다. 클라우드 시스템 사용이 대중화되면서, 많은 개발자들은 클라우드에서 제공하는 인스턴스를 활용하여 개발합니다. 물론 클라우드 시스템에서는 인스턴스와 같은 가상자원을 생성할 수 있는 포털을 제공합니다. 또한, 개발자들의 편의를 위해 CLI 기반의 가상자원 생성 명령어들을 함께 제공합니다. 퍼블릭 클라우드 시스템에는 아마존 AWS, 마이크로소프트 Azure, Google Cloud 등이 있으며, 국내에는 네이버 클라우드, KT 클라우스, SK T 클라우드 등이 있습니다. 이번 챕터에서는 아마존 AWS와 Google Cloud의 CLI 사용환경 및 가상자원 생성을 셸 스크립트화해 보도록 하겠습니다.

13.1 AWS CLI 사용 환경 만들기

상황

AWS 클라우드 시스템에서 개발하면 가상자원을 생성할 수 있는 포털 화면을 제공하지만, 개발자들이 주로 사용하는 REST API나 CLI를 함께 제공합니다. 개발 환경이 리눅스일 경우, CLI를 사용할 수 있는 환경을 만들어 놓고 개발하면 더 효율적입니다. 이때, CLI를 사용할 수 있는 환경 역시 셸 스크립트로 만들어 놓는다면 어떤 업무를 하든 해당 셸 스크립트를 이용하여 환경을 쉽게 만들 수 있습니다.

방법 찾기

AWS CLI 설치 방법은 인터넷을 검색하면 쉽게 찾을 수 있습니다. 애플리케이션을 설치할 때는 가장 최신 버전을 설치하는 것이 좋습니다. 따라서, AWS CLI 역시 가장 최신 버전을 찾아 설치하고자 하는 컴퓨터의 운영체제 버전에 맞게 설치하면 됩니다. 여기서는 리눅스에 AWS CLI를 설치할 예정이므로, 데비안 계열의 리눅스인지 페도라 계열의 리눅스인지를 확인하여 해당 설치 가이드를 참조할 수 있습니다.

필요한 정보

- AWS CLI 버전2 설치 가이드: https://docs.aws.amazon.com/ko_kr/cli/latest/userguide/install-cliv2-linux.html
- Sudo 권한을 가진 계정 정보

프로세스

- AWS CLI 설치 파일을 다운로드한다.
- Unzip을 이용하여 다운로드 받은 설치 파일을 압축 해제한다.
- aws/install 명령어를 이용하여 CLI를 설치한다.
- 설치가 끝나면 AWS CLI 버전을 확인해 본다.

스크립트 생성

필요한 정보를 수집하고 프로세스화를 했다면 이제 셸 스크립트를 작성합니다. AWS CLI 설치 같은 경우에는 설치 가이드만 잘 따라하면 쉽게 설치할 수 있습니다.

```
[nalee@localhost ~]$
#!/bin/bash

# curl을 사용하여 aws cli 패키지 다운로드
echo "awscli download"
curl "https://awscli.amazonaws.com/awscli-exe-linux-x86_64.zip" -o "awscliv2.zip"

# 다운로드 받은 패키지 압축 해제
echo "unzip awscliv2.zip"
unzip awscliv2.zip  ❶

# 설치 프로그램 실행
echo "install aws cli"
sudo ./aws/install -i /usr/local/aws-cli -b /usr/local/bin  ❷
```

```
# 설치 확인
aws --version
```

셀 스크립트를 작성했으면 셀 스크립트에 사용된 명령어를 잠시 살펴보도록 하겠습니다.

❶ curl 명령어를 이용하여 aws cli를 awscliv2.zip 파일로 다운로드를 먼저 받으면 해당 파일을 로그인한 계정의 홈 디렉터리에 다운로드가 됩니다. 그리고, 압축 파일을 해제하기 위해 unzip 명령어를 이용하여 다운로드 받은 awscliv2.zip 파일을 압축 해제합니다.

❷ 압축이 해제되면 홈 디렉터리에 설치된 ./aws/install 명령어를 실행하여 aws 설치 디렉터리 경로와 바이너리 파일 위치 경로를 설정합니다. 그리고, 마지막으로 aws 명령어를 이용하여 버전을 확인합니다.

문제 해결

이제 셀 스크립트를 실행해 보도록 하겠습니다. 셀 스크립트를 실행하면 다음과 같이 awscli 파일이 다운로드 되는 것을 잠시 동안 확인할 수 있습니다. 그리고, 다운로드된 압축 파일이 압축 해제되고, aws 설치 디렉터리 및 바이너리 파일 경로가 등록됩니다. 마지막으로 aws --version 실행 결과를 확인할 수 있습니다. 셀 스크립트는 한 사람의 개발 환경을 설정할 때는 큰 도움이 되지 않지만, 여러 사람의 개발 환경을 동일하게 맞추고, 설정할 경우 셀 스크립트를 활용하면 더 좋습니다.

```
[nalee@localhost ~]$ sh install_awscli.sh
awscli download
  % Total    % Received % Xferd  Average Speed   Time    Time     Time  Current
                                 Dload  Upload   Total   Spent    Left  Speed
100 31.8M  100 31.8M    0     0  10.1M      0  0:00:03  0:00:03 --:--:-- 10.1M
unzip awscliv2.zip
Archive:  awscliv2.zip
   creating: aws/
   creating: aws/dist/
  inflating: aws/THIRD_PARTY_LICENSES
  inflating: aws/README.md
  inflating: aws/install
   creating: aws/dist/_struct/
   creating: aws/dist/awscli/
   creating: aws/dist/botocore/
   creating: aws/dist/cryptography/
   creating: aws/dist/cryptography-2.8-py3.7.egg-info/
   creating: aws/dist/docutils/
   creating: aws/dist/include/
```

```
  creating: aws/dist/lib/
  creating: aws/dist/zlib/
 inflating: aws/dist/_sqlite3.cpython-37m-x86_64-linux-gnu.so
 inflating: aws/dist/_elementtree.cpython-37m-x86_64-linux-gnu.so
...
 inflating: aws/dist/zlib/cpython-37m-x86_64-linux-gnu/soib.cpython-37m-x86_64-
linux-gnu.so
install aws cli
You can now run: /usr/local/bin/aws --version
aws-cli/2.0.42 Python/3.7.3 Linux/4.18.0-147.el8.x86_64 exe/x86_64.rhel.8
```

13.2 AWS CLI를 이용하여 인스턴스 만들기

상황

AWS CLI를 셸 스크립트를 이용하여 설치했다면 이번에는 인스턴스를 만들어 볼 차례입니다. CLI를 이용해 인스턴스를 만들기 위해서는 우선 인증을 해야 합니다. 이때, 어떤 리전에 인스턴스를 생성할 것인지, 어떤 계정을 이용하여 인스턴스를 생성할 것인지를 먼저 정의해야 합니다. 그리고, 오픈스택을 이용하여 인스턴스를 생성했던 것처럼 AWS EC2를 이용하여 인스턴스를 생성할 정보를 사전에 조회해 와야 합니다. 그리고, 해당 정보들을 이용하여 인스턴스를 생성합니다.

방법 찾기

CLI를 이용하여 AWS EC2 인스턴스를 만드는 방법을 인터넷에서 검색하면 CLI를 이용한 인스턴스 생성 가이드를 쉽게 검색해 볼 수 있습니다. 해당 가이드를 활용하여 인스턴스 생성 스크립트를 만들 수 있습니다. AWS CLI는 오픈스택과는 다르게 기본적으로 JSON 형식으로 결과를 출력해 줍니다. 따라서, 개발에 들어가기 전에 어떤 정보들을 보여주는지를 사전에 확인할 때 유용합니다.

필요한 정보

- AWS 인증 정보
- CLI를 이용한 AWS EC2 인스턴스 생성 가이드: https://docs.aws.amazon.com/ko_kr/cli/

latest/userguide/cli-services-ec2-instances.html

- 이미지 정보 조회 명령어: aws ec2 describe-images
- 인스턴스 타입 조회 명령어: aws ec2 describe-instance-types
- 키페어 조회 명령어: aws ec2 describe-key-pairs
- 보안그룹 조회 명령어: aws ec2 describe-security-groups
- 서브넷 조회 명령어: aws ec2 describe-subnets
- 인스턴스 생성 명령어: aws ec2 run-instances

프로세스

- aws cli를 사용하기 위해서 우선 인증을 한다.
- 사전에 aws ec2 describe-images 명령어를 이용하여 생성한 이미지 ID를 검색한다.
- 인스턴스 타입 정보를 간략하게 보여주고, 인스턴스 타입명을 입력받는다.
- 키페어 정보를 간략하게 보여주고, 키페어 정보를 입력받는다.
- 보안그룹 정보를 간략하게 보여주고, 보안그룹 정보를 입력받는다.
- 서브넷 정보를 간략하게 보여주고, 서브넷 정보를 입력받는다.
- 앞에서 입력받은 정보들을 이용하여 인스턴스를 생성한다.

스크립트 생성

보안에 안전한 셸 스크립트를 생성하기 위해서는 명령어를 실행하기 위한 파라미터값을 셸 스크립트 실행자로부터 입력을 받도록 구현하는 것입니다. 명령어를 이용하여 자신의 계정에 등록된 자원 정보를 살펴보고, 필요한 정보를 선택하여 인스턴스를 생성하는 스크립트를 개발하면 누구나 사용할 수 있는 스크립트를 만들 수 있습니다. 다만, 생성하고자 하는 인스턴스 타입 등은 주로 사용하는 사양으로 검색해 보면 좀 더 간결하고 필요한 정보를 추출하여 볼 수 있습니다.

```
[nalee@localhost ~]$ vi create_ec2-instance.sh
#!/bin/bash

# 인증
aws configure

# 이미지 정보 입력
read -p "Input image id : " imageid    ❶

# 인스턴스 타입 정보 입력
echo "== Instance Type List =="
```

```
aws ec2 describe-instance-types | grep InstanceType | grep t2  ❷
read -p "Input instance type : " instancetype

# 키페어 정보 입력
echo "== Key Pair List =="
aws ec2 describe-key-pairs | grep KeyName  ❸
read -p "Input key-pair name : " keyname

# 보안그룹 정보 입력
echo "== Security Group List =="
aws ec2 describe-security-groups | grep -e GroupName -e GroupId  ❹
read -p "Input security group id : " securitygrpid

# 서브넷 정보 입력
echo "== Subnet List =="
aws ec2 describe-subnets | grep -e SubnetId -e CidrBlock  ❺
read -p "Input subnet id : " subnetid

# EC2 인스턴스 생성
aws ec2 run-instances \  ❻
--image-id $imageid \
--count 1 \
--instance-type $instancetype \
--key-name $keyname \
--security-group-ids $securitygrpid \
--subnet-id $subnetid
```

셸 스크립트를 생성했으면 이번에는 어떤 문법과 명령어가 사용되었는지 살펴보도록 하겠습니다.

❶ AWS EC2에서 제공하는 이미지에는 매우 많은 정보들이 있어 사실 스크립트를 통해 정보를 확인하고, 입력하기에는 무리가 있습니다. 따라서, 사전에 AWS 웹 콘솔이나 CLI를 이용하여 어떤 이미지를 사용할지 결정해야 합니다. 그리고, 스크립트에서는 해당 이미지 ID만 입력을 받습니다.

```
# 이미지 정보 입력
read -p "Input image id : " imageid  ❶
```

❷ 이번에는 인스턴스 타입 정보를 보여줍니다. AWS CLI에서 인스턴스 타입은 Json 형태로 결과가 나오기 때문에 그중에서 InstanceType과 t2로 시작하는 목록을 보여주고, read 명령어를 이용하여 인스턴스 타입을 입력받습니다.

```
# 인스턴스 타입 정보 입력
echo "== Instance Type List =="
aws ec2 describe-instance-types | grep InstanceType | grep t2   ❷
read -p "Input instance type : " instancetype
```

❸ 키페어는 aws ec2 describe-key-pairs 명령어를 이용하여 keypair 정보를 확인할 수 있습니다. 이중에서 KeyPairId만 추출하여 보여주고, 그 중 하나를 read -p 명령어를 이용하여 다음과 같이 입력받습니다.

```
# 키페어 정보 입력
echo "== Key Pair List =="
aws ec2 describe-key-pairs | grep KeyName   ❸
read -p "Input key-pair name : " keyname
```

❹ 이번에는 보안그룹 정보를 aws ec2 describe-security-groups 명령어를 이용하여 조회합니다. 그리고, Json 결과에서 GroupName과 GroupId를 grep 명령어를 이용하여 검색합니다. 그리고, read -p 명령어를 이용하여 보안그룹 ID를 입력받습니다.

```
# 보안그룹 정보 입력
echo "== Security Group List =="
aws ec2 describe-security-groups | grep -e GroupName -e GroupId   ❹
read -p "Input security group id : " securitygrpid
```

❺ 서브넷은 aws ec2 describe-subnets 명령어를 이용하면 조회할 수 있습니다. 이때, SubnetId와 CidrBlock 항목을 grep 명령어를 이용하여 검색합니다. 그리고, read 명령어를 이용하여 서브넷 ID를 입력받습니다.

```
# 서브넷 정보 입력
echo "== Subnet List =="
aws ec2 describe-subnets | grep -e SubnetId -e CidrBlock   ❺
read -p "Input subnet id : " subnetid
```

❻ 마지막으로 앞에서 입력받은 이미지 ID, 인스턴스 타입, SSH 키, 보안그룹 ID, 서브넷 ID를 이용하여 aws ec2 run-instances 명령어를 이용하여 다음과 같이 인스턴스를 생성합니다.

```
# EC2 인스턴스 생성
aws ec2 run-instances \   ❻
--image-id $imageid \
--count 1 \
```

```
--instance-type $instancetype \
--key-name $keyname \
--security-group-ids $securitygrpid \
--subnet-id $subnetid
```

문제 해결

이제 이렇게 생성된 셸 스크립트를 실행합니다. 그러면, 다음과 같이 가장 먼저 인증 정보를 입
력하라고 프롬프트가 뜹니다. 이때 기존에 인증한 적이 있다면 다음과 같이 기본 정보가 대괄
호 안에 표시됩니다. 다른 아이디로 로그인해야 할 경우에는 해당 인증 정보로 로그인을 하면
되고, 그렇지 않을 경우에는 그냥 엔터 키를 누릅니다. 그러면, 이미지 ID를 입력하라는 프롬
프트가 뜹니다. 사전에 어떤 이미지로 인스턴스를 생성할지 조회해 두었다면 해당 이미지 ID
를 입력하고, 엔터 키를 누릅니다. 그러면 인스턴스 타입 목록을 볼 수 있습니다. 여기서 타입
을 선택하여 복사 붙여넣기를 하고 나머지 정보들 역시 복사하여 붙여넣기를 하면 마지막에 인
스턴스 생성이 완료되어, 생성된 결과를 Json으로 확인할 수 있습니다.

```
[nalee@localhost ~]$ sh create_ec2-instance.sh
AWS Access Key ID [****************FYPQ]:
AWS Secret Access Key [****************nwws]:
Default region name [ap-northeast-2]:
Default output format [json]:
Input image id : ami-027ce4ce0590e3c98
== Instance Type List ==
            "InstanceType": "t2.large",
            "InstanceType": "t2.2xlarge",
            "InstanceType": "t2.micro",
            "InstanceType": "t2.small",
            "InstanceType": "t2.medium",
            "InstanceType": "t2.nano",
            "InstanceType": "t2.xlarge",
Input instance type : t2.micro
== Key Pair List ==
            "KeyName": "aaa"
Input key-pair name : aaa
== Security Group List ==
            "GroupName": "launch-wizard-1",
            "GroupId": "sg-0eaedd696d10ea7f1",
            "GroupName": "default",
                    "GroupId": "sg-63827009",
```

```
                "GroupId": "sg-63827009",
Input security group id : sg-63827009
== Subnet List ==
                "CidrBlock": "172.31.16.0/20",
                "SubnetId": "subnet-7256d93e",
                "Ipv6CidrBlockAssociationSet": [],
                "CidrBlock": "172.31.0.0/20",
                "SubnetId": "subnet-d383dbbb",
                "Ipv6CidrBlockAssociationSet": [],
                "CidrBlock": "172.31.32.0/20",
                "SubnetId": "subnet-918062ea",
                "Ipv6CidrBlockAssociationSet": [],
                "CidrBlock": "172.31.48.0/20",
                "SubnetId": "subnet-bd3936e1",
                "Ipv6CidrBlockAssociationSet": [],
Input subnet id : subnet-7256d93e
== Create Instance ==
{
    "Groups": [],
    "Instances": [
        {
            "AmiLaunchIndex": 0,
            "ImageId": "ami-027ce4ce0590e3c98",
            "InstanceId": "i-0df0d567dc06899aa",
            "InstanceType": "t2.micro",
            "KeyName": "aaa",
            "LaunchTime": "2020-08-22T12:36:51+00:00",

...

        },
            "CapacityReservationSpecification": {
                "CapacityReservationPreference": "open"
            },
            "MetadataOptions": {
                "State": "pending",
                "HttpTokens": "optional",
                "HttpPutResponseHopLimit": 1,
                "HttpEndpoint": "enabled"
            }
        }
    ],
    "OwnerId": "292696479355",
    "ReservationId": "r-0a38b62cf1e7d35ad"
}
```

13.3 구글 클라우드 CLI 사용 환경 만들기

상황

AWS 다음으로 가장 많이 사용하는 퍼블릭 클라우드는 아마도 구글 클라우드일 것입니다. 구글 클라우드 역시 웹 인터페이스인 웹 콘솔을 제공하지만, 개발자들을 위해 CLI 명령어를 제공합니다. 리눅스에서 구글 클라우드를 사용하기 위한 CLI를 구성할 경우에도 셸 스크립트화를 해 놓으면 쉽게 CLI 환경을 만들고, 구글 클라우드에 가상자원을 생성할 수 있습니다.

방법 찾기

구글 클라우드 CLI 역시 인터넷 검색을 하면 CLI 설치 가이드를 찾아볼 수 있습니다. 구글 클라우드와 같은 경우에는 데비안 계열 리눅스에서 설치 방법과 페도라 계열 리눅스에서 설치 방법이 다르므로 사용하는 리눅스에 맞는 방법으로 설치하면 됩니다.

필요한 정보

- 구글 클라우드 인증 정보
- 구글 클라우드 CLI 설치 가이드: https://cloud.google.com/sdk/docs/downloads-apt-get?hl=ko

프로세스

- 운영체제 타입을 확인한다.
- 운영체제가 페도라 계열인지 데비안 계열인지 체크한다.
- 페도라 계열이면 구글 클라우드 SDK 저장소를 추가한다.
- 구글 클라우드 SDK를 설치한다.
- 설치가 되면 gcloud init를 실행한다.
- 운영체제가 데비안 계열이면, 클라우드 SDK URI를 추가한다.
- 패키지 apt-transport-https를 설치한다.
- 구글 클라우드 공개 키를 가져온다.
- 구글 클라우드 SDK를 설치한다.
- 설치가 끝나면 gcloud init를 실행한다.

스크립트 생성

구글 클라우드 CLI 환경을 만들기 위해 가이드를 찾아보고, 가이드대로 프로세스화를 만들었다면 이번에는 셸 스크립트를 생성합니다.

```
[nalee@localhost ~]$ vi install_gcloudcli.sh
#!/bin/bash

ostype=$(cat /etc/*release| grep ID_LIKE | sed "s/ID_LIKE=//;s/\"//g")  ❶

# 운영체제가 Fedora 계열인지 체크
if [[ $ostype == "fedora" ]]; then
 # 구글 클라우드 SDK 저장소 추가
 echo "== Add gcloud SDK repository =="
 sudo tee -a /etc/yum.repos.d/google-cloud-sdk.repo << EOM  ❷
[google-cloud-sdk]
name=Google Cloud SDK
baseurl=https://packages.cloud.google.com/yum/repos/cloud-sdk-el7-x86_64
enabled=1
gpgcheck=1
repo_gpgcheck=1
gpgkey=https://packages.cloud.google.com/yum/doc/yum-key.gpg
       https://packages.cloud.google.com/yum/doc/rpm-package-key.gpg
EOM

 # 구글 클라우드 SDK 설치
 echo "== Install gcloud SDK =="
 sudo yum install google-cloud-sdk

 # gcloud init 실행
 echo "== Exec gcloud init =="
 gcloud init

# 운영체제가 Debian 계열인지 체크
elif [[ $ostype == "debian" ]]; then  ❸

 # 클라우드 SDK 배포 URI 추가
 echo "== Add gcloud sdk uri =="
 echo "deb [signed-by=/usr/share/keyrings/cloud.google.gpg] https://packages.
cloud.google.com/apt cloud-sdk main" | sudo tee -a /etc/apt/sources.list.d/google-
cloud-sdk.list

 # 패키지 apt-transport-https 설치
 echo "== Install apt-transport-https =="
 sudo apt-get install apt-transport-https ca-certificates gnupg  ❹

 # 구글 클라우드 공개 키 가져오기
 echo "== Getting gcloud key =="
```

```
    curl https://packages.cloud.google.com/apt/doc/apt-key.gpg | sudo apt-key
--keyring /usr/share/keyrings/cloud.google.gpg add -

    # 구글 클라우드 SDK 설치
    echo "== Install gcloud SDK =="
    sudo apt-get update && sudo apt-get install google-cloud-sdk  ❺

    # gcloud init 실행
    echo "== Exec gcloud init =="
    gcloud init

fi
```

셸 스크립트 생성이 완료되면, 어떤 문법과 명령어가 사용되었는지 살펴보도록 하겠습니다.

❶ 구글 클라우드 SDK를 설치하기 전에 설치하고자 하는 호스트의 운영체제가 데비안 계열인지 페도라 계열인지를 먼저 확인해야 합니다. /etc/ 디렉터리에 release로 끝나면서 파일에서 ID_LIKE 문자열이 포함된 라인을 검색합니다. 그리고, 운영체제명만 추출될 수 있도록 sed 명령어를 사용하여 ID_LIKE= 문자열을 삭제합니다.

```
ostype=$(cat /etc/*release| grep ID_LIKE | sed "s/ID_LIKE=//;s/\"//g")  ❶
```

❷ 앞에서 추출된 ostype의 값을 가지고, fedora인지를 if문을 통해 체크합니다. Ostype이 fedora라면, 구글 클라우드 SDK 저장소를 sudo tee -a 파일명 《 EOM을 이용하여 저장소를 파일에 저장합니다.

```
# 운영체제가 Fedora 계열인지 체크
if [[ $ostype == "fedora" ]]; then
   # 구글 클라우드 SDK 저장소 추가
   echo "== Add gcloud SDK repository =="
   sudo tee -a /etc/yum.repos.d/google-cloud-sdk.repo << EOM  ❷
...
EOM
```

❸ 이번에는 운영체제가 debian인지를 elif문을 이용하여 체크합니다.

```
# 운영체제가 Debian 계열인지 체크
elif [[ $ostype == "debian" ]]; then  ❸
```

❹ 앞에서 체크한 운영체제 타입이 debian이면 apt-get install 명령어를 이용하여 apt-transport-https 및 ca-certificates, gnupg를 함께 설치합니다.

```
# 패키지 apt-transport-https 설치
echo "== Install apt-transport-https =="
sudo apt-get install apt-transport-https ca-certificates gnupg ❹
```

❺ apt-get update 명령어를 이용하여 시스템을 업데이트한 후 apt-get install 명령어를 이용하여
google-cloud-sdk를 설치합니다.

```
# 구글 클라우드 SDK 설치
echo "== Install gcloud SDK =="
sudo apt-get update && sudo apt-get install google-cloud-sdk ❺
```

문제 해결

이렇게 생성된 셀 스크립트를 실행해 보도록 하겠습니다. 셀 스크립트를 실행하면 운영체제 타입을 먼저 체크하여 구글 클라우드 SDK 저장소를 추가합니다. 구글 저장소를 먼저 추가하는 것을 보니 셀 스크립트가 실행된 운영체제는 페도라 계열의 운영체제인 듯합니다. 구글 클라우드 SDK 저장소가 추가된 후 구글 클라우드 SDK가 설치됩니다. 설치가 완료되면 gcloud init 명령어가 실행됩니다. 그러면서, 구글 클라우드 CLI를 사용하기 위한 인증 설정을 진행합니다.

먼저 로그인을 할 것이냐고 물어보면 y를 입력하고 엔터 키를 누릅니다. 그러면, 로그인에 필요한 매우 긴 URL을 던져줍니다. 그러면, 해당 URL을 복사하여 브라우저를 열고 붙여넣으면 로그인할 계정을 선택하라는 화면이 뜨고, 로그인하고자 하는 계정을 선택하면 인증 코드를 보여줍니다. 해당 인증 코드를 복사하여 다시 커맨드 창에 붙여 넣고 엔터 키를 누르면 기존에 생성되어 있는 프로젝트 목록이 뜨고, 해당 프로젝트를 선택합니다. 그러면, 어떤 리전을 사용할 것인지를 선택하라는 내용이 나타납니다. 리전을 선택하면 앞에서 선택했던 정보들을 다시 보여주고, 셀 스크립트 실행이 종료됩니다.

```
[nalee@localhost ~]$ sh install_gcloudcli.sh
== Add gcloud SDK repository ==
[google-cloud-sdk]
name=Google Cloud SDK
baseurl=https://packages.cloud.google.com/yum/repos/cloud-sdk-el7-x86_64
enabled=1
gpgcheck=1
repo_gpgcheck=1
```

```
gpgkey=https://packages.cloud.google.com/yum/doc/yum-key.gpg
        https://packages.cloud.google.com/yum/doc/rpm-package-key.gpg
== Install gcloud SDK ==
Google Cloud SDK
233  B/s | 454  B      00:01
rhel-8-for-x86_64-baseos-rpms
     74 MB/s |  20 MB     00:00
rhel-8-for-x86_64-appstream-rpms
    119 MB/s |  19 MB     00:00
Dependencies resolved.
...
Installed:
  google-cloud-sdk-306.0.0-1.x86_64
python2-setuptools-39.0.1-11.module+el8.1.0+3446+c3d52da3.noarch
  python2-pip-9.0.3-16.module+el8.2.0+5478+b505947e.noarch
python2-setuptools-wheel-39.0.1-11.module+el8.1.0+3446+c3d52da3.noarch
  python2-pip-wheel-9.0.3-16.module+el8.2.0+5478+b505947e.noarch
python2-libs-2.7.17-1.module+el8.2.0+4561+f4e0d66a.x86_64
  python2-2.7.17-1.module+el8.2.0+4561+f4e0d66a.x86_64

Complete!
== Exec gcloud init ==
Welcome! This command will take you through the configuration of gcloud.

Your current configuration has been set to: [default]

You can skip diagnostics next time by using the following flag:
  gcloud init --skip-diagnostics

Network diagnostic detects and fixes local network connection issues.
Checking network connection...done.
Reachability Check passed.
Network diagnostic passed (1/1 checks passed).

You must log in to continue. Would you like to log in (Y/n)? y

Go to the following link in your browser:

https://accounts.google.com/o/oauth2/auth?client_id=32555940559.apps.
googleusercontent.com&redirect_uri=urn%3Aietf%3Awg%3Aoauth%3A2.0%3Aoob&scope=openi
d+https%3A%2F%2...

Enter verification code: ******************
You are logged in as: [nalee999@gmail.com].
```

```
Pick cloud project to use:
 [1] cloud-baas
 [2] Create a new project
Please enter numeric choice or text value (must exactly match list
item): 1

Your current project has been set to: [cloud-baas].

Do you want to configure a default Compute Region and Zone? (Y/n)?  y

Which Google Compute Engine zone would you like to use as project
default?
If you do not specify a zone via a command line flag while working
with Compute Engine resources, the default is assumed.
 [1] us-east1-b
...
 [44] asia-east2-a
 [45] asia-east2-b
 [46] asia-east2-c
 [47] asia-northeast2-a
 [48] asia-northeast2-b
 [49] asia-northeast2-c
 [50] asia-northeast3-a
Did not print [24] options.
Too many options [74]. Enter "list" at prompt to print choices fully.
Please enter numeric choice or text value (must exactly match list
item): 50

Your project default Compute Engine zone has been set to [asia-east1-a].
You can change it by running [gcloud config set compute/zone NAME].

Your project default Compute Engine region has been set to [asia-east1].
You can change it by running [gcloud config set compute/region NAME].

Created a default .boto configuration file at [/home/nalee/.boto]. See this file
and
[https://cloud.google.com/storage/docs/gsutil/commands/config] for more
information about configuring Google Cloud Storage.
Your Google Cloud SDK is configured and ready to use!

* Commands that require authentication will use nalee999@gmail.com by default
* Commands will reference project `cloud-baas` by default
* Compute Engine commands will use region `asia-east1` by default
* Compute Engine commands will use zone `asia-east1-a` by default
```

```
Run `gcloud help config` to learn how to change individual settings

This gcloud configuration is called [default]. You can create additional
configurations if you work with multiple accounts and/or projects.
Run `gcloud topic configurations` to learn more.

Some things to try next:

* Run `gcloud --help` to see the Cloud Platform services you can interact with.
And run `gcloud help COMMAND` to get help on any gcloud command.
* Run `gcloud topic --help` to learn about advanced features of the SDK like arg
files and output formatting
[nalee@localhost ~]$
```

13.4 구글 클라우드 CLI를 사용하여 인스턴스 만들기

상황

구글 클라우드 CLI를 사용할 사용 환경을 만들었다면 이번에는 CLI를 사용하여 구글 클라우드
에 인스턴스를 만드는 셸 스크립트를 만들어 보도록 하겠습니다. 물론 구글 클라우드 역시 웹
콘솔을 제공하지만, 개발자라면 웹 콘솔보다는 명령어를 이용하여 인스턴스를 생성할 수 있어
야 합니다. 이 역시 인터넷 검색을 하면 쉽게 CLI를 사용하여 인스턴스를 만들 수 있는 가이드
를 찾을 수 있습니다. 해당 가이드를 이용하여 인스턴스를 만들 수 있는 셸 스크립트를 만들어
보도록 하겠습니다.

방법 찾기

인터넷에서 구글 클라우드 CLI로 인스턴스 생성을 검색하면 [명령줄을 사용하여 새 인스턴스
만들기]라는 가이드를 찾을 수 있습니다. 해당 가이드를 이용하여 인스턴스를 생성할 수 있는
스크립트를 만들어 보도록 하겠습니다.

필요한 정보

• 구글 클라우드 인스턴스 생성 가이드: https://cloud.google.com/compute/docs/instances/
create-start-instance?hl=ko#startinstancegcloud

- 이미지 정보 조회 명령어: gcloud compute images list
- 부팅 디스크 유형 조회 명령어: gcloud compute disk-types list
- 머신 타입 조회 명령어: gcloud compute machine-types list
- 인스턴스 생성 명령어: gcloud compute instances create

프로세스

- 인스턴스명을 입력받는다.
- 이미지 목록을 보여주고, 생성하고자 하는 이미지 정보를 입력받는다.
- 부팅 디스크 유형을 보여주고, 부팅 디스크 유형을 입력받는다.
- 부팅 디스크 사이즈를 입력받는다.
- 머신 타입 종류를 보여주고, 머신 타입을 입력받는다.
- 네트워크 목록을 보여주고, 네트워크를 입력받는다.
- 앞에서 입력받은 정보를 가지고, 인스턴스를 생성한다.

스크립트 생성

셸 스크립트 생성을 위해 필요한 정보들을 찾아보고, 어떤 순서로 셸 스크립트를 개발할지 프로세스화했다면, 이번에는 셸 스크립트를 개발합니다. 셸 스크립트를 개발하기 전에 본인의 계정으로 인스턴스를 생성하는 데 문제는 없는지, 인스턴스를 생성하기 위해 필요한 네트워크 등은 생성되어 있는지 먼저 확인하면 좋습니다. 또한 어떤 리전에서 인스턴스를 만들지도 사전에 확인되어야 합니다.

```
[nalee@localhost ~]$ vi create_gcloud-instacne.sh
#!/bin/bash

# 서울은 asiz-northeast3-a
ZONE="asia-northeast3-a"    ❶

# 인스턴스 이름 입력
read -p "Input instance name : " VM_NAME    ❷

# 이미지 정보 입력
echo "== Images List =="
gcloud compute images list | grep -e centos -e unbuntu -e rhel -e NAME    ❸
read -p "Input image family : " IMAGE
read -p "Input image proejct: " IMAGE_PROJECT

# 부팅 디스크 유형 입력
echo "== Disk Type List =="
```

```
gcloud compute disk-types list --zones $ZONE    ❹
read -p "Input disk type : " DISK_TYPE

# 부팅 디스크 사이즈 입력
read -p "Input disk size : " DISK_SIZE

# 머신 타입 입력
echo "== Machine Type List =="    ❺
gcloud compute machine-types list --zones $ZONE | grep n1-standard
read -p "Input machine type : " MACHINE_TYPE

# 네트워크 입력
echo "== Network List =="
gcloud compute networks list
read -p "Input network name : " NETWORK    ❻

# 인스턴스 생성
echo "== Create Instance =="
gcloud compute instances create $VM_NAME \    ❼
--image-family=$IMAGE \
--image-project=$IMAGE_PROJECT \
--boot-disk-type=$DISK_TYPE \
--boot-disk-size=$DISK_SIZE \
--machine-type=$MACHINE_TYPE \
--network=$NETWORK \
--zone=$ZONE
```

셸 스크립트가 개발되면 이번에는 셸 스크립트에 사용된 문법과 명령어들을 살펴보도록 하겠습니다.

❶ 구글 클라우드의 서울 리전은 asia-northeast3입니다. 그리고, 여기에는 a, b, c로 된 3개의 존이 있습니다. 여기서는 asia-northeast3-a존을 선택하였지만, 생성하고자 하는 지역에 맞게 존을 선택하여 입력하면 됩니다.

```
# 서울은 asiz-northeast3-a
ZONE="asia-northeast3-a"    ❶
```

❷ 가장 먼저 인스턴스 이름을 read -p 명령어를 이용하여 입력받습니다.

```
# 인스턴스 이름 입력
read -p "Input instance name : " VM_NAME    ❷
```

❸ 구글 클라우드 역시 제공하는 이미지가 매우 많습니다. 여기서는 리눅스 종류인 centos, unbuntu, rhel을 grep으로 검색하여 보여줍니다. 이때 −e 옵션을 사용하여 검색하고자 하는 여러 개의 문자열을 검색할 수 있습니다. 이렇게 이미지 목록이 뜨면, 이미지 목록을 보고 그 중 하나를 read −p를 통해 입력 받습니다. 구글 클라우드에서는 Image family 정보와 Image project 정보가 필요하므로 두 개의 정보를 입력받습니다.

```
# 이미지 정보 입력
echo "== Images List =="
gcloud compute images list | grep -e centos -e unbuntu -e rhel -e NAME   ❸
read -p "Input image family : " IMAGE
read -p "Input image proejct: " IMAGE_PROJECT
```

❹ 이번에는 디스크 유형을 gcloud compute disk-types list 명령어를 이용하여 디스크 유형 목록을 보여줍니다. 이때 −−zones 옵션과 앞에서 정의했던 ZONE 변수를 사용하여 특정 존에 있는 디스크 유형들을 조회하여 보여줍니다. 그리고, read −p를 사용하여 디스크 유형을 입력받습니다.

```
# 부팅 디스크 유형 입력
echo "== Disk Type List =="
gcloud compute disk-types list --zones $ZONE   ❹
read -p "Input disk type : " DISK_TYPE
```

❺ 머신 타입은 gcloud compute machine-types list 명령어를 이용하여 머신 타입 목록을 보여줍니다. 이때 grep 명령어를 이용하여 n1−standard 유형만 조회합니다. 실 환경에서 사용할 셸 스크립트를 개발할 경우에는 자주 사용하는 머신 타입 유형으로 검색하면 쉽게 인스턴스를 생성할 수 있습니다.

```
# 머신 타입 입력
echo "== Machine Type List =="   ❺
gcloud compute machine-types list --zones $ZONE | grep n1-standard
read -p "Input machine type : " MACHINE_TYPE
```

❻ 네트워크 목록 역시 gcloud compute networks list 명령어를 이용하여 네트워크 정보를 보여주면, read −p 명령어를 이용하여 네트워크 이름을 입력합니다.

```
# 네트워크 입력
echo "== Network List =="
gcloud compute networks list
read -p "Input network name : " NETWORK   ❻
```

❼ 마지막으로 앞에서 입력받은 정보들을 이용하여 gcloud compute instances create 명령어를 이용하여 인스턴스를 생성합니다.

```
# 인스턴스 생성
echo "== Create Instance =="
gcloud compute instances create $VM_NAME \   ❼
--image-family=$IMAGE \
--image-project=$IMAGE_PROJECT \
--boot-disk-type=$DISK_TYPE \
--boot-disk-size=$DISK_SIZE \
--machine-type=$MACHINE_TYPE \
--network=$NETWORK \
--zone=$ZONE
```

문제 해결

이렇게 개발된 셸 스크립트를 이제 실행해 보도록 하겠습니다. 이제 셸 스크립트를 이용하여
기존에 존재하는 가상자원을 확인할 수 있고, 해당 가상자원 정보를 확인하고 바로 입력받음으
로써 실수를 예방할 수 있습니다. 일일이 어떤 자원이 있는지 확인하여 메모장에 적어놓지 않
아도 셸 스크립트를 이용하여 바로 인스턴스를 생성할 수 있습니다.

```
[nalee@localhost ~]$ sh create_gcloud-instance.sh
Input instance name : testvm
== Images List ==
NAME                         PROJECT            FAMILY          DEPRECATED   STATUS
centos-6-v20200811           centos-cloud       centos-6                     READY
centos-7-v20200811           centos-cloud       centos-7                     READY
centos-8-v20200811           centos-cloud       centos-8                     READY
rhel-6-v20200811             rhel-cloud         rhel-6                       READY
rhel-7-v20200811             rhel-cloud         rhel-7                       READY
rhel-8-v20200811             rhel-cloud         rhel-8                       READY
rhel-7-4-sap-v20200811       rhel-sap-cloud     rhel-7-4-sap                 READY
rhel-7-6-sap-v20200811       rhel-sap-cloud     rhel-7-6-sap-ha              READY
rhel-7-7-sap-v20200811       rhel-sap-cloud     rhel-7-7-sap-ha              READY
Input image family : centos-8
Input image proejct: centos-cloud
== Disk Type List ==
NAME          ZONE               VALID_DISK_SIZES
local-ssd     asia-northeast3-a  375GB-375GB
pd-balanced   asia-northeast3-a  10GB-65536GB
pd-ssd        asia-northeast3-a  10GB-65536GB
pd-standard   asia-northeast3-a  10GB-65536GB
Input disk type : pd-standard
```

```
Input disk size : 50GB
== Machine Type List ==
n1-standard-1    asia-northeast3-a   1    3.75
n1-standard-16   asia-northeast3-a   16   60.00
n1-standard-2    asia-northeast3-a   2    7.50
n1-standard-32   asia-northeast3-a   32   120.00
n1-standard-4    asia-northeast3-a   4    15.00
n1-standard-64   asia-northeast3-a   64   240.00
n1-standard-8    asia-northeast3-a   8    30.00
n1-standard-96   asia-northeast3-a   96   360.00
Input machine type : n1-standard-2
== Network List ==
NAME      SUBNET_MODE  BGP_ROUTING_MODE  IPV4_RANGE  GATEWAY_IPV4
testnet   AUTO         REGIONAL
Input network name : testnet
== Creating Instance ==
Created [https://compute.googleapis.com/compute/v1/projects/myproject/zones/asia-
northeast3-a/instances/testvm].
NAME        ZONE              MACHINE_TYPE    PREEMPTIBLE   INTERNAL_IP EXTERNAL_IP
STATUS
testvm      asia-northeast3-a  n1-standard-2   10.240.0.4   104.198.53.60  RUNNING
```

INDEX

INDEX

INDEX